HISTOIRE PARLEMENTAIRE

DE LA

RÉVOLUTION FRANÇAISE,

OU

JOURNAL DES ASSEMBLÉES NATIONALES,

DEPUIS 1789 JUSQU'EN 1815.

HISTOIRE PARLEMENTAIRE

DE LA

RÉVOLUTION FRANÇAISE,

OU

JOURNAL DES ASSEMBLÉES NATIONALES,

DEPUIS 1789 JUSQU'EN 1815,

CONTENANT

La Narration des événemens; les Débats des Assemblées; les Discussions des principales Sociétés populaires, et particulièrement de la Société des Jacobins; les Procès-Verbaux de la Commune de Paris; les Séances du Tribunal révolutionnaire; le Compte-Rendu des principaux procès politiques; le Détail des budgets annuels; le Tableau du mouvement moral, extrait des journaux de chaque époque, etc.; précédée d'une Introduction sur l'histoire de France jusqu'à la convocation des Etats-Généraux ;

PAR P.-J.-B. BUCHEZ ET P.-C. ROUX.

TOME VINGT-NEUVIÈME.

PARIS.

PAULIN, LIBRAIRE,

RUE DE SEINE-SAINT-GERMAIN, N° 33.
—
M.DCCC.XXXVI.

PARIS. — Imprimerie d'Adolphe EVERAT et Cᵉ,
Rue du Cadran, n. 16.

PRÉFACE.

Si la révolution française est encore condamnée par un grand nombre de personnes honnêtes, il faut l'attribuer surtout au jugement porté par le clergé contre cette époque de notre histoire. Parce que, en toutes choses, les décisions de la morale ont seules de l'autorité sur les masses, parce qu'il n'y a pas de morale sans religion, ni de religion véritable aujourd'hui en dehors du catholicisme, il s'ensuit que les opinions politiques des prêtres ont beaucoup plus d'influence que certaines gens ne voudraient le faire croire. Ce n'est pas à nier cette influence, mais à la rendre salutaire en changeant l'esprit de ceux qui l'exercent, ou, si cela est impossible, à la leur arracher en prouvant leur indignité, que consiste, selon nous, le devoir de tout homme qui désire, du fond de son cœur, le salut de la civilisation moderne. Se tromper soi-même et tromper les autres, dans les questions sociales, nous paraît un mauvais calcul, même de la part de ceux qui ne poursuivent qu'un intérêt d'argent ou de vanité; car les succès du mensonge sont toujours de courte durée. Il nous semble au contraire que, pour des publicistes sérieux, l'état véritable des nations, à l'égard desquelles ils se sont donné la fonction de conseillers, est ce qu'il leur importe par-dessus tout de rechercher et de constater, et que l'exposition sincère des faits est une des bases du moindre de leurs avis. Certainement on ne saurait contester avec quelque apparence de raison le profond malaise qui tourmente depuis plus d'un demi-siècle les populations du midi de l'Europe, et la France en particulier. Voilà bientôt vingt-trois ans que l'attention publique, détournée un moment de ce grave sujet, y a été ramenée. Or ni ceux qui ont tour-à-tour occupé le pouvoir, ni ceux qui leur ont fait de l'opposition, n'ont résolu le problème qui obscurcit et immobilise notre nationalité. Serait-ce que la France est morte et qu'il n'y a en elle nul sentiment, nulle intelligence du bien?

On n'oserait le soutenir. A qui donc s'en prendre, sinon à ceux qui parlent et écrivent pour elle ? Il faut le dire, la presse est coupable de tous les maux qui affligent notre patrie. Les prévilégiés à qui la publicité appartient n'auraient apporté à l'examen et à la discussion des affaires nationales que le dégré de réflexion et de probité qu'on ne refuse pas, sans se déshonorer, à la plus mince décision en affaires privées, que la révolution serait finie parmi nous. Ce n'est point avec des mots vagues, ni avec des phrases pompeuses que l'on détermine un peuple à agir. La croyance de chacun étant l'unique moyen pour les autres de comprendre la langue qu'il parle, quiconque ne déclare pas clairement le principe général au nom duquel il affirme ou il nie dans les questions secondaires, ne peut engendrer que doute et confusion. Une position nette, en fait de doctrine, expose, il est vrai, à des inconvéniens qu'on ne brave pas sans un certain courage. Lorsqu'on prend un parti, des ruptures, des séparations, et même souvent des scandales en sont la conséquence; mais aussi il se fait alors un discernement qui nous montre nos véritables amis, et nos véritables ennemis. A quoi sert d'ailleurs cette fausse sagesse, cette habileté à ne pas se compromettre, par laquelle, en évitant de se prononcer sur le point principal, et en se bornant à des opinions de détail, on semble réunir un plus grand nombre de partisans ? On ne réfléchit pas que cet accord est une vaine apparence, et, que les plus petites affirmations des hommes tirant toute leur valeur de la certitude absolue à laquelle ils se rangent, on n'est réellement ensemble qu'à la condition d'une certitude commune. L'enseignement de la presse sera funeste ou stérile tant que ses divers organes ne formuleront pas en termes clairs et précis le symbole de leurs croyances respectives. Professez donc franchement le matérialisme, ou le panthéisme, vous qui y croyez ; aussi franchement que nous professons le spiritualisme. Que votre dogme soit la lumière même de vos écrits, que le peuple puisse voir et toucher le lien qui unit vos conclusions de pratique sociale à vos axiomes primordiaux. Que lui font des disputes et des controverses sur la multitude des cas particuliers dont se compose l'histoire politique de chaque jour, puisque vous ne placez pas d'abord sous ses yeux la mesure fixe et immuable dont vos raisonnemens et vos jugemens sont l'application fidèle ? Ce que le peuple attend de vous, ce sont les articles de la loi souveraine où la règle et la sanction des actes soient nettement exprimées. Donnez-lui donc, avant toutes choses, le principe de certitude qui vous dirige vous-mêmes, et dans lequel vous devez lui enseigner à se connaître, à connaître son passé, son présent et son avenir.

L'Europe ne sortira du cercle des révolutions que lorsqu'on aura popularisé, dans les nations modernes, la marque infaillible dont elles ont besoin pour distinguer le vrai d'avec le faux, le bien d'avec le mal. C'est parce que nous sommes persuadés qu'il faut un *criterium*, et que ce *criterium* est la parole la plus simple à la fois et la plus fondamentale de l'Evangile, que nous appelons de tous nos vœux l'instant où chacun proposera dogmatiquement le sien, quel qu'il soit, certains que nous sommes du triomphe du christianisme sur les affirmations contraires. Pour faire cesser la lutte entre ceux qui gouvernent les nations, et ceux qui veulent les gouverner, et ceux qui veulent qu'elles se gouvernent elles-mêmes, il ne s'agit que de rappeler celles-ci au principe moral qui les a engendrées et les anime. Or, ce principe est la loi de Jésus-Christ dans ce qui la constitue essentiellement, dans ce qui en assure l'indéfectibilité. A quoi bon, en effet, la loi, si elle n'eût été revêtue d'un signe certain et immuable qui servît à la connaître elle-même, à connaître le but qu'elle assigne, le chemin qui y conduit, les directeurs qui le prennent? Ce signe permanent, devant lequel une nation d'origine chrétienne peut à chaque heure juger son gouvernement, renverser le mauvais, trouver le bon, juger ses institutions et se juger elle-même, est contenu dans ces deux mots : fraternité et dévouement. Partout où cette légende sera de nouveau invoquée, partout où la pensée d'un devoir commun expliquera ce que l'on doit entendre par la souveraineté du peuple, là on rentrera aussitôt dans les voies civilisatrices. Avant ce temps, les nations laisseront s'agiter des passions et des prétentions rivales, mais elles ne s'y mêleront pas. L'Espagne nous offre en ce moment un triste exemple de ce que fait un peuple lorsqu'il assiste à des dissensions civiles sans posséder une vérité nationale incontestable, pour lui aider à distinguer le bon parti d'avec le mauvais. La cause révolutionnaire servie par les intérêts bourgeois, combattue par les intérêts carlistes, ni hautement condamnée, ni hautement approuvée par le clergé, qui du reste a perdu, dans ce pays, le droit de rien condamner et de rien absoudre, cette cause est un fait inintelligible pour la grande majorité des Espagnols. Spectateurs complétement désintéressés, ils font place aux combattans, et ne voient pas plus de moralité dans la guerre actuelle que dans une course au taureau. Afin que ce peuple se lève et décide la victoire, n'est-il pas mille fois évident qu'il lui faut un but, un but écrit dans la loi où réside à ses yeux le précepte et la sanction des actes, et selon laquelle il jugera ceux du clergé, ceux des nobles, ceux des bourgeois et les siens propres? N'est-ce pas le comble du ridicule que de conseiller à un peuple d'agir avant d'avoir fait un appel à la certitude d'où toutes ses convictions émanent, avant d'avoir démontré que c'est elle qui prescrit les efforts et les sacrifices demandés?

Chose bizarre! nos publicistes de toute espèce répètent, depuis six ans, que nous sommes à une époque de doute et d'incrédulité, ce qui fait visiblement, de la nécessité d'une certitude, la grande question contemporaine; et pas un d'eux cependant n'aborde encore cette question. Discuter sans poser authentiquement un principe, se permettre d'avancer une opinion sur quoi que ce soit, avant d'en avoir et d'en manifester une à l'égard du problème qui domine toute polémique; prétendre, en un mot, se diriger soi-même et diriger les autres, sans *criterium*, nous paraît caractériser une excessive ignorance, ou une excessive mauvaise foi. On se trompe d'ailleurs en disant d'une manière absolue que nous sommes à une époque de doute et d'incrédulité. Il est au contraire absolument vrai que personne ne doute et que tout le monde croit, car tout le monde vit et agit, ce qui serait impossible dans l'hypothèse d'une incrédulité réelle. Ni la classe gouvernante, ni les hommes de plume et de parole qui l'attaquent ou la défendent, ne doutent de leurs intérêts. L'égoïsme est le dogme commun de tous les prétendants au pouvoir qui luttent en première ligne. Là, de quelque nom qu'on s'appelle, on appartient à la théorie du droit; seulement chacun travaille à faire prévaloir sa conséquence particulière, et cette conséquence c'est sa passion, ses appétits, sa vanité ou même sa fantaisie; cette conséquence, c'est lui. Bien différente en cela des gouvernants et de leurs compétiteurs immédiats, la classe gouvernée, le peuple, croit à ses obligations et doute de ses droits. On a eu beau lui dire qu'il était souverain, on n'a pas réussi à l'en convaincre, parce que la souveraineté qu'on lui a enseignée et qu'on lui enseigne, étant antérieure et supérieure à tout devoir, l'instinct social repousse invinciblement une telle énormité. Le peuple ne connaît qu'une seule loi digne de ce nom, celle qui définit le bien et le mal, et il sait qu'il ne l'a pas faite. Il sait que la morale est la base et la source de toutes les obligations humaines, et que si Dieu n'en était pas l'auteur, s'il n'était pas en cela le législateur suprême des hommes et leur juge en dernier ressort, la morale ne serait qu'un vain mot. Au reste, la doctrine de la souveraineté du peuple formulée par Rousseau, appliquée par la Convention, et continuée de nos jours par tous les révolutionnaires qui se tiennent en dehors de notre école, n'est pas la seule qui place le pouvoir humain au dessus de la loi divine. Il n'y a pas une explication de la souveraineté, et nous n'en exceptons pas même celle du clergé catholique, qui ne soit fondée sur une aussi monstrueuse erreur. Ainsi les éclectiques proclament la souveraineté de la raison de chacun, ce qui exclut toute loi morale antérieure et supérieure au moi spirituel de l'homme; les matérialistes la font consister dans la fatalité des instincts, des besoins et des appétits, ce qui renverse toute notion de morale.

Le droit divin professé par le clergé catholique implique le même vice, car cette théorie ne fait pas résider essentiellement la souveraineté dans le devoir d'obéir à la loi de Dieu, mais dans le droit d'interpréter cette loi. Or, il est facile de voir que, si le droit d'interprétation était illimité, la révélation directe de Dieu serait parfaitement illusoire. L'interprétation a pour limites infranchissables les fondemens mêmes de la foi, qui sont d'une part, l'incarnation du fils de Dieu et tout ce qui s'y rapporte directement, et que l'église primitive a reconnu inaccessible à l'interprétation, en le réservant sous le nom de mystère; et d'autre part, les préceptes formels et immuables que Jésus-Christ a tracés lui-même, non point pour qu'ils fussent interprétés, mais pour qu'ils fussent affirmés et obéis. Ces préceptes étant imposés à tous les hommes, sans distinction de savant ni d'ignorant, il fallait que tous pussent également les comprendre, comme tous devaient également les pratiquer. C'est en cela que Jésus-Christ est la parole qui éclaire tout homme venant dans ce monde. Si, en effet, en tant qu'elle nous fait connaître Dieu, la société, nous-mêmes, et nos devoirs, la parole de Jésus-Christ n'était pas aussi universelle dans la lettre qu'elle est universelle dans le sens, aussi claire dans l'une qu'impérative dans l'autre, il s'ensuivrait que le révélateur serait seulement la lumière des interprètes, et que les interprètes seraient la lumière du genre humain; il s'ensuivrait que, pour tous ceux qui ne sont ni le pape, ni les évêques, l'interprétation, et non point la révélation, serait le verbe de Dieu. Comment alors servirions-nous Dieu en esprit et en vérité, puisqu'il nous serait personnellement impossible de le comprendre? Comment notre obéissance à sa loi serait-elle intelligente et libre, c'est-à-dire morale, puisqu'elle serait forcément aveugle et passive, c'est à-dire un fait de l'ordre brut? Qu'on ne s'y trompe pas; le principe de l'autorité fondée sur la prérogative de l'interprétation ne diffère point du principe de la force, et voilà pourquoi le clergé catholique, en adoptant ce système, s'est trouvé naturellement l'allié de tous les pouvoirs temporels absolus. Mais, indépendamment de l'absurdité grossière que recèle une doctrine si manifestement anti-chrétienne, il suffira toujours de citer les affirmations de Jésus-Christ, dont l'évidence est incontestable, pour obliger la hiérarchie ecclésiastique à reconnaître qu'au-dessus du successeur de Pierre, qu'au-dessus des successeurs des apôtres, comme au-dessus du plus humble fidèle, brille un incorruptible et identique soleil, la même origine, le même commandement et la même justice. Dieu a dit aux hommes par la bouche de son fils : je suis votre père commun; je ne fais acception de personne; vous êtes tous frères; le mal, c'est l'égoïsme; le bien, c'est l'abnégation de soi-même; le plus grand, dans une société de frères, doit être le serviteur de tous; chacun recevra selon ses œuvres. Et voilà l'origine, le commandement et la justice, la réponse entière et catégorique, aux trois grandes questions qui doivent être résolues pour l'homme d'une façon ou d'une autre, parce qu'elles renferment la loi de ses actes, lesquelles questions sont : d'où venons-nous? que sommes-nous? que deviendrons-nous? Par la clarté et par la rigueur dont elle a exprimé la loi des actes, la parole de Dieu est donc absolument et directement souveraine. Quiconque l'affirme est organe de la souveraineté; quiconque la pratique est agent de la souveraineté; et parce que tous doivent affirmer et pratiquer la loi, tous doivent être les organes et les agens de la souveraineté. Ainsi pas un seul droit qui n'ait sa légitimité dans le devoir commun d'obéissance à Dieu, de telle sorte que la mesure de l'obéissance soit la mesure des droits. Ainsi l'autorité de la hiérarchie catholique, le pouvoir spirituel, le plus grand pouvoir dans la société chrétienne, procède nécessairement de la plénitude d'obéissance; et son droit d'interpréter la foi dans ce qui peut s'y rencontrer de vague, d'équivoque ou d'implicite, lui vient de ce qu'il en affirme et en pratique mieux que personne les commandemens arrêtés, simples, explicites. Ce fut à ceux de ses disciples qui remplissaient ces conditions que Jésus-Christ conféra l'apostolat, et ceux-ci le transmirent à d'autres de la même manière, si bien que le titre primitif de ce pouvoir étant l'accomplissement du devoir, toutes les fois qu'il est mis en question, le titre, qu'il lui faut nécessairement produire afin de se prouver lui-même contre ceux qui le nient, est le même qui servit à le créer, qui servit à le transmettre, et qui seul peut le maintenir efficacement lorsqu'il est contesté. En un mot, lorsque des chrétiens accusent le pape et les évêques de n'être que des intrus sans qualité pour enseigner et pour diriger, et refusent de leur obéir, le pape et les évêques doivent établir d'abord et avant tout qu'ils sont parfaits chrétiens, leur droit étant une conséquence inniable de ce caractère.

La civilisation moderne a été précipitée dans les voies révolutionnaires parce que les pouvoirs mis en question ont constamment résisté, en montrant leur droit et en l'appuyant par la force, à ceux qui leur reprochaient de ne pas accomplir le devoir commun, c'est-à-dire de ne pas avoir de titre. Les chefs catholiques ont donné cet exemple. Attaqués les premiers, ils ont faussé la discussion, et ont égaré les peuples à leur suite dans un sophisme où ils périraient indubitablement s'ils n'en étaient bientôt retirés. Au droit d'interprétation, invoqué par la hiérarchie cléricale, on a répondu par le droit de libre examen, ce qui suppose, en effet, en principe, que le droit d'interprétation est le terrain de la souveraineté, et que ce qu'il s'agit de savoir, c'est si tous ont ce droit, ou bien s'il est la prérogative de quelques-uns. De cette controverse radicalement sophistique, attendu que la question était mal posée, sont sorties toutes les mauvaises théories sociales qui nous font obstacle aujourd'hui. Ce dont il s'agissait, c'était ce que chaque chrétien était tenu d'affirmer et de faire, sans la moindre interprétation, sans le moindre examen. Ce dont il s'agissait, c'était le devoir commun par lequel on était ensemble; car, du moment où la personne du pouvoir était rejetée, restait uniquement le lien social lui-même entre les hommes qui demandaient la réforme, et la hiérarchie qu'ils condamnaient. Il n'y avait alors, en effet, pour les accusateurs et pour les accusés, d'autre loi que la parole souveraine du Christ, et d'autre juge que la société des fidèles. Jean Hus et Jérôme de Prague, ainsi que nous l'avons souvent démontré dans nos préfaces antérieures, se conformèrent à cette logique. On détourna la question, et on les brûla vifs. Luther prit la question telle que Rome la posait, et voilà trois siècles que le *criterium* moral est absent de la grande discussion, qui concluera fatalement, si l'on n'y prend garde, à courber l'Europe sous le despotisme russe, ou à la dissoudre dans l'anarchie absolue. Pendant la durée de cette discussion, un seul acte vraiment social a été accompli dans le monde chrétien. En 1793, la France, se sauvant elle-même, au nom de la fraternité universelle, contre les ennemis de ce principe, fut le seul organe et le seul agent de la souveraineté légitime. Fidèle au devoir commun imposé par le Christ, devoir qui n'était autre chose que sa nationalité même, la France se leva en masse pour le proclamer et le défendre au moment où il était nié et sur le point d'être à jamais aboli par la coalition de tous les pouvoirs temporels de l'Europe unis à la hiérarchie catholique. Tant qu'elle fut en danger d'être anéantie, et la morale chrétienne avec elle, la nation, forte de sa volonté d'obéir à la loi, et du sentiment des droits dont son obéissance l'investissait, la nation fut convaincue qu'elle était souveraine, et agit comme telle. Mais lorsque les hommes qui l'avaient excitée au dévouement et qui n'auraient pas tardé à comprendre et à lui dire que c'était là le titre réel de sa souveraineté, eurent succombé dans leur lutte contre les égoïstes; lorsque la France, victorieuse d'ailleurs des ennemis du dehors et assurée de son salut, n'eut pour chefs que des fripons, et pour enseignement que la théorie des droits, la morale sociale fut obscurcie en elle, et, en en perdant le sens, elle en abdiqua l'autorité. Toute l'expérience de la révolution française, en ce qui intéresse l'avenir national, se réduit à ce point essentiel, la démonstration de l'importance et de la nécessité d'un *criterium* absolu. Si la France n'opère point une réforme chaque jour plus urgente, c'est parce que n'étant pas suffisamment éclairée sur la nature et sur l'étendue de son devoir, elle ignore le titre et l'étendue de ses droits. Jamais elle ne croira, ni avec les matérialistes, que l'homme est un animal, et que la société des hommes doit être soumise à la loi des instincts et des appétits; ni, avec les panthéistes, que tout est Dieu, ce qui exclut la pensée d'une loi dans l'univers et dans la société des hommes, car comment Dieu se commanderait-il à lui-même? ni, avec les éclectiques, que l'homme est souverain en vertu de son habileté personnelle, et que la société des hommes est la possession des illétrés par les lettrés. Toujours elle croira à la morale chrétienne. Empêchons donc que les organes officiels de cette morale, que le pape et les évêques n'en étouffent plus longtemps les conséquences politiques. Montrons que les obligations qui en découlent sont aussi positives et aussi certaines dans l'ordre social que dans l'ordre privé. Faisons voir que l'unité, l'égalité, la liberté, la nationalité, la souveraineté du peuple, toutes les formules nées du sentiment français, depuis un demi siècle, sont les expressions diverses de la morale chrétienne; que l'unité veut dire, la croyance au même devoir; l'égalité, le moyen de l'accomplir offert indistinctement à tous; la liberté, le plein exercice du libre arbitre de chacun à l'égard du devoir que chacun, en effet, choisira d'accomplir ou de ne pas accomplir, afin que ses actes lui soient justement imputables; la nationalité, ce même devoir présenté comme but de l'activité commune; la souveraineté du peuple, le droit suprême de prescrire et de sanctionner l'obéissance au devoir, d'en protéger et d'en favoriser l'accomplissement qui n'est autre chose que le règne de la fraternité universelle. Que le peuple sache que cette parole de Jésus-Christ est la seule et la vraie souveraine du monde; qu'elle est aussi indépendante de l'interprétation des papes et des évêques, que du libre examen des protestans, et alors il connaîtra et affirmera le *criterium* absolu.

Ce qui précède nous suffirait à apprécier le jugement que porte le clergé sur la révolution française. Cependant pour faire mieux comprendre ce que nous avons à dire là-dessus, nous relèverons encore un sophisme qui lui est habituel toutes les fois que le corps enseignant est attaqué du point de vue des actes. Lorsqu'on reproche à la hiérarchie catholique les scandales de certains papes, de certains cardinaux et de certains évêques, les apologistes, distinguant le droit d'interpréter la loi du devoir de la pratiquer, répondent ordinairement ainsi : Faites ce qu'ils disent, et ne faites pas ce qu'ils font. Jésus-Christ a donné ce conseil à ses apôtres au sujet des pharisiens, mais les pharisiens n'étaient pas chargés d'enseigner ni d'interpréter l'évangile. Pour en autoriser l'application à ceux qui continueraient son œuvre et celle de ses disciples, il faudrait qu'il eût dit cela de lui-même, ou de quelqu'un de ses apôtres. Or, il n'en a pas été ainsi. Le précepte et l'exemple n'ont jamais été séparés par lui dans la fonction de l'enseignement. N'est-il pas évident d'ailleurs que, s'il en était autrement, toute éducation serait impossible? Comment, en effet, la foi serait-elle engendrée et maintenue parmi les hommes, s'il y avait contradiction entre la parole et les actes de ceux qui la prêchent? Tout a été dit à ceux qui sont gouvernés et enseignés, à l'égard de ceux qui les gouvernent et les enseignent, dans la maxime célèbre : « Vous les connaîtrez par leurs fruits. »

Selon le clergé, la révolution française a été une persécution dirigée par les impies contre la religion catholique et contre ses ministres. Il considère comme de véritables martyrs ceux d'entre ses membres qui ont souffert, en ces conjonctures, la prison, l'exil ou la mort. Or, qu'est-ce que persécuter des chrétiens? qu'est-ce, sinon de les poursuivre et de les tourmenter à cause de leur croyance? Lorsqu'ils se répandirent dans le monde romain, annonçant que le fort devait servir le faible, que Dieu était le père commun des maîtres et des esclaves, que le riche qui voulait suivre la loi nouvelle devait donner tous ses biens aux pauvres; lorsque cette doctrine était surtout prêchée d'exemple, les chrétiens furent persécutés, et ils le furent réellement à cause de Jésus-Christ. Alors, en effet, les forts qui voulaient conserver le droit d'opprimer les faibles, les maîtres qui voulaient user et abuser de leurs esclaves, comme de leur chose propre, les riches qui voulaient jouir de leurs richesses, et ne prendre nul souci de la misère des pauvres, comprirent que, si on laissait faire les chrétiens, leur religion si simple et si populaire ne tarderait pas à gouverner moralement les hommes, et que bientôt, ainsi qu'elle le publiait, le pouvoir appartiendrait aux serviteurs des serviteurs de Dieu. Les empereurs, les sénateurs, les prêtres de l'ancienne loi et tous ceux qui étaient intéressés à la maintenir, se réunirent donc pour étouffer le scandale de l'Evangile dans le sang de ses propagateurs, et ils essayèrent de comprimer par la force matérielle la puissance de l'abnégation et du sacrifice. Les prétextes, même spécieux, ne leur manquèrent pas. Ils défendaient l'ordre public contre d'audacieux novateurs. En même temps qu'ils accusaient les chrétiens de mœurs abominables, ils cherchaient à exciter dans le peuple une réaction payenne, parce qu'il faut une religion pour le peuple, et que celle qui le condamne à l'esclavage était la seule bonne aux yeux de ses maîtres. C'est à la morale de Jésus-Christ que les persécuteurs ont fait la guerre, et tous ceux qui ont été persécutés en ont été avant tout les martyrs. Les dogmes théologiques, qui ne sont autre chose que les conditions d'existence de cette morale, ont été tour-à-tour niés et affirmés par les persécuteurs; mais ils ont toujours nié ou annulé la morale, et c'est là leur note commune. Ainsi les empereurs payens et les empereurs ariens nièrent la divinité de Jésus-Christ, afin de rejeter la souveraineté de sa loi pratique; ainsi les empereurs simoniaques affirmaient les dogmes au moins en apparence, mais ils niaient la morale : à cause de cela, le plus illustre de leurs martyrs, Grégoire VII, disait : « Je meurs en exil pour avoir aimé la justice et haï l'iniquité. » Ainsi Jean XXII, plaçant le droit d'interprétation au-dessus du *criterium* absolu, persécuta la morale, au nom de la théologie, dans la personne des frères mineurs. Jean XXIII et le concile de Constance en firent autant à l'égard de Jean Hus et de Jérôme de Prague. Quant au protestantisme moderne, il a été une guerre faite par des incrédules à des incrédules; ce qui le prouve, c'est que les chefs protestans et les chefs catholiques ont traité de la paix aussitôt qu'ils y ont été intéressés, et qu'ils ont également persécuté les hommes de bonne foi qui avaient pris parti dans cette querelle pour le triomphe de la morale : le pape et Luther persécutèrent l'un et l'autre les anabaptistes, et pour les mêmes motifs.

Pour que le clergé catholique eût été persécuté par les révolutionnaires français, il faudrait donc qu'il eût souffert à cause de la morale chrétienne. Or, pourquoi fut-il attaqué ? au mépris de la révélation, il enseignait et soutenait dogmatiquement que les hommes naissaient inégaux, qu'il y avait des rois et des nobles par droit de naissance, c'est-à-dire que Dieu n'était pas notre père commun, et que nous n'étions pas frères. Il ordonnait au plus faible de servir le plus fort et de lui obéir, et n'ordonnait rien au plus fort. Possesseur d'immenses richesses qu'on lui avait données pour être la providence des pauvres, il les avait gardées pour lui ; et pendant que ses hauts dignitaires en dépensaient la plus large part en luxe et en débauches, les bénéficiaires inférieurs trouvaient dans leur prébende de quoi mener une vie de mollesse, d'oisiveté et de plaisir. Non content des vastes domaines qui auraient suffi à nourrir abondamment un corps vingt fois aussi nombreux que le clergé français, il feignait encore la pauvreté, et il en jouait la comédie par ses ordres de mendians, et par l'impôt de la dîme. Et tout cela tombait directement sur les vrais pauvres, sur le peuple, qui se dépouillait du nécessaire pour accomplir ce qu'on lui disait et ce qu'il croyait être la loi. Est-il possible, nous le demandons, d'enseigner et de pratiquer plus formellement le contraire de la morale chrétienne ?

Voyons les révolutionnaires. Ils proclamèrent la fraternité, l'égalité et la liberté. Le clergé anathématisa cette légende. Ils voulurent abolir progressivement les priviléges de la naissance. Le clergé leur résista.

A la veille d'une banqueroute que lui avaient léguée ses derniers rois, sans finances, sans crédit, en proie à la famine et menacée d'une guerre européenne, la France n'avait d'autre ressource que dans les biens du clergé. Les révolutionnaires les déclarèrent propriété nationale, en assurant par des pensions l'existence des usufruitiers. Le clergé protesta. Non seulement il manqua volontairement à tous ses devoirs, mais encore il ne cessa de conspirer contre ceux qui les remplissaient à sa place, excitant la guerre civile et la guerre étrangère contre la bannière où la nation avait écrit la parole souveraine de Jésus-Christ. Les prêtres furent poursuivis comme zélateurs de la monarchie héréditaire absolue, de l'aristocratie selon la naissance, et de l'aristocratie selon l'argent; comme amis des rois, des nobles et des riches, et ennemis du peuple et des pauvres. Il y a longtemps qu'un philosophe en a fait la remarque : la révolution fut un châtiment et non pas une persécution. Elle châtia surtout les crimes du clergé. En 1794, sous l'impression des événemens, Saint-Martin développa cette pensée dans une brochure trop peu connue et qui a certainement inspiré au comte J. de Maistre son livre des *Considérations sur la France*, composé en 1797. Ce sont les mêmes vues générales de part et d'autre, sauf que de Maistre a mêlé sa superstition aristocratique et sa politique juive aux conceptions un peu plus évangéliques et partant un peu plus morales de Saint-Martin. Au reste, ce n'est pas la seule fois que de Maistre a puisé dans les écrits du chef des illuminés. Les *Soirées de Saint-Pétersbourg* sont pleines d'opinions martinistes. Nous croyons faire plaisir à nos lecteurs en plaçant sous leurs yeux les passages de la brochure de Saint-Martin conformes aux conclusions de notre préface ; bien entendu que cette conformité de conclusions, dans le cas particulier, est la seule chose qui nous soit commune avec *l'homme du désir*, dont nous rejetons entièrement le système philosophique tant dans ses généralités que dans ses conséquences.

« ..... Il est encore des Français qui loin de penser que les vérités religieuses aient eu à souffrir du renversement de la ci-devant église, sont persuadés qu'elles ne peuvent qu'y gagner infiniment. Je suis du nombre de ces Français. Je crois voir la Providence se manifester à tous les pas que fait notre étonnante révolution. Je crois que sa main équitable a eu pour objet de détruire les abus qui avaient infecté l'ancien gouvernement de France dans toutes les parties : abus parmi lesquels l'ambition des prêtres et leurs sacriléges malversations ont tenu le premier rang. Je crois qu'après avoir extirpé ces abus si majeurs, la providence donnera au peuple français, et par la suite à bien d'autres peuples, des jours de lumière et de paix dont nos pensées ne peuvent peut-être pas encore évaluer tout le prix.....

« ..... Quand on contemple la révolution dans ses détails, on voit que, quoiqu'elle frappe à la fois sur tous les ordres de la France, il est bien clair qu'elle frappe plus fortement encore sur le clergé. Car la noblesse elle-même, cette excroissance monstrueuse parmi des individus égaux par leur nature, ayant déjà été si abaissée en France par quelques monarques et par leurs ministres, n'avait plus à perdre, pour ainsi dire, que de vains noms et que des titres imaginaires; au lieu que le clergé, étant dans la jouissance de tous ses droits factices et de toutes ses usurpations temporelles, devait éprouver sous tous les rapports le pouvoir de la main vengeresse qui conduit la révolution; attendu qu'on ne peut guère se refuser à regarder les prêtres comme les plus coupables et même comme les seuls auteurs de tous les torts et de tous les crimes des autres ordres.

» En effet, c'est le clergé qui est la cause indirecte des crimes des rois, parce que c'est le prêtre qui, selon les expressions de l'Écriture, devait être la *sentinelle d'Israel*, et qui, au contraire, abusant des paroles adressées à Moïse, à Samuel et à Jérémie, s'est arrogé le droit d'instituer et de destituer les rois, de les consacrer et de légitimer ensuite tous leurs écarts et tous leurs caprices, pourvu qu'ils eussent soin d'alimenter l'ambition et la cupidité de ce même prêtre; enfin, parce que ces rois, qu'il regardait comme ses créatures, enfantaient partout en son nom tous ces abus qui, sortant d'une racine déjà altérée, se communiquaient naturellement et progressivement à toutes les branches de l'état...... le clergé n'a cherché qu'à établir son propre règne, tout en parlant de Dieu, dont souvent il ne savait pas même défendre l'existence....... Il lui avait été dit de donner gratuitement les trésors qu'il avait reçus gratuitement; mais, qui ne sait comment il s'est acquitté de cette recommandation !..... Aussi cette destruction du clergé n'aurait jamais pu avoir lieu en France par les seuls efforts de la puissance humaine, attendu que les rois, même dans le temps de leur plus grande élévation, n'auraient pas pu porter la moindre atteinte aux droits de ce clergé, sans s'exposer; au lieu que la puissance des rois n'a pas plus tôt été resserrée, qu'il s'est vu renversé dans ses possessions, dans ses grandeurs, et ensuite dans sa considération, au point qu'il est comme réduit aujourd'hui à abjurer jusqu'aux moindres traces de son existence.

» Seraient-ce aussi les efforts de la seule puissance humaine qui eussent pu renverser le monarque français, ce monarque, que ce même clergé nommait son bras droit, ce monarque qui, dans l'opinion politique, était au-dessus de tous les rois de l'Europe, ce monarque enfin qui, se trouvant précipité le premier de tous ses collègues, leur donne par là une leçon assez instructive pour qu'ils ne négligent pas d'y faire attention? Ils ont une grande méprise à expier, celle de concentrer toute une nation dans un seul homme et dans ceux qui peuvent tenir à lui, tandis que c'est à tous les hommes d'un état à s'oublier, pour se dévouer et ne se voir que dans la nation....... Ils n'ont pas vu qu'aucune force humaine toute seule n'eût pu opérer tous ces faits prodigieux qui s'accumulent journellement devant nous, parce qu'aucune pensée humaine toute seule n'eût pu en concevoir le projet; ils n'ont pas vu que les agens même de notre révolution l'ont commencée sans avoir de plan établi, et qu'ils sont arrivés à des résultats sur lesquels ils n'avaient sûrement pas compté. Ils n'ont pas vu que la révolution n'a commencé par un grand pays comme la France, que pour en assurer d'avance le succès : car si elle eût commencé dans des pays d'une moindre prépondérance, comment eût-elle pu résister seule à tous les ennemis qui l'eussent attaquée? Ils n'ont pas vu que dès l'origine de cette révolution, toutes les tentatives qu'on a faites contre elle ont tourné à son avantage; ils n'ont pas vu que, n'y ayant aucun chef de parti dans cette révolution, des mains malfaisantes peuvent faire disparaître quelques-uns des agens employés à cette grande œuvre, sans qu'elle cesse pour cela d'avoir son cours, puisqu'on ne détruit pas un parti dont on ne peut connaître ni atteindre le chef.... Il n'était pas difficile de prévoir qu'en éprouvant les effets de l'étoile surprenante qui veille sur notre révolution, nos ennemis finiraient par fuir tous devant nous, et par dire, comme les mages de Pharaon à la vue des prodiges de Moïse : *Ici est le doigt de Dieu.* Mais ils se repentiront de n'avoir pas fait cet aveu plus tôt, et d'avoir cru qu'ils pourraient se conduire avec une grande nation, libre et veillant elle-même à ses propres intérêts, comme ils en agissaient autrefois avec un cabinet ministériel. Ils se repentiront d'avoir cru ne nous faire qu'une guerre ordinaire et humaine; tandis que, quand on veut tout observer soigneusement, on voit que notre révolution actuelle est une guerre de religion, quoique ce mot soit comme effacé aujourd'hui de toutes nos délibérations, de toutes nos institutions et de toutes nos opérations politiques. La providence s'occupe plus des choses que des mots : ce sont les hommes qui s'occupent plus des mots que des choses....» (*Lettre à un ami, ou Considérations politiques, philosophiques et religieuses sur la révolution française. — Paris, an III.* p. 15 et suivantes.)

HISTOIRE PARLEMENTAIRE

DE LA

RÉVOLUTION

FRANÇAISE.

DU 3 JUIN AU 31 OCTOBRE 1793. — FIN.

Lorsque le christianisme parut dans le monde, il demanda tout, et tout lui fut accordé. Il ne réclama point, pour les pauvres, les plaisirs et la sécurité des riches; il n'appela point les esclaves à renverser et à remplacer les maîtres. Au lieu d'aigrir l'humiliation des vaincus et de tenter leur misère par l'espérance de réconquérir le butin accumulé dans les palais de l'aristocratie romaine; au lieu de proclamer le droit de chacun à la satisfaction de ses intérêts et de ses appétits, le christianisme imposa à chacun le devoir du sacrifice : de partout on alla au-devant de ce joug volontaire, et ce fut à qui chargerait ses épaules du plus lourd fardeau.

L'histoire des nations atteste unanimement que jamais on n'a obtenu des hommes l'effort d'un jour, en vue de leur bien-être matériel; et cependant, depuis un demi-siècle, c'est au nom de la doctrine du bonheur que certaines philosophies entreprennent de changer la face de l'Europe. Mais l'expérience des âges antérieurs serait comptée pour rien, que la moindre réflexion suffirait à convaincre du néant d'une semblable doctrine. Promettre le bonheur c'est prendre l'engagement de ne rien exiger et de tout donner. Quand on enseigne le repos, la volupté, les jouissances d'une vie douce et parfaitement abritée, à qui persuadera-t-on que les moyens d'y parvenir sont des privations cruelles, la guerre et la mort? Tout le monde connaît ce mot de Kléber à un des officiers qui combattaient sous ses ordres à Torfou contre les rebelles Vendéens : « Tu vas aller là, et tu t'y feras tuer avec tes soldats. » Il s'agissait de la garde d'un pont : Kléber fut obéi à la lettre. De quel droit l'apôtre du sensualisme donnerait-il un pareil ordre à son disciple? Aussi la seule crainte sérieuse que soient capables d'inspirer les charlatans ou les imbéciles qui invitent les hommes au bonheur, c'est de les voir multiplier et endurcir l'égoïsme dans la génération présente.

C'est toujours dans les crimes du pouvoir qu'il faut chercher les causes des révolutions. A l'époque où le pouvoir catholique commença à ne se rien refuser à lui-même de ce qui était défendu par la loi de Jésus-Christ, ce scandale souleva des plaintes amères. Mais ce ne fut point pour acquérir le droit de fouler aux pieds la morale, à l'exemple des chefs de l'église, que les premiers réformateurs, Wiclef et J. Hus, élevèrent la voix. Hommes de devoir, ils y rappelèrent énergiquement des directeurs infidèles. Luther ouvrit à la réforme une voie opposée. Alors on ne dit plus au pape et au clergé catholique, vous devez être vierges, parce que la loi vous y oblige ; on leur dit, vous ne gardez pas la continence, parce que la continence est impossible; pour être moral, le prêtre doit se marier. Qu'on suive la ligne logique de l'esprit qui animait Luther, et de concessions en concessions on arrivera à la concession universelle publiée par tant de révélateurs contemporains, et qui est la conséquence pratique du panthéisme. Les réformateurs du 16me siècle prétendirent que le mariage était le seul remède contre les débordemens des clercs. Aujourd'hui les panthéistes écrivent : la fidélité conjugale est impossible : voulez-vous empêcher l'adultère, abolissez le mariage et instituez la promiscuité; voulez-vous qu'il n'y ait plus de mal, niez et détruisez le bien.

Certes, ni les révolutionnaires jacobins, dont nous recueillons ici la mémoire, ni la France, qui les accepta pour maîtres absolus, ne se montrèrent descendans de Luther. Quelle preuve plus éclatante de leur filiation évangélique que la loi même de leurs actes! Comme les propagateurs de la morale de la fraternité, ils enseignèrent que tout devait être sacrifié pour assurer le règne de cette morale, et la nation dévouée à laquelle ils s'adressaient fut transportée d'un saint enthousiasme. Quinze siècles d'une vie sociale dont tous les travaux avaient eu pour but la réalisation de la légende inscrite sur la bannière des jacobins, tressaillirent dans les entrailles de la France. Le peuple devança spontanément la parole de ceux qui l'invitaient à souffrir et à mourir; et s'il se plaignit jamais, ce fut de ce qu'on ne lui demandait pas assez.

Il faut entendre là-dessus les hommes pour qui le dévouement est un inexplicable mystère. Leur étonnement et leurs contradictions prouvent qu'ils ne sont pas faits pour comprendre ni pour juger la révolution française. Un historien militaire, que nous citons quelquefois, Jomini, dit du gouvernement des Jacobins : « disposant sans scrupule du sang et de la fortune de vingt-cinq millions de Français, condamnant tout ce qui ne voulait pas s'armer ou se dépouiller, la Convention trouva dans ces effroyables mesures le secret du salut et de l'intégrité de la République : les instrumens et les moyens furent odieux, le résultat sublime. » Et voilà l'expression la plus exacte du sentiment girondin.

Nous l'avons déjà démontré; dans la crise où se trouvait la France, tout ce qui n'était pas pour elle était nécessairement contre elle. Ceux qui ne voulaient « ni s'armer ni se dépouiller » n'étaient pas Français, et notre affirmation est rigoureusement vraie. Quiconque examinera cette grande question avec la bonne foi la plus ordinaire, verra que le partage devait être ainsi : levée en masse pour les bons citoyens, réquisition pour les indifférens, prison pour les suspects, échafaud pour les traîtres, extermination pour les fédéralistes et les Vendéens. Quel rapport peut-il y avoir entre des moyens odieux et un résultat sublime? Les moyens directs qui sauvèrent la nation furent les sacrifices volontaires; et qui oserait en contester la sublimité ! Quant aux moyens indirects, quant aux précautions mille fois justifiées dont il fallut s'armer, ce n'est ni la réquisition, ni la prison, ni l'échafaud qui furent odieux, mais l'indifférence, les actes équivoques, les trahisons, mais les crimes qu'il fallut punir.

SEPTEMBRE.

Nous entrons dans le régime de la terreur. Les mesures extrêmes contre les ennemis extérieurs ont été décrétées pendant le mois précédent. Maintenant il s'agit d'opposer aussi des mesures extrêmes aux dangers intérieurs. Le *maximum* va enfin calmer les alarmes de la disette, et assurer au peuple les choses nécessaires à la vie; le tribunal révolutionnaire est organisé de manière à ce qu'il ne puisse plus encourir les reproches que lui a mérités le procès de Custine; une armée révolutionnaire parcourra les départemens pour en finir avec les conspirateurs, les accapareurs, et ceux qui s'opposeraient à l'exécution des lois ; une loi formulée avec soin précisera la dénomination de suspect, et ne permettra plus ni à l'arbitraire de sévir contre l'innocent, ni au coupable de tromper la vigilance sociale. A la suite de nouvelles et instantes dénonciations, le comité de sûreté générale sera renouvelé; le comité de salut public, prorogé le 11 septembre, vivement attaqué le 25 pour le mauvais état de l'armée du Nord, sera défendu non moins vivement par Robespierre; et la Convention, et le peuple de Paris déclareront qu'il n'a pas cessé d'être digne d'une entière confiance. Deux incidens dont nous aurons à exposer les causes, se rattachent à l'histoire de ce comité durant le mois qui nous occupe; l'un est le refus de Danton d'en faire partie; l'autre est la démission de Thuriot.

L'initiative appartient toujours aux Jacobins ou à la Commune de Paris. Les séances du club nous fourniront des soirées orageuses, celle notamment où Robespierre et Bourdon (de l'Oise) discuteront à l'occasion de Rossignol; celles du conseil-général renferment des détails curieux sur de *jolies solliciteuses* qui paraissent obséder particulièrement les administrateurs de police. Il en résultera des dénonciations plus ou moins sévères contre les membres convaincus de s'être laissé séduire, et pour les femmes, en général, l'obligation de porter la cocarde.

La plus fâcheuse nouvelle reçue en septembre fut la trahison des Toulonnais. L'entrée des Anglais et des Espagnols dans une de nos villes maritimes les plus importantes, un chemin court et facile ouvert par ce moyen à la coalition étrangère pour communiquer avec les rebelles du Rhône, ces considérations et d'autres plus graves encore alarmèrent justement la Convention : on pouvait d'un instant à l'autre débarquer des troupes nombreuses sur ce point du territoire, où l'on avait pour base d'opérations un port militaire de premier ordre. Mais l'indignation prit bientôt la place de tout autre sentiment, et la nouvelle de la victoire de Hondtschoote ne tarda pas d'ailleurs à tourner les esprits vers de grandes espérances. C'était là le premier fruit de l'adjonction de Carnot au comité de salut public. Si les instructions données à Houchard par ce comité eussent été exécutées avec intelligence, les résultats ne se seraient pas bornés, pour la coalition, à la perte d'une bataille. Aussi ce général, qu'il eût désobéi par ignorance ou par présomption, paya de sa tête la stérilité d'un glorieux début.

Indépendamment de l'exemple d'énergie révolutionnaire donné à la France par les adresses des clubs, par les décrets et les proclamations de la Convention, on avait songé à des enseignemens nationaux dont on se promettait les meilleurs effets. Sous le titre de *Annales du civisme*, la Convention se proposait de recueillir et d'adresser au peuple les actes de dévouement les plus propres à exalter le sentiment moral. Grégoire, au nom du comité d'instruction publique, fit un rapport, le 28 septembre, sur les moyens de rassembler les matériaux nécessaires à former ces publications. On avait senti également que le théâtre était un puissant instrument d'éducation, et dès le mois d'août (séance du 2), le comité de salut public avait fait décréter que les tragédies de *Brutus*, *Guillaume Tell*, *Caïus Gracchus*, et autres pièces patriotiques seraient représentées trois fois par semaine; une de ces pièces devait être jouée une fois par semaine aux frais de la République. Non-seulement les comédiens du Théâtre-Français se prêtèrent de fort mauvaise grace à cette mesure, mais encore vers la fin d'août ils donnèrent une pièce de François de Neufchâteau, le drame de *Paméla*, conçu dans les principes de l'*Ami des Lois* de Laya. Les représentations de *Paméla* furent suspendues le 3 septembre; Barrère fit, ce jour-là, le rapport suivant à la Convention (1) :

« Le comité a pris cette nuit des mesures pour raviver l'esprit public. Il est des choses peu utiles en apparence, mais que l'on trouvera nécessaires quand on pensera aux commotions que l'opinion publique a souvent reçues. Le théâtre de la Nation, qui n'était rien moins que national, a été fermé. Cette disposition est une suite du décret du 2 août, portant qu'il ne serait joué sur les théâtres de la République que des pièces propres à animer le

---

(1) Dans un de nos volumes antérieurs nous avons eu occasion de relever une note de M. Thiers sur le titre de *tuteur de Paméla* donné à Barrère par Camille Desmoulins. On sait que Paméla Sercey, plus tard lady Fitz-Gérald, était bien la pupille de Barrère, et non une pièce de théâtre, ainsi que M. Thiers l'a affirmé (*t. VI de son hist.*, p. 125). Quant à la pièce elle-même, la *Paméla* de François de Neufchâteau, on va voir par le rapport de Barrère qu'il n'en était rien moins que le tuteur.   (*Note des auteurs.*)

civisme des citoyens. La pièce de *Paméla*, comme celle de l'*Ami des Lois*, a fait époque sur la tranquillité publique. On y voyait non la vertu récompensée, mais la noblesse ; les aristocrates, les modérés, les Feuillans se réunissaient pour applaudir les maximes proférées par des *milords* ; on y entendait l'éloge du gouvernement anglais, et dans le moment où le duc d'York ravage notre territoire. Le comité fit arrêter la représentation de la pièce. L'auteur y fit des corrections, cependant il y laissa des vers qu'on ne peut pas approuver, tel est celui-ci :

> Le parti qui triomphe est le seul légitime.

» Hier cette pièce fut représentée sur ce théâtre, et l'aristocratie, qui est toujours aux aguets, s'y assembla. Pendant la représentation, un patriote, un aide-de-camp de l'armée des Pyrénées, envoyé auprès du comité de salut public, fut indigné de voir encore sur la scène les marques distinctives de la noblesse, de voir la cocarde noire arborée, d'entendre applaudir à l'éloge du gouvernement aristocratique d'Angleterre. Il interrompit ; à l'instant il fut cerné, couvert d'injures, et arrêté.

» Le comité, à qui tous les faits furent rapportés, se rappela l'incivisme marqué dans d'autres occasions par les acteurs de ce théâtre, et qu'ils étaient soupçonnés d'entretenir des correspondances avec les émigrés ; il fit attention que le principal vice de la pièce de *Paméla* était le modérantisme ; il crut qu'il devait faire arrêter les acteurs et les actrices du théâtre de la Nation, ainsi que l'auteur de *Paméla*.

» Si cette mesure paraissait trop rigoureuse à quelqu'un, je lui dirais : les théâtres sont les écoles primaires des hommes éclairés et un supplément à l'éducation publique. » — L'assemblée applaudit à cette mesure et la confirma.

Dans notre préliminaire sur le mois de septembre, nous ne devons pas oublier le premier projet d'un calendrier républicain présenté par Romme à la séance du 20. Un décret du 22 septembre de l'année précédente ordonnait qu'à compter de ce jour tous les actes publics seraient datés de l'*an premier de la Répu-*

blique. Un autre décret chargeait le comité d'instruction publique de préparer un travail sur l'ère nouvelle. Lagrange, Monge, Guyton-Morveau, Pingré, Dupuis, Féri, participèrent à ce travail. Romme fut chargé du rapport. La discussion s'ouvrit le 5 octobre. La Convention adopta les bases, la division, l'ensemble du plan de son comité d'instruction publique, mais elle rejeta la proposition d'une nouvelle nomenclature (1) des mois et des jours, et décréta la dénomination ordinale. L'article premier du projet portait : *L'ère des Français compte de la fondation de la République, qui a eu lieu le 22 septembre* 1792. En conséquence de cet article, et du décret qui instituait la dénomination ordinale, dès le lendemain (6 octobre) la Convention data son procès-verbal du *quinzième jour du premier mois de l'an deuxième de la République.* On reconnut bientôt la sécheresse et la pro-

---

(1) D'après la proposition de Romme le nom de chaque mois aurait rappelé une époque de la révolution. Voici ces noms :

Du 21 mars au 19 avril.	*Régénération.*
Du 20 avril au 19 mai.	*Réunion.*
Du 20 mai au 18 juin.	*Jeu de Paume.*
Du 19 juin au 18 juillet.	*Bastille.*
Du 19 juillet au 17 août.	*Peuple.*
Du 18 août au 16 septembre.	*Montagne.*
Du 22 septembre au 21 octobre.	*République.*
Du 21 octobre au 20 novembre.	*Unité.*
Du 21 novembre au 31 décembre.	*Fraternité.*
Du 21 décembre au 19 janvier.	*Liberté.*
Du 20 janvier au 18 février.	*Justice.*
Du 19 février au 20 mars.	*Égalité.*

Les cinq jours *épagomènes*, correspondant aux 17, 18, 19, 20 et 21 septembre, auraient été consacrés *à l'adoption, à l'industrie, aux récompenses, à la paternité, à la vieillesse.*

Les jours de la décade auraient été désignés ainsi :

Le 1er	le jour *du Niveau,*	symbole de l'égalité.
Le 2e	— *du Bonnet,*	de la liberté.
Le 3e	— *de la Cocarde,*	couleurs nationales.
Le 4e	— *de la Pique,*	arme de l'homme libre.
Le 5e	— *de la Charrue,*	instrument de nos richesses terriennes.
Le 6e	— *du Compas,*	instrument de nos richesses industrielles.
Le 7e	— *du Faisceau,*	de la force qui naît de l'union.
Le 8e	— *du Canon,*	l'instrument de nos victoires.
Le 9e	— *du Chêne,*	l'emblème de la génération et le symbole des vertus sociales.
Le 10e	— *du Repos.*	

lixité de cette manière d'indiquer une date, et la question fut renvoyée à un nouvel examen. Fabre-d'Églantine, rapporteur du second projet, fut entendu le 24 octobre. Le discours de Romme se retrouve entièrement, mais corrigé et augmenté, dans l'instruction du 24 novembre sur l'ère de la République et sur la division de l'année ; nous le transcrirons alors ; nous donnerons en même temps une analyse du rapport de Fabre.

La présidence de la Convention, occupée par Robespierre du 23 août au 6 septembre, passa à Billaud-Varennes (6-19 septembre), et de celui-ci à Cambon (19 septembre — 4 octobre.)

Entrons maintenant dans la chronologie de la terreur. Ceux qui nous ont peint cette époque d'après les documens officiels, et nous ne possédons que des histoires de ce genre, se sont contentés de placer à côté des actes du pouvoir conventionnel quelques considérations générales sur la situation de la République. Il est vrai que cette situation était de nature à exiger d'un gouvernement prévoyant et ferme la conduite que tint alors la Convention ; mais si de telles apologies suffisent pour des logiciens qui ne voient dans une donnée politique que la solution forcée, et comptent pour rien la matière des faits, elles ne prouvent jamais rien pour les hommes qui se préoccupent avant tout des faits eux-mêmes. Notre observation n'est pas seulement applicable au vulgaire des lecteurs ; nul historien de la révolution française n'y échappe. Les plus favorables au régime de la terreur couvrent cette page sanglante de leur livre du voile du salut public ; mais ce n'est là qu'une abstraction transparente où leur propre regard ne s'est pas arrêté lorsqu'ils ont pris la plume. Ils ont commencé par n'apercevoir et par ne décrire que des scènes lamentables, et après avoir divisé les acteurs de leur drame en bourreaux et en victimes, après avoir demandé l'exécration pour les uns et la sympathie pour les autres, la réflexion leur est venue que le salut public avait nécessité d'odieuses persécutions. Or, le salut public n'est pas un fait que l'on puisse saisir et toucher; c'est un mot qui n'a de sens que pour les ames sincèrement nationales. La prison, le tribunal révolutionnaire, la guillotine, sont au contraire des réalités menaçantes. Aussi voilà le spectacle auquel les écrivains dont nous parlons ont été particulièrement attentifs; et, ni pour eux, ni pour ceux qui les lisent sans convictions arrêtées, le motif du salut de la France n'a véritablement absous la révolution.

Et en effet, un danger, quelque grand qu'il ait pu être, du moment où il a été prévenu ou évité, ne semble plus qu'une crainte imaginaire. Il faudrait que tous les maux dans lesquels les fédéralistes, les Vendéens et l'étranger s'efforçaient de plonger la France eussent été endurés par elle; il faudrait que notre nation eût souffert tout ce que la Pologne souffre depuis quarante ans, pour que l'image de son infortune fît pardonner aux terribles colères qui l'auraient enfin délivrée de ses assassins. Nous accumulerions vainement nous-mêmes tous les élémens de ruine prochaine et inévitable qu'étouffèrent les Jacobins; nous ne réussirions pas à diminuer le préjugé général contre la terreur, si les faits innombrables que nous avons à raconter ne lui ôtaient le caractère préventif, pour ne pas dire aggresseur, sous lequel on s'est plû jusqu'à ce jour à nous la dépeindre. En cela on a ignoré ou trahi la vérité. La terreur fut une réaction provoquée par les ennemis du dedans, comme la levée en masse était une réaction provoquée par les ennemis du dehors. Aux frontières, dans les départemens, dans la capitale, partout la République était sur la défensive, et elle ne frappait qu'après avoir été frappée. Voyez, dirons-nous à ceux qui croient que la France fut alors une bête féroce atteinte de rage, voyez le glaive enfoncé dans sa poitrine et les mains acharnées qui le poussent vers son cœur.

Mais ce n'est pas dans les documens officiels qu'on doit chercher les provocations et les harcèlemens de toute espèce qui comblèrent à Paris l'irritation excitée par les nouvelles les plus sinistres, et y déterminèrent la célèbre journée du 5 septembre : à peine si le *Moniteur* et le *Bulletin de la Convention* en ont conservé une trace insignifiante. Les faits sont consignés dans les comptes-rendus des séances des Jacobins et de celles de la Commune, non pas tels que la lettre morte des procès-verbaux où elle classait ses arrêtés, et les extraits qu'en a donnés le *Moniteur*, nous les ont transmis, mais avec leurs circonstances de désordre et de lutte recueillies par les autres journaux du temps. Là sont les matériaux importans de l'histoire.

Lorsqu'en lisant les séances de la Convention on arrive à celle du 5 septembre, la démarche de la Commune n'est explicable que par le souvenir des faits accomplis dans le mois précédent. On se demande, avec raison, pourquoi la Commune de Paris éclate ainsi à l'improviste, pourquoi le mouvement s'est accéléré en elle, tandis que, sous l'influence des mêmes causes, celui de la Convention a diminué au point de s'éteindre. Sa séance du 1er septembre se consume, en effet, en de paisibles lectures. A celle du 2, Billaud-Varennes annonce que le bruit de la prise de Toulon commence à se répandre. Soulès, commissaire du pouvoir exécutif à Marseille, et porteur de cette nouvelle, est mandé à la barre, où il dit qu'en effet il a appris à Avignon, des représentans du peuple Rovère et Poultier, que les habitans de Toulon avaient fait brûler la Constitution par la main du bourreau. A son passage à Aix, il a su en outre des représentans Nioche, Robespierre jeune et Ricord, que les Toulonnais avaient livré leur port aux Anglais. Barrère déclare que les lettres reçues par le comité de salut public ne mentionnent rien de pareil, et l'on passe à l'ordre du jour. Nous ne remarquons dans cette séance que le décret par lequel Bazire fit mettre en réquisition tous les ouvriers imprimeurs pour le service de l'imprimerie nationale. Celle du 5, consacrée en grande partie à la communication de la correspondance, se termine par trois décrets. L'un établit qu'il y aura un *maximum* (1) pour le prix des grains, uniforme dans toute la République ; l'autre interdit le commerce

---

(1) La loi ne fut terminée que le 29 septembre. Elle fut décrétée en ces termes :

« La Convention nationale, après avoir entendu le rapport de sa commission,

des grains; le troisième est la confirmation de la mesure prise à l'égard de la pièce de François de Neufchâteau. Or, si, comme il sera démontré plus bas, le rapport de Barrère sur *Paméla* ne donne qu'un léger soupçon des troubles occasionnés par cette pièce, la discussion qui précéda le décret du *maximum* ne nous avertit pas davantage de l'état où se trouvait Paris. Une seule

pour la rédaction d'une loi sur la fixation du *maximum* du prix des denrées et marchandises de première nécessité, décrète ce qui suit:

ART. 1. Les objets que la Convention nationale a jugés de première nécessité, et dont elle a cru devoir fixer le *maximum* ou le plus haut prix, sont:

La viande fraîche.	Le sucre.
La viande salée et le lard.	Le miel.
Le beurre.	Le papier blanc.
L'huile douce.	Les cuirs.
Le bétail	Les fers.
Le poisson salé.	La fonte.
Le vin.	Le plomb.
L'eau-de-vie.	L'acier.
Le vinaigre.	Le cuivre.
Le cidre.	Le chanvre.
La bière.	Le lin.
Le bois à brûler.	Les laines.
Le charbon de bois.	Les étoffes.
Le charbon de terre.	Les toiles.
La chandelle.	Les matières premières qui servent aux fabriques.
L'huile à brûler.	
Le sel.	Les sabots.
La soude.	Les souliers.
Le savon.	Les colza et rabette.
La potasse.	Le tabac.

2. Parmi les objets ci-dessus énoncés, le *maximum* du prix du bois à brûler, de première qualité; celui du charbon de bois et du charbon de terre, est le même qu'en 1790, plus le vingtième de ce prix. La loi du 19 août sur la fixation par les départemens du prix du bois de chauffage, charbon, tourbes, est rapportée.

Le *maximum*, ou le plus haut prix du tabac en carotte est de 20 sous la livre, poids de marc; celui du tabac à fumer est de 10 sous; celui de la livre de sel est de 2 sous; celui du savon de 25 sous.

3. Le *maximum* du prix de toutes les autres denrées et marchandises énoncées dans l'article 1er sera, pour toute l'étendue de la République, jusqu'au mois de septembre prochain, le prix que chacune d'elles avait en 1790, tel qu'il est constaté par les mercuriales ou le prix courant de chaque département, et le tiers en sus, déduction faite des droits fiscaux, et autres auxquels elles étaient alors soumises, sous quelque dénomination qu'ils aient existé.

4. Les tableaux du *maximum* ou plus haut prix de chacune des denrées énoncées dans l'article 1er, seront rédigés par chaque administration du district

phrase du discours de Danton y fait allusion, encore faut-il savoir les faits pour le deviner. « La nature, s'écria Danton, ne nous a pas abandonnés, n'abandonnons pas le peuple ; il se ferait justice à lui-même ; il tomberait sur les aristocrates et leur arracherait de vive force ce que la loi aurait dû lui accorder. »

Le 4, la Convention décréta quelques nouveaux articles de la loi

et affichés dans la huitaine de la réception de cette loi et envoyés au département.

5. Le procureur-général-syndic enverra des copies dans la quinzaine suivante et au conseil exécutif provisoire et à la Convention nationale.

6. Les commissaires de la Convention nationale sont chargés de destituer les procureurs des communes, les procureurs-syndics, et procureurs-généraux-syndics qui n'auraient pas rempli les dispositions des articles précédens dans le délai prescrit, chacun en ce qui le concerne.

7. Toutes les personnes qui vendraient, ou achèteraient les marchandises énoncées en l'article 1er au-delà du *maximum* déterminé et affiché dans chaque département, paieront, par forme de police municipale, une amende solidaire double de la valeur de l'objet vendu, et applicable au dénonciateur ; elles seront inscrites sur la liste des personnes suspectes, et traitées comme telles. L'acheteur ne sera pas soumis à la peine portée ci-dessus, s'il dénonce la contravention du vendeur, et chaque marchand sera tenu d'avoir un tableau apparent dans sa boutique, portant le *maximum* ou le plus haut prix de ses marchandises.

8. Le *maximum* ou le plus haut prix respectif des salaires, gages, main-d'œuvre et journées de travail dans chaque lieu, sera fixé, à commencer de la publication de cette loi jusqu'au mois de septembre prochain, par les conseils-généraux des communes, au même taux qu'en 1790, auquel il sera ajouté la moitié de ce prix en sus.

9. Les municipalités pourront mettre en réquisition et punir, selon les cas, de trois jours de détention les ouvriers, les fabricans, et différentes personnes de travail qui se refuseraient sans causes légitimes à leurs travaux ordinaires.

10. Les autorités administratives sont chargées de veiller à l'exécution des coupes de bois ordinaires et extraordinaires et au départ.

11. Les municipalités veilleront aux réglemens des voitures et des mesurages.

12. Les prix des denrées et marchandises stipulés au-dessus du *maximum*, dans les marchés, commissions et arrhemens faits ou donnés par le gouvernement, ou à son nom, par ses agens, seront réduits à ce *maximum* pour toutes les denrées ou marchandises qui n'auront pas été versées et reçues aux formes ordinaires dans les magasins de la République, ou qui n'auront pas été expédiées et mises en route avant la date du présent décret, sauf une modification. Lesdits marchés, commissions et arrhemens, ainsi que ceux passés à des prix inférieurs au *maximum*, seront exécutés, comme ils pouvaient et devaient l'être avant le présent décret.

13. Dans les vingt-quatre heures qui suivront la publication du présent décret, les administrateurs, régisseurs, commissionnaires, leurs préposés et tous ceux, sans

qui devait fixer le prix des grains, et elle reçut la nouvelle officielle de la trahison de Toulon.—Au moment où la séance allait être levée, Chaumette parut à la barre.

« Citoyens représentans, dit le procureur de la Commune, le corps municipal me députe vers vous pour vous rendre compte de ce qui se passe maintenant à Paris. Ce matin à cinq heures, on

exception, qui auront été employés aux achats et arrhemens, à faire faire l'emmagasinement et la réception, ensemble ceux qui auront fait des expéditions, seront tenus de se présenter aux municipalités des chefs-lieux de canton où ils se trouveront, pour y faire parapher à chaque feuillet et arrêter à la dernière page, par le maire ou premier officier municipal, et par le procureur de la commune ou son substitut, et à Paris, par le président et secrétaire de la section des Marchés, Commissions, livres, carnets, feuilles d'achats, de réceptions, emmagasinemens ou expéditions. Les feuilles qui ne seront pas revêtues de cette formalité, ne pourront servir en aucune manière pour établir des livraisons, réceptions ou expéditions antérieures au présent décret.

14. Ceux des agens de la République leurs subordonnés, ensemble les commissaires des guerres qui porteraient ou souffriraient qu'on portât, par antidate, des denrées et marchandises dans des livres, feuilles ou états de réception, emmagasinement ou expédition, à une époque antérieure au présent décret, seront condamnés et contraints par corps au paiement d'une amende égale aux sommes y exprimées, dont moitié appartiendra à la République, et l'autre au dénonciateur, et en outre punis de dix ans de fers.

15. La même peine aura lieu contre les officiers municipaux, président ou secrétaire de section, qui seront convaincus d'avoir anti-daté les paraphes et arrêtés ordonnés en l'article 14, et ils seront solidaires pour le paiement de l'amende.

16. La disposition des articles 12 et 15 ci-dessus pour la réduction au *maximum* des denrées et marchandises non livrées ou expédiées, et pour les préalables à remplir afin de constater la livraison ou expédition, sera applicable aux marchés et arrhemens faits entre particuliers, et en cas d'anti-date de la part des officiers publics, ils seront punis des peines portées en l'article 15.

17. Pendant la guerre, toute exportation de marchandises ou denrées de première nécessité est prohibée sur toutes les frontières, sous quelque nom et commission que ce soit, le sel excepté.

18. Les objets énoncés ci-dessus allant à l'étranger, et surpris en contravention à la distance de deux lieues en-deçà de la frontière, et sans acquit-à-caution de la municipalité du lieu du conducteur, seront confisqués avec les voitures, bêtes de somme, ou bâtimens qui les transporteront, au profit de ceux qui les arrêteront, et il y aura peine de dix années de fers contre les contrevenans, propriétaires et conducteurs.

19. Pour que les équipages de navires neutres, ou francisés, n'abusent pas du bienfait de l'hospitalité, en enlevant les comestibles et approvisionnemens des villes et lieux maritimes au-delà de leurs besoins, ils se présenteront à la municipalité, qui leur fera acheter tout ce qui leur sera nécessaire.

20. Le présent décret sera envoyé par un courrier extraordinaire. »

a été chercher les ouvriers à leurs ateliers, et des mouvemens se sont manifestés sur les boulevarts, aux environs de la maison de la guerre; bientôt ils se sont dirigés vers la place de la maison Commune; des citoyens la remplissent maintenant, et leur demande est relative aux subsistances. Plusieurs bons citoyens se sont mêlés parmi eux, et sont parvenus à y établir le calme; ils s'occupent maintenant à rédiger une pétition pour la présenter à la Convention nationale et au corps municipal.

» Le conseil-général de la Commune m'a député vers vous, afin de vous présenter les faits tels qu'ils sont.

» Citoyens, il ne faut pas se le dissimuler, Paris renferme un foyer très-actif de contre-révolution, qui s'étend sur toute sa surface; tous les soirs la police remarque au jardin de l'Égalité des groupes composés de jeunes gens dont les principes ne sont pas très-républicains.

» Les sections se divisent aussi; hier, celle du Pont-Neuf a présenté l'étonnant spectacle de deux sections dans une même assemblée.

» L'apparente rareté du pain et le recrutement sont les prétextes dont se servent les ennemis de la République pour égarer le peuple; mais soyez assurés, citoyens, que leurs complots seront encore une fois déjoués.

» J'observe à l'assemblée que les ouvriers rassemblés sur la place de la maison Commune manifestent le plus grand respect pour la Convention; ainsi ce mouvement n'est nullement à craindre. Voilà le récit que j'étais chargé de vous faire. »

Le président répondit que l'assemblée s'occupait des subsistances, et par conséquent du bonheur du peuple. Avant de se retirer, Chaumette dit : « Je prie l'assemblée de vouloir bien me faire délivrer un extrait de son procès-verbal; ce sera une arme de plus à opposer aux ennemis. » — Cette demande fut accordée.

Telle est la ligne parlementaire. Rien là-dedans ne prépare à l'explosion du 5, pas même le discours de Chaumette que l'on vient de lire, car il y parle de l'émeute qui a lieu comme d'une effervescence où dominent des sentimens d'ordre et de modération, et qu'il sera facile d'apaiser. La vérité est cependant que depuis le jugement de Foulon par le peuple, jamais les salles de l'Hôtel-de-Ville n'avaient été le théâtre de scènes pareilles à celles du 4 septembre.

Suivons la ligne des faits. Le 1er septembre, les Jacobins s'occupèrent des Girondins, du *maximum*, et de la création d'une armée révolutionnaire. Après la lecture de la correspondance,

« *Desfieux* observe à la société que les conspirateurs ne sont pas jugés ; que de toutes parts on réclame le jugement d'Antoinette, de Brissot et consorts ; qu'un seul tribunal révolutionnaire ne suffit pas pour juger seize cents prévenus, surtout à l'instant où ce nombre va s'accroître par le renvoi à ce tribunal de tous les administrateurs contre-révolutionnaires. »

« *Coupé* fait un long discours sur les subsistances et les moyens perfides employés jusqu'à ce jour pour procurer leur disparition. Les grains accaparés à Nantes, au Havre, à Rouen, passent ensuite à nos ennemis. Ce sont nos subsistances qui alimentent les esclaves des despotes dont les armées sont dirigées contre nous ; et nous en recevons des farines vieilles et avariées, dont on ne peut faire que de mauvais pain. L'orateur termine ce discours rempli de grandes vérités par un projet de décret qui sera présenté à la Convention nationale. » (On voit que les Jacobins étaient en avance sur la Convention ; il s'agit ici du projet dont le premier article fut décrété le 5.)

« *Royer* appuie une adresse de la ville de Mâcon qui demande qu'une armée révolutionnaire se répande sur le territoire de la République, et en arrache tous les germes de fédéralisme, de royalisme et de fanatisme qui le couvrent encore. Vous avez placé, dit Royer, la terreur à l'ordre du jour ; qui pourra imprimer cette terreur avec plus de succès qu'une armée de trente mille hommes, divisée en plusieurs corps volans, accompagnée d'un tribunal révolutionnaire et d'une guillotine, et faisant partout, sur son passage, justice des traîtres et conspirateurs ? Jamais circonstance ne fut plus favorable. Il fût un temps où la chose était plus difficile, et dangereuse à proposer ; mais aujourd'hui que la faction rolandine est abattue, que l'armée de la République est dans Marseille, que Lyon va tomber en sa puissance, et que Bordeaux est revenu de ses erreurs, il n'est plus d'obstacle à nos succès ; la liberté doit triompher, et c'est aux Jacobins que la République entière en doit être redevable. L'orateur conclut en demandant que la société appuie à la Convention nationale l'adresse de Macon.

« *Un citoyen,* en appuyant la proposition de Royer, rappelle qu'une autre non moins utile fut faite à la dernière séance, celle qui devait destituer définitivement les nobles. Il demande que Royer soit entendu à ce sujet, puisqu'il a rédigé l'adresse qu'on doit présenter en masse à la Convention. »

« *Royer* demande à la société, et spécialement aux députés qui se trouvent dans son sein, de s'expliquer sur cet article. Il ne connaît pas assez le thermomètre de l'esprit public. Il veut que les Jacobins s'assurent de la disposition des représentans du peuple à cet égard, attendu que les Jacobins ne doivent porter que des coups sûrs. » (*Journal de la Montagne,* n. XCIII.)

Le 2 septembre, à l'ouverture de la séance des Jacobins, un citoyen prit la parole relativement à Duplain, rayé de la société, et dit : « *Monsieur Roussillon,* la veille du jugement de Custine, dit au président : Je ne sais pas comment tu feras pour poser les questions, car dans tout cela *je ne vois pas de quoi fouetter un chat.* »

Desfieux termina la lecture de la correspondance, en annonçant que les nouveaux directeurs des postes s'étaient présentés au ministère des contributions publiques pour y être installés, et que ce ministre avait toujours éludé leur demande. Il ajouta que nommé, conjointement avec Hébert, défenseur officieux des facteurs de la poste de Paris, et ayant écrit à ce sujet au ministre, la lettre la plus forte, Destournelles n'avait pas daigné lui répondre. — Le ministre n'avait éludé l'installation des directeurs de la poste, fit observer Auvray, que parce qu'ils n'avaient pu fournir un cautionnement de 40,000 liv. ; qu'ainsi, il était clair qu'il n'y aurait jamais de directeurs sans-culottes. On avait fait, continua Auvray, une liste de candidats pour le directoire des postes ; c'étaient pour la plupart des hommes inconnus. On remarquait cependant parmi eux *Monsieur Duplain*. Il y avait six patriotes, mais ils refusaient de se trouver en semblable compagnie. En finissant, Auvray proposa « de représenter le lendemain à la Convention, la nécessité d'organiser promptement ce directoire si mal composé. »

Hébert reprit ensuite la question agitée la veille sur le prompt jugement des Girondins. Il parla avec beaucoup de véhémence, et posa les conclusions suivantes : « Il faut que le peuple entier de cette ville, que les sociétés populaires et les sections, soient invités à se joindre aux Jacobins pour aller engager la Convention à décréter que ces scélérats vont, par un jugement légal, recevoir enfin le prix de tous leurs crimes, et cela dans le plus bref délai. » — Tous les membres sont debout, les chapeaux sont agités : oui, oui ! s'écrie-t-on à la fois, nous irons tous ! On arrête par acclamation la proposition d'Hébert, et lui-même est chargé de rédiger l'adresse qu'il a demandée.

Immédiatement après, Boissel fit lecture de celle qui devait être présentée à la Convention à l'effet d'en obtenir la destitution des nobles, des états-majors, l'amalgame des troupes de ligne avec les volontaires, et la création d'une armée révolutionnaire. Pendant qu'on discutait pour savoir quelle dénomination conviendrait le mieux à cette armée, celle de centrale, ou celle de révolutionnaire, un officier traversa la salle avec précipitation, et monta rapidement les degrés de la tribune ; il paraissait vivement agité :

« J'ai à vous dénoncer, dit-il, un fait important. Je viens du théâtre dit *de la Nation*, j'y ai assisté à la représentation d'une pièce intitulée *Paméla* ; la scène était couverte de décorations aristocratiques de toute espèce, cordons bleus, etc. ; tous les chapeaux offraient des cocardes noires. J'ai cru d'abord que c'était pour en faire voir le ridicule, et j'attendais avec patience le dénoûment. Point du tout ; la pièce entière était consacrée à l'éloge des nobles. J'avais peine à contenir mon indignation, mais elle a éclaté en entendant ces trois vers :

> Les persécuteurs seuls...... sont coupables,
> Et les plus modérés sont les plus pardonnables.
> Tous les honnêtes gens seront de cet avis.

» On applaudissait avec fureur : l'indignation l'emporte ; je me lève ; je m'écrie que si on avait dessein de faire quelque application à notre révolution, je saurais repousser la calomnie. *A bas!* est le cri qui se fait entendre dans toutes les loges. Je tiens bon, et ne sors qu'à l'aspect d'un homme décoré du ruban tricolore. Je le prends pour un magistrat, et je crois devoir provisoirement lui obéir. Ce n'était qu'un individu qui se prétendait directeur du conseil d'administration du théâtre, et qui se permet de m'interroger devant plusieurs personnes, et de me demander pourquoi je troublais l'ordre dans un lieu public? — Quand dans un lieu public, lui ai-je répondu, on se permet de débiter des maximes contraires aux lois, au bon ordre, et attentatoires à la tranquillité des citoyens, tout patriote a droit de s'y opposer. Ce n'est pas moi qui mets le désordre en vous rappelant à une conduite plus décente ; je rétablis au contraire l'ordre qui est violé. — Mais, quel est votre état, votre mission? — Je suis capitaine de dragons, employé au siége de Lyon, mandé par le comité de salut public pour des raisons qui ne regardent que lui et moi, et je déclare que mon arrestation, outre son illégalité, peut entraîner des suites très-dangereuses. — *Eh bien! si le comité de salut public a besoin de vous, il viendra vous chercher ici.* — Comme j'insistais pour ma liberté, on m'a demandé quels étaient mes répondans. J'ai cité toute la députation de mon département, et plusieurs autres députés, tous montagnards dont je suis parfaitement connu, et dont un seul n'aurait pas refusé de répondre pour moi; les sociétés populaires auxquelles je suis affilié, notamment celle des Jacobins où je compte plusieurs amis. — Ah! vous êtes Jacobin, s'écrie-t-on, il n'est pas étonnant que vous vous soyez récrié sur le mot *honnêtes gens*. Ce sont, disait-on ensuite à part, des agens envoyés dans les lieux publics pour espionner, pour causer du tumulte, et insulter les *honnêtes gens*, les gens *comme il faut*. Enfin on m'a rendu la liberté conditionnellement, en me recommandant de ne plus troubler la tranquillité et l'ordre public, et d'assister dorénavant avec le respect convenable à une représentation publique. »

Ce récit soulève d'indignation toute l'assemblée; Robespierre prend la parole pour solliciter la punition des coupables. « La Convention, dit-il, a rendu un décret par lequel elle ordonne aux théâtres publics de jouer trois fois par semaine des pièces patriotiques ; le même décret ordonne que les théâtres qui joueront des pièces aristocratiques et injurieuses à la révolution seront fermés. Le théâtre dit de la Nation est dans ce cas, et doit encourir la peine prononcée par la loi contre le délit.

» On dénonça il y a quelque temps, au comité de salut public, une pièce de ce théâtre ou des signes, des décorations aristocratiques étaient prodigués avec une espèce d'insolence; une pièce dont le style annonçait l'intention formelle de jeter un vernis de ridicule sur la révolution salutaire qu'a opérée le peuple français; où le gouvernement anglais était loué avec une affectation condamnable, ce qui ne pouvait être fait que dans la vue d'en imposer au peuple sur les abus de ce gouvernement monstrueux, et lui en faire désirer un semblable.

» L'ordre fut envoyé de suspendre les représentations de la pièce et d'en déposer le manuscrit au comité de salut public. L'auteur vint lui-même, et l'on fut très-étonné d'apprendre que c'était *M. François de Neufchâteau*, député à l'assemblée législative. Je n'étais pas pour lors au comité, mais les membres auxquels il en fit lecture, y trouvèrent beaucoup de choses condamnables. L'auteur promit de les retrancher. Ce fut sur cette promesse qu'on eût l'indulgence de lui permettre de la faire représenter sous la condition préalable des corrections projetées, sans quoi on devait en arrêter la représentation et poursuivre l'auteur. D'après le témoignage du citoyen qui vient de parler, il paraît que ces corrections n'ont point été faites. Comme on ne peut plus se dissimuler les intentions perfides des auteurs et acteurs de cette pièce, il est temps d'appeler, de déployer la sévérité des lois contre cette aristocratie : il faut que François de Neufchâteau soit poursuivi comme auteur d'un écrit incendiaire, et que le théâtre Français soit fermé. Assez et trop longtemps les habitués de ce théâtre, qui est même le repaire dégoûtant de l'aristocratie de tout genre, ont insulté la révolution et ses soutiens, par tous les moyens qui étaient en leur pouvoir : ils iront porter ailleurs leur inutilité et leur insolence. » — Cette mesure fut universellement accueillie par la société. Robespierre et Lefort furent invités à accompagner au comité de salut public le citoyen outragé. De là l'arrêté pris à l'heure même par ce comité, et le rapport fait le lendemain par Barrère, et que nous avons cité plus haut.

Le journal que nous analysons continue ainsi : « Nous observerons qu'il est d'autant moins surprenant que beaucoup de voix aient crié *à bas,* que le théâtre dit de la Nation, était hier entouré d'une foule effrayante de voitures qui, par leur somptuosité, effaçaient tout ce que l'ancien régime offrait de luxe. D'où sortaient ces voitures! on n'en sait rien ; car on ne les rencontre pas dans les rues. »

« *Gaston* assure que les théâtres, les tribunes de la Convention, celles même de la société des Jacobins, sont des points de rendez-vous pour les conspirateurs. Paris en est infecté, et partout on doit redouter leur influence. Il propose pour s'en débarrasser, de faire assembler les communes, les sections; de faire un appel nominal ; de s'assurer des individus que les citoyens désigneront comme suspects, et pour éviter l'abus qui pourrait en résulter dans des sections, où l'aristocratie domine, les individus dénoncés auraient le droit de se justifier devant une autorité composée de patriotes. Tous ceux qui seraient rangés dans la classe des gens suspects seraient saisis. Gaston assure avoir vu aujourd'hui à la Convention le baron de Saint-Priest, et il en conclut que la mesure qu'il propose est bien nécessaire pour prévenir tant d'insolence. » (*Journal de la Montagne,* n. XCV.)

A la fin de la séance du 2, Hébert lut l'adresse qu'il avait rédigée. Elle fut applaudie et adoptée avec cet amendement, que la destitution des nobles serait demandée à l'égard de tous ceux qui occupaient des fonctions publiques. Tous les Jacobins devaient se réunir le lendemain dans leur salle à neuf heures du matin, pour de là se rendre en masse à la Convention. Les tribunes furent invitées à s'unir aux membres de la société. Mais, par des raisons que nous ignorons, cette démarche n'eut pas lieu, et ce jour-là il n'y eut même pas de séance aux Jacobins. Nous intervertissons ici la séance du 4, afin de placer de suite les faits relatifs aux théâtres. Nous lisons dans le n. XCVII du journal cité, fin de la séance du 4 septembre.

Un citoyen. « Je viens ajouter aux dénonciations qui vous ont été faites sur les théâtres, des faits qui prouvent combien il devient nécessaire de surveiller ce nouveau genre de contre-révolution. On a donné, dimanche dernier, au théâtre du *Lycée*, au palais de l'Égalité, une pièce intitulée : *Adèle de Sacy*. Ce n'est autre chose, pour quiconque a eu le malheur de connaître la ci-devant cour, qu'une relation des faits dont elle fut le théâtre, et de ceux que probablement on se propose d'amener bientôt. On y reconnaît visiblement le ci-devant *Monsieur*, et d'*Artois*, dont le personnage n'a pas même été déguisé sous le voile d'une allégorie bien fine. On y représente, et toujours sans employer de tournure bien emblématique, et sous l'air le plus intéressant, sous les rapports les plus séduisans, *Antoinette* et son fils, qui sont aussi prisonniers dans une tour qui ressemble au Temple comme le Temple lui-même, et de crainte qu'on ne conçoive le but de l'ouvrage, on termine par délivrer l'auguste prisonnière et son fils, qu'on rétablit, au grand contentement de tout le monde, dans tous leurs biens, honneurs et dignités. — Ces faits n'ont pas besoin de commentaire. Je me borne à demander que les auteurs, acteurs et actrices, et même musiciens de ce théâtre, car, ne vous y trompez pas, ceux-là sont du complot, qui se plaisent à racler des airs chers aux ennemis du peuple; je demande, dis-je, que tous soient arrêtés, poursuivis comme perturbateurs du repos public, et que le théâtre soit fermé. »

Rousselin. « A peine le décret qui met en état d'arrestation les acteurs et actrices du Théâtre-Français, et ordonne que leur théâtre sera fermé, était rendu, que le comité de salut public fut assailli de gens qui venaient réclamer contre ce décret, et en demander le rapport. L'un d'eux, ancien mousquetaire, amant ou mari de la demoiselle Joly, paraissait avoir plus d'accès que les autres ; j'élevai ma voix républicaine, et il rentra dans l'antichambre, sa place ordinaire. Les crimes des *comédiens ordinaires du roi*, ne datent point d'aujourd'hui ; ils sont de l'origine la plus vieille et la plus gangrenée. Mâles et femelles, tous ont, depuis la révolution, conspiré contre la liberté. Il ne faut point d'exceptions : les femmes sont *bonnes*, quand elles sont *patriotes*; mais elles sont atroces quant elles sont aristocrates. Rappelez-vous que *Christine*, sœur d'*Antoinette* et du tyran autrichien, mit elle-même le feu aux bombes qui ont incendié les chaumières des malheureux habitans de Lille. Je demande que tous les pensionnaires ordinaires du ci-devant *veto* soient, attendu leur qualité bien notoire de gens *suspects*, détenus tous sans exception jusqu'à la paix, dans des maisons de force, et jetés à cette époque sur les plages de quelque pays despotique où ils porteront leur talent monarchique et efféminé que la République eût déjà dû proscrire à jamais de son sein, et que pour purifier ce local infecté depuis si longtemps par les gens *du bon ton*, il y soit établi un club où les sans-culottes des faubourgs Saint-Antoine et Saint-Marceau feront entendre les accens purs de la liberté. »

Voici maintenant la première moitié de la séance du 4 :

Renaudin annonce que des aristocrates se mêlent habituellement parmi les citoyens des tribunes. Ils disent en s'y rendant : *Nous allons chez le cousin Jacques*, comparant, dit l'orateur, la société à Jacques Clément. Le jour qu'on demanda pour le théâtre français, la justice qui lui fut rendue, quelques-uns de ces scélérats s'arrêtèrent à la porte des jacobins, en disant d'eux, et particulièrement de Robespierre, des horreurs qui furent entendues par un jacobin. Celui-ci les suivit jusqu'au ci-devant

Palais-Royal, où il ne put trouver occasion de les faire arrêter. Mais eux, s'apercevant qu'ils étoient suivis, se jetèrent sur lui et le renversèrent sur une borne où ils le laissèrent presque mort, en criant que c'étoit un aristocrate. Un propos qui leur est échappé doit donner lieu à des réflexions et à des recherches sur quelque complot que sans doute ils méditent. Le voici : *Cela durera-t-il long-temps?* disait l'un. *Les Jacobins persécuteront-ils long-temps les honnêtes gens? non*, répondit un autre. *Encore quelques instans et ce sera fini. Nous allons y mettre ordre.* Renaudin termine en invitant les citoyens des tribunes à remarquer les figures suspectes qui s'y rencontrent, et à en faire justice. »

« *Le citoyen* qui lit le procès-verbal invite la société à s'occuper du renouvellement des postes. »

« *Robespierre* appuie la nécessité de renouveler promptement cette administration, qui devient tous les jours plus mauvaise. On a voulu, dit-il, empêcher dans la Convention la destitution de ces employés rolandistes, et on s'est servi pour cela du prétexte qu'un homme suspect (Duplain) se trouvait sur la liste des remplaçans. Je conviens que la conduite qu'a tenue Duplain dans l'affaire de Custine lui a fait perdre l'estime des patriotes, et qu'ils ne le verront pas sans peine occuper une place quelconque, que lorsqu'il aura réparé ses torts; mais on a affecté de le confondre avec Duplain, auteur de l'*Écho*. Il est, sur la liste qu'on a présentée, des hommes sûrs et qui monteront cette machine d'une manière vraiment républicaine. Il faut renouveler à quelque prix que ce soit cette administration gangrenée, et quand il s'y glisserait un homme faible, il n'en résulterait pas d'aussi grands maux que d'y laisser plus long-temps des conspirateurs et des hommes infiniment suspects : tout délai est donc dangereux.

» Mais c'est sur un complot d'affamer Paris et de le plonger dans le sang, complot dont le comité de salut public a des preuves, que Robespierre veut fixer l'attention de la société. L'orateur développe les mesures perfides qu'emploient les ennemis du peuple pour amener la famine, et présente les remèdes qu'on peut y apporter.

» Toulon, ajoute-t-il, est peut-être pris ; déjà le bruit s'en est répandu. Je dois dire pourtant que la nouvelle n'est pas absolument certaine, et qu'on peut encore élever quelques doutes à cet égard; mais supposons qu'il le soit, assurément ce serait un grand malheur pour la République ; faudrait-il en désespérer pour cela? Nous vaincrons sans Toulon, et nos succès ailleurs nous en sont de sûrs garans. Déjà Marseille est au pouvoir des patriotes; Bordeaux est venu à résipiscence, et Lyon va s'écrouler sous les efforts des soldats républicains. Les armées du Nord, du Rhin et de la Moselle sont dans une situation brillante, et Dunkerque a juré de se défendre jusqu'à la mort. Le peuple n'a qu'un vœu unanime, c'est de sauver la patrie. Croyons donc que les succès de nos ennemis seront éphémères, et que la liberté triomphera....

» Quant aux subsistances, nous ferons des lois sages, mais en même temps terribles qui, en assurant tous les moyens d'existence, détruiront à jamais les accapareurs, pourvoiront à tous les besoins du peuple, préviendront tous les complots, les trames perfides ourdies par les ennemis du peuple pour l'insurger par la faim, l'affaiblir par les divisions, l'exterminer par la misère. Si les fermiers opulens ne veulent être que les sangsues du peuple, nous les livrerons au peuple lui-même. Si nous trouvions trop d'obstacles à faire justice des traîtres, des conspirateurs, des accapareurs, nous dirions au peuple de s'en faire lui-même justice. Réunissons donc ce faisceau redoutable contre lequel tous les efforts des ennemis du bien public se sont brisés jusqu'à ce jour. Ne perdons pas de vue qu'ils ne désirent autre chose que de nous rendre suspects les uns aux autres, et particulièrement de nous faire haïr et méconnaître toutes les autorités constituées. Des malveillans, des scélérats, se joignent aux groupes qu'on voit à la porte des boulangers, et les irritent par des propos perfides. On alarme le peuple en lui persuadant que les subsistances vont lui manquer. On a voulu armer le peuple contre lui-même, le porter sur les prisons pour y égorger les prisonniers, bien sûr qu'on trouverait moyen de faire échapper les scélérats qui y sont détenus, et d'y faire périr l'innocent, le patriote que l'erreur a pu y conduire.

» Ces scélérats ont voulu égorger la Convention nationale, les jacobins, les patriotes. Ils ont cherché à leur aliéner le peuple, en leur attribuant tous les maux dont ils l'ont rendu victime. On assure que, dans ce moment, Pache est assiégé, non pas par le peuple, mais par quelques intrigans qui l'injurient, l'insultent, le menacent.... (*Il faut nous y porter tous!* s'écrient plusieurs voix.)

Bourdon demande qu'une députation de vingt membres soit envoyée à l'instant à la Commune pour vérifier les faits et instruire le peuple de l'état actuel de Paris. »

Un citoyen prend la parole et dit : Un membre de la Commune vient de m'avertir qu'un attroupement de malveillans vient d'avoir lieu dans la place de la Commune; que déjà Pache y a été insulté, et que quelques voix y demandent *le duc d'York pour roi....* »

La députation part aussitôt, et Robespierre continue son discours. Nous allons le laisser à la tribune des Jacobins et nous transporter à l'hôtel-de-ville. Les deux journaux qui rendent le compte le plus détaillé de ce qui se passa à la mairie le 4 septembre, sont le *Républicain français*, n. CCXCIV, et le *Journal de la Montagne*, n. XCVI. Nous empruntons à ces deux feuilles le bulletin suivant :

COMMUNE DE PARIS. — *Du 4 septembre.* « Le corps municipal assemblé à une heure après midi, apprend qu'un grand rassemblement d'ouvriers se met en marche pour venir à la maison commune. Le commandant général se présente et fait part des mesures qu'il a prises à ce sujet. La place de la maison commune se remplit; une table est posée au milieu; le bureau se forme; l'assemblée s'organise; la pétition est rédigée et soumise aux assistans; une députation est nommée; elle se présente au corps municipal.

L'orateur. « Citoyens, la difficulté d'avoir du pain chez les boulangers est la cause pour laquelle nous venons interrompre un instant les travaux importans qui vous occupent. Depuis deux mois nous avons souffert en silence, dans l'espérance que cela finirait, mais au contraire le mal augmente tous les jours. Nous venons donc vous demander que vous vous occupiez des moyens que le salut public exige; faites en sorte que l'ouvrier qui a travaillé pendant le jour, et qui a besoin de reposer la nuit, ne soit pas obligé de veiller une partie de cette nuit, et de perdre la moitié de la journée pour avoir du pain, et souvent sans en obtenir. »

« Une conférence s'établit entre le maire et les ouvriers. Ceux-ci lui font tour à tour diverses questions; pourquoi n'empêche-t-on pas de sortir du pain de Paris? — Le corps municipal l'a arrêté maintes fois. — Pourquoi cet arrêté n'est-il pas exécuté? — Le corps municipal ne peut qu'ordonner et charger les sections de l'exécution; or, c'est vous qui formez les sections. — Y a-t-il des subsistances à Paris? S'il y en a, mettez-en sur le carreau; s'il n'y en a pas, dites-nous-en la cause; le peuple est levé; les sans-culottes qui ont fait la révolution vous offrent leur bras, leur temps et leur vie.

» La députation grossit, la salle est remplie : *Du pain! du pain!* s'écrie-t-on de toutes parts. — Chaumette et un autre membre courent à la Convention la prévenir de ce qui se passe. — Les officiers municipaux transportent la séance dans la grande salle; elle est bientôt remplie; les banquettes, les tribunes, le parquet, les couloirs, tout est garni; la discussion recommence; mêmes questions, mêmes réponses, et toujours : *Du pain! du pain!* — Chaumette arrive de la Convention. — On donne lecture du décret portant que le *maximum* des objets de première nécessité sera fixé. « Ce ne sont pas des promesses qu'il nous faut, s'écrie-t-on, *c'est du pain, et tout de suite.*

» *Chaumette* monte sur une table, il obtient le plus grand silence : « Et moi aussi j'ai été pauvre, dit-il, et par conséquent je sais ce que c'est que les pauvres. C'est ici guerre ouverte des riches contre les pauvres; ils veulent nous écraser; eh bien! il faut les prévenir : il faut les écraser nous-mêmes ; nous avons la force en main !... Les malheureux qu'ils sont ! ils ont dévoré les fruits de nos travaux ; ils ont mangé *nos chemises*, ils ont bu *notre sueur*...... et ils voudraient encore s'abreuver de notre sang !.... Je requiers, 1° qu'il soit transporté à la halle une quantité de farine suffisante pour fournir le pain nécessaire à la journée de demain ; 2° qu'il soit demandé un décret à la Convention nationale pour mettre sur-le-champ une armée révolutionnaire sur pied, à l'effet de se transporter dans les campagnes où le blé est en réquisition, assurer les levées, favoriser les arrivages, arrêter les manœuvres des riches égoïstes et les livrer à la vengeance des lois. »

« *Hébert* succède à Chaumette : que le peuple, dit-il, se porte dès demain en masse à la Convention ; qu'il l'entoure comme il a fait au 10 août, au 2 septembre et au 31 mai, et qu'il n'abandonne pas ce poste, jusqu'à ce que la représentation nationale ait adopté les moyens qui sont propres pour nous sauver.... Que l'armée révolutionnaire parte à l'instant même où le décret aura été rendu ; mais surtout que la guillotine suive chaque rayon, chaque colonne de cette armée. »

« Le réquisitoire est adopté à l'unanimité : la première partie est exécutée à l'instant, et demain, à onze heures, on se réunira pour la seconde.

» Le conseil-général ouvre sa séance ; il arrête, pour première mesure, que les anciens administrateurs des subsistances, Cousin, Bidermann, Filleul, Favanne et l'ex-ministre Garat, auront provisoirement auprès d'eux une garde de trois sans-culottes choisis, qui seront indemnisés à 5 liv. par jour.

» Une députation de la société des Jacobins se présente : Léonard Bourdon est l'orateur. Il annonce qu'à la nouvelle des inquiétudes du peuple, ils ont été envoyés pour se réunir au conseil-général, à l'effet de s'éclairer mutuellement, pour subvenir à la misère publique et momentanée. — Bourdon assure que tous les députés montagnards s'empresseront de faire décréter demain, par la Convention, les différentes mesures qui viennent d'être arrêtées par le peuple de concert avec ses magistrats. Le conseil arrête ensuite que les citoyens ne pourront se rendre chez les boulangers qu'à quatre heures et demie du matin, que les boulangers ouvriront à cinq, que les pains seront de cinq livres et qu'ils seront marqués.

» Il est dix heures : le peuple satisfait de ces arrêtés, se retire insensiblement. Des députations de sections remplacent les premiers pétitionnaires ; celle de la Cité représente qu'on a arrêté, aux environs de Paris, deux fermiers qui s'étaient refusés à délivrer des grains. Celle du Contrat-Social demande simplement qu'on fasse cesser les rassemblemens qui ont lieu à la porte des boulangers. Deux sections dénoncent un complot qu'elles disent avoir été formé d'assassiner aujourd'hui Pache et plusieurs patriotes. — Bernard, commissaire envoyé pour rétablir l'ordre dans la section du Pont-Neuf, rend compte de ce qu'il a fait. Cette section étant assemblée, il a aperçu que le parti aristocratique était dominant. Plusieurs se sont élevés contre les mesures prises par les magistrats du peuple ; mais ceux-ci en ont imposé à ces scélérats, en en faisant mettre plusieurs en état d'arrestation ; et le calme y est entièrement rétabli. »

— Nous reprenons la séance des Jacobins à l'endroit où nous l'avons interrompue.

Robespierre. « Vous voyez quels sont les moyens qu'on emploie pour égarer le peuple. Voilà encore un effort de nos ennemis, et peut-être sera-t-il le dernier. Il faut que la Convention, les sociétés populaires, les sections, le peuple entier de Paris se réunissent pour empêcher les coups qu'on s'apprête de porter aux autorités constituées ; il faut délibérer jusqu'à la fin sur les maux de la patrie, et le remède qu'on doit y apporter ; il faut ensuite veiller chacun de notre côté, avoir les yeux sur les intrigans et sur les traîtres, en réunissant nos efforts pour empêcher leurs complots. »

Ro er. « Mon ame est navrée de douleur ; mais elle a conservé son énergie. J'aurai peut-être l'occasion de vous développer de grandes vérités, des vérités terribles que vous aurez le courage d'entendre, puisque j'aurai celui de vous les dire. Robespierre vous a donné des moyens qui doivent sauver la République, si vous savez les mettre à exécution. Toulon peut-être est pris ; il le sera trop malheureusement pour la République ; bien d'autres échecs peuvent nous arriver ; mais remontons à la cause des grands maux qui nous affligent. Si *Loys* est ici je le somme de confirmer le discours qu'il me tint à Auxerre. On verra qu'il est dans le comité de salut public des hommes pervers dont on aurait dû le purger : un fait le prouve, ou *Loys* qui me l'a dit est un menteur. Il entendit *Barrère et Cambon* dire : L'état dans lequel se trouve aujourd'hui Lyon et Marseille n'est pas un état de rébellion : leurs demandes sont justes, et leurs réclamations légitimes. »

Robespierre. « Il est bon d'éclaircir le fait rapporté par Royer, et dont je ne doute pas, puisqu'il le tient de Loys. L'époque seule suffit pour déterminer la valeur de ce propos dans la bouche de gens qui ne sont pas toujours les premiers à deviner une conspiration. Ce ne peut être que dans l'ancien comité ; mais je ne parlerai pas de Cambon qui n'est pas du nouveau. Quant à Barrère, j'aurais peut-être plus d'une raison de m'en plaindre ; car Barrère m'attaqua personnellement dans un temps où mes ennemis réunissaient tous leurs efforts contre moi : mais je ne sais pas me souvenir des injures particulières quand il s'agit du salut public. Je déclare donc que j'ai toujours vu dans Barrère un homme faible, mais jamais l'ennemi du bien public. Je vous le répéterai quand il le faudra, si jamais l'on cherchait à faire valoir contre lui des inculpations de même nature : je l'ai vu toujours au comité, s'occupant avec ardeur des intérêts de la patrie, cherchant, saisissant tous les moyens qui pouvaient conduire au grand but de la rendre heureuse, et depuis que Barrère, éclairé sur les grands crimes d'une faction, dont il n'avait pas d'abord connu toute la scélératesse, a trouvé l'occasion de témoigner combien il abhorrait leurs principes, il l'a fait énergiquement. Enfin il a été chargé d'être auprès de la Convention nationale l'organe du comité de salut public ; chaque fois qu'il a été utile de lui faire connaître notre travail, il a rempli cette mission, avec un zèle, une énergie vraiment dignes d'un républicain, et qui s'accroîtront à raison des dangers que court la patrie. »

Royer. « Quelle que soit l'époque à laquelle a été tenu ce discours, je n'en persiste pas moins, dans mon ame, à croire que Barrère a tenu une marche tortueuse dans la révolution ; et que, si le côté droit eût triomphé, Barrère serait aujourd'hui sur ses pieds, et insulterait aux Jacobins anéantis. Robespierre, ton ame est pure ! tu crois celles avec lesquelles tu communiques semblables à la tienne, c'est tout simple. Il est de l'essence d'une ame candide, d'un cœur pur, d'un esprit droit, de ne point soupçonner dans autrui le crime qui n'est pas en soi-même. Quant à vous, Jacobins, jusques à quand délibérerez-vous sans agir ? A quoi aboutiront ces vains cris ? Qu'avez-vous fait depuis huit jours ? Rien. Je ne veux point déprécier vos travaux : mais sachez leur donner l'extension qui convient à une société républicaine. Montrez-vous tels que vous étiez dans ces jours difficiles où vous sauvâtes la liberté. Un de vos regards dispersait devant vous vos ennemis éperdus. Aujourd'hui, ils triomphent. La France entière réclame votre secours, et si vous ne vous empressez de le lui accorder, vos ennemis, qui sont ceux du peuple, devenus maîtres à leur tour, vous feront sentir le poids de leur vengeance. C'est vous qu'ils extermineront, c'est vous qu'ils traîneront à l'échafaud, et vous n'aurez pas la consolation de mourir innocens, puisque vous serez forcés de vous dire : nous pûmes sauver la patrie, fonder la liberté, triompher avec le peuple, et nous ne l'avons pas fait. Changez de tactique, je vous en conjure. Agissez et ne parlez plus. Je vais vous proposer des moyens bien extraordinaires, mais qui peut-être sont seuls capables de nous sauver aujourd'hui, et d'opérer cette crise salutaire qui doit, en exterminant tous nos ennemis, assurer au peuple son indépendance, sa liberté, son bonheur. Cessons dès ce moment nos séances, et ne les reprenons que quand le peuple n'aura plus d'ennemis en état de lui nuire. Arrachons de nos murs, ces fers, images de la tyrannie et de l'esclavage, restes impurs d'un temps que nous exécrons tous, signes infâmes, qui ne doivent plus souiller le temple de la liberté (1). Promenons dans les rues ces marques de notre antique servitude. Disons au peuple : voilà ce que te réservent les despotes coalisés contre toi ! voilà ce qu'il faut éviter par un effort magnanime ! prenons aussi les bustes de Marat et de Lepelletier. Que les statues de ces infortunés législateurs lui servent de point de ralliement, et que leur nom soit le cri de sa victoire. Que Paris s'ébranle à la fois ! qu'il suive ses amis sincères ! qu'il accompagne les Jacobins dans le sanctuaire des lois ! là nous dirons à la Convention : nous venons nous confondre avec vous, législateurs, identifiez-vous avec le peuple, et secondez tous ses efforts pour l'extinction de ses ennemis. Fort de l'assentiment de ses représentans, le peuple se répandra dans les rues, dans les maisons. Il y saisira tous les traîtres qui conspirent contre lui ; il les connaît ; il en fera justice ; ou plutôt, il les livrera à la vengeance des lois. Il abandonnera à ses législateurs, à ses juges, le soin de prononcer sur le sort des coupables, celui d'en distinguer l'innocent, celui d'assurer le bonheur du peuple, sa souveraineté, sa liberté, son indépendance par l'anéantissement total de ceux qui s'en montrèrent, jusqu'à ce jour, les ennemis si acharnés. » (*Journal de la Montagne*, n. XCVI.)

Ce discours produisit un effet difficile à décrire. La société se sépara avec la ferme résolution de faire, le lendemain, une démarche décisive. Le rendez-vous était à l'Hôtel-de-Ville. Là on devait réunir en une seule pétition toutes les adresses que l'on avait proposées et arrêtées dans les trois dernières séances. Voici le procès-verbal de celle qui fut tenue à la Commune, le 5 septembre au matin, avant le départ pour la Convention.

« *Conseil-général.* — 5 *septembre.* « Les citoyens qui, en vertu des arrêtés d'hier, devaient se rendre aujourd'hui à la Convention, pour lui présenter une pétition relative aux subsistances, se sont réunis à midi et un quart dans la salle des séances du

---

(1) L'orateur fait ici allusion, sans doute, aux fers des soldats de Château-Vieux, suspendus à la voûte de la salle des Jacobins. (*Note des auteurs.*)

conseil. Une députation de la société des Jacobins vient se réunir à l'assemblée, et demande qu'il soit pris des mesures pour faire mettre en état d'arrestation tous les gens suspects, les muscadins, clercs de procureur et de notaire, commis marchands.

» Le procureur de la Commune donne ensuite lecture de la pétition dont le conseil avait ordonné la rédaction, pour être présentée à la Convention nationale. Elle est couverte de nombreux applaudissemens, et adoptée à l'unanimité.

» La section du Panthéon-Français annonce qu'elle a purgé son sein de tous les aristocrates. Elle observe que depuis longtemps on fait de longs discours, et qu'on n'agit pas assez; elle déclare qu'elle a pris le parti de délibérer fort peu, mais d'agir vigoureusement; elle pense que ce moyen est le seul capable de déjouer les projets des contre-révolutionnaires qui s'agitent en tout sens, et invite le conseil-général, et tous les citoyens, à suivre son exemple.

» Le conseil applaudit aux principes et à la démarche de la section du Panthéon, et arrête qu'il en sera fait mention civique au procès-verbal.

» Hébert dénonce un imprimé de quatre pages. On le jette, dit-il, dans les boutiques de la rue Saint-Denis...... Il est adressé aux muscadins de Paris, aux marchands de draps.... On y désigne les patriotes, les Jacobins, comme des monstres, et on y tâche de persuader aux muscadins, clercs de procureurs, etc., que la levée en masse servira à les rendre esclaves, et à les réduire à porter à leur tour la sellette de décrotteur. Il invite les citoyens à arrêter cette production dangereuse.

» Dunouy donne lecture de quelques observations sur la nécessité de prendre des mesures extraordinaires pour l'approvisionnement de la ville de Paris. Il rappelle à ce sujet que Paris avait autrefois la direction et la police sur toutes les rivières y affluentes, ainsi que sur les marchés de Sceaux, de Poissy et de Bernay. Il entre dans plusieurs détails sur diverses mesures auxquelles le conseil applaudit sans donner de suite à cet objet qui n'est point de sa compétence.

» A midi trois quarts, tous les citoyens, précédés du procureur de la Commune et de plusieurs membres du conseil, partent pour se rendre à la Convention. » (*Moniteur du 8 septembre; Journal de Paris du 6.*)

Convention. — *Séance du 5 septembre.* « Le président annonce qu'un très-grand nombre de citoyens de Paris demande à défiler dans la salle, et à lui présenter une pétition par l'organe d'une députation. La députation est introduite : le maire et plusieurs officiers municipaux sont à la tête. »

Le maire de Paris. « Citoyens représentans, Paris n'a pas encore manqué de subsistances ; cependant depuis six semaines, la crainte d'en manquer rassemble toutes les nuits les citoyens à la porte des boulangers. Cette crainte est fondée sur ce que Paris ne se nourrit plus que des arrivages journaliers. Le défaut d'approvisionnement vient de ce que les lois sur les subsistances ne sont pas exécutées ; il vient de l'égoïsme et de la malveillance des riches détenteurs de grains ; et ce mal est commun à toutes les grandes villes. Le peuple, fatigué de ces manœuvres, vient vous présenter son vœu. Le procureur de la Commune est chargé de vous lire la pétition des citoyens de Paris. »

Chaumette. « Citoyens législateurs, les citoyens de Paris, las de voir leurs destinées trop long-temps incertaines et flottantes, veulent enfin les fixer invariablement. Les tyrans de l'Europe, les ennemis domestiques de l'état persistent avec atrocité dans leur affreux système d'affamer le peuple français, pour le vaincre et le forcer à changer honteusement sa liberté, sa souveraineté contre un morceau de pain, ce qu'il ne fera assurément jamais. (*Non, non,* s'écrie-t-on d'une voix unanime.)

» De nouveaux seigneurs non moins cruels, non moins avides, non moins insolens que les anciens, se sont élevés sur les ruines de la féodalité ; ils ont affermé ou acheté les propriétés de leurs anciens maîtres, et continuent à marcher dans les sentiers battus par le crime, à spéculer sur la misère publique, à tarir les sources de l'abondance et à tyranniser les destructeurs de la tyrannie.

» Une autre classe aussi avide, aussi criminelle que la première, s'est emparée des denrées de première nécessité. Vous l'avez frappée, mais vous ne l'avez qu'étourdie, et à l'ombre même des lois elle continue ses brigandages.

» Vous avez fait des lois sages; elles promettent le bonheur; mais elles ne sont pas exécutées, parce que la force exécutrice manque, et si vous ne la créez promptement, elles courent risque d'être frappées de vétusté, le moment d'après leur naissance.

» Les ennemis de la patrie lèvent contre elle en ce moment leurs couteaux déjà teints de son propre sang. Vous commandez aux arts, les arts obéissent, et les métaux sous les mains républicaines se changent en armes tyrannicides; mais où est le bras qui doit tourner ces armes contre la poitrine des traîtres?

» Les ennemis cachés de l'intérieur, avec le mot de liberté sur les lèvres, arrêtent la circulation de la vie. Malgré vos lois bienfaisantes, ils ferment les greniers, soumettent froidement à un calcul atroce combien leur rapportera une disette, une émeute, un massacre. Votre ame se brise à cette idée. Vous remettez aux administrations les clefs des greniers et le livre infernal du calcul de ces monstres. Mais où est le poignet robuste qui tournera avec vigueur cette clef fatale aux traîtres? Où est l'être fier, impassible, inaccessible à toute espèce d'intrigue et de corruption, qui déchirera les feuillets du livre écrit avec le sang du peuple, et qui en fera aussitôt l'arrêt de mort des affameurs? (On applaudit.)

» Tous les jours nous apprenons de nouvelles trahisons, de nouveaux forfaits; tous les jours nous sommes inquiétés par la découverte et la renaissance de nouveaux complots; tous les jours de nouveaux troubles agitent la République, et sont prêts à l'entraîner dans leurs tourbillons orageux et à la précipiter dans l'abîme insondé des siècles à venir. Mais où est l'être puissant dont le cri terrible réveillera la justice assoupie ou plutôt paralysée, étourdie par les clameurs des partis, et la forcera enfin à frapper les têtes criminelles? Où est-il l'être fort qui écrasera tous ces reptiles, qui corrompent tout ce qu'ils touchent, et dont les piqûres venimeuses agitent nos citoyens, changent leurs assemblées politiques en arènes de gladiateurs, où chaque passion, chaque intérêt trouve des apologistes et une armée?

» Il est temps, législateurs, de faire cesser la lutte impie qui dure depuis 1789, entre les enfans de la nation et ceux qui l'ont abandonnée. Votre sort et le nôtre sont liés à un établissement nvariable de la République. Il faut que nous détruisions ses ennemis, ou qu'ils nous détruisent ; ils ont jeté le gant au milieu du peuple, le peuple le ramasse ; ils ont excité des mouvemens ; ils ont voulu séparer, diviser la masse des citoyens, pour la briser et éviter par là d'en être brisés eux-mêmes. Aujourd'hui la masse du peuple doit les écraser, sans ressource, de son poids et de sa volonté.

» Et vous, Montagne à jamais célèbre dans les pages de l'histoire, soyez le Sinaï des Français ! lancez au milieu des foudres les décrets éternels de la justice et de la volonté du peuple ! Inébranlables au milieu des orages amoncelés de l'aristocratie, agitez-vous et tressaillez à la voix du peuple. Assez longtemps le feu concentré de l'amour du bien public a bouillonné dans vos flancs, qu'il fasse une irruption violente ! Montagne sainte ! devenez un volcan dont les laves brûlantes détruisent à jamais l'espoir du méchant, et calcinent les cœurs où se trouve encore l'idée de la royauté.

» Plus de quartier, plus de miséricorde aux traîtres ! (*Non, non,* s'écrie-t-on à la fois dans toutes les parties de la salle) ! Si nous ne les devançons pas, ils nous devanceront. Jetons entre eux et nous la barrière de l'éternité. (Applaudissemens.)

» Les patriotes de tous les départemens, et le peuple de Paris en particulier, ont jusqu'ici montré assez de patience. On s'en est joué ; le jour de la justice et de la colère est venu. (On applaudit.)

» Législateurs, l'immense rassemblement des citoyens réunis hier et ce matin sur la place et dans l'intérieur de la Maison commune n'a formé qu'un vœu ; et une députation vous l'apporte, le voici : *Des subsistances, et pour en avoir, force à la loi.* En conséquence, nous sommes chargés de vous demander la formation de l'armée révolutionnaire que vous avez déjà décrétée, et que l'intrigue et la frayeur des coupables ont fait avorter. (Des applaudissemens unanimes s'élèvent à plusieurs reprises.) Que cette armée forme très-incessamment son noyau dans Paris, et que dans tous les départemens qu'elle parcourra, elle se grossisse de tous les hommes qui veulent la République une et indivisible ; que cette armée soit suivie d'un tribunal incorruptible et redoutable, et de l'instrument fatal qui tranche d'un seul coup et les complots et les jours de leurs auteurs ; qu'elle soit chargée de forcer l'avarice et la cupidité à regorger les richesses de la terre, nourrice inépuisable de tous ses enfans ; qu'elle porte ces mots sur ses enseignes, et que ce soit la consigne de tous les instans : *Paix aux hommes de bonne volonté, guerre aux affameurs, protection aux faibles ; guerre aux tyrans, justice et point d'oppression.* Enfin, que cette armée soit composée d'une manière qu'elle puisse laisser dans toutes les villes des forces suffisantes pour comprimer les malveillans.

» Législateurs, vous avez déclaré que la France était en révolution jusqu'à ce que son indépendance soit assurée ; il ne faut pas que ce décret ait été rendu en vain. Hercule est prêt, remettez dans ses robustes mains la massue, et bientôt la terre de la liberté sera purgée de tous les brigands qui l'infectent. La patrie respirera. Les subsistances du peuple seront assurées.

» Nous nous attendons à voir renouveler les efforts de l'aristocratie pour révoquer son arrêt de mort, ou tout au moins obtenir un sursis, les objections les plus astucieuses et les plus raffinées vont être faites dans toutes les assemblées politiques ; on va parler des subsistances de cette armée, des dangers qu'elle pourrait faire courir à la liberté ; on répétera tous les lieux communs déjà rebattus tant de fois, et nous répondrons, quant à ses subsistances, qu'il n'y aura pas un grain de blé de consommé en sus de ce qui se consomme ; ce ne seront pas des bouches de plus, mais des bouches déplacées. Des dangers qu'elle fera courir à la liberté? Cette armée sera composée de républicains, et si quelque audacieux osait dire *mon armée*, il serait sur-le-champ mis à mort. Quant aux autres objections, il n'y aura qu'une réponse à y faire. Il y a trop long-temps que le salut du peuple est ajourné, il est temps que ses ennemis soient défaits. »

(*De vifs applaudissemens s'élèvent dans toutes les parties de la salle et des tribunes, et se prolongent plusieurs instans.*)

Le président (*Thuriot*) *à la députation*. « La liberté survivra aux intrigues et aux projets des conspirateurs. La sollicitude de la Convention s'étend sur tous les maux du peuple. Que les bons citoyens se réunissent, qu'ils fassent un dernier effort : la terre de la liberté, souillée par la présence de ses ennemis, va en être affranchie. Aujourd'hui leur arrêt de mort est prononcé, et demain l'aristocratie cessera d'être. La Convention prendra en considération vos réclamations; elle vous invite aux honneurs de la séance. »

Chaumette. « Je dois ajouter quelques observations à la pétition que je viens de vous présenter. Hier le conseil-général de la Commune, réuni à la classe respectable des indigens qui remplissaient et le lieu de ses séances, et la place de la Maison commune, s'est occupé des moyens de pourvoir à leurs besoins les plus pressans. Nous avons vu que la diminution de l'arrivage de toutes les denrées de nécessité, contribuait à augmenter les craintes de famine et à renchérir ces mêmes denrées. Nous nous sommes aperçus que la plupart de ceux qui font croître des légumes se liguent pour affamer Paris, en les retenant dans leurs greniers. Nous avons vu un plan profondément médité de détruire par la famine le peuple qui a fait la révolution; nous avons jeté les yeux sur le plan des environs de Paris, nous y avons vu des terrains qui servent au luxe, des jardins, des parcs, pas un qui serve à l'utilité commune. Nous demandons que tous les jardins des biens nationaux à vendre soient mis en culture utile; nous vous prions enfin de jeter vos regards sur l'immense jardin des Tuileries; les yeux des républicains se reposeront avec plus de plaisir sur ce ci-devant domaine de la couronne, quand il produira des objets de première nécessité. Ne vaut-il pas mieux y faire croître des plantes dont manquent les hôpitaux que d'y laisser des statues, fleurs de lis en buis et autres objets, alimens du luxe et de l'orgueil des rois? »

(La députation est admise aux honneurs de la séance. Elle est suivie d'un nombre immense de citoyens. Ils se présentent à la barre, et entrent successivement au bruit des applaudissemens et des acclamations de l'assemblée et des tribunes. Ils se placent sur les gradins de la partie droite. Bientôt tout le parquet est couvert de citoyens et de citoyennes ; le cri de *vive la République* se fait plusieurs fois entendre. — On remarque, au milieu de la foule, des citoyens portant des écriteaux avec ces mots : *Guerre aux tyrans, guerre aux aristocrates, guerre aux accapareurs!* etc.)

Moyse Bayle convertit en motion les demandes des sections. Elles furent successivement appuyées et développées par Raffron, Billaud-Varennes, Léonard Bourdon, Gaston, Danton et Drouet. Saint-André annonça que le comité de salut public allait faire un rapport général à la suite duquel il proposerait des mesures conformes au vœu du peuple. Bazire demanda que le conseil-général de la Commune épurât les comités révolutionnaires ; que ces comités réorganisés procédassent sur-le-champ à l'arrestation et au désarmement de tous les gens suspects, et qu'il leur fût, en conséquence, donné plein pouvoir pour agir sans l'intervention d'aucune autorité quelconque. Ces propositions furent décrétées.

Les entreprises sans cesse renouvelées par les contre-révolutionnaires dans certaines sections devinrent l'objet d'une motion spéciale. Les alternatives fréquentes qui livraient ces assemblées tantôt à l'influence des Girondins, tantôt à celle des Jacobins, provenaient de ce que le peuple, obligé de travailler pour vivre, cédait forcément la place aux gens oisifs, et ne venait siéger que de temps en temps. Alors il lui fallait se disputer, lutter et même quelquefois combattre pour soumettre la minorité qui s'était intronisée pendant son absence. Ce fut dans le but d'apporter une remède définitif à ces désordres que Danton fit décréter que les sections de Paris s'assembleraient extraordinairement les dimanches et les jeudis, et que tout citoyen, selon sa volonté, recevrait une indemnité de 40 sous par jour. Danton fit décréter en outre qu'il serait mis à la disposition du ministre de la guerre 100 millions pour des fabrications d'armes, et notamment pour des fusils. Ces deux décrets furent votés au milieu des applaudissemens et d'un enthousiasme général.

La députation des Jacobins réunie aux commissaires des quarante-huit sections prit ensuite la parole.

L'orateur. « Nous venons vous présenter une adresse de la société des Amis de la liberté et de l'égalité, séante aux Jacobins, réunie aux commissaires des quarante-huit sections.

» Mandataires du peuple, les dangers de la patrie sont extrêmes, les remèdes doivent l'être également. Vous avez décrété que les Français se lèveront en masse pour repousser loin des frontières les brigands qui ravagent nos campagnes, mais les satellites des tyrans, les féroces insulaires, les tigres du Nord qui portent la dévastation parmi nous, sont moins à craindre que les traîtres qui nous agitent dans l'intérieur, qui nous divisent, qui nous arment les uns contre les autres. L'impunité les enhardit, le peuple se décourage en voyant échapper à la vengeance nationale les grands coupables; tous les amis de la liberté s'indignent de voir que les fauteurs du fédéralisme n'ont pas encore subi la peine de leurs forfaits. Dans les places publiques les républicains parlent avec indignation des forfaits de Brissot, ils ne prononcent son nom qu'avec horreur. On se rappelle que ce monstre a été vomi par l'Angleterre en 1789, pour troubler notre révolution et entraver sa marche.

» Nous demandons qu'il soit jugé, ainsi que ses complices. (*On applaudit.*)

» Le peuple s'indigne de voir encore des priviléges au milieu de la République. Quoi! les Vergniaud, les Gensonné, et autres scélérats, dégradés par leurs trahisons de la dignité de représentans du peuple, auraient pour prison un palais, tandis que de pauvres sans-culottes gémissent dans les cachots sous les poignards des fédéralistes!.... (*On applaudit.*)

» Il est temps que l'égalité promène la faux sur toutes les têtes. Il est temps d'épouvanter tous les conspirateurs. Eh bien, législateurs, placez la terreur à l'ordre du jour. (*Il s'élève de vifs applaudissemens.*) Soyons en révolution, puisque la contre-révolution est partout tramée par nos ennemis. (*Mêmes applaudissemens.*) Que le glaive de la loi plane sur tous les coupables !

» Nous demandons qu'il soit établi une armée révolutionnaire, qu'elle soit divisée en plusieurs sections, que chacune ait à sa suite un tribunal redoutable, et l'instrument terrible de la vengeance des lois; que cette armée et ses tribunaux restent en fonctions, jusqu'à ce que le sol de la République soit purgé des traîtres, et jusqu'à la mort du dernier des conspirateurs. (*Des applaudissemens nombreux s'élèvent parmi les citoyens présens à la séance.*)

» Avant tout, bannissez cette classe chargée de crimes, qui occupe encore insolemment les premiers postes de nos armées ; où depuis le commencement de la guerre, elle ne s'est signalée que par des trahisons. Les nobles furent toujours les ennemis irréconciliables de l'égalité et de l'humanité entière ; pour leur ôter tout moyen de grossir les hordes de nos ennemis, nous demandons qu'ils soient mis en prison jusqu'à la paix ; cette race altérée de sang ne doit désormais voir couler que le sien. Les mânes des victimes entassées par les trahisons vous demandent une vengeance éclatante, et la voix du peuple vous en impose la loi. » (*De nombreux applaudissemens suivent la lecture de cette adresse.*)

Le président à la députation. « Citoyens, c'est le peuple qui a fait la révolution, c'est à vous qu'il appartient surtout d'assurer l'exécution des promptes mesures qui doivent sauver la patrie ; vous sollicitez l'établissement d'une armée révolutionnaire, votre vœu est couronné. Déjà la Convention, attentive à tout ce qui peut intimider et déjouer les puissances étrangères et leurs agens, a arrêté que cette armée serait bientôt formée.

» Oui, le courage et la justice sont à l'ordre du jour. Tous les bons citoyens, au lieu de trembler, béniront le moment où la Convention aura pris des mesures pour fixer enfin le sort de la révolution. Tous les Français béniront la société à laquelle vous appartenez, et au nom de laquelle, ainsi que de la ville de Paris, vous venez solliciter ces mesures impérieuses et définitives. Tous les scélérats périront sur l'échafaud, la Convention l'a jugé solennellement : déjà elle a pris les moyens de donner une plus grande activité au tribunal révolutionnaire. Demain elle s'occupera d'augmenter le nombre des juges et celui des jurés. La Convention applaudit à votre patriotisme; elle vous invite aux honneurs de la séance. »

Trois pétitionnaires remplacèrent les Jacobins à la barre. Ils se dirent chargés par plusieurs sociétés populaires de demander que la levée en masse frappât indistinctement tous les citoyens. Ils représentèrent comme injuste autant que dangereuse une réquisition successive et répartie en trois classes. De violens murmures éclatèrent. Le président répondit que la Convention saurait faire respecter les mesures qu'elle avait prises : « Elle ne permettra pas, dit-il, que les jeunes citoyens qui ont de l'ame soient déshonorés par ceux qui n'en ont pas. » — Les pétitionnaires sortirent au bruit des huées.

Merlin (de Douai) fit rendre ensuite un décret portant peine de mort contre quiconque achèterait ou vendrait des assignats. En ce moment parut une députation de la section de l'Unité. A toutes les demandes faites par la Commune et par les Jacobins elle en ajoutait deux, celle de la destitution des prêtres fonctionnaires, et celle du maintien indéfini de la Convention nationale. Drouet s'écria que le jour était venu d'être inflexible; que c'était l'heure de verser le sang des coupables : « Puisque notre vertu, dit-il, notre modération, nos idées philosophiques ne nous ont servi de rien, soyons brigands pour le bonheur du peuple. (*Violens murmures.*) Soyons révolutionnaires, sans cesser d'être justes; et si les tyrans de l'Europe prétendent qu'être révolutionnaires c'est être brigands ; n'importe, vous aurez fait périr les traîtres, vous aurez sauvé la patrie. Ce n'est pas assez d'avoir ordonné l'arrestation des gens suspects ; je voudrais que vous déclarassiez à ces hommes coupables que si, par impossible, la liberté était en péril, vous les massacreriez impitoyablement (*Un murmure sourd couvre la voix de l'orateur*), et que vous ne rendrez aux tyrans la terre de la liberté que couverte de cadavres. » Drouet termina en demandant que les hommes suspects répondissent sur leur tête des malheurs de l'état, et que le conseil-général de la Commune, ou le comité révolutionnaire, en déclarant un homme suspect, ne fussent pas tenus de donner leurs motifs. Ce discours encourut l'improbation générale, et Thuriot fut applaudi lorsqu'il se leva pour inviter la Convention à se méfier des propositions exagérées. « La France, dit-il, n'est pas altérée de sang, elle n'est altérée que de justice. »

Barrère, au nom du comité de salut public, se présenta alors pour lire un rapport sur les diverses pétitions que l'on venait d'entendre. Voici un extrait de cette pièce :

« Depuis plusieurs jours tout semblait annoncer un mouvement dans Paris. Des lettres interceptées, soit pour l'étranger, soit pour des aristocrates de l'intérieur, annonçaient les efforts constans que faisaient leurs agens, pour qu'il y eût incessamment, dans ce qu'ils appellent la *Grande ville*, un mouvement. Eh bien, ils auront ce dernier mouvement..... (*Il s'élève de vifs applaudissemens.*) Mais ils l'auront organisé, régularisé, par une armée révolutionnaire qui exécutera enfin ce grand mot qu'on doit à la Commune de Paris : « Plaçons la terreur à l'ordre du jour. » C'est ainsi que disparaîtront en un instant et les royalistes et les modérés, et la tourbe contre-révolutionnaire qui vous agite. Les royalistes veulent du sang ; eh bien, ils auront celui des conspirateurs, des Brissot, des Marie-Antoinette. Ils veulent préparer un mouvement ; eh bien ils vont en éprouver les effets ; ce ne sont pas des vengeances illégales, ce sont les tribunaux extraordinaires qui vont l'opérer. Vous ne serez pas étonnés des moyens que nous vous présenterons, lorsque vous saurez que du fond de leurs prisons ces scélérats conspirent encore, et qu'ils sont les points de ralliement de nos ennemis. Brissot a dit et a imprimé qu'avant que sa tête tombât, celles d'une partie des membres de la Convention ne seraient plus et que la Montagne serait anéantie, c'est ainsi qu'ils cherchent à vous arrêter par la terreur dans votre marche révolutionnaire.

» Les royalistes veulent troubler les travaux de la Convention.... Conspirateurs, elle troublera les vôtres. (*Vifs applaudissemens.*)

» Ils veulent faire périr la Montagne!... eh bien la Montagne vous écrasera!

» Ils voudraient, disent-ils, égorger Pache et les municipaux; eh bien! il vivra pour servir le peuple, pour déjouer leurs infâmes manœuvres sur les subsistances. Je dois dire que depuis deux mois j'ai été témoin de la sollicitude constante du maire de Paris pour les subsistances. Je l'ai vu allant sans cesse du comité à la Commune, de la Commune au comité, écrivant aux sections, répondant aux faux bruits des malveillans, demandant des moyens de force pour s'assurer des arrivages qu'on cherche à intercepter et à ralentir; enfin s'occupant constamment du bonheur du peuple. (*On applaudit.*) Un fait vous prouvera l'existence des complots que vous avez à déjouer.

» Hier, un homme, connu par son patriotisme, passait dans le palais de la Révolution, qui est le repaire des agioteurs. Il entendit six jeunes gens, je dirai plutôt des *muscadins*, ce nom qu'une jeunesse orgueilleuse s'est fait donner, et qui attestera à la postérité, qu'il a existé en France, au milieu de sa révolution, des jeunes gens sans courage et sans patrie. (*On applaudit à plusieurs reprises.*) Ils disaient : Tout ira bien; les femmes sont choisies, et les muscadins sont bien déterminés.... Les femmes sont donc leur ressource! Les femmes! sans doute on peut les égarer un instant; mais ce sexe noble et spirituel, n'est pas par essence la conquête éternelle du fanatisme; le génie de la liberté ne lui est pas étranger, et il ne sera pas l'instrument du crime.

(*On applaudit.*) Quant aux muscadins.... il est facile de leur ôter les moyens d'être dangereux.

» Les royalistes crient tous les jours *à la République une et indivisible*.... Ils veulent la détruire. — Les royalistes accaparent les subsistances, ou empêchent les marchés..... et ils en accusent la Convention. — Ils agiotent, ils avilissent les assignats,..... et ils se rejettent sur la Convention. — Ils font resserrer la circulation des subsistances près de Paris;.... et les voilà qui déclament contre la Convention, qui, tous les jours, prend des mesures pour faciliter et accélérer l'arrivage. — Les royalistes livrent nos ports aux Anglais,..... et ils font dire par les traîtres, et publient dans le Midi : *La Convention veut livrer les ports*. — Les royalistes font des mouvemens autour de Paris ; ils égarent les citoyens peu fortunés, ou en empruntent le nom et le costume ;..... puis ils calomnient les sans-culottes et la Convention.

» Que faut-il pour mettre un terme à tant de crimes et de complots ? Une armée révolutionnaire qui balaie les conspirateurs. »

En terminant son rapport, Barrère annonça que le neveu de Pitt avait été trouvé caché dans le château du Camiriet à Dinan; et mis en état d'arrestation. Des transports de joie éclatèrent à cette nouvelle, et les applaudissemens les plus vifs interrompirent quelques instans le rapporteur.

L'assemblée porta les décrets suivans :

« La Convention nationale, après avoir entendu le rapport de son comité de salut public ; décrète :

» 1. Il y aura à Paris une force armée soldée par le trésor public, composée de six mille hommes et douze cents canonniers, destinée à comprimer les contre-révolutionnaires, à exécuter, partout où besoin sera, les lois révolutionnaires et les mesures de salut public qui seront décrétées par la Convention nationale, et à protéger les subsistances.

» 2. Cette force armée sera organisée dans le jour, selon le mode prescrit par la loi.

» La municipalité de Paris et le commandant-général se concerteront sur-le-champ avec deux membres du comité de salut public, pour la formation de cette force.

» 5. La solde de cette force révolutionnaire sera la même que celle de la gendarmerie nationale de Paris (1). »

Par un second décret, il fut enjoint aux personnes attachées à la ci-devant maison militaire de Louis Capet, ou à celles de ses frères, et aux militaires démissionnaires, destitués ou suspendus, autres que ceux arrêtés, de se retirer dans leur municipalité, et à vingt lieues des frontières, pour y être mis en surveillance. — Un troisième décret ordonna que Brissot, Vergniaud, Gensonné, Clavière, Lebrun (2) et son secrétaire Bau-

(1) A la séance du 9, Carnot, au nom du comité de salut public, fit décréter l'instruction suivante pour la formation de l'armée révolutionnaire de Paris.

» La Convention nationale, après avoir entendu le rapport de son comité de salut public décrète :

» 1. Les comités révolutionnaires des sections de Paris formeront la liste des citoyens de leurs sections respectives de vingt-cinq à quarante ans, qui se présenteront pour servir dans l'armée révolutionnaire ; ils adresseront chaque jour ces listes à la mairie et au commandant-général.

» 2. L'une de ces listes sera soumise à une commission formée de six membres du conseil-général du département de Paris, et de six membres du conseil-général de la commune, lesquels examineront les citoyens présentés, pour statuer définitivement sur leur admission.

» 3. Toutes les compagnies d'artillerie de la garde nationale parisienne seront soldées, et la moitié sera attachée à l'armée révolutionnaire, l'autre moitié continuera le service près sa section.

» 4. Les six escadrons qui doivent être fournis par le département de Paris continueront d'être levés et feront partie de l'armée révolutionnaire.

» 5. Il y aura six bataillons, chacun d'eux sera composé de mille hommes.

» 6. Les sous-officiers et officiers des compagnies seront à la nomination des volontaires.

» 7. Les officiers des états-majors des bataillons seront nommés par le conseil exécutif provisoire et confirmés par le comité de salut public.

» 8. Il n'y aura qu'un chef de bataillon ; en son absence le plus ancien capitaine en fera les fonctions.

» 9. L'état-major général sera composé d'un général de division, deux généraux de brigade et trois adjudans généraux. Il sera nommé comme l'état-major particulier des bataillons.

» 10. Aussi long-temps que l'armée révolutionnaire sera existante, il sera procédé chaque année à de nouvelles élections et nominations des officiers et sous-officiers; ils seront susceptibles de réélection. (*Note des auteurs.*)

(2) Le 9 septembre, le ministre de la justice informa la Convention que Lebrun, mis en état d'arrestation, avait trouvé les moyens de s'évader. (*Note des auteurs*)

dry, seraient immédiatement traduits au tribunal révolutionnaire.

Billaud-Varennes et Jean-Bon-Saint-André firent rapporter le décret rendu depuis long-temps sur la motion de Gensonné, et qui défendait sous peine de mort les visites domiciliaires pendant la nuit. Jean-Bon-Saint-André dit ensuite : « Il est une autre mesure à prendre. Il existe à Paris une classe d'individus qui, malgré la faiblesse de leur sexe, font beaucoup de mal à la République. Ils corrompent vos jeunes gens; et au lieu de les rendre vigoureux et dignes des anciens Spartiates, ils n'en font que des Sybarites incapables de servir la liberté : je veux parler de ces femmes impudiques qui font un honteux trafic de leurs charmes. C'est une peste dans la société, et tout bon gouvernement devrait les bannir de son sein. Je demande que le comité de salut public examine s'il ne serait pas utile d'étouffer ce germe de contre-révolution, en déportant au-delà des mers ces femmes de mauvaise vie. » — Cette proposition fut applaudie et renvoyée au comité.

Billaud-Varennes fit ajouter au décret rendu sur la proposition de Bazire, que les membres des comités révolutionnaires recevraient une indemnité de 3 liv. par jour. « C'est une conséquence, dit l'orateur, du décret qui accorde 2 liv. aux citoyens qui quitteront leurs ateliers pour assister aux assemblées de leurs sections. » Cette dernière mesure que Danton avait fait voter en principe fut rendue entièrement conforme à l'esprit dans lequel elle était conçue. La rédaction définitive (*séance du 9 septembre*) porta : « 1. Il y aura désormais, dans les sections de Paris, deux séances seulement, le dimanche et le jeudi.

2. Les citoyens qui n'ont d'autre ressource pour vivre que le travail journalier de leurs mains, pourront réclamer une indemnité de 40 sous par séance. Elle ne sera payée qu'à ceux qui seront présents à la séance, qui commencera à cinq heures et finira à dix.

» 3. La somme nécessaire au paiement de cette indemnité sera perçue sur les contributions et sous additionnels, et avancée par le trésor public.

4. Des commissaires, nommés dans les sections, certifieront l'état de besoin des citoyens compris dans l'article 2, et constateront leur présence dans les séances des sections.

» 5. Les percepteurs des contributions directes de Paris acquitteront, chacun dans leur arrondissement, le montant de l'indemnité, sur les certificats donnés par les commissaires de section; la trésorerie nationale tiendra en conséquence, à la disposition du ministre de l'intérieur, jusqu'à la concurrence de 20,000 livres pour être avancée à la municipalité de Paris. La somme répartie sur les sous additionnels sera versée dans le trésor public à mesure des perceptions. »

Il manque à notre histoire de la séance du 5 septembre le décret sur la réorganisation du tribunal révolutionnaire, rendu par la Convention avant qu'elle eût reçu aucune députation. Nous transcrivons ici ce décret :

« La Convention nationale, après avoir entendu son comité de législation, décrète ce qui suit :

» 1. Le tribunal criminel extraordinaire, établi par la loi du 10 mars dernier, sera divisé à l'avenir en quatre sections.

» 2. La compétence de chacune de ces sections sera la même que celle des trois autres, et elles seront toutes à la fois en activité.

» 3. A cet effet, le nombre des juges sera porté à seize, y compris les président et vice-président.

» 4. Le nombre des jurés sera porté à soixante; celui des substituts de l'accusateur public à cinq, celui des commis-greffiers à huit, et celui des commis-expéditionnaires également à huit.

» 5. Les juges et jurés seront répartis au sort dans les quatre sections, et ce répartiment sera renouvelé tous les mois.

» 6. Néanmoins, à la fin du mois, si l'examen d'un ou de plusieurs procès était ouvert dans une ou plusieurs sections; le renouvellement serait différé jusqu'au jugement de ces procès.

» 7. Les juges, jurés et officiers d'une section pourront suppléer les juges, jurés et officiers d'une autre section.

» 8. Dans chaque procès porté au tribunal extraordinaire, le président procédera au premier interrogatoire de l'accusé et recevra les déclarations écrites des témoins, si mieux il n'aime déléguer ses fonctions à l'un des juges, de quelque section qu'il soit.

» 9. Immédiatement après les interrogatoires et la réception des déclarations écrites des témoins, le sort décidera à laquelle des quatre sections chaque procès sera porté.

» 10. Si néanmoins une section se trouve chargée de plus d'affaires que chacune des autres, elle ne sera admise au tirage qu'après que le sort en aura assigné à chacune des autres un nombre égal au sien.

» 11. Si au contraire une section n'avait aucune affaire à juger et qu'il ne se trouvât qu'un procès à distribuer, ce procès lui serait assigné sans tirage au sort.

» 12. Le tirage au sort se fera en présence du président, de l'accusateur public ou de l'un de ses substituts, et d'un commissaire de chaque section.

» 13. Les procès qui feront suite, ou qui seront connexés à celui dont une section se trouvera saisie, seront portés devant cette section sans tirage au sort.

» 14. Les indemnités et traitemens des juges, substituts de l'accusateur public, jurés, commis-greffiers, commis-expéditionnaires et employés, seront réglés d'après les précédens décrets (1).

» 15. Il sera formé dans la séance de demain une liste de candidats pour remplir toutes les places créées par le présent décret, et celles qui se trouvent vacantes. Le ministre de la justice enverra, dans le jour, au comité des décrets l'état de ces derniers. »

La séance du conseil-général de la Commune du 5 septembre au soir renferme des détails que nous devons recueillir. Nous

---

(1) Par décret du 2 juillet, une indemnité de 18 fr. par jour était allouée aux jurés du tribunal révolutionnaire. (*Note des auteurs.*)

composons le bulletin suivant avec le *Journal de Paris*, n. CCL, et avec celui *de la Montagne*, n. XCVII.

« Il s'élève quelques réclamations sur le procès-verbal. Un citoyen qui siégeoit du côté des commissaires des sections demande la parole. Il est aussitôt interpellé par Chaumette de dire ses noms et qualités. Il répond qu'il s'appelle *Tiger*, qu'il est imprimeur, et qu'il demeure sur la section du Panthéon. Chaumette fait remarquer que ce citoyen a du beau linge, que cependant il était hier avec les ouvriers. Lorsqu'on a parlé de la formation de l'armée révolutionnaire, dit-il, vous avez dû apercevoir que lorsque le peuple voulait cette grande mesure, il s'y est constamment opposé; mais rassurez-vous, citoyens, nous aurons des blés, et les accapareurs seront punis. Ce moyen ne plaisait pas à ce citoyen; il interpellait continuellement le maire de déclarer s'il y avait ou s'il n'y avait pas de farines. Je ne sais, s'écrie Chaumette, quel génie a amené ce matin chez moi ce citoyen. Je m'étais couché à six heures du matin. Sans se faire annoncer, il s'est présenté devant moi; je l'ai reçu, mon bonnet de nuit sur la tête; je lui ai demandé ce qu'il voulait; il était interdit, et n'a su que me répondre; il m'a paru suspect. J'attribue, continue-t-il, le trouble où il était à la présence de deux personnes qu'il ne croyait pas sans doute trouver dans mon appartement. Je suis monté chez mon ami; lorsque je suis revenu cet homme était disparu. Je le soupçonne d'avoir voulu attenter à mes jours. Ce matin, lorsque nous allions à la Convention présenter la pétition qui avait été lue ici, et dont il venait d'entendre la lecture, ce même citoyen m'a arrêté sur le quai et a allégué que je n'avais pas exprimé dans cette pétition tout ce que demandait le peuple. Hébert l'a pris au collet. Il a arrêté notre marche; il m'a traité d'intrigant. J'ai méprisé cet insecte.... Ce qui s'est fait aujourd'hui est une révolution; elle a tourné à l'avantage du peuple. La révolution me paraît achevée; elle l'est. Ces messieurs ne voulaient pas tout cela; nous le voulons. Je croyais que ce citoyen avait été arrêté, et que déjà on avait examiné sa bourse pour savoir s'il ne s'y trouvait pas des

guinées de Pitt. Je le vois encore siéger ici lorsque son parti est
à bas, et que la révolution est terminée pour le peuple. — Plusieurs membres attestent ce qui s'est passé sur le quai. Chaumette montre un témoin qui était chez lui ce matin, et il requiert
que l'homme qu'il accuse soit conduit à la police pour y être interrogé. — Accordé.

» Chaumette rend ensuite un compte très-détaillé de ce qui
s'est passé aujourd'hui à la Convention. Puis, il demande que
dès ce soir on épure tous les membres du conseil, et qu'on
renvoie tous les amis des rois et des reines, et que même on les
mette en état d'arrestation. Vous connaissez tous, s'écrie Chaumette, le fameux billet dans lequel était incluse une lettre que
votre collègue Michonis fit passer à l'Autrichienne, au Temple;
cet homme nous a trompés; il faut qu'il paie son forfait de sa
tête. Vous savez aussi que Lebœuf, qui est ici présent, a tenu au
Temple une conduite très-criminelle; il faut que le conseil, dès
ce soir, donne l'exemple à tous les conseils généraux de la République, et que Lebœuf et ses semblables soient exclus ignominieusement de cette enceinte. — Oui, monsieur, dit-il à Lebœuf, vous avez deshonoré le conseil général, comme s'il avait
été vendu à la famille des Capet. Vous avez été au Temple; quelle
est la conduite que vous y avez tenue? Vous vous y êtes montré
comme un valet de l'ancienne cour. Vous avez voulu, et vous vous
en êtes expliqué hautement, que le petit louveteau fût élevé
comme fils de roi. Vous avez censuré la constitution républicaine, en disant que vous ne l'adoptiez que par complaisance.
C'est vous qui, avec quelques autres têtes à perruque, avez ici
soutenu les prêtres, qui les avez défendus lorsque je m'opposais à ce qu'on leur accordât des certificats de civisme. Et vous
portez sur votre sein ce ruban sacré, gage de votre fidélité envers vos concitoyens!... Apprenez que tout être qui le porte
a mis en gage *sa tête* ou *la République!* (*Vifs applaudissemens.*)

» Lebœuf répond que, par état, il n'aimait pas à entendre des
chansons indécentes, et qu'il avait témoigné son mécontentement au citoyen Simon, qui s'était permis d'en répéter de sem-

blables devant le petit Capet, auquel il aurait désiré qu'on eût donné de meilleurs principes. Il ajoute que son républicanisme ne peut être suspect; qu'on peut compulser les devoirs qu'il donne à ses écoliers (Lebœuf était un vieillard de soixante ans, professeur au collége de Mazarin); on n'y trouvera que des principes républicains, et jamais l'amour des rois. Il a même fait de vifs reproches à un de ses confrères qui donne des thêmes à ses élèves où l'on fait l'éloge des rois. Lebœuf, interpellé de nommer ce citoyen, dit que c'est le professeur de sixième au collége Mazarin. La consigne est donnée, et le conseil arrête qu'à l'instant ce professeur sera traduit à la police. — Il s'élève encore quelques inculpations contre Lebœuf. Un membre l'accuse de s'être dérangé de la place où il était en qualité de commissaire, pour attacher au petit louveteau sa serviette, que l'épouse de Simon avait manqué de lui attacher. Enfin le petit Capet lui-même a dit qu'il ne voulait plus voir M. Lebœuf, parce qu'il était un esclave. Chaumette déclara tenir le même fait d'Hébert. — Un autre membre dit que Lebœuf s'est refusé à brûler une collection des portraits des rois qu'il a chez lui. — D'après toutes ces explications, le conseil arrête que Lebœuf se rendra à la police pour y être interrogé, et que les scellés seront apposés sur ses papiers. (Le rapport sur Lebœuf fut fait le 9 septembre; ce citoyen fut remis en liberté.)

» Un membre demande que l'on discute l'affaire de Michonis; mais Chaumette fait observer qu'il est déjà à la Conciergerie, et que l'administration de la police est nantie de cette affaire.

» Le temps est venu, continue Chaumette, où les modérés doivent subir le même sort que les aristocrates. Léger est un de ces modérés; c'est lui qui, de concert avec les têtes à perruques, nous a forcés à l'appel nominal, pour faire délivrer des certificats de civisme à des prêtres; je demande que Léger soit renvoyé à sa section, comme étant modéré, non pas *indigne*, mais incapable de remplir les fonctions qui lui ont été confiées, et qu'extrait du procès-verbal soit envoyé à sa section. (*Adopté.*)

» Massés, de la section des Gardes-Françaises, est accusé d'avoir tenu très-respectueusement le chapeau à la main devant la veuve de Capet, et d'avoir porté les égards pour elle au-delà de la décence et de ce qu'un républicain se doit à lui-même. — Massés est renvoyé.

» Frémont a signé une pétition contre celle du 15 avril, qui demandait le rappel des vingt-deux, et il est renvoyé.

» Bernard, prêtre, dit qu'il a une dénonciation à faire contre un membre qui s'est toujours signalé par son civisme, mais qui porte avec lui une tache originelle... Je t'arrête, Bernard, lui dit Chaumette ; je sais de qui tu veux parler. Saches, Bernard, que je t'ai vu lorsqu'il était question de la suspension du ci-devant roi, et que je t'ai vu aussi au 10 août. Le conseil-général saura, comme la Convention, distinguer les prêtres qui, comme toi, ont servi la République, même avant son existence : ce n'est pas un Jacques Roux ; Bernard avait abdiqué la prêtrise pour embrasser la République ; je ne l'ai jamais vu prêtre, mais toujours citoyen, toujours sans-culotte, et toujours républicain.

» Léonard Bourdon, membre de la Convention, donne des explications sur le mode d'exécution de la loi qui prescrit l'examen épuratoire des comités révolutionnaires ; et sur le réquisitoire de Réal, le conseil arrête que les sections seront invitées à envoyer dès demain au comité de police la liste des membres de leurs comités révolutionnaires, et qu'il y aura une convocation extraordinaire du conseil-général après demain, pour épurer cette liste.

» La section des Droits-de-l'Homme dénonce l'estampe de l'infâme Charlotte Corday, assassin de l'immortel Marat, et une autre représentant le duc d'York dans une attitude fière et guerrière, avec l'air de vous dire : *Vous avez besoin d'un roi, me voilà.* Cette dénonciation est renvoyée à la police. »

— Dans sa séance du 6 septembre, la Convention décréta en principe, sur la demande de la société populaire de Tours, que tout fonctionnaire public serait tenu de rendre compte de sa fortune. Elle prit ensuite des mesures qui tenaient au mouvement de la veille. Elle adopta une loi pour l'arrestation des étrangers dont le pays était en guerre avec la république française, et pourvut à la meilleure exécution possible des grands décrets qu'elle venait de porter.

La loi contre les étrangers fut présentée par Garnier (de Saintes), au nom du comité de sûreté générale. En voici les principales dispositions, successivement restreintes ou étendues, selon les peuples et selon les circonstances.

« Considérant que les puissances ennemies de la République, violant le droit de la guerre et des gens, se servent d'hommes mêmes en faveur desquels la nation française exerce journellement des actes de bienfaisance et d'hospitalité pour les diriger contre elle, et que le salut public lui commande des mesures de sûreté que ses principes d'union et de fraternité avaient jusqu'ici rejetées ; décrète, etc. — Les étrangers seront mis en état d'arrestation. — Sont exceptés les artistes et les ouvriers, à la charge par eux de se faire attester par deux citoyens de leur commune. — Sont également exceptés ceux qui, n'étant ni artistes, ni ouvriers, fourniront des preuves de leur attachement à la révolution française. — Les étrangers dont le civisme sera attesté et reconnu recevront de leurs officiers municipaux un certificat d'hospitalité, dont ils seront toujours munis, et qu'ils seront tenus de représenter lorsqu'ils en seront requis. (D'après un premier projet présenté le 3 août par Garnier (de Saintes), les étrangers auraient été obligés de porter un ruban tricolore, avec cette inscription : *Hospitalité*. Cette mesure fut rejetée.) — Seront déclarés suspects et arrêtés ceux qui exerceront l'agiotage, ou qui vivront sans industrie ou propriétés connues. — Les étrangers convaincus d'espionnage, et ceux qui entreraient sur le territoire de la République, après la publication de la présente loi, seront déclarés conspirateurs, et, comme tels, punis de mort. »

Il ne suffisait pas que le pouvoir conventionnel eût exprimé sa volonté par les ordres les plus énergiques ; il fallait que ces ordres fussent promptement obéis. A cause de cela on adjoignit au comité de salut public, pour surveiller l'exécution ministérielle, Billaud-Varennes, Collot-d'Herbois, et Granet. Danton ayant dit que les revers que l'on éprouvait devaient faire sentir la nécessité d'unir les moyens politiques aux moyens révolutionnaires, il fut aussi nommé membre du comité. Par moyens politiques, Danton entendait des distributions d'assignats, en vue de contreminer les corruptions pratiquées par le cabinet de Saint-James : « Avec trois ou quatre millions, déjà, dit-il, on aurait reconquis Toulon, et Lyon ne serait pas dans l'état où il se trouve. » — Danton persista dans le serment qu'il avait fait en proposant d'ériger le comité de salut public en gouvernement provisoire ; il refusa d'y entrer.

Le 6 septembre, la séance des Jacobins fut vague et tumultueuse. Deux objets principaux dominent le compte-rendu du *Journal de la Montagne*, n. XCVIII et XCIX : l'un est la demande « de charger le général Rossignol seul du détail des opérations relatives à la Vendée » ; Danton et Lejeune furent chargés de la porter au comité de salut public, de la part du club ; l'autre est le renouvellement de la proposition qui avait pour but l'épuration de la société. « Un bruit assez grand troublait la séance, dit le journal cité ; le président se plaint que la société compte dans son sein des perturbateurs du repos public. Il rappelle à ce sujet que la société avait arrêté un scrutin épuratoire. Il croit qu'il devient plus nécessaire que jamais de le faire, et engage les membres qui se trouvent dans la société à en renouveler la proposition (dimanche, 18 septembre). — Un membre convient qu'il y a, parmi les Jacobins, des hommes qui se font un jeu de troubler les délibérations les plus importantes. Il trace les devoirs d'un bon Jacobin, et invite la société à n'en admettre que de tels. »

Le même jour, sur le réquisitoire de Chaumette et la demande d'un membre, le conseil général de la Commune procéda, par appel nominal, à la censure individuelle de ses membres. Le maire se présenta à la barre, et dit : « J'ai l'avantage de me présenter le premier pour être censuré et donner l'exemple. » — Chaumette lui reprocha trop de bonté, et de n'avoir pas assez de force révolutionnaire; il l'engagea à retrancher de cette bonté facile qui prouvait sa probité, mais dont profitaient les malveillans, et à monter au fauteuil, revêtu de l'écharpe toutes les fois qu'il viendrait au conseil.

Le procureur de la Commune, le secrétaire greffier et ses adjoints, et tous les membres, passèrent alternativement à la censure, dont voici le résultat : Jobert fut accusé d'avoir élargi des marchands d'argent, étant administrateur de police. Le conseil décerna contre lui un mandat d'amener, et ordonna que les scellés seraient apposés sur ses papiers. — Berthelin fut exclus, étant accusé d'avoir un ton trop humble envers les prisonniers du Temple. — Louis Roulx se présenta. Le maire lui fit part d'une dénonciation faite contre lui, portant qu'il s'était fait donner 200 livres pour délivrance d'un acte, lorsqu'il était administrateur de police. — Il répondit qu'il n'était plus administrateur, qu'il s'était chargé de faire un mémoire pour un citoyen qui l'en avait chargé; que ne pouvant rien faire sans être payé il avait demandé 100 livres, et non pas, comme on l'avait dit, 200 livres. Le procureur de la Commune lut un arrêté pris à ce sujet par le corps municipal, et le conseil maintint l'arrêté qu'il venait de prendre pour exclure Louis Roulx de son sein. — Le conseil arrêta que tous les mois il serait fait un relevé des feuilles de présence pour connaître quels étaient les membres qui se rendaient exactement à leur poste, et dénoncer à leurs sections la négligence de ceux qui s'en absentaient. — Le lendemain, sur un plus ample informé, Berthelin fut réintégré, et Defaraune exclus pour avoir dit dans l'assemblée générale de la section du Panthéon que *le conseil général actuel voulait surpasser en dilapidations le conseil général de la Commune du 10 août.*

— Le 8, les Jacobins entendirent plusieurs dénonciations, parmi lesquelles nous remarquons celle de Maure contre le comité de sûreté générale. Maintenant le *Moniteur* contient les séances de ce club. La première dont il insère le bulletin est celle du 8 septembre; en voici les passages importans :

« Une lettre de la société de Mâcon annonce que de cinq cent soixante membres qui la composent, cinq cents se battent sous les murs de Lyon. Elle avertit de plus que le général Kellermann est bon et se conduit bien, mais que son état-major est mauvais et entrave ses opérations.

» *Robespierre.* Une société populaire vient de faire l'éloge de Kellermann; je dois déclarer que c'est une erreur. Kellermann est, sinon le seul auteur, du moins la principale cause des lenteurs du siége de Lyon. C'est lui principalement qui a dirigé toutes les conspirations qui ont éclaté dans cette campagne; et jamais, sous un tel homme, une opération patriotique ne peut avoir de succès.

» *Un secrétaire.* Robespierre vient de vous dire une grande partie de ce que j'avais à vous apprendre; mais ce qu'il faut y ajouter, c'est que Kellermann a donné sa démission, ainsi que Carcaradec. Il est allé, en attendant qu'on l'acceptât, combattre dans le Mont-Blanc.

» *Robespierre.* Kellermann n'a point donné sa démission; mais cela fût-il, cela ne détruirait pas les faits que j'ai avancés. Kellermann est toujours l'auteur des trahisons souvent réitérées dans le cours de son opération.

« *Desfieux,* dans la correspondance, lit un arrêté du comité révolutionnaire de la section des Gravilliers, qui porte que le nommé Jacques Roulx, accusé de plusieurs opinions inciviques et contre-révolutionnaires, a été interrogé et transféré de suite à Sainte-Pélagie. — Le comité invite la société à lui faire passer sur le compte de cet homme tous les renseignemens qui peuvent constater les délits qu'on lui impute. — On nomme une commission pour s'en occuper et recevoir les dénonciations contre Jacques Roulx. — Desfieux y ajoute que ceux qui auront à déposer contre Leclerc de Lyon sont invités à le faire à cette même commission. Enfin, il renouvelle la demande déjà faite de hâter le jugement de Brissot, Vergniaud, Gensonné, Guadet, etc., ainsi que de Marie-Antoinette, dont on semble avoir oublié le procès. Il continue à se plaindre de ce que personne n'a fait passer à ce tribunal les crimes dont sont chargés tous ces hommes odieux, et il invite les députés à la Convention à obtenir d'elle l'ordre de s'en occuper incessamment.

» Prudhomme adresse à la société un ouvrage intitulé : *Les crimes des empereurs d'Allemagne*, avec cette lettre :

« La calomnie n'a cessé de me persécuter ; je n'en remplirai pas moins courageusement les devoirs d'un bon républicain ; je vous enverrai successivement les crimes de tous les scélérats couronnés. » (On murmure.)

» *Robespierre.* Je demande que, pour toute réponse, on invite le républicain Prudhomme à écrire, ou plutôt à faire imprimer, car il n'écrit pas, les crimes des écrivains ou imprimeurs, journalistes, soudoyés par les puissances étrangères. (On applaudit.) — La société arrête que la réponse de Robespierre sera envoyée à Prudhomme.

» *Royer* vient dénoncer un ouvrage intitulé : *Hommage catholique rendu à la Constitution.* Rien, dit-il, de plus astucieux ; aucun venin plus subtil, plus dangereux, n'a jamais été répandu par l'évêque de Clermont Bonnal, dans le temps de l'assemblée constituante. Il cite divers passages qui prouvent que l'auteur s'occupait beaucoup moins de la religion qu'il prêche que des intérêts qu'elle lui procure ; il suppose que la société dédaignera cet écrit ; cependant il veut un exemple qui effraie les autres fanatiques contre-révolutionnaires, connus sous le nom de prêtres constitutionnels, qui pourraient vouloir se donner le même plaisir. Il prie en conséquence la société de dénoncer *l'Hommage catholique* à l'accusateur public, en l'engageant à poursuivre son auteur. (Adopté.)

» *Maure* déclare que Drouet et lui dénoncent à la société le comité de sûreté générale, non individuellement, mais le comité en masse dont tous les membres sont usés. Il veut que ce comité soit renouvelé en entier, et composé, non de vingt-quatre membres, mais de neuf bien sûrs, inaccessibles aux séductions et surtout aux dîners. — Maure s'étend sur l'abus des dîners, dont il paraît qu'usent souvent les membres qu'il inculpe. Il se cite pour exemple, et prouve, par une occasion où il s'est refusé à des honnêtetés pareilles, qu'on peut, qu'on doit résister à cette séduction.

» *Robespierre.* Ce n'est pas assez de montrer le mal, il faut encore indiquer le remède. Puisque Maure a paru sentir les abus du comité de sûreté générale, c'est à lui à demander sa destitution à la Convention; il est membre de ce comité, et je l'engage à en faire la motion dès demain s'il est nécessaire.

» *Un citoyen* dénonce aussi le comité des marchés. On lit une lettre signée Nicolas, qui dénonce plusieurs membres de ce comité pour différens faits.

» *Un membre* dénonce un marché que ce comité est sur le point de contracter, et qui doit faire perdre à la République des sommes considérables.

» *Un autre* dénonce des propos très-inciviques, très-anti-populaires qu'ont tenus divers membres de ce comité.

» *Maure* avertit qu'il s'y trouve un républicain qui n'a pas beaucoup marqué dans la révolution, mais qui réunit à un zèle, à une surveillance, à une activité rares, l'amour du travail, le discernement et la dévotion à ses devoirs. Sans cesse au comité, il y est depuis six heures du matin jusqu'à neuf heures du soir. (*Il y est seul*, crie-t-on.) — Eh bien, dit Maure, un bon patriote qui y reste constamment empêchera bien du mal.

» *Drouet* ajoute aux torts imputés à ce comité, et conclut à la demande de sa destitution, jointe à celle de la destitution du comité de sûreté générale, et qu'une commission nommée parmi les membres de la société s'occupe des délits qui sont imputés à tous deux. — Adopté.

» *Dufourny* donne des éclaircissemens sur une détermination qu'a cru devoir prendre le département. Il avait fait mettre le scellé sur les papiers de divers négocians et autres gens suspects. Le commerce s'est plaint, et beaucoup de gens ont semblé craindre que cela n'apportât beaucoup d'entraves aux affaires commerciales. Pour faire cesser toute crainte, réelle ou prétendue, à ce sujet, le département a cru devoir faire mettre à part tout ce qui concernait le commerce et les affaires maintenant en vogue, et maintenir du reste les scellés sur tous les autres papiers, dont la connaissance peut lui être utile à reconnaître et déjouer des complots. »

— Drouet et Maure demandèrent le lendemain à la Convention, et firent décréter la réorganisation du comité de sûreté générale. Les nouveaux membres élus cinq jours après (14 septembre) furent Vadier, Panis, Lebas, Boucher Saint-Sauveur, David, Guffroy, Lavicomterie, Amar, Rhul, Lebon, Vouland et Moyse Bayle. Chabot signala les derniers instans de sa participation aux travaux de l'ancien comité, par un rapport qui trahissait ses accointances avec les hommes d'argent ; il fit décréter la levée des scellés apposés sur les papiers des banquiers, et leur mise en liberté, sous la sauve-garde de deux sans-culottes qui les suivraient partout. Ce fut au moment où Chabot venait d'obtenir le décret, où ses beaux-frères futurs étaient si intéressés, que Maure et Drouet firent leur motion. A cette séance du 9 septembre, la Convention entendit le rapport de Jean-Bon-Saint-André sur la trahison des Toulonnais. Nous transcrivons de cette pièce les considérations générales de Saint-André sur l'existence du projet de fédéraliser la France, et les circonstances essentielles dont il a composé l'historique de la réddition de Toulon aux Anglais.

Jean-Bon-Saint-André, au nom du Comité de salut public : « Citoyens, il est impossible de retracer l'origine et la suite des mouvemens contre-révolutionnaires qui ont amené la révolte de Toulon et livré son port, l'un des plus beaux de l'Europe, à l'ennemi, sans rappeler le triste souvenir de nos débats.

» Dès les premiers jours de la Convention nationale, le projet de fédéraliser la France et de détruire Paris se manifesta ouvertement.

» Que ceux qui doutent encore que cet infâme projet ait existé résistent, s'ils le peuvent aujourd'hui, à la force des événemens ; qu'ils contredisent cette multitude de faits, qui forment la plus rigoureuse comme la plus affligeante démonstration.

» Appelés pour régénérer la France, vous aviez tout à faire

pour son bonheur et pour sa gloire. L'armée et la marine étaient encore infestées des vices de l'ancien régime ; vous étiez en guerre avec l'Autriche et la Prusse, on allait vous la faire déclarer à l'Angleterre, à la Hollande, à l'Espagne. Les vrais amis de la patrie frémissaient de voir entre les mains de vos plus cruels ennemis, de ces hommes qui ne se plieront jamais à l'austérité des principes républicains, vos forces de terre et de mer. Ils proposèrent des mesures qui devaient vous débarrasser de ces chefs dangereux, et substituer à leur place, sinon le génie, au moins le courage et la vertu.

» La précaution était nécessaire pour l'armée de terre, elle l'était encore davantage pour l'armée navale. Les prétendues réformes de l'Assemblée constituante étaient nulles et illusoires. Ceux qui en firent sentir les dangers furent des désorganisateurs et des anarchistes. On enta sur des lois déjà trop vicieuses d'autres lois non moins fatales ; tous les choix furent laissés au ministre, parce qu'on disposait alors du ministère. *Perigny*, l'adjoint de *Monge*, peupla votre flotte d'officiers suspects, d'hommes ineptes, de contre-révolutionnaires; tous les marins se récrièrent; leurs plaintes ne furent pas écoutées. C'est ainsi que *Trogoff* parvint au commandement de l'escadre de Toulon, et *Trogoff* devait livrer aux Anglais les vaisseaux de la République.

» La ville de Toulon s'était distinguée depuis la révolution par ce patriotisme ardent qui, dans l'ame brûlante des habitans du Midi, devient une passion impétueuse et forte. Elle avait le bonheur d'avoir dans son sein une administration de département dont le civisme a plus d'une fois mérité vos éloges. La municipalité était patriote aussi, quoique tous les membres qui la composaient ne le fussent pas également, et qu'il y en eût quelquesuns dont les principes étaient suspects. Mais à côté de cette ville était une ville opulente, fameuse par son commerce, et qui recelait dans son sein une foule de ces égoïstes pour qui l'or est la vertu, et le meilleur gouvernement celui qui leur permet d'accaparer davantage.

» Marseille avait fait de grands et beaux sacrifices à la liberté ;

elle avait résisté à *Bournissac*, à *Caraman* et autres oppresseurs, aux gages du tyran, qui avaient essayé de la retenir dans les fers.

» Elle avait sauvé le Midi des horreurs de la guerre civile, délivré le district de Vaucluse et protégé les patriotes d'Arles; elle avait enfin contribué à la chute du trône, et l'une des premières, elle avait fait entendre aux oreilles des Français le nom sacré de République ; mais ses nombreux enfans avaient volé sur les frontières à la défense de la patrie; les citoyens les plus énergiques avaient abandonné ses murs; et les riches qui croient avoir beaucoup fait, quand ils ont mis leur argent à la place de leurs devoirs, restèrent pour enhardir la révolte et anéantir la liberté. Votre Comité ne prononce pas sur la certitude d'un fait qui lui a été révélé; mais on lui a dit que Barbaroux avait été dans cette ville et dans celle de Toulon. Rebecqui n'avait du moins donné sa démission que pour aller y souffler le feu de la discorde ; les meneurs avaient besoin d'un tel apôtre : la réputation de son patriotisme, son langage populaire, et jusqu'à ses manières bizarres étaient propres à donner à cet apostat de la liberté un succès que plus d'habileté et de savoir eussent difficilement obtenu. L'intrigue s'agita, l'or fut prodigué, les faibles furent intimidés, les ignorans furent trompés, les hommes fermes furent poursuivis, jetés dans des cachots, livrés au fer des bourreaux; la société populaire fut fermée, les bustes de Brutus et de Jean-Jacques furent traînés dans la boue, la contre-révolution fut complète, et l'on vous dit ici, ici même, que l'anarchie venait d'expirer à Marseille. Le plus dangereux des ennemis de la France, Pitt, n'était pas étranger à toutes ces manœuvres; il n'avait acheté Marseille que pour avoir Toulon. Le projet de ce machiavélisme effronté, dont la politique infernale repose sur le crime, qui ne rougit pas d'opposer aux efforts d'une nation franche et généreuse l'assassinat, l'incendie et la corruption, ne sont plus un mystère : asservir la France ou la morceler, tel est son but. Dans nos armées, sur nos places publiques, et même dans les tribunes de nos sociétés populaires, le nom d'York a été prononcé, comme si, après s'être débarrassée d'un tyran, la France devait en prendre un autre, et choisir pour maître le fils de ce roi d'Angleterre, objet de la pitié du peuple même auquel il commande. Des intérêts mercantiles ont pu accréditer cette idée; on a eu la faiblesse de croire que sous une domination anglaise le commerce prendrait un grand essor; et après avoir, par une erreur monstrueuse, donné à Pitt nos colonies à dévorer, on a consenti à lui livrer nos places maritimes.

» Ainsi la cupidité a donné la main à l'aristocratie, et les négocians avides qui avaient vu avec tant de joie l'abaissement de la noblesse et du clergé se sont coalisés avec eux pour opérer la contre-révolution. Dans le temps où vous comptiez sur le patriotisme de Toulon, la révolte contre l'autorité nationale et le traité infâme avec les Anglais se préparaient; les chefs de votre escadre et de vos arsenaux étaient disposés à les écouter. Ils avaient tout préparé d'avance pour le succès. La rareté des subsistances et le discrédit jeté sur les assignats avaient été les moyens employés pour épuiser la patience du pauvre et pousser au murmure l'ouvrier et le marin.

» Nos collégues auprès de l'armée d'Italie vouloient parer ce coup funeste; et autant par justice que par le désir de maintenir la tranquillité publique, ils arrêtèrent, dès le commencement de juin, que le prix des travaux serait payé double en assignats.

» Les intrigans excitèrent alors sourdement les ouvriers à demander du numéraire : c'était placer vos commissaires entre la loi qui leur interdisait une pareille mesure et la crainte de voir éclater les troubles qu'on fomentait. On espérait d'ailleurs que l'armée d'Italie formerait bientôt les mêmes prétentions, et les chefs de la faction sentaient bien que leur triomphe ne serait complet que par la défection de l'armée.

» Vos commissaires furent forcés de refuser. C'était là où on les attendait. Tout à coup l'or coula à grands flots; les ouvriers fut payés les trois quarts en numéraire et le quart restant en assignats. Dès lors la contre-révolution devint facile.

» Pour mieux s'en assurer, on travailla les troupes de la marine par les mêmes moyens qu'on avait travaillé les ouvriers du port; on ajouta même une autre manœuvre : le ministre de la marine avait nommé aux emplois vacans dans le régiment d'infanterie; il avait donné deux sous-lieutenances à deux citoyens de Lille et de Thionville, d'après le vœu de la société populaire de Toulon, qui vouloit honorer par-là les défenseurs intrépides qui avaient repoussé avec courage l'ennemi de devant leurs murs; on abusa de la loi du 25 février, pour persuader aux soldats que ces nominations devaient être cassées. Des choix étaient dictés d'avance, les patriotes furent destitués, les deux citoyens de Lille et de Thionville compris dans la destitution, et des contre-révolutionnaires furent appelés à leur succéder.

» La disette des subsistances était un prétexte. Le ministre de la marine donna des ordres pour livrer au département des approvisionnemens des magasins de la République, et le Comité se disposait à vous demander des secours pour le département du Var, lorsque la révolte éclata.

» La confiance que nous avions au patriotisme de Toulon était soutenue par tout ce que nous en disaient chaque jour nos collègues de la députation. Nous connaissions l'incivisme de quelques officiers, mais un travail se préparait dans les bureaux de la marine. Il devait être incessamment soumis au Comité de salut public, et les destitutions comme les remplacemens allaient être ordonnés. La correspondance entre cette ville et Paris était interrompue, les communications étaient fermées au patriotisme par les villes d'Aix et de Marseille, et le ministre de la marine recevait seul des lettres des officiers civils et militaires de Toulon.

» Les choses étaient en cet état, quand la révolte éclata : les administrations patriotiques furent destituées; la municipalité fut cassée, quelques membres dont on était sûr furent conservés; la société populaire fut fermée, des canons furent placés à la porte avec ordre de tirer sur ceux qui voudraient en approcher; 500 fugitifs de Marseille, qui avaient cru trouver un asile dans une ville hospitalière, furent arrêtés et envoyés à leurs assassins. La tête d'un des meilleurs patriotes, de Sevestre, un des fondateurs du club, fut abattue; on fit aussi tomber celle de Jassaud. Le président du tribunal criminel, Barthélemi, fut réservé au même sort, et l'on eut la lâche barbarie de l'exposer pendant deux heures sur la grande place, aux huées et aux malédictions d'un peuple trompé, qui demandait sa mort à grands cris.

» Cependant ou parlait sans cesse de République une et indivisible; c'était pour défendre cette unité, cette indivisibilité attaquée par les factieux de la Montagne et les scélérats composant le comité de salut public, que les sections de Toulon adhéraient à la sainte insurrection de Marseille. Nous étions, nous, les désorganisateurs qui appellions l'ennemi dans le sein de la France, les agens des Anglais, les salariés de Pitt et Cobourg. Le comité de salut public venait de se concerter avec les députés des Bouches-du-Rhône sur les mesures à prendre pour faire entrer Marseille dans le devoir. On avait pensé que le moyen le plus efficace, était d'attaquer par leur propre intérêt les marchands rebelles, qui méconnaissaient vos décrets et égorgaient les patriotes. Le comité de salut public arrêta que le ministre de la marine donnerait les ordres les plus prompts, et par un courrier extraordinaire, au commandant des vaisseaux de la République, chargés d'escorter les navires destinés pour le port de Marseille, de conduire ces convois dans le port de Toulon, et d'ordonner à tous bâtimens en croisière sur ces parages, d'arrêter tous les navires français et étrangers, naviguant sous convoi, et allant à Marseille, et de leur faire prendre la route de Toulon; de charger en outre les commandans de port et les administrateurs, de donner avis au comité de salut public et au ministre, de l'arrivée des navires, de leur nombre, de la nature des chargemens, et des propriétaires auxquels ils appartiennent, afin qu'il puisse être statué par la Convention nationale, ce qui sera jugé convenable.

» Le comité arrêtait encore que les agens du ministre de la marine, chargés de l'exécution de l'arrêté, donneraient connaissance au comité de salut public et au ministre, de la situation de Marseille et du changement qui pourrait s'opérer dans la disposition des esprits dans cette ville.

» Ces dernières expressions annonçaient le but de l'arrêté du comité et les motifs qui l'avaient dicté. Les propriétés des patriotes étaient violées à Marseille ; la contre-révolution y était établie ; si les Marseillais persistaient, ils étaient en guerre avec vous, vous deviez les traiter en ennemis ; s'ils revenaient de leur égarement, votre indulgence pouvait couvrir leurs fautes. L'arrêté était du 9 juillet.

« Il fut expédié à Chausse-Gros, commandant des armées, et à Puissand, ordonnateur de la marine à Toulon. Ces deux officiers s'empressèrent de le dénoncer au comité des sections dans un comité général du 19, auquel assistaient les commandans de terre et de mer, et le commandant de l'escadre. Le comité des Sections affecta de voir dans cet arrêté une usurpation du comité de salut public sur l'autorité de la Convention nationale, un attentat contre les droits du peuple, des desseins hostiles contre Marseille, le peuple et les autorités constituées de cette ville dont votre comité craignait la *juste improbation* ; et après s'être assuré des dispositions des commandans, le comité des sections arrêta que les *ordres* les plus pressans seraient donnés pour l'entière liberté des convois de Marseille.

» Voilà donc un comité sectionnaire, disposant du gouvernement, dirigeant à son gré le mouvement des vaisseaux, regardant comme sa propriété particulière la propriété nationale du port de Toulon, et soutenant la révolte de Marseille. La lettre du ministre, et l'arrêté de votre comité, furent communiqués aux sections de Marseille, et ces sections prirent à cet égard une délibération dont je n'ai pas besoin de vous faire connaître la contexture. C'était un tissu de calomnies atroces démenties d'avance par l'arrêté même. » — Ici le rapporteur cite deux lettres de Puissand, ordonnateur civil de la marine, et une de l'amiral français Trogoff, adressées au ministre de la marine. Il continue ainsi :

» L'on voit dans ces lettres la prévarication de ces officiers. Union avec les révoltés de Marseille, mépris pour la Convention, désobéissance à ses décrets, et le tout accompagné de la détestable hypocrisie de se qualifier de francs républicains, pleins de zèle pour le maintien de la République.

» On se plaint que l'équipage des vaisseaux soit incomplet, et dans le même temps on renvoie les matelots, dans le dessein sans doute de rendre plus long-temps nécessaire cette loi de l'embargo, la seule, dit-on, qu'on ait reçue, et dont on espère tirer parti pour indisposer de plus en plus les armateurs et les corsaires. L'officier d'administration du port de Cette dénonce au ministre le passage de matelots qui s'en retournent en foule chez eux avec des passeports de la municipalité de Toulon.

» On se plaint aussi que la nouvelle constitution n'arrive point. Mais on ne dit pas que les précautions avaient été prises par les sections, que Puissand et Trogoff faisaient mouvoir à leur gré, pour intercepter à Aix cette même constitution. On ne dit pas que le jour de l'ouverture des sections, nos collègues Pierre Bayle et Beauvois, leur présentèrent l'acte constitutionnel, garantissant son authenticité, et qu'on répondit que Toulon ne l'ayant pas reçu officiellement du ministre de la justice, il n'y avait pas lieu à délibérer.

» Ce jour d'ouverture des sections, fut un jour de deuil pour les patriotes; un outrage fait à la raison, un attentat contre la liberté : il fut célébré par une fête solennelle à laquelle participèrent tous les officiers de l'escadre. Trogoff donna le signal de déployer les pavillons et les flammes, et tous les vaisseaux s'empressèrent de suivre l'exemple de l'amiral. De nombreuses salves d'artillerie rendirent hommage à la souveraineté des sections de Toulon. Cependant quand les représentans du souverain légitime avaient passé la revue de l'escadre, le même Trogoff n'avait fait aucun honneur à la représentation nationale, sous le vain prétexte que le conseil exécutif lui avait interdit sévèrement le salut en mer, pour ménager, disait-il, les poudres.....

» On alla prendre chez eux Beauvais et Pierre Bayle; on les

conduisit processionnellement, et un cierge à la main, dans la principale église, pour y assister à une grand'messe et à un *Te Deum*, en signe de réjouissance. Ensuite on les promena de sections en sections.

» Des témoins oculaires, partis de Toulon le 13, ont déposé à la municipalité d'Agde, qu'avant leur départ de Toulon, les prêtres réfractaires disaient la messe, faisaient les offices et les processions comme avant la révolution ; ils avaient vu des ci-devant nobles, et notamment des officiers de marine, sans uniforme, parmi lesquels se trouvait le neveu de Pierre Verd, capitaine de vaisseau. Les ossemens de ceux qui avaient péri victime de la vengeance populaire, dans les premiers jours de la révolution, avaient été déterrés ; on les avait portés en pompe dans la ci-devant cathédrale, où l'on avait dressé des catafalques et dit des messes pour le repos de leurs ames. Ils avaient vu la chapelle des ci-devant Augustins, où le club tenait ses séances, rétablie dans son ancien état ; et ils attestaient que chaque jour on signalait la flotte anglaise.

» En effet, Chausse-Gros écrivait le 20 juillet au ministre de la marine : « L'amiral Hood, commandant l'escadre anglaise,
» composée de trente-huit voiles, dont vingt-deux vaisseaux de
» ligne, a envoyé hier au soir un parlementaire chargé d'une
» dépêche pour le commandant de la place, qui a été lue dans le
» comité général des sections, dans laquelle on a vu que cet ami-
» ral proposait un échange de prisonniers anglais, espagnols et
» hollandais. » — En même temps, et pour donner le change sur le véritable objet de ces négociations, Trogoff écrivait le 21 :
« L'amiral Hood a envoyé un parlementaire le 19 au soir au
» gouverneur de Toulon. Le parlementaire avait un pavillon
» blanc à la tête d'un de ses mâts, qu'il a été obligé de quitter
» aussitôt qu'il est arrivé un canot à son bord, aussi bien que de
» reprendre le pavillon tricolore à la place du pavillon blanc.
» Les équipages qui sont absolument dans la volonté du peuple,
» n'entendent pas de plaisanterie sur l'article du pavillon. »
— Il est difficile de pousser plus loin la scélératesse et la perfidie.

» Tous les détails que je viens de rapporter n'étaient pas connus de votre comité, mais la correspondance de Trogoff, de Chausse-Gros et de Puissand suffisait pour faire comprendre qu'il était instant de les retirer de Toulon. Le comité arrêta que le ministre de la marine leur donnerait ordre de se rendre sur-le-champ à Paris. Le même arrêté rappelait aussi Saint-Julien, qui depuis a prouvé, par sa conduite, qu'on ne devait pas le confondre avec les conspirateurs. L'arrêté de votre comité et les ordres du ministre sont demeurés sans exécution.

» Ce fut par des lettres particulières adressées à nos collègues de la députation du Var, que le comité apprit la première nouvelle de la destitution du département et de la municipalité de Toulon, et de la révolte sectionnaire de cette ville. Il concerta avec eux les mesures qu'il convenait de prendre. Nos collègues craignirent qu'en usant d'une trop grande sévérité, on n'aigrît des esprit ardens qu'il fallait ramener. Ils ignoraient eux-mêmes la grandeur du mal ; mais ils espéraient qu'en décrétant le rétablissement du département et de la municipalité, l'élargissement des patriotes et la remise des armes qui leur avaient été enlevées, et laissant entrevoir aux Toulonnais un secours qui devait être le prix de leur retour aux principes, cette condescendance de la Convention nationale produirait un bon effet. Le décret fut proposé et rendu d'après ces vues, mais en vain ; Toulon avait rompu avec la Convention nationale.

» Le mal croissait chaque jour, ou plutôt chaque jour il était mieux connu. La connaissance des moyens à prendre pour le guérir n'était pas facile. A de grandes distances, et quand il faut agir sur des hommes, dont les uns sont égarés et les autres coupables, des mesures générales peuvent recevoir souvent de fausses applications. Il faut ramener les uns par la force, les autres par la persuasion ; intimider, encourager, punir à la fois pour rattacher à la loi ceux qui l'ont méconnue. Des commissaires prudens et fermes, qui connussent les localités, furent jugés nécessaires. Le comité proposa les citoyens Gasparin et Escudier, nés dans le pays, en connaissant la langue, les mœurs et les usages, et la Convention nationale les adjoignit aux autres représentans du peuple envoyés auprès des armées de Basses-Alpes et d'Italie.

» Les deux représentans, Fréron et Barras, avaient déjà pris de grandes mesures pour sauver l'armée d'Italie de la contagion dont les malveillans travaillaient à l'infecter ; et graces à leur zèle, à leur patriotisme ardent et éclairé, ils avaient réussi.

» N'ayant aucune connaissance des décrets qui ne leur parvenaient pas, ils ne prirent conseil que des circonstances.

» Ils augmentèrent de deux sous la paie du soldat. Ils lui accordèrent une pinte et demie de vin par semaine, faveur devenue nécessaire par l'excessive chaleur du climat.

» Ils écrivirent au général Brunet, et firent imprimer et répandre dans l'armée une lettre contenant le récit de l'attentat qui venait d'être commis à Toulon. Ils la répandirent aussi dans les départemens du Var et des Bouches-du-Rhône, et elle produisit un bon effet.

» Ils ordonnèrent sur-le-champ à toute la gendarmerie du Var, des Bouches-du-Rhône et des Basses-Alpes, de se rendre à l'armée d'Italie, et prononcèrent la suspension du traitement en cas de désobéissance : la gendarmerie obéit.

» Ils ordonnèrent à tout receveur de district, à tout percepteur, à tout comptable et à tout contribuable, de verser les fonds de leurs caisses ou contributions dans la caisse du payeur général de l'armée à Nice. Cette mesure était la plus urgente ; les Toulonnais retenaient en caisse plus de huit millions, destinés pour l'armée d'Italie. Ils consentirent cependant, sur la demande du général Brunet, à l'envoi de trois millions, et ils promirent de laisser passer le reste, si on les laissait disposer librement des caisses de district. L'artifice était grossier, Fréron et Barras craignirent avec raison que les rebelles ne voulussent s'emparer de l'un et de l'autre.

» Le contre-amiral Trogoff avait tout-à-fait levé le masque ; pour livrer aux Anglais une plus grande proie, il défendit au commandant de la station de Villefranche d'obéir à d'autres réquisitions qu'aux siennes, et lui commanda de faire sur-le-champ partir pour Toulon les bâtimens qui s'y trouvaient, savoir : deux frégates de trente-deux pièces de canon, deux bricks armés et quelques tartanes. Les représentans mirent sagement embargo sur les bâtimens, firent défense aux capitaines d'obéir aux ordres de Trogoff, et arrêtèrent qu'aucun bâtiment marchand ne sortirait du port de Nice, de Villefranche ou de Monaco sans leur autorisation ; ils signifièrent les mêmes défenses et les mêmes ordres à deux frégates françaises qui se trouvaient dans le port de Gênes ; par ce moyen la mer ne leur fut pas entièrement fermée, comme le voulait le traître Trogoff ; ils purent établir des croisières pour signaler l'apparition des flottes ennemies, et prévenir le malheur d'être pris à l'improviste. Tout porte à croire, d'après l'époque où Trogoff écrivait, époque où les flottes anglaises et espagnoles étaient devant Toulon au nombre de quatre-vingt-quatre voiles, qu'il n'avait d'autre dessein que de les faire tomber au pouvoir des ennemis, en attendant qu'il pût leur livrer la flotte entière. Vos représentans ont donc sauvé ces bâtimens à la République, conservé la communication avec Gênes, et une protection au commerce.

» Leurs soins ne se bornèrent pas là ; ils écrivirent aux sections de Toulon une lettre qu'ils firent imprimer en placards, et qu'ils firent répandre dans l'armée, dans les districts et dans les communes. Ils ordonnèrent aux directoires de distric de protéger le passage de leurs courriers et de ceux de la Convention ; et il est remarquable que c'est depuis cette époque que nous avons pu communiquer avec eux. Ils firent imprimer avec une rapidité incroyable l'acte constitutionnel sur un exemplaire venu d'Avignon. Ils l'adressèrent au général Brunet pour le faire connaître à l'armée, qui l'accepta avec des transports de joie, dignes de soldats républicains qui combattent pour la liberté. Ils eurent la satisfaction de le voir aussi accepté par le département des Alpes maritimes, et de déjouer le projet déjà conçu par quelques intrigans de se former en sections permanentes comme à Toulon et à Marseille. Forts de cette impulsion, ils adressèrent neuf cents exemplaires de l'acte constitutionnel aux administrateurs des neuf districts du département du Var, que Toulon voulut entraîner dans la révolte. Leurs réquisitions, leurs proclamations, le voisinage de l'armée, l'exemple de Nice, produisirent un tel effet que sur neuf districts qui composent le département du Var, six acceptèrent la Constitution. Après avoir ainsi isolé Toulon, ils attaquèrent directement l'administration du département du Var ; ils déclarèrent nuls tous ses arrêtés, et ordonnèrent que pour le soustraire à la faction qui l'opprimait, il se transporterait à Grasse.

Cet arrêté fut reçu avec joie par la majorité des districts charmés de se soustraire à la tyrannie de Toulon ; mais il fallait des forces pour contenir les malveillans ; nos collègues se concertèrent avec le général Brunet (1) pour faire avancer jusqu'à Antibes deux bataillons de volontaires avec 100 dragons. Brunet paraît s'être mal conduit à cet égard. Il vous a été dénoncé par les représentans du peuple, et vous avez ordonné qu'il fût mis en état d'arrestation. Les forces que ce général devait fournir étaient insuffisantes. Vos commissaires, pour les grossir, venaient de mettre en réquisition toutes les gardes nationales du département, et le succès avait répondu à leur attente. On vous a déjà fait connaître le dévouement généreux des citoyens du Beausset, qui placés entre Toulon et Marseille, par conséquent entre deux feux, sollicités par les commissaires de Toulon de se joindre à la ligue des révoltés, ont répondu en prenant leurs armes, ont abandonné leurs femmes, leurs enfans, leurs propriétés ; et sont venus au nombre de 500 hommes avec deux pièces de canon se ranger sous les drapeaux de la République ; enfin ils ont formé une légion de sans-culottes, défenseurs de la Constitution de 1793. C'est un point de ralliement pour les malheureux patriotes. Ils accourent en foule, impatiens de venger les maux qu'ils ont soufferts, et les outrages faits à la liberté. Fréron et Barras avaient été obligés de s'échapper de Toulon. Pierre Bayle et

---

(1) A la séance du 7 septembre, Barrère annonça à la Convention que le général Brunet était à l'Abbaye. (*Note des auteurs.*)

Beauvais qui y étaient à l'ouverture des sections, sont demeurés entre les mains des contre-révolutionnaires qui les ont mis en état d'arrestation, et qui sans doute brûlent de s'abreuver de leur sang. Pour connaître toute la férocité de ces monstres, il suffit de vous les montrer peints par eux-mêmes. Un papier public, imprimé à Marseille sous le titre de *Journal des Sections de Marseille*, rédigé par Reymbaud-Bussac, en donne cette idée au n° 16, pag. 122. « Les Toulonnais sont mille fois plus chauds
» contre les anarchistes et les brigands, qu'on ne l'est à Mar-
» seille; on trouve la guillotine trop douce; les sections sont
» permanentes nuit et jour. Il y a une proclamation portant que
» quiconque troublera l'acte souverain du peuple réuni en sec-
» tions, sera puni, dans les vingt-quatre heures, militairement. On
» a imprimé partout et affiché le manifeste de Wimpfen; aussi doit-
» on être plus que tranquille sur la fidélité des Toulonnais, et
» sur le peu de réussite qu'aura la Convention dans toutes ses
» manœuvres. » Il est impossible de lire de sang-froid ces dégoûtantes lignes, tracées par des barbares qui osaient accuser les patriotes énergiques d'être altérés de sang humain; mais l'honneur fait au manifeste de Wimpfen vous fournit au moins la preuve que Toulon et Marseille donnaient la main au Calvados, que le système était parfaitement le même, que Wimpfen était le général de l'armée du duc d'York, en France, comme Trogoff était le contre-amiral de sa flotte, et que les indignes collègues que vous avez vomis de votre sein, en parlant de république une et indivisible, n'aspiraient qu'à vous ramener au despotisme par la guerre civile. Ce ne fut qu'à travers les plus grands périls que Fréron et Barras parvinrent à rejoindre l'armée d'Italie; les dangers qu'ils ont courus font partie des crimes de Toulon contre l'autorité nationale, et ils doivent vous être retracés.

« Arrivés à Pignan, district de Brignoles, la municipalité du lieu voulut les faire arrêter; leur courage les sauva : ils mirent le sabre à la main, et, secondés par le général Lapoype, qu'on qualifie dans ce pays de *maratiste* et de désorganisateur, parce qu'il est patriote, ils se firent jour à travers les factieux. Lapoype abandonna ses chevaux, ses équipages, un enfant de cinq ans, sa femme enceinte, retenus à Pignan comme otages, et de-là traînés à Toulon, par ordre du comité central. Il ne vit que la gloire et le devoir de sauver la représentation nationale. Sur huit dragons qui les escortaient, six lâchèrent pied à l'aspect du peuple et des écharpes municipales : deux restèrent fidèles; leurs noms méritent d'être connus. Ces braves citoyens s'appellent Lasalle et Montmajor, dragons du 15e régiment; d'autres périls les attendaient à Saint-Tropez; ils y arrivèrent la veille du jour de l'ouverture des sections; ils déguisèrent l'objet de leur marche, et demandèrent un canot, pour se rendre aux îles Sainte-Marguerite. Heureusement le maire et un officier municipal auxquels ils s'adressèrent étaient patriotes, car, peu de temps après leur arrivée, des courriers arrivèrent à Saint-Tropez, porteurs de leur signalement, de la désignation de leurs équipages et de l'ordre de les arrêter. Le maire et le municipal firent connaître secrètement le contenu de leurs dépêches aux représentans du peuple, et pressèrent leur départ. Pour prix de cet acte de vertu, ils ont été accablés d'outrages par les sectionnaires, et ils se sont vus sur le point d'être pendus comme complices des trois scélérats dont ils avaient favorisé la fuite.

» Le maître des postes de Pignan fut un des plus ardens à poursuivre les représentans du peuple, et ils vous demandent avec raison qu'il soit fait de ce mauvais citoyen un exemple sévère, ainsi que des officiers municipaux qui ont voulu attenter à la représentation nationale, et exciter contre eux la rage aveugle du peuple.

« La calomnie, arme favorite des contre-révolutionnaires, avait été semée pour exaspérer les esprits contre vos commissaires. On avait persuadé au peuple, que le général Lapoype marchait sur Toulon avec 15,000 hommes, qu'il apportait deux millions en numéraire, et les représentans dix millions en assignats pour livrer aux Anglais le port de Toulon; on les accusait de faire filer vers cette ville des caisses remplies de poignards, et en effet les contre-révolutionnaires en avaient fait fabriquer à Gênes, pour faire une Saint-Barthélemy des patriotes. C'est ainsi que ces vils suppôts de la tyrannie imputent aux hommes libres les crimes que leur ame abominable est seule capable de concevoir et d'exécuter; mais vous conclurez sans doute, de ce récit, que jamais complot liberticide n'a été tramé avec tant d'art, et suivi avec tant d'audace, que celui qui vient d'éclater à Toulon.

» Les fréquentes apparitions de l'escadre anglaise, sur nos côtes, auraient fait naître des défiances à des officiers et administrateurs patriotes. La proposition d'un échange de prisonniers n'était qu'un vain prétexte pour colorer la trahison. Les chefs civils et militaires ne correspondaient plus avec le gouvernement que pour la forme. Les sections de Toulon dirigeaient tout, ordonnaient tout, disposaient de tout en souveraines. C'étaient elles qui négociaient de l'échange des prisonniers. Puissand écrivait le 20 juillet au ministre de la marine, ces paroles remarquables : « D'après le vœu du comité général des sections de cette » ville, et d'après tous les principes d'humanité, des moyens » vont être pris pour procéder à cet échange. Je donne en con- » séquence, des ordres à l'officier des classes de Marselle, mais » m'étant impossible de vous donner dans le moment de plus longs » détails à cet égard, je me propose de vous écrire incessam- » ment sur cet objet, d'une manière plus circonstanciée. » Quoi! Puissand avait le temps de consulter les sections, et il n'avait pas celui d'écrire au ministre! Il faisait un acte de gouvernement, lui officier subordonné, sans en avoir l'aveu, sans prendre la peine d'en informer les agens supérieurs, et la puissance exécutive; et il s'excuse sur ce que le temps lui manque pour remplir un de ses plus importans devoirs.

» Mais Puissand ne négligeait point de travailler auprès du ministre pour grossir avec les fonds de la Nation la caisse des révoltés. Vous avez vu que le Comité central de Toulon avait arrêté huit millions destinés pour l'armée d'Italie, sur lesquels cependant, par égard pour Brunet, ils en avaient relâché trois. Puissand écrit le 5 août, qu'il a pris le parti de charger Ricard,

chef d'administration, d'aller vérifier dans tous les bureaux de messageries, les fonds qui peuvent y être annoncés, ou en dépôt; de vérifier également les fonds que peut avoir reçus le payeur général du Puy-de-Dôme, et d'en requérir la remise en fournissant une décharge provisoire. Il ajoute : « il est plus que temps,
» citoyen ministre, de prévenir pour l'avenir tous les inconvé-
» niens qui naissent de faire continuellement voiturer la totalité
» des fonds nécessaires pour le service des ports et armées, non-
» seulement je persiste dans la proposition que je vous ai faite,
» d'autoriser à ce qu'il soit expédié des récépissés comptables,
» mais l'impérieuse nécessité commande de tirer des lettres de
» change. » Apparemment les contre-révolutionnaires de Toulon s'étaient flattés que, par le moyen de Puissand, il leur serait permis d'épuiser la trésorerie nationale. Mais ce même Puissand avait levé le masque, et sa lettre du 4, d'un style aigre et impérieux, prouve qu'il ne songeait plus même à ménager les bienséances. Il demandait hautement au ministre la destitution de tous les officiers patriotes, et de rappeler les hommes honnêtes qu'on avait dépouillés de leurs emplois; il prétendait que le ministre, le comité de salut public et la Convention avaient été trompés, quand ils avaient été induits à donner des places à des pendeurs.... et celui qui s'exprimait ainsi était à côté de l'échafaud, où venait de couler, par l'effet de ses intrigues, le sang de Sevestre, celui de Jassaud et de Barthélemi; il s'annonçait comme une victime désignée par les scélérats, pour avoir toujours suivi de trop bonne foi la route de l'honneur et du civisme pur.

» Cartaux s'avançait vers Marseille à la tête de sa petite armée. Dans sa marche rapide et bien combinée, il avait délivré Avignon et le département de Vaucluse, chassé les Marseillais au-delà de la Durance, et pris possession de la ville d'Aix; il était précédé par des calomnies et de fausses nouvelles, propres à donner quelque courage aux partisans du royalisme. Le journal de Marseille et des sections étaient l'écho de ces mensonges :
« Les amateurs de nouvelles, disait-il, n° 147, sont attérés depuis

» deux jours ; le courrier arrive avec sa malle vide, n'apportant
» rien de Paris ni de Lyon, soit en papiers publics, soit en let-
» tres particulières. On le dévalise avant qu'il arrive à la Durance.
» Il faut que les nouvelles qu'il apporte ne soient pas bien favo-
» rables à un certain parti, puisqu'il tâche d'en dérober la con-
» naissance, à moins que ce parti ne croie qu'il en est des nou-
» velles comme du pain, qu'on peut s'en passer. Il court cepen-
» dant des nouvelles, ajoutait-il, qu'on tient de la bouche du cour-
» rier, et qu'il serait imprudent de garantir ; les voici : A Lyon,
» l'armée de Dubois-Crancé a reçu un échec effrayant ; il a de-
» mandé une trêve qu'on lui a refusée ; il s'est replié, a de-
» mandé aux Lyonnais un asile pour les blessés ; il lui a été
» accordé. »

» Le temps où les fables pouvaient produire quelque impression, était passé. Les Marseillais commençaient à se lasser de
leurs tyrans. Leur odieux empire devenait de jour en
jour plus accablant. La grande masse des citoyens s'empressa de
le secouer à l'approche de l'armée de la République. Cartaux,
ses soldats et les commissaires furent reçus comme des libéra-
teurs. Leur conduite sage et mesurée apprit aux plus égarés à
connaître les patriotes. Ils furent convaincus que les républicains
français n'étaient pour eux que des amis et des frères ; ils se ré-
jouirent de leur entrée à Marseille, et ne craignirent plus que
leur départ.

» Les représentans du peuple apprirent à Marseille, que les
sections de Toulon, *sur la proposition de l'amiral Hood*, avaient
adopté, à l'unanimité, le gouvernement monarchique, qu'elles
avaient proclamé Louis XVII, et arboré la cocarde blanche et le
pavillon blanc. Ils ignoraient encore que les vaisseaux anglais
eussent été introduits dans le port, et que les rebelles eussent
eu la stupide scélératesse de remettre entre les mains de l'amiral
Pitt le plus beau des établissemens français dans la Méditerranée,
avec la confiance que cet implacable ennemi de notre commerce
aurait la bonne foi de le garder en dépôt, pour le rendre à un roi
de France. Ils ne croyaient pas même à la possibilité de cette

trahison : et ils étaient instruits qu'une partie de l'escadre et quelques ouvriers, s'opposaient à l'exécution de ce projet infâme.

» Ils eurent la certitude que ce projet existait. Une frégate anglaise parlementaire fut signalée devant le port de Marseille; elle ne comptait pas que la ville fût au pouvoir de la République. Le canot de la Junon fut dépêché pour inviter le capitaine à venir parler aux autorités constituées. Il s'y refusa; mais il remit un paquet adressé au comité général des sections. La trahison fut dès lors constatée. Il ne fut plus permis de douter que les meneurs effrontés qui se disaient avec orgueil les enfans de la fière Marseille, que les amis, les complices de Barbaroux, Duperret et de Rebecqui, qui se vantaient à Marseille, comme les autres dans le sein de la Convention, d'un attachement inviolable à la République une et indivisible, ne voulussent entraîner le peuple dans le royalisme, et livrer la France à un ennemi perfide. Les pièces saisies étaient la déclaration préliminaire de l'amiral Hood, signée de lui; la proclamation signée aussi de sa main, et contre-signée par Arthur, son secrétaire; la traduction de ces deux pièces, dont la première est certifiée conforme par J. Labat et F. Cezau, commissaires des Sections de Marseille, à bord du *Victory*; une lettre de ces mêmes commissaires au Comité de sûreté générale du département des Bouches-du-Rhône; une autre lettre de J. Labat et de J. Abeille à leurs collègues; enfin, une lettre anonyme qui paraît être de la main d'Abeille à son beau-frère : toutes ces pièces originales apprendront à la France et à la postérité quel a été le caractère de Pitt et son astucieuse politique. Elle prouvera aussi que le cabinet britannique avait ses agens au milieu de vous; et en comparant ce que dit l'amiral Hood dans ses proclamations avec ce qui a été articulé tant de fois à votre tribune, elle verra dans l'identité des moyens et des expressions, l'identité de principe et de système. En effet, c'est à la République, sous le nom d'anarchie, que l'amiral fait la guerre. C'est l'ordre et la loi, c'est-à-dire la monarchie qu'il veut rétablir; ce sont les honnêtes gens qu'il veut protéger; c'est l'abondance et le commerce qu'il veut ramener au milieu de nous. Il demande encore qu'on s'en remette à la générosité d'une nation loyale et libre, et il exige qu'on se joigne aux puissances coalisées pour faire la guerre aux factieux ; mais préalablement il veut que les vaisseaux soient désarmés, que les forts soient remis à sa disposition, et qu'il ait la liberté d'entrer et sortir dans le port de Toulon. A ce prix, il promet la liberté, et offre de faire d'un morceau de pain la récompense de la trahison, tandis qu'il régnera sur la Méditerranée, et usurpera en faveur de sa nation le riche commerce du Levant.

« Il est incroyable que des aristocrates mêmes n'aient pas rejeté avec indignation ces avilissantes conditions ; avilissantes pour ceux qui reçoivent de la main de leurs ennemis les fers qui leur étaient présentés, avilissantes même pour le prétendu roi qu'ils voulaient se donner ; car, placé par la main des Anglais, il devait être soumis aux spéculations mercantiles de cette nouvelle Carthage, et lui sacrifier par reconnaissance le commerce, l'industrie et la fortune de ses états. Cependant l'espoir que nos collègues conservaient encore le 28, ils le perdirent le 29 ; ils acquirent la triste certitude que huit vaisseaux anglais étaient entrés dans le port de Toulon, que le contre-amiral Saint-Julien, abandonné par les commandans de divers bâtimens à ses ordres, menacé par le fort Lamarque qui faisait chauffer les boulets pour incendier la flotte, s'était sauvé à la Sague avec quelques soldats. Le général Cartaux reçut le même jour une lettre dans laquelle, après quelques menaces insolentes, le comité déclare que les Anglais sont unis avec les contre-révolutionnaires et leurs amis, qu'ils leur ont amené des secours, et que 30 mille hommes Anglais ou Espagnols seront bientôt prêts à seconder leur vengeance.

» Ces menaces n'ont épouvanté ni le général de la République, ni les représentans du peuple. Ils se sont hâtés de rassembler leurs forces, le tocsin de la liberté a sonné ; le peuple, qui ne veut point être Anglais, a reconnu l'erreur dans laquelle on l'avait entraîné. Il se rassemble armé et prêt à écraser les ennemis.

Des ouvriers, des marins, des citoyens de Toulon se réunissent à l'armée. Ils sont organisés en compagnies de canonniers, et en bataillons de volontaires. Déjà cette force est estimée à 40 ou 50 mille hommes, et l'indignation populaire doit la rendre beaucoup plus considérable. L'armée d'Italie continuera à contenir les tentatives du despote piémontais. Déjà Cartaux s'est emparé des gorges d'Olioule, poste important qui arrête la marche de l'ennemi, et rend les Français maîtres des hauteurs qui dominent la ville.

« Le comité a tout fait, de son côté, pour seconder le zèle des représentans du peuple, du général et de l'armée : deux de vos collègues ont été envoyés dans le département du Var, ils se réuniront à ceux qui y sont déjà, pour accélérer et diriger le grand mouvement qui doit rendre Toulon à la République. D'autres mesures ont été prises, et nous espérons qu'elles produiront l'effet que vous avez droit d'en attendre. Elle pliera sous la puissance nationale, cette ville rebelle, malgré la protection des Anglais, malgré les honteux secours qu'elle a mendiés et obtenus de ces implacables ennemis. Vous avez juré pour la liberté, et la France entière a répété ce serment, que vous vous enseveliriez sous les ruines de votre pays, plutôt que de souffrir qu'un étranger insolent y dominât, ou que le despotisme y fût rétabli. Votre résolution même est entrée dans les calculs de Pitt. Il a pensé que s'il ne pouvait retirer d'autre fruit de ses intrigues que celui de vous forcer à brûler vos propres établissemens, il aurait encore assez fait que de vous réduire à cette extrémité. Mais qu'il songe que les peuples libres, après avoir brûlé leurs vaisseaux, n'en deviennent que plus redoutables aux tyrans. Déjà l'indignation éclate de toutes parts dans les départemens du midi ; ils voient dans quelle erreur on les a jetés ; le masque dont se couvraient les hypocrites est tombé, et leur face hideuse est à découvert. Mais il vous reste des coupables à punir. Ce Trogoff, qui a flétri l'honneur du pavillon français, qui a provoqué, encouragé la rébellion, qui en a donné le signal et l'exemple ; cet homme, qui aurait dû, parce qu'il l'avait juré, s'abîmer dans les flots avec son escadre plutôt que de la rendre ; ce Puissand et ce Chausse-Gros, ses complices, orateurs, présidens, instigateurs des sections, doivent répondre sur leur tête du mal qu'ils ont fait à la patrie.

» Vous devez les poursuivre jusque dans les bras des Anglais auxquels ils se sont lâchement donnés, et leur apprendre que partout les traîtres ont à trembler pour leur vie. Leurs biens ne leur appartiennent plus : ils ont disposé de la propriété nationale ; ils l'ont aliénée par la plus noire des perfidies, et la saisie de leurs propriétés particulières au profit de la nation, ne sera qu'un acte de justice, et non le dédommagement du mal qu'ils lui ont fait. Les commandans et officiers des vaisseaux du port et des arsenaux, qui ont concouru, soit par lâcheté, soit par incivisme, à la trahison, ne nous sont pas encore connus. Mais il en est un grand nombre ; et s'il fallait en croire des détails particuliers, trois vaisseaux seulement avaient manœuvré pour se mettre en état de défense. Vous statuerez sans doute sur le sort de tous ces lâches ; mais avant tout, vous demanderez au ministre de la marine de vous en présenter le tableau, afin de vouer en même temps leurs personnes au châtiment qu'elles méritent et leurs noms à l'infamie. Des républicains ont souffert ou souffrent encore de la tyrannie des sections de Toulon. Quelques-uns ont été mis à mort, d'autres languissent dans les fers en attendant le sort cruel qu'on leur prépare peut-être. Des femmes, des enfans abandonnés, privés de ce qu'ils avaient de plus cher au monde, peuvent encore être réduits à éprouver les horreurs de l'indigence : vous les consolerez ; vous les dédommagerez autant qu'il sera en votre pouvoir, et vous affecterez aux indemnités qui leur sont trop légitimement dues, les biens de leurs barbares assassins. Vous ne bornerez pas là vos mesures. Un de vos décrets a sagement ordonné que tous les Anglais répandus dans l'étendue de la République seraient mis en état d'arrestation ; vous en ferez autant d'otages pour la sûreté de vos collègues détenus à Toulon, et des autres patriotes incarcérés dans cette ville. Vous direz au brigand qui gouverne l'Angleterre ;

vous direz à Pitt : la tête de deux représentans du peuple, celle des bons citoyens peuvent tomber à Toulon; mais si l'amiral Hood a la lâcheté de le souffrir, le même coup frappera tous les Anglais que la République retient en son pouvoir. Que le peuple anglais vous juge ! jusqu'à présent vous n'avez opposé à une guerre de cannibales que le courage et la loyauté : entourés des crimes de Pitt, marchant à la lueur des incendies que ses agens ont allumés, vous avez voulu vous montrer grands et généreux. Le temps d'une juste représaille est arrivé, et la philosophie doit enfin céder sa place au droit terrible de la guerre.

» Telles sont les bases du projet de décret que je suis chargé de vous présenter : il est aussi quelques dispositions particulières que vous vous empresserez sans doute de décréter. La municipalité de Pignan et le maître de poste de cette ville ont attaqué, poursuivi à main armée deux représentans du peuple; vous les renverrez devant un tribunal criminel pour les faire juger. Vous rendrez hommage au courage, au patriotisme de Saint-Julien, qui a voulu défendre vos vaisseaux et des marins et soldats restés fidèles à la patrie; au général Lapoype, et aux deux dragons qui ont sauvé Fréron et Barras des mains de contre-révolutionnaires; au maire de Saint-Tropez, et à l'officier municipal qui leur ont fourni les moyens d'échapper à leurs bourreaux, et vous ordonnerez l'impression de toutes les pièces relatives à la trahison qui a mis Toulon au pouvoir des Anglais, afin que l'univers apprenne à connaître les traîtres, et qu'il juge qui de vous ou des administrateurs perfides qui ont voulu fédéraliser la France pour la ramener au royalisme, a juré sincèrement et de bonne foi la République une et indivisible. »

Le rapport de Jean-Bon-Saint-André était suivi d'un projet de décret dont tous les articles sont contenus dans le commentaire qu'on vient de lire, il fut unanimement adopté. La Convention consacra le reste de la séance du 9 à la lecture de plusieurs dépêches. Bentabolle, en mission à Lille, annonçait que cinq voitures chargées d'or et d'argent étaient en route pour Paris. Ces richesses provenaient en partie des églises de la Belgique. — « Je crois, écrivait d'Amiens, André Dumont, que tous les ci-devant ducs, princes, marquis, comtes, barons, etc., etc., sont dans ce pays. Plus de deux cents de ces messieurs sont déjà arrêtés. J'ai découvert dans une maison nationale soixante-quatre prêtres réfractaires. On les a liés deux à deux; ils ont été ainsi exposés aux risées du peuple, et de là ces cinq douzaines de bêtes noires ont été conduites en prison. »

Le 10, la Convention reçut la première nouvelle des trois journées (6, 7 et 8 septembre), qui portèrent alors, et qui ont conservé le nom de bataille d'Hondtschoote. Depuis Jemmapes, c'était la seule victoire éclatante remportée par les Français. La longue suite des revers essuyés pendant une année presque entière, était à la fin interrompue. L'élan donné à la nation par les décrets du mois d'août, y avait puissamment contribué sans doute; mais cette cause toute morale n'eût produit que des effets médiocres ou même nuls, si le dévouement qu'elle engendra n'avait été dirigé comme il le fut. Carnot, qui a mérité depuis d'être appelé le Louvois de la révolution, et qui, à partir de ce moment, jusqu'en 1796, gouvernera presque toujours les opérations des armées, s'ouvrit l'entrée au comité de salut public par un plan de campagne fondé sur un système militaire entièrement neuf. Barrère parlait de ce travail, lorsqu'il annonça à la Convention, le 12 août, qu'on avait envoyé un plan au général Houchard : deux jours après, Carnot fut adjoint au comité.

Carnot, né à Dolay, près de Dijon, capitaine du génie avant la révolution, s'était fait connaître par un éloge de Vauban, et par des mémoires très-estimés. Député à l'assemblée législative, il y avait figuré parmi les plus chauds patriotes du côté gauche. Élu à la Convention, il s'y montra franchement républicain, et siégea à la montagne. Ses actes parlementaires antérieurs à la nouvelle fonction, dans laquelle nous le suivrons maintenant, consistent en missions aux armées et en rapports, au nom du comité militaire, pour la réunion des pays conquis. Il perfectionna plutôt qu'il n'inventa l'idée de la tactique française moderne. La guerre de masses à laquelle sont dus tous les succès de la révolution et de l'empire, se trouve indiquée dans le mémoire adressé au comité de défense générale par le général Grimoard, en janvier 1793. Il est dit, en effet, dans cette pièce, que nous avons transcrite à sa date : « Le moyen le plus simple d'atteindre ce but (suppléer à l'art par le nombre), est de faire une guerre de masses, c'est-à-dire de diriger toujours sur les points d'attaque le plus de troupes et d'artillerie qu'on pourra. » Or, évidemment il y avait là, moins la rigueur mathématique qui en fit plus tard une formule, la pensée ainsi exprimée depuis : transporter sur un point donné, dans un temps donné, plus de troupes que l'ennemi, c'est-à-dire avoir toujours sur lui l'avantage du temps et la supériorité du nombre : tel fut le principe que Carnot mit en œuvre. Cependant, s'il faut en croire le général Jomini, il n'en appliqua pas la logique rigoureusement : Le système favori de Carnot, dit Jomini (*Histoire des guerres de la Révolution*, t. 4, p. 14, note), était d'opérer sur les deux ailes, manœuvre dangereuse à nombre égal, puisqu'elle donne aux forces une direction centrifuge; à peine serait-elle convenable pour une armée fort supérieure, puisqu'on obtiendrait presque toujours des succès plus certains en opérant sur une des ailes seulement. »

Avant de raconter la bataille de Hondstchoote, nous allons jeter un coup d'œil rétrospectif sur les opérations militaires de l'armée du Nord, qui suivirent la reddition de Valenciennes. Comme la coalition étrangère avait l'offensive, nous commencerons par exposer ses plans et ses mouvemens.

Le plan adopté à l'ouverture de la campagne par les armées combinées de l'Angleterre, de la Prusse et de l'Autriche, comprenait la conquête de Dunkerque. Les forces des alliés devaient être divisées et opérer sur deux lignes différentes. Pendant que le prince de Cobourg se porterait à gauche pour s'emparer de la place du Quesnoy, le duc d'York, marchant à droite, irait assiéger Dunkerque. « Ce plan, disent les *Mémoires d'un homme d'état*, t. 2, p. 262, suggéré au colonel Mack, à son retour d'Anvers, semblait avoir été abandonné depuis que cet officier, légèrement blessé à l'affaire de Famars, et quittant la direction de l'état-major-général, s'était retiré en Allemagne, moins à cause de sa blessure que des tracasseries auxquelles il se trouvait en butte dans un état-major envieux de son influence. Du reste, s'il était regrettable, quant à la direction des détails minutieux du service, il l'était moins comme militaire capable de mener les opérations en grand. Mais le projet que faisait revivre la cour de Londres contrariait singulièrement le prince de Cobourg ; aussi s'efforça-t-il de détourner le duc d'York de l'entreprise sur Dunkerque, non qu'il en prévît l'issue, mais uniquement parce que une grande partie des troupes dont il réglait les mouvemens allaient passer sous un autre chef, et qu'il ne serait plus à lui seul l'arbitre de la guerre. Cédant en partie aux instances du prince, le duc d'York consentit à différer, et en référa à sa cour. Les généraux des armées alliées ayant été convoqués en conférence à Valenciennes, il y fut décidé, le 3 août, qu'on se porterait à l'attaque du camp français entre Paillancourt et Bouchain : c'était l'ancien camp de César, derrière l'Escaut, où était retranchée l'armée française, alors sous les ordres du général Kilmaine. Le prince de Cobourg imagina cette opération inattendue dans l'idée de faire abandonner tout-à-fait l'entreprise sur Dunkerque au duc d'York. Le duc, participant à l'attaque générale, se mit en marche le 6 août, à la tête de vingt-deux mille hommes. Le prince de Cobourg ne partit que le lendemain de son camp de Hérin, avec le gros de l'armée impériale, et fit aussitôt sommer Cambrai. »

Le général Claye répondit à la sommation des Autrichiens. « Je ne sais pas me rendre, mais je sais me battre. » Le même jour il justifia cette réponse par une sortie où la garnison eut quelque succès ; dès le soir, néanmoins, la place fut entièrement bloquée. Le 9, l'ennemi parut vouloir commencer les travaux du siége ; mais quelques coups de canon le forcèrent à les abandonner. Le 10, la garnison fit une nouvelle sortie, dans laquelle elle tua quelques hommes, en prit quelques autres et un drapeau,

Kilmaine, averti à temps qu'il allait avoir toute l'armée combinée sur les bras, avait opéré sa retraite assez rapidement pour que le duc d'Yorck ne pût pas le joindre. Il y eut seulement un engagement d'arrière-garde tenté avec bonheur par le général français pour sauver deux bataillons que l'ennemi avait coupés. La station de la retraite était marquée en avant d'Arras sur une ligne qui communiquait entre cette ville et Douai. Le duc d'York vint camper à Bourlon, village à peu de distance, et à l'ouest de Cambrai. Par cette manœuvre, l'armée française se trouvait à moitié tournée. Laissant Douai et Arras sur leur droite, et Cambrai sur leur gauche, les ennemis n'avaient plus devant eux que le passage de la Somme à emporter. Il semblait même que tel était leur projet, car déjà ils avaient jeté des détachemens sur Péronne et sur Bapeaume, et à la suite d'un combat dans la forêt de Mormale, ils s'étaient emparés d'un camp entre Péronne et Saint-Quentin.

Les choses étaient en cet état « quand, disent les *mémoires* plus haut cités, arriva au duc d'York un courrier de Londres, porteur de dépêches du ministère, qui écartant toutes les objections, recommandait la prompte exécution de l'entreprise sur Dunkerque. Pitt s'était fortement prononcé dans le conseil pour qu'on n'y apportât plus aucun retard. Il voyait dans la prise de Dunkerque le prix des efforts et des sacrifices pécuniaires que faisait le gouvernement anglais à la cause commune. En conséquence, le duc d'York, à la tête de l'armée anglo-hanovrienne, renforcée d'un corps autrichien nombreux, commandé par le feld-maréchal Alvenzy, se mit en marche le 18 août prenant la direction de Furnes. De son côté, le prince de Cobourg reprit le jour même son ancienne position de Hérin, laissant son avant-garde au camp de César. Lille fut masquée par l'armée hollandaise, qui occupait la position de Menin. Le gros de l'armée impériale se mit alors en mouvement pour assiéger le Quesnoy, et s'emparer de la forêt de Mormale, sur la rive gauche de la Sambre, entre le Quesnoy et Maubeuge. »

Indépendamment du but particulier que l'Angleterre poursuivait, d'autres motifs agirent encore sur l'esprit des alliés pour déterminer la division de leurs forces sur Dunkerque et sur le Quesnoy. Ils craignaient de laisser derrière eux des places fortes dont ils ignoraient la faiblesse momentanée. Contenus sur leur droite par les places maritimes, ils voulaient atteindre de ce côté la latitude à laquelle ils étaient parvenus à la gauche et au centre, avant de pousser plus avant. D'ailleurs ils se rappelaient leurs désastres de l'Argonne, et ils reculaient devant l'idée de s'engager encore une fois entre l'armée et Paris. Aussi, comme l'opinion publique dans les Pays-Bas, condamnait ces temporisations et ces jeux de stratégie régulière, pendant lesquels se perdait l'occasion de marcher sur Paris, l'état-major des coalisés publia une espèce d'apologie. Un article parut en ces termes dans les journaux de la Haye et de Bruxelles : « Il est des gens qui croient voir dans les dispositions des armées alliées le dessein de s'ouvrir un passage jusqu'à Paris, en laissant des corps considérables pour bloquer les villes frontières dont on ne pourrait pas se rendre maître; mais les difficultés que présente une telle entreprise de la part d'une armée affaiblie par les corps restés en arrière pour sa sûreté, et l'exemple d'ailleurs de ce qui s'est passé l'automne dernier dans la Champagne, sont des raisons suffisantes pour douter de l'avantage d'un tel projet. »

Le comité de salut public avait été informé, par ses intelligences au dehors, des résultats du conseil de guerre tenu à Valenciennes le 5 août; il connaissait la prochaine entreprise que le duc d'York devait tenter sur Dunkerque. Ce fut alors que Carnot présenta son plan. Il consistait à faire arriver en poste, à l'armée du Nord, des renforts tirés des armées du Rhin et de la Moselle, et d'en former, avec les troupes disponibles, une armée expéditionnaire de cinquante à soixante mille hommes, avec laquelle, par une marche rapide et habilement combinée, on irait attaquer et accabler le duc d'York. On pouvait affaiblir sans inconvénient les armées du Rhin et de la Moselle, puisque la capitulation de Mayence les mettait hors d'état d'agir offensivement, et que leur défensive était assurée par les lignes de Wissembourg et par l'appui des places de Landau, Fort-Vauban et Strasbourg. Le nombre de ces renforts devait être de trente-cinq mille hommes, mais huit mille furent retenus à l'armée du Rhin; autant dans l'intérieur pour arrêter les incursions des partisans ennemis dans le département de l'Oise; enfin une division dut rester à la droite de Maubeuge; il n'arriva ainsi que douze mille hommes à l'armée.

Depuis le 10 août Houchard était général en chef de l'armée du Nord. Il avait reçu quelques jours après le plan adopté par le comité de salut public. Lorsque l'armée du duc d'York eut passé la Lys sur trois colonnes, se dirigeant sur Cassel, Hondtschoote et Furnes; lorsque Bergues, investi et sommé le 20 août, commença à être bombardé, et que tout annonçait le dessein d'attaquer Dunkerque, le comité donna à Houchard l'ordre de marcher au secours de cette ville. Les termes de cette dépêche traçaient clairement le devoir du général : « Ce n'est pas, précisément, disait le comité, sous le rapport militaire que ce point est important, c'est parce que l'honneur de la nation est là. Pitt ne peut se soutenir qu'en indemnisant le peuple anglais par de grands succès, autrement la révolution est inévitable en Angleterre. Portez des forces immenses dans la Flandre, et que l'ennemi en soit chassé. »

Favorisé par la situation avantageuse de la place de Lille, Houchard aurait pu aisément lever les camps de la Magdelaine, de Bailleul et même de Gavarelle, et réunir ainsi cinquante mille hommes. Or, il n'en avait devant lui que cinquante-deux mille ainsi divisés : quinze mille Hollandais à Menin; un corps d'observation de seize mille hommes, sous les ordres du maréchal Freytag, destiné à couvrir l'armée de siége, et l'armée de siége, elle-même, composée de vingt et un mille hommes, et commandée par le duc d'York. Houchard, à la tête de cinquante mille hommes, pouvait donc accabler d'abord le maréchal Freytag, se rejeter sur le duc d'York, et revenir ensuite écraser les Hollandais à Menin. Carnot apporta lui-même au général de l'armée du Nord un projet d'opérations dont on se promettait de grands résultats ; et tout porte à croire, dit Jomini, que ce projet était conforme à l'hypothèse que nous venons de rapporter, et que nous avons empruntée à ce stratégiste. Au lieu de cela, Houchard laissa dans les camps retranchés presque toutes les troupes qui les occupaient, et jeta des renforts dans la place de Dunkerque ; de telle sorte qu'il ne se trouva qu'à la tête de vingt mille hommes à peu près. (*Voir plus bas les séances de la Convention et des jacobins, du 25 septembre.*)

Du 23 au 25 août, le duc d'York gagna les approches de Dunkerque à la suite de plusieurs combats avec la garnison. Le 25, il tira sa ligne de circonvallation, et commença les travaux du siége sous un feu d'artillerie très-vif ; le même jour il fit sommer la place. Le 26 août, et les jours suivans, il en essaya vainement l'escalade ; il y eut ensuite plusieurs petits combats assez insignifians, où différens postes furent enlevés et repris.

Le théâtre des combats qui se livrèrent en septembre, et dont il nous reste à faire l'histoire, forme un trapèze de neuf ou dix lieues carrées, dont les quatre angles sont marqués par quatre places fortes ; Dunkerque au nord-ouest, Furnes au nord, Ypres au sud-est, Cassel au sud-ouest. Le côté qui unit Dunkerque à Furnes est le plus petit. Ces deux places sont séparées par un vaste marais appelé la grande Moër, compris entre deux canaux qui partent de Furnes, et dont l'un va à Dunkerque en suivant les côtes de l'Océan, et l'autre à Bergues en longeant le bord méridional du marais. Bergues est situé sur la ligne qui unit Dunkerque à Cassel, en passant par Wormhout. De Cassel à Ypres la ligne rencontre d'abord Steenwoorde, et continue vers Vlaemertinghe, laissant Poperinghe au nord et Reningelst au sud. D'Ypres à Furnes, on trouve le fort de Knocke et Loo, mais aucun mouvement n'eut lieu de ce côté. L'espace intercepté par le trapèze, dont nous avons signalé les points principaux, renfermait plusieurs villages dont l'intelligence des faits que nous avons à raconter exige que nous indiquions la situation. A moitié chemin de Bergues à Furnes, au sud de la grande Moër et du canal qui la longe de ce côté, est placé le village d'Hondtschoote. En venant de Cassel à Hondtschoote, en droite ligne, on franchit d'abord un grand intervalle entièrement vide, semé de bois de distance en distance. Le premier village qui se présente est celui d'Herzèle; on traverse ensuite l'Yser et on arrive à Bambeck, laissant Crustrade un peu à droite. De Bambeck on va à Rexpoède; de Rexpoède à Killem, et de Killem à Hondtschoote. Si l'on part de Steenwoorde un peu à l'est de Cassel, sur le côté qui unit cette place à Ypres, on se dirige vers Hondtschoote par Waetoue, Houtkercke, Crustrade et Rexpoède, laissant à mesure sur la droite, et dans l'ordre suivant, Reningelst, Vlaemertinghe, Poperinghe, les bois de Saint-Six, Proven et Rousbrugghe. — Nous avons tracé ce sommaire topographique d'après le plan n° 14 du tableau historique des guerres de la révolution par Servan et Grimoard.

Sur ce terrain, les armées étaient ainsi disposées de part et d'autre. Le duc d'York, avec le gros de son armée, occupait tout l'espace entre les canaux de Bergues et de Dunkerque à Furnes. Son corps principal était aux Dunes, entre le canal de Furnes et la mer. Sa position était couverte au sud par les marais de la Moër et le canal de Bergues; il avait établi à Hondtschoote un corps d'observation de dix-huit mille hommes sous les ordres du maréchal Freytag, dont les avant-postes occupaient tous les villages jusqu'à Herzèle et Houtkercke, en-deçà du ruisseau de l'Yser. Le front des ennemis tenait une ligne partant d'Ypres, par Vlaementhinghe, Reningelst, Poperinghes, Waetoue, Houtkercke et Herzèle. — Le corps d'armée des Français qui devait agir était venu à Cassel, Steenwoode et Bailleul, menaçant ainsi le front des coalisés aux deux ailes et au centre.

Le 6 septembre, au point du jour, les colonnes françaises partirent de ces divers points, et forcèrent successivement tous les avant-postes de l'armée anglaise en-deçà de Hondtschoote. Le général Dumesnil, avec sa division, fut chargé d'observer à l'extrême droite la garnison d'Ypres; le général Landrin reçut ordre de contenir avec la sienne, sur l'extrême gauche, un détachement ennemi, commandé par Walmoden, qui occupait les environs de Wormhout. En même temps, à la tête de l'avant-garde, le général Hédouville s'emparait à droite de Poperinghes, repoussait les Hanovriens à Vlaemerthinghe, et dirigeait une partie de sa colonne sur Rousbrugghe, pendant que le général Vendame chassait l'ennemi de Reningelst, et que le général Collaud s'emparait de Waetoue. Les troupes de ce dernier, renforcées par celles qu'Hédouville avait détachées de Poperinghes, repoussèrent ensuite successivement les coalisés des bois de Saint-Six, de Proven et de Rousbrugghe. L'attaque au centre et à la gauche avait été faite simultanément avec celle de droite ; la première par Houchard, la seconde par le général Jourdan. Houchard battit l'ennemi dans Houtkercke ; Jourdan prit d'abord Herzèle, mais il en fut immédiatement chassé. Il le reprit une seconde fois, et alors rien ne s'opposa à sa jonction avec Houchard, et ils passèrent ensemble l'Yser pour attaquer, l'un Bambeck, l'autre Crustrade. Après un combat long-temps douteux, ces deux villages furent emportés, et l'ennemi rétrograda sur tous les points de sa ligne. Le général Falckenhausen s'arrêta à Rexpoède pour couvrir et protéger la retraite ; mais il ne tarda pas à être forcé lui-même à se retirer sur Hondtschoote, et d'abandonner Rexpoède aux Français, qui espéraient pouvoir tenir dans ce village pendant la nuit. Cependant, vers huit heures du soir, le maréchal Freytag vint l'attaquer en personne. La cavalerie française culbuta alors la tête des colonnes ennemies, où le prince Adolphe d'Angleterre et le maréchal Freytag, blessés l'un et l'autre, furent faits prisonniers ; mais le colonel Milius, avec les gardes à pied hanovriennes, chargea la cavalerie, la repoussa, et délivra le prince Adolphe. Quelques heures après, vers minuit, le général Sporcken réattaqua Rexpoède, entra dans le village, dégagea le maréchal Freytag, et se retira ensuite sur Hondtschoote, tandis que le général Houchard se retirait lui-même à Bambeck, laissant le général Jourdan à Rexpoède. « On ne conçoit pas, disent les auteurs du *Tableau historique des guerres de la révolution*, le motif de ce mouvement rétrograde du général français, auquel il fut reproché dans le procès qui le conduisit à l'échafaud comme coupable de trahison ; on croit seulement que le général Houchard était incapable de commander en chef. »

Le 7, les Français, fatigués par vingt-quatre heures de combat, et manquant de subsistances, attaquèrent Hondtschoote sans succès. Le général Houchard allait compromettre les avantages obtenus la veille ; car il voulait s'arrêter à Rexpoède, ne songeant pas que le but de l'expédition serait totalement manqué, puisque les troupes du maréchal Freytag repliées sur Hondtschoote couvraient encore le blocus de Bergues et le siège de Dunkerque. Ce furent les autres généraux et les représentans Delbrel et Levasseur qui pressèrent Houchard de marcher à l'ennemi, et de compléter les résultats de la journée du 6. En conséquence, dès le 8 au matin, le général Vandame, à la tête de quelque infanterie légère, attaqua les postes avancés de Hondtschoote ; un peu moins de vingt mille hommes combattaient alors de part et d'autre. L'action s'engagea par un feu d'artillerie et de mousqueterie long-temps soutenu, et pendant lequel le général Leclerc arriva sur la droite des ennemis, à la tête d'une partie des troupes de la garnison de Bergues et de cette gendarmerie à pied dont l'indiscipline et la mutinerie avaient souvent occasionné les plaintes des généraux. Sa bravoure détermina le succès de la journée. Elle attaqua les retranchemens des coalisés, et les emporta après deux charges consécutives où elle déploya une audace et une résolution auxquelles rien ne put résister. Quatre heures d'une action aussi opiniâtre que meurtrière mirent l'ennemi dans la nécessité de se retirer sur Furnes.

Pendant les journées des 6, 7 et 8, la garnison de Dunkerque avait chaque jour fait des sorties, et après des combats sanglans, avait été obligée de rentrer dans la place, sans avoir réussi à entamer les lignes de l'ennemi ; cependant ces sorties avaient eu pour effet d'empêcher le duc d'York d'envoyer des renforts au maréchal Freytag, et l'avaient même obligé d'en faire revenir un le 7, parti le 6 pour Bambeck. Il avoit renvoyé en même temps ses bagages sur Furnes, et fait occuper la redoute de Giwelde (elle était située à mi-chemin de Dunkerque à Furnes, entre le canal et la grande Moër), afin de couvrir la retraite de son armée. Le 8, au matin, une partie de sa grosse artillerie était arrivée au parc de Zuitcoote, un peu en-deçà de la redoute de Giwelde, entre le canal et l'Océan ; et dès la nuit, la crainte de voir Furnes au pouvoir des Français, avait précipité sa retraite. En effet, si l'expédition eût été bien menée, si même le général Houchard eût poussé opiniâtrément sa pointe vers Furnes, le 7 septembre, le duc d'York fermé, en tête par Dunkerque, à droite par l'Océan, à gauche par la grande Moër, et en queue par les républicains une fois maîtres de Furnes, se trouvait alors bloqué dans un défilé sans issue, et obligé de mettre bas les armes; aussi s'empressa-t-il d'en sortir. Le 9, à 11 heures du matin, l'armée des alliés était rassemblée autour de Furnes, et la garnison de Dunkerque, qui sortit de la ville à peu près à la même heure, ne rencontra plus d'ennemis. Ils avaient abandonné cinquante-deux pièces de canon, et des bagages dont les Français s'emparèrent.

La victoire remportée par l'armée française dans la Flandre occidentale, changea entièrement la face des affaires. La levée subite du siége de Dunkerque produisit non-seulement en France, mais encore dans le reste de l'Europe, un effet immense sur l'opinion. Les suites de cet événement décidèrent du sort de la campagne de 1793, et commencèrent les étonnans succès de celle de 1794. A Paris, la nouvelle fit moins de sensation que dans le reste de la France. On y était trop occupé des intérêts généraux de la révolution, pour se laisser aller à la joie de la voir triompher sur un seul point, pendant que sur presque tous les autres elle était en péril. Là ce fut un danger de moins, et rien de plus. Les républicains de la capitale y pensèrent à peine un instant au milieu des sollicitudes de toute espèce qui les tenaient en haleine. Le comité de salut public, qui attendait et qui avait promis bien plus qu'Houchard n'avait tenu, parla de ce triomphe sans enthousiasme. Il eut d'ailleurs à insérer en même temps dans son bulletin l'annonce d'un revers. Le Quesnoy venait de tomber aux mains du prince de Cobourg (9 septembre), après quatorze jours de tranchée ouverte, et à la suite d'une capitulation qui retint la garnison prisonnière. Bien que le comité eût fixé principalement son attention sur Dunkerque, il avait néanmoins prescrit les plus grands efforts pour sauver Le Quesnoy : on s'y prit trop tard, et les attaques furent repoussées.

Il ne fut pas une seule fois question de la bataille de Hondtschoote, dans les séances du conseil général de la Commune. Le club des Jacobins se montra aussi très-indifférent aux derniers actes de l'armée du Nord dans la Flandre. Ces deux assemblées concentraient leur attention sur les obstacles immédiats contre lesquels elles ne cessaient de lutter. Pour elles, la République était plus militante au centre du gouvernement que partout ailleurs; c'était là que devait être gagnée la plus difficile, mais aussi la plus importante victoire.

Le 9 septembre on se plaignait aux Jacobins de l'insouciance et de la lenteur que l'on mettait à juger Marie-Antoinette et les girondins. Hébert prit ensuite la parole pour des dénonciations.

« Je dénonce, dit-il, des commissaires de la Convention qui jouent, dans les armées, un rôle indigne des représentans du peuple, qui partagent avec des généraux despotes, la vie de Sardanapales dans laquelle ceux-ci demeurent plongés, tandis que le soldat éprouve des besoins. Je voudrais que les représentans du peuple ne mangeassent jamais avec un général. » — Hébert examina aussi sévèrement les membres des comités. Il dénonça un député qui était allé, contre la loi formelle qui le leur défendait, solliciter une place de colonel pour son fils, qui n'avait que dix-huit ans. — Nommez-le, s'écria Gaston. — « Oui, reprit Hébert, c'est Becker, qui sollicita Audoin, adjoint du ministre de la guerre, de donner à son fils un régiment. Audoin lui représenta que c'était déjà une faveur insigne, que son fils occupât une lieutenance pour laquelle il n'avait point la capacité nécessaire ; Becker lui dit d'un ton arrogant : Ne songez-vous pas que je suis représentant du peuple ? Audoin lui répliqua : Que s'il était représentant du peuple, lui-même serait le premier à soutenir les lois que la Convention avait décrétées. Becker osa répondre : Qu'il fallait sauter à pieds joints pardessus la loi. »

Boissel. « Je demande que les dénonciations de cette nature soient écrites et signées. »

« Je la signerai, dit Hébert, et Gaillard, qui en fut témoin, signera avec moi. » (Gaillard fait un geste d'approbation.)

Hébert. « J'ai un autre fait à vous dénoncer. Lors de la loi qui frappe sur les étrangers suspects, et en ordonne l'arrestation, Lecointre, de Versailles, alla demander au ministre de la guerre une exception à cette loi, en faveur de Stetnof, né en Autriche, qu'il protégeait. Le ministre lui répondit que cela était au-dessus de son pouvoir ; Lecointre lui dit qu'il pouvait le faire pour lui ; et comme l'autre résista, Lecointre s'emporta contre le ministre, et l'accabla d'injures. Il le traita d'imbécille, de cochon, d'homme inepte ; il le menaça d'une prochaine destitution. Passant ensuite dans le bureau, il traita de même tous les commis de bureaux ; dit qu'il prendrait un fouet avec lequel il les chasserait tous. Je demande enfin qu'on invite la Convention à réformer promptement ses comités ; à ne pas permettre que ses députés se familiarisent avec les généraux, et leur défendre, s'il le faut, de manger ensemble ; à s'occuper du prompt jugement de Brissot, Vergniaud, etc., et de la destitution définitive des nobles. »

Léonard Bourdon déclara que la Convention était affaiblie par l'absence des montagnards qui étaient en mission. Il dit qu'il y avait encore dans son sein une foule d'hommes dont il fallait la purger. Tous les *appelans* lui paraissaient dans ce cas. Il n'y avait donc qu'à les remplacer par leurs suppléans ; et si ceux-ci n'avaient point la confiance du peuple, qu'à les éloigner les uns et les autres. A cette proposition il ajoutait celle de former une armée révolutionnaire dans chaque département comme à Paris,

Gaston, Maure et Royer, combattirent ces deux propositions. Selon Royer, la convocation des suppléans serait d'autant moins profitable, que ce ne serait autre chose que mettre en place de contre-révolutionnaires connus, des contre-révolutionnaires inconnus, et par cela même plus à craindre. Les obstacles qu'éprouvait la formation et le but de l'armée révolutionnaire, firent aussi naître ses regrets. « Qu'on me donne deux mille hommes révolutionnaires, comme moi, dit Royer, et je vous réponds qu'avant deux mois nous aurons fait le tour de la France, et que nous l'aurons purgée du dernier des aristocrates qui souillent son sein. Je ne suis pourtant pas de l'avis de Léonard Bourdon, d'établir autant d'armées révolutionnaires que de départemens, cela ressemblerait trop au fédéralisme, dont il est si important de détruire jusqu'à l'image. La négligence criminelle qu'apportent les députés à se rendre à leur poste, à remplir leurs fonctions, est aussi de notre ressort. C'est encore à la société qu'il appartient de censurer les membres de la Convention qui, comme l'a dit Gaston, n'assistent pas aux séances de la Convention. Elle a toujours le moyen de flétrir, par l'opinion publique, ceux qui ne sont point comptés parmi ses membres. Quant à ceux qui sont dans son sein, elle doit leur dire : « Vous » êtes les mandataires du peuple, vous lui devez non-seulement » votre personne et vos soins, mais l'exemple de toutes les ver- » tus, sans quoi vous n'êtes pas dignes d'être jacobins. »

Ce débat fut interrompu par un gendarme qui venait informer la société des véritables motifs de l'arrestation de Michonis. Les faits avaient été mal présentés et même défigurés par les journaux. Le gendarme les raconta ainsi : « Michonis, administrateur de police, avait fait connaissance en dînant avec un ci-devant chevalier de Saint-Louis, qui lui avait témoigné le désir de voir Marie-Antoinette. Michonis le lui promit, et l'introduisit effectivement; quoique ensuite il ait déclaré ne le pas connaître. Le *chevalier* s'étant présenté, la ci-devant *reine* interdite de reconnaître un de ses anciens esclaves, ne fit pas d'abord attention à l'œillet qu'il avait jeté à terre : « Vous ne voyez donc pas ce qui est à vos pieds, lui dit-il en s'approchant; » alors elle ramassa l'œillet dans lequel était une lettre où l'on faisait des offres *d'argent, de service*, et où l'on finissait par des jérémiades sur le sort de l'idole; celle-ci dit à ses gardes: « Vous voyez, je suis bien surveillée, gardée à vue, cependant on trouve le moyen de me parler, et moi de répondre. » Alors nous nous emparâmes de la lettre; et Michonis fut mis en prison dans la chambre de la concierge qui lui doit cette place. Je demande qu'il soit logé tout uniment en prison, comme les autres, attendu la loi de l'égalité. » — Le gendarme se plaignit ensuite des discours injurieux à ce corps, qui étaient tenus par diverses personnes; il réclama au nom de ses camarades et du sien. Il se plaignit qu'un magistrat du peuple eût accrédité ces bruits, en s'opposant à ce qu'on leur donnât aucune mission; en déclarant qu'on devait les laisser dans leur oisiveté, et choisir, pour une mission quelconque, des républicains et de vrais sans-culottes. Le réclamant affirma que les gendarmes étaient l'un et l'autre, et demanda que, sous ce double rapport, on ne leur ôtât point la confiance du peuple.

Il lut un rapport fait par le citoyen Coquard, brigadier de la petite réserve, le 9 septembre, d'après lequel il constate que ce brigadier, porteur d'un ordre pour transférer du Luxembourg à la Conciergerie cinq députés, arriva avec quatre gendarmes au moment où ils allaient se mettre à table; qu'il crut devoir leur laisser le temps de faire leur repas, et d'arranger leurs malles; que deux heures après, il se mit en devoir d'exécuter son ordre; mais qu'étant entré dans la chambre du premier des détenus, il y trouva le général Henriot, qui le traita fort durement, refusa de l'entendre, menaça de le faire conduire, lui et ses gendarmes, à l'Abbaye; leur ôta leurs sabres, et ne s'apaisa et ne leur rendit leurs armes, que lorsque, lui brigadier, eut juré, foi de républicain, qu'il ne savait pas que le général fût dans cette chambre lorsqu'il y était entré. »

« Il est probable, ajoute l'orateur gendarme, que le général dînait avec les députés détenus, puisqu'il resta près de deux heures avec eux, tandis qu'ils étaient à table. » Il termina par demander que tous les citoyens fussent désormais soumis à la loi de l'égalité.

Hébert. « Attendu la complicité évidente des geôliers de la Conciergerie avec la femme Capet, et que le procureur de la Commune, en faisant sa ronde, a découvert dans la chambre des excavations qui prouvaient qu'ils étaient d'intelligence pour la fuite de cette dernière, je demande qu'une députation soit nommée pour arrêter le concierge. (Arrêté.) Je me plais à rendre justice au zèle des gendarmes, et à témoigner en particulier ma reconnaissance au gendarme orateur, qui est un excellent républicain, et qui m'en donna des preuves lorsque je fus arrêté par l'ordre du comité des Douze. »

Un citoyen dénonça ensuite la belle-mère de Pétion, qui était à Paris, et qui avait obtenu les honneurs de la séance à la Convention, quoiqu'elle fût une aristocrate fieffée. Elle avait tenu, devant deux témoins, des propos contre-révolutionnaires, qu'il allait soumettre à la société. La mère de Pétion avait dit : « Il nous faudrait un roi ; quant à moi, je le désire, car je sais qu'il est le seul moyen de nous sauver. »

A la fin de la séance, un citoyen annonça que dans la section du Mail on avait crié : A bas la Montagne ! La société, peu nombreuse, arrêta le renvoi de ces dénonciations à la prochaine séance.

— Ce qui avait été dit aux Jacobins sur Marie-Antoinette stimula le zèle des administrateurs de police. Le lendemain, Froidure que nous verrons bientôt accusé, aussi bien que Michonis, d'avoir cédé aux *jolies solliciteuses*, se présenta au conseil général, et y lut un arrêté sévère pour la garde de l'ex-reine. Selon Froidure, « il paraîtrait constant que la veuve de Capet avait eu des communications avec l'extérieur de sa prison. » — Voici le procès-verbal des mesures prises le 10, au matin, et dont il donna communication au conseil général.

Nous, administrateurs de police, nous nous sommes transportés à la maison de justice de la Conciergerie, où, étant parvenus à la chambre occupée par la veuve Capet, l'avons sommée, au nom de la loi, de nous remettre ses bagues et joyaux, ce qu'elle a fait à l'instant. (Suit la description de ces bijoux.) Et à l'instant, nous, administrateurs, nous nous sommes transportés au domicile du citoyen Richard, concierge, où nous avons intimé l'ordre aux citoyens Defresne et Gilbert, gendarmes, et à la citoyenne Harel, de se retirer à l'instant avec tous les effets qui pouvaient leur appartenir, de la chambre occupée par la veuve Capet, où ils ont été de garde jusqu'à présent ; à quoi ils ont obéi à l'instant, et leur avons enjoint de rester dans ladite maison de justice jusqu'après le rapport fait à nos collègues ; avons aussi enjoint au citoyen Richard, concierge, de prendre toutes les mesures et précautions envers ladite veuve Capet qu'il est d'usage et d'obligation de prendre envers ceux qui sont détenus au secret ; avons pareillement enjoint au commandant du poste de la gendarmerie, appelé à cet effet, de faire poser à l'instant un factionnaire à la porte de ladite chambre de la veuve Capet, et en dehors, lequel aura pour consigne de ne laisser parler, ni communiquer, ni approcher personne de ladite porte que le citoyen concierge et son épouse, et un autre factionnaire dans la cour près la fenêtre de ladite chambre occupée par la veuve Capet ; lequel aura pour consigne de ne laisser approcher personne à la distance de dix pas, et ne laisser parler ni communiquer qui que ce soit sous tels prétextes que ce puisse être ; laquelle consigne a été donnée à l'instant et les factionnaires posés, suivant le rapport dudit citoyen commandant du poste et du brigadier de service à la grande réserve ; laquelle consigne, ledit citoyen commandant s'oblige de faire exécuter de relevée en relevée, et transmettre à celui par qui il sera remplacé. »

Le 11, la séance des Jacobins fut extrêmement orageuse. Henriot vint se justifier des inculpations dirigées contre lui à celle du 10 ; Bourdon (de l'Oise), eut à s'expliquer sur la destitution de Rossignol, et nous transcrivons les parties importantes du bulletin de cette séance ; Léonard Bourdon présidait.

« Une lettre de la correspondance apprend que Bailly, ancien maire de Paris, vient d'être arrêté à Melun, et que la commune de cette ville demande ce qu'il faut faire de cet homme, qu'elle croit coupable, mais sur lequel on n'a trouvé aucuns papiers à sa charge. »

N.... « Est-il besoin que Bailly porte sur lui la preuve écrite de ses crimes? Il n'y a qu'à prier chaque sans-culotte de lever l'extrait mortuaire de ceux de nos frères qui sont morts au Champ-de-Mars. »

Maure. « On demande ce qu'il faut faire de Bailly; eh bien! citoyens, nous allons demain à Melun; savez-vous ce que nous en ferons? Nous vous l'enverrons tout vivant. (On applaudit.)

« Henriot répond à une inculpation dirigée contre lui; dans la séance dernière, un officier de la gendarmerie des tribunaux l'accusa d'avoir mangé avec les députés détenus. Henriot, s'il est coupable de ce crime, provoque les poignards de tous les amis de la liberté; il ne veut pas parler de ce qu'il a fait pour le peuple, mais il se voue à sa vengeance, le jour où il oubliera sa souveraineté. Il éclaircit ensuite le fait qui a servi de prétexte à cette dénonciation; il en résulte que le gendarme qu'il désarma avait méconnu un officier sans-culotte, probablement parce qu'il n'était point en uniforme et ne lui avait pas communiqué ses ordres. »

Danton. « Je ne crois pas que Henriot doive s'arrêter à une dénonciation vague d'un homme qui ne remplissait pas ses devoirs. Je rappelle qu'aux journées des 2 et 3 juin, Henriot sauva la vie à trente mille ames. Ses yeux vomissaient le salpêtre sur les conspirateurs et les aristocrates; quiconque le vit ce jour-là dut reconnaître l'ami de la liberté. »

Robespierre. « Celui qui n'a pas été calomnié par les ennemis du peuple, n'est pas son ami zélé. Henriot ne doit point craindre des imputations calomnieuses par lesquelles on s'efforce de le rendre suspect? Les faits parlent; ses contemporains lui rendront justice; mais ne le fissent-ils pas, l'histoire consacrera l'époque glorieuse où il servit son pays et la liberté; la postérité lui rendra justice, et consacrera sa reconnaissance. » (On applaudit.)

Un citoyen, désignant Bourdon de l'Oise, dit : « Je vois ici un homme qui fit la motion de chasser Marat de la société. Je m'étonne qu'il ose siéger parmi nous ; je demande qu'il soit chassé lui-même. »

Bourdon. « La société m'a invité à venir m'expliquer sur l'inculpation qui m'a été faite d'avoir arbitrairement et sans cause légitime, fait arrêter le général Rossignol ; voici les explications que je dois donner : Westermann avait injustement plongé Rossignol dans un cachot ; je l'en retirai et je lui dis : Je n'ignore point que Westermann est coupable de quelques délits ; son vol de quelques couverts d'argent est reconnu ; mais tirons le rideau sur ces faits, quoique graves ; on le dit en état de servir la République ; s'il a déjà eu quelques succès, voyons jusqu'au bout s'il justifiera notre indulgence. Quant à Rossignol, les bases de l'arrêté que nous crûmes nécessaire, Goupillau et moi, de rendre contre Rossignol, sont déposées au comité de salut public ; le reste ne peut pas être public. Je demande qu'on examine toutes les pièces, mais que ce soit dans un comité. »

Robespierre rend justice au patriotisme de Bourdon de l'Oise, et jusque dans la faute qu'il a commise, en arrêtant Rossignol, car il croit que c'en est une. Il veut qu'il s'explique sur les causes et les raisons de cette conduite que tout le monde réprouve.

Bourdon. « Je dirai tout, puisqu'on m'y force. » (On applaudit.)

Robespierre. « Je maintiens que Rossignol a été la victime d'une cabale dans la Vendée. C'est à cela que j'attribue le peu de succès de la guerre dans ce pays. Deux espèces d'hommes voulaient que les événemens fussent tels ; ceux qui avaient des biens dans la Vendée, et qui voulaient ménager leurs propriétés, et ceux qui ne voulaient pas voir à la tête des armées de la République, de vrais républicains qui eussent fait promptement finir cette guerre. »

« Robespierre fait l'historique des hommes qu'on a substitue et qui d'après cela doivent être regardés comme les hommes les plus capables de servir les projets des aristocrates.

» A l'article de Beysser, il avertit que c'est Julien de Toulouse qui le fit renvoyer à son poste, et Julien vient d'être nommé de nouveau au comité de sûreté générale. Un membre de ce même comité disait que Tunck avait bien fait de quitter l'armée qu'il commandait, puisqu'il était malade : dans ce moment Tunck était dans l'antichambre du comité. Goupillau avait d'abord réclamé du comité un rapport qui lui fût favorable; mais il refusait toujours d'y déposer les pièces, tantôt parce qu'elles n'étaient pas copiées, tantôt parce qu'il se désistait de sa dénonciation contre Rossignol. »

Bourdon. « Pour moi, je ne me désiste pas.

Robespierre. « Je demande que Bourdon soit entendu. »

« Bourdon déclare qu'il va découvrir la vérité tout entière. Il commence par établir que cette armée de la Vendée, dont on a fait tant de bruit, n'était autre chose qu'un ramas de cochons, de gens qui n'avaient pas figure humaine, et de gens de loi; les victoires prétendues de Rossignol ne sont donc pas si fameuses qu'on se l'imagine. Il cite un fait plus grave. On devait marcher sur trois points à la fois; on enveloppait tous les rebelles, et l'on finissait la guerre dans le moment. Rossignol, au lieu de donner l'ordre à sa division de marcher sur Fontenay, donna des ordres contraires, et fit manquer l'opération. — Ce fait est démenti par beaucoup de membres. — Bourdon dit qu'il en a les preuves par écrit, et qu'il les apportera; il les avait, disait-il, communiquées au comité de salut public; il interpelle Robespierre, s'il est l'ami de la vérité, de la déclarer en ce moment — Un grand bruit éclate. — Bourdon quitte la tribune. — Robespierre se lève pour répondre. »

« Hébert ne veut point que Robespierre réponde à une interpellation insidieuse. Il déclare que Bourdon sera toujours pour lui un conspirateur; tant qu'il n'aura pas prouvé ce qu'il vient d'avancer contre le général Rossignol. Au surplus, il le taxe de lâcheté pour avoir quitté la tribune et laissé là sa justification pour des murmures. »

« Bourdon répond vivement à Hébert. Une scène assez orageuse s'élève et se prolonge quelque temps; enfin le tumulte cesse. — Bourdon parle encore, ajoute quelques faits, offre d'apporter des preuves écrites, et dit au sujet des brûlemens qu'on l'accuse de n'avoir pas exécutés : Que voulait-on de nous ? et n'avons-nous pas assez fait pour éviter ce reproche ? Nous avons brûlé sept châteaux, trois villages, douze moulins; peut-être serait-on fâché qu'on n'ait pas brûlé la maison d'un patriote qui servait dans l'armée ? On l'interrompt; il se jette sur les qualités de Rossignol; on l'interrompt encore; il quitte la tribune. »

Robespierre. « Bourdon et Goupillau doivent être solidaires l'un pour l'autre, puisque tous deux ont signé les dénonciations contre le général Rossignol, et surtout l'arrêté de sa suspension. Je m'étonne que des hommes, qui ont dénoncé un général sur des faits si vagues, des inculpations si légères, aient pu oublier les faits si essentiels dont parle maintenant Bourdon, et que, tout graves qu'ils sont, on entend pour la première fois ; j'ignore au surplus d'où viendront les pièces dont on parle, si c'est des dénonciateurs eux-mêmes, de quelques municipalités aristocratiques, ou même des émigrés. » — Cette conduite tortueuse après avoir provoqué quelques sarcasmes de Robespierre, le ramène à des observations plus sérieuses et non moins amères. A tant d'astuce il met en opposition la franchise de Rossignol, son républicanisme ardent et son amour sincère pour l'exécution des lois. (*On applaudit.*)

« Un citoyen dément le reproche qu'a fait Bourdon à Rossignol de marcher sur Fontenay, le 17, puisque Rossignol n'est arrivé à Niort que le 20. »

« Un autre citoyen fait l'historique de Tunck, afin qu'on puisse juger cette trame sur laquelle il importe de fixer en ce moment l'opinion; Tunck était un huissier de Bordeaux, qui fut chassé pour divers crimes de cette ville et de quelques autres. Pour avoir de l'argent, il épousait toutes les femmes des environs. Il a des femmes et des enfans dans divers coins de la République. Il est si peu républicain, qu'il a porté toutes les croix de Malte, de Saint-Louis, etc. et pris les titres de *duc, marquis, comte,* etc. dans tous les contrats, quoiqu'il eût eu le bonheur de naître dans la classe du peuple. »

Hébert. « La dénonciation contre Rossignol contient sa justification telle que lui-même n'aurait pu la mieux faire. La faiblesse des raisons de Bourdon, leur bêtise même, lâchons le mot, ont dû convaincre la société, et je n'en dirai pas davantage; mais je veux fixer ses regards sur l'affectation avec laquelle on éloigne du commandement les généraux sans-culottes; cela me rappelle la bataille d'Yvry, après laquelle Biron disait à son fils qui lui recommandait d'user de sa victoire : *Veux-tu donc qu'on nous renvoie planter des choux à Biron, si nous finissons comme cela cette guerre?* Il en est de même de nos généraux actuels, qui ont fait de la guerre de la Vendée leur pot au feu; a-t-on jamais mis en évidence les généraux républicains qui auraient pu la faire finir. Santerre qui, quoi qu'on en dise, est un bon républicain, n'a jamais été chargé d'aucun commandement. C'est un de ceux pourtant qui n'auraient pas ménagé les aristocrates et qui eussent fait tout pour rentrer promptement à Paris. Mais on en a réservé toute la gloire à des hommes tels que Tunck, que l'opinion publique a proscrits; tels que le ci-devant baron de Menou, qui commandait au 10 août un parti d'aristocrates qui tiraient sur le peuple; et l'on a eu l'audace inconcevable de donner de l'emploi à de tels hommes, ou de les conserver dans leur place. » — *Bourdon.* « Choudieu et son collègue se sont refusés à sa destitution, malgré mes invitations pressantes et réitérées. »

— Hébert termine par inviter la société à témoigner à Rossignol, pour son encouragement, le plaisir que lui a fait sa conduite et le désir qu'il a toujours témoigné d'exterminer tous les aristocrates, et de n'en laisser échapper un seul à la vengeance populaire.

Danton. » La tactique dont on a fait usage jusqu'à ce moment est cause des non succès dans la Vendée, département où se sont réunis tous les aristocrates, qui, quoi qu'en dise Bourdon, ne sont pas des cochons, ni des hommes qui n'ont point figure humaine, mais des hommes qui se battent bien. La malveillance ou l'impéritie ont conduit tous les mouvemens, dirigé tous les efforts. C'était une guerre centrale, et non pas sur les rayons ou même sur tous les points de la circonférence, qu'il fallait faire tête aux ennemis, et du moment qu'on sépara les forces, qu'on divisa les bataillons, on dut présager des défaites. Je rends aussi justice à Santerre ; sa modestie surtout et sa franchise me sont d'un bon augure. Rossignol avait été sous son commandement ; il fut si satisfait du choix qu'en avait fait la République, comme général en chef, qu'il déclara qu'il servirait avec grand plaisir sous lui. Le nombre des députés qui sont dans les armées est aussi un obstacle aux grands succès ; l'ordre donné par celui-ci, est presque toujours contremandé par celui-là ; et peut-être d'ailleurs peut-on leur faire le même reproche qu'aux généraux, de vouloir perpétuer cette malheureuse guerre pour leurs intérêts. J'invite la société d'émettre son vœu sur le rappel de la nuée de commissaires qui sont en ce moment dans la Vendée : deux ou trois suffisent pour le service des armées qu'ils occupent. Que la même adresse contienne le vœu de Rossignol, déjà chargé en chef de la conduite de cette guerre ; qu'il prenne en même temps tous les moyens qu'il croira propres à en assurer l'événement ; qu'il soit autorisé à présenter la liste des hommes suspects et de ceux dont les mauvaises intentions lui sont connues, de tous ceux enfin qui pourraient entraver ses opérations ; qu'il puisse les destituer, qu'il puisse surtout nommer à leur place; enfin qu'on lui abandonne le soin de nommer aux postes dont il est obligé de répondre, sans quoi on ne peut pas lui imposer de responsabilité. » (Arrêté.)

Un citoyen. « Je demande qu'en rendant justice à Rossignol, on la rende encore à Bourdon, et qu'on éclaircisse les faits qui semblent déposer contre lui ; surtout qu'il s'explique sur le compte de Marat, et qu'on le chasse, s'il ne mérite pas de siéger parmi nous. »

Brichet. » J'appuie cette motion, d'autant mieux que Bourdon n'a pas répondu à l'inculpation d'avoir voulu faire chasser Marat. Je demande qu'il soit rayé de la société. » (On applaudit.)

Bourdon. » Il n'est jamais entré dans l'idée d'un homme d'attaquer une grande masse d'hommes réunis. Si je me suis expliqué d'une manière peu respectueuse, c'est que j'étais piqué des inculpations odieuses, calomnieuses, dont on me charge, et des démentis qui m'ont été donnés. Quant à Marat, il est vrai que j'ai cru qu'il était dangereux alors qu'il vînt trop à la société ; mais il est étonnant qu'on me fasse un crime maintenant d'une opinion que j'avais, il y a six mois. Au surplus, si la société me raie, cela ne m'empêchera pas d'être un bon patriote, et je n'en continuerai pas moins d'agir en vrai républicain. » (On murmure.)

Brichet. » C'est moi qui ai élevé la question ; c'est donc à moi qu'il appartient de l'éclairer. Je crois que ce n'est pas le moment d'agir avec sévérité. Bourdon est aigri maintenant, il ne faut pas s'en rapporter à quelques expressions qui peuvent lui être échappées : je demande qu'il lui soit accordé jusqu'à la première séance, pour s'expliquer fraternellement avec nous et répondre à tous les articles. »

Robespierre. » Personne n'a plus que moi le droit d'exprimer son opinion dans l'affaire qui vient de se passer sous vos yeux ; car personne n'est plus profondément indigné que moi de la conduite de Bourdon. (On applaudit.) Bourdon est coupable au moins d'erreur ; cependant il est une justice à lui rendre, il n'a point le masque de l'hypocrisie ; il a mis dans ses fautes plus d'entêtement de caractère que d'intention perfide : et d'ailleurs, c'est un patriote qui s'est montré toujours tel jusqu'à ce jour, et que la société ne doit pas traiter avec une justice trop rigoureuse dans un instant d'égarement. Je demande donc qu'on ajourne la condamnation, comme sans doute il n'a fait qu'ajourner son repentir. » (On applaudit.) (*Moniteur.*)

—Deux mesures importantes appliquées d'abord avec beaucoup de zèle commençaient à éprouver des obstacles et des lenteurs.

Les *muscadins* résistaient à la réquisition ; et les gens suspects étaient presque aussitôt relâchés qu'arrêtés. — Le 10 septembre, la commune ordonna que tous les jeunes gens depuis 18 ans jusqu'à 25, qui, après le départ de la première classe pour l'armée, se trouveraient à Paris, seraient déclarés déserteurs et traités comme tels aux termes de la loi. — Le 12, une députation des comités révolutionnaires de Paris demanda la réintégration dans les maisons d'arrêt de tous les individus suspects que l'on avait élargis sans qu'ils eussent été entendus contradictoirement avec les comités qui les avaient fait arrêter. Cette pétition fut renvoyée au comité de sûreté générale — Le 13, Xavier Audouin parla aux Jacobins sur l'armée et sur la réquisition. Il avait fait le relevé des officiers de l'armée, et il avait trouvé qu'il y en avait neuf cents, ci-devant gentilshommes. Il y existait aussi beaucoup de soldats de la même caste. « Un autre abus, non moins condamnable dit Audouin, est l'inexécution de la loi qui ordonne aux jeunes gens de l'âge de dix-huit à vingt-cinq ans, de partir pour la défense de la patrie. On ne voit que des conspirateurs dans les rues de Paris ; on ose professer les sentiments les plus inciviques ; les hôtels-garnis sont pleins encore d'aristocrates ; et ce moyen, qui était le seul de parvenir à un recensement exact de tous les gens suspects, est devenu nul par la négligence. Il faut emprisonner les hommes suspects et tous ceux dont l'existence politique n'est pas constatée ou permise par la loi ; il faut mettre à l'ordre du jour les intrigans de toute espèce pour les vouer à la honte, les perdre par l'infamie ; je n'en excepte aucun ; il en est dans la Convention nationale, et ceux-là, je ne les ménage pas plus que les autres.

« Les députés Riter et Laurent ont violé la loi. Après avoir vainement sollicité pour un de leurs protégés, ils m'ont accusé d'avoir arbitrairement nommé un citoyen qui a les attestations les plus honorables de son corps. J'expose la vérité tout entière. Si je suis coupable, si j'ai prévariqué, je ne veux point de grace ; mais si je suis calomnié, je demande qu'ils soient punis, quoique députés à la Convention nationale ; car c'est ainsi que le veulent les saintes lois de l'égalité. Je me résume, en demandant qu'à l'instant même, hommes, femmes, filles, vieillards, enfans, nous nous occupions tous de la patrie et de la conquête de la liberté. »

Dufourny. « Quand un décret sage a été rendu, que les magistrats du peuple se disposent à le mettre à exécution, tel, par exemple, que celui qui ordonne l'arrestation des gens suspects, on trouve moyen de le rendre inutile par des sollicitations de toute espèce en faveur de tous les détenus. Je demande que le tableau des détenus soit dressé, affiché pendant cinq jours consécutifs. Quand l'un d'eux viendra à être relâché, il le sera d'une manière authentique. Ceux que des raisons puissantes forceront de garder, resteront en prison jusqu'à la paix : alors on verra s'il est utile de les déporter en terre étrangère, ou juste de les garder dans notre pays. »

Un citoyen. « Je dénonce Dupain, membre de la Convention, qui est venu solliciter, dans la section de l'Homme-Armé, la relaxation de la dame de Balmont, sous prétexte de son grand âge ; refusé par la section, Dupain sollicita le comité d'administration de police, et en obtint la relaxation de cette dame. Que doit-on faire à l'égard d'un député qui commet de pareils actes d'autorité ? »

Raisson. « Je dénonce Osselin et tout le comité de sûreté générale, pour avoir fait mettre en liberté trente-quatre individus qui troublaient, dans la section de la Fontaine-de-Grenelle, la réquisition décrétée, et entre autres Bonne-Carrère, que la société avait jugée à propos de faire arrêter. Ce fut aussi au comité d'administration de police qu'il en trouva les moyens. »

« Un citoyen ajoute qu'Osselin, mandé au comité révolutionnaire et interpellé, témoigna du repentir de sa démarche, et sembla surtout l'avoir faite sans se douter qu'il travaillait pour des aristocrates. Bazire dit que le comité de sûreté générale n'a pas voulu se mêler de cette affaire, ni de celle de Bonne-Carrère, et que d'ailleurs Osselin n'est pas du comité. » (*Moniteur.*)

La Convention fit droit à une partie de ces plaintes, dans sa séance du 17 septembre. Elle décréta la loi suivante sur les gens suspects :

« Art Ier. Immédiatement après la publication du présent décret, tous les gens suspects qui se trouvent dans le territoire de la République, et qui sont encore en liberté, seront mis en état d'arrestation.

» 2. Sont réputés gens suspects : 1° ceux qui, soit par leur conduite, soit par leurs relations, soit par leurs propos ou par leurs écrits, se sont montrés partisans de la tyrannie, du fédéralisme, et ennemis de la liberté ; 2° ceux qui ne pourront pas justifier, de la manière prescrite par la loi du 21 mars dernier, de leurs moyens d'exister et de l'acquit de leurs devoirs civiques ; 3° ceux à qui il a été refusé des certificats de civisme ; 4° les fonctionnaires publics suspendus ou destitués de leurs fonctions par la Convention nationale ou par ses commissaires, et non réintégrés, notamment ceux qui ont été ou doivent être destitués en vertu de la loi du 12 août dernier ; 5° ceux des ci-devant nobles, ensemble les maris, femmes, pères, mères, fils ou filles, frères ou sœurs, et agens d'émigrés, qui n'ont pas constamment manifesté leur attachement à la révolution ; 6° ceux qui ont émigré dans l'intervalle du premier juillet 1789 à la publication de la loi du 8 avril 1792, quoiqu'ils soient rentrés en France dans le délai fixé par cette loi ou précédemment.

» 3. Les comités de surveillance établis d'après la loi du 21 mars dernier, ou ceux qui leur ont été substitués soit par les arrêtés des représentans du peuple envoyés près les armées et dans les départemens, soit en vertu des décrets particuliers de la Convention nationale, sont chargés de dresser, chacun dans son arrondissement, la liste des gens suspects, de décerner contre eux les mandats d'arrêt, et de faire apposer les scellés sur leurs papiers. Les commandans de la force publique à qui seront remis ces mandats seront tenus de les mettre à exécution sur-le-champ, sous peine de destitution.

» 4. Les membres du comité ne pourront ordonner l'arrestation d'aucun individu sans être au nombre de sept, et qu'à la majorité absolue des voix.

» 5. Les individus arrêtés comme suspects seront d'abord conduits dans les maisons d'arrêt du lieu de leur détention ; à défaut de maison d'arrêt ils seront gardés à vue dans leurs demeures respectives.

» Dans la huitaine suivante ils seront transférés dans les bâtimens nationaux que les administrations de département seront tenues, aussitôt après la réception du présent décret, de désigner et faire préparer à cet effet.

» 7. Les détenus pourront faire transporter dans ces bâtimens les meubles qui leur seront d'une absolue nécessité. Ils y resteront gardés jusqu'à la paix.

» 8. Les frais de garde seront à la charge des détenus, et seront répartis entre eux également. Cette garde sera confiée de préférence aux pères de famille et aux parens des citoyens qui sont ou marcheront aux frontières. Le salaire en est fixé, par chaque homme de garde, à la valeur d'une journée et demie de travail.

» 9. Les comités de surveillance enverront sans délai au comité de sûreté générale de la Convention nationale, l'état des personnes qu'ils auront fait arrêter, avec les motifs de leur arrestation, et les papiers qu'ils auront saisis sur elles.

» 10. Les tribunaux civils et criminels pourront, s'il y a lieu, faire retenir en état d'arrestation, comme gens suspects, et envoyer dans les maisons de détention ci-dessus énoncées, les prévenus de délits à l'égard desquels il serait déclaré n'y avoir pas lieu à accusation, ou qui seraient acquittés des accusations portées contre eux. »

C'est là la fameuse loi sur les suspects. Les décrets antérieurs étaient une législation provisoire qui maintenait le principe de l'arrestation des suspects, plutôt qu'elle n'en formulait l'application régulière. — Après que la Convention eut adopté cette loi Coupé (de l'Oise) demanda un rapport sur les *muscadins* qui voulaient se soustraire à la réquisition. Cette motion fut renvoyée au comité, et y resta sans effet jusqu'au 22 novembre, époque, où, sur le rapport de Cochon, les réquisitionnaires insoumis furent déclarés émigrés.

Barrère succéda à Coupé ; il venait proposer au nom du Comité de salut public, de traduire au tribunal révolutionnaire, et de punir comme contre-révolutionnaire, quiconque répandrait de fausses nouvelles, ou exciterait la terreur dans les campagnes. Il indiqua la déportation à la Guyanne comme la meilleure peine à leur infliger, et le préservatif le plus sûr pour la République. Collot-d'Herbois s'y opposa très-vivement : » Je n'approuve pas dit-il, la déportation à la Guyanne, que le Comité propose; cette mesure est désirée par les contre-révolutionnaires eux-mêmes : cette punition, loin de les épouvanter, leur donne de nouvelles espérances. Il ne faut rien déporter, il faut détruire tous les conspirateurs, et les ensevelir dans la terre de la liberté : il faut qu'ils soient tous arrêtés ; que les lieux de leur arrestation soient minés ; que la mèche, toujours allumée, soit prête à les faire sauter, s'ils osaient, eux ou leurs partisans, tenter de nouveaux efforts contre la République. Ils ont mis la révolution en état d'arrestation, et vous balanceriez de les y mettre !... Je demande que cette mesure soit exécutée dans toute la République. » — Barrère pensa, à cet égard, qu'un peuple qui se donnait un nouveau gouvernement, avait le droit d'éloigner de lui les individus qui s'en déclaraient les adversaires ; mais il fit observer qu'il était une foule de gens suspects qui n'avaient point conspiré : il proposa de décréter, comme mesure révolutionnaire, la déportation de tous ceux qui, depuis le 10 août 1792, ne s'étaient pas montrés amis du gouvernement républicain. — Cette dernière proposition fut renvoyée au Comité de salut public ; les autres furent décrétées.

A cette même séance la Convention décréta que l'armée du Nord, en délivrant Bruges et Dunkerque, avait bien mérité de la patrie. Les généraux Jourdan et Collaud étaient honorablement mentionnés dans le décret, tandis que le nom d'Houchard n'y était pas prononcé. Cette omission était significative, non-seulement le comité de salut public était mécontent de la conduite de ce général à Hondtschoote, mais encore il venait d'apprendre sa déroute du 15 à Courtrai. Après la journée du 8, Houchard désespérant d'entamer le duc d'York à Furnes, avait marché sur Menin pour attaquer les Hollandais. Il obtint d'abord un avantage sur le prince d'Orange; mais ce dernier, renforcé deux jours après par le général autrichien Beaulieu, remporta une victoire complète. Nos bataillons, chargés sur le flanc gauche par un corps de cavalerie autrichienne prirent en désordre la route de Menin, abandonnant équipages et artillerie, et courant se mettre à couvert sous le canon de la place de Lille. — Houchard ne tarda pas à être destitué et mandé à Paris. Nous analyserons plus bas les discussions qui eurent lieu à ce sujet, le 24 et le 25 septembre, dans la Convention.

L'emprisonnement de Jacques Roux, dont la liberté fut vainement sollicitée à la Commune par la section des Gravilliers, le 25 septembre, n'avait pas intimidé le parti des *enragés*. Nous en trouvons la preuve dans une adresse présentée à la Convention le 17 septembre; c'était à l'occasion du décret porté sur la motion de Danton, et qui accordait une indemnité de 2 liv. par jour aux citoyens qui assisteraient aux assemblées des Sections, tout en bornant à deux fois par semaine la tenue de ces assemblées. Les *enragés* avaient si habilement travaillé les sections contre ce décret, que des commissaires avaient été nommés plus ou moins régulièrement pour en demander le rapport. Varlet dirigeait cette intrigue; ce fut lui qui porta la parole.

» Législateurs, dit-il, nous venons, au nom des quarante-huit sections de Paris, vous présenter une pétition ; le maire serait à notre tête, si le maire se fût trouvé à son poste, car il était instruit de notre démarche. — Mandataires du peuple, les commissaires des Sections de Paris, réunis dans l'une des salles de l'Évêché, pour exprimer souverainement leur vœu sur le décret du 9 de ce mois, ont arrêté ce qui suit : Le décret déshonore le peuple de Paris, et le voue au mépris et à l'indignation de tous les peuples libres. Ce décret est attentatoire à la constitution et à la déclaration des droits.... » L'orateur continue sur ce ton réclamant la permanence des Sections, comme plus nécessaires que jamais, et rejetant l'indemnité « au nom des Sans-Culottes de Paris. »

Ce qui démontre, mieux que toutes les réflexions que nous pourrions faire, l'influence que de pareils raisonnemens exerçaient sur le peuple, ce fut le soin que mit à les réfuter la Convention nationale. Trois orateurs : Bazire, Robespierre et Saint-André répondirent successivement à Varlet, et firent tous les trois de longs discours. Bazire concluait ainsi : » Je demande le renvoi de cette pétition au comité de sûreté générale, et je demande qu'il remonte à sa source. (*Murmures des pétitionnaires.*) Je dois dire dans ma conscience que Varlet, orateur de la députation, jeune homme bien imprudent, s'il n'est pas stipendié par l'aristocratie, a été chassé des Jacobins. Je le dénonce, pour former avec Jacques Roux un pendant à l'abbé Royou. Je demande que cette pétition soit renvoyée au comité de sûreté générale. »

Robespierre. » Le peuple n'a pas dicté la pétition qui vient de vous être présentée ; il avait au contraire provoqué le décret contre lequel on réclame, et lorsqu'il fut rendu, il vous témoigna sa reconnaissance par ses nombreux applaudissemens. Vous le savez, citoyens, et vous en avez acquis la triste expérience, c'est pour anéantir les droits du peuple que quelques intrigans ont l'air de réclamer pour lui une étendue illimitée. Et pour faire l'application de ce principe, n'est-il pas vrai que pendant la permanence des Sections, le peuple ne délibérait pas sur ses intérêts? (Applaudissemens.) En effet, quels étaient ceux qui pouvaient sacrifier leur temps pour assister aux assemblées? était-ce la classe industrieuse et estimable des artisans? était-ce les citoyens vivant du produit de leur travail? Non, c'étaient les riches, les intrigans, les muscadins. Le peuple dérobait au plus deux jours par semaine, qu'il aurait employés à soulager ses besoins, pour exercer son droit de souveraineté, et pour assurer sa liberté ; et quand il paraissait dans les assemblées politiques,

alors les muscadins étaient muets et l'aristocratie impuissante...
Je crois me connaître en morale et en principes aussi bien que
l'orateur des pétitionnaires, et j'avoue hautement que je professe
une opinion contraire à la sienne sur l'indemnité ; il n'y a que
l'aristocratie qui puisse entreprendre de faire croire au peuple
qu'il est avili, parce que la patrie vient au-devant de ses besoins,
et qu'elle tâche de rapprocher la pauvreté de l'insolente richesse.

» Pourquoi donc cet avilissement qu'on prétend jeter sur
l'homme qui reçoit une indemnité de la justice nationale? Sommes-nous donc avilis, nous représentans du peuple, en recevant
l'indemnité qu'il nous accorde pour subvenir à nos besoins ?
(Vifs applaudissemens.) Non sans doute ; je m'honore de l'indemnité que je reçois, parce qu'elle m'est nécessaire, et je déclare que le jour où, par l'effet d'une motion aristocratique, je
me trouverais privé de cette indemnité, il ne me serait plus possible de rester au poste où la confiance du peuple m'a appelé
pour la conservation de ses droits, et que dès ce moment la liberté serait perdue par l'Assemblée nationale. Applaudissemens.)

» Citoyens, rappelez-vous que le premier moyen qu'employa
l'aristocratie de l'Assemblée constituante pour la dissoudre, fut
de tâcher d'avilir cette indemnité, parce qu'elle savait bien qu'un
grand nombre de membres ne pourraient supporter les dépenses qu'occasionnait leur déplacement ; mais nous, représentans
du peuple, incorruptibles, nous avons combattu pour conserver
cette indemnité qui nous rappelait sans cesse et nos devoirs et
nos engagemens... Je demande au nom de l'honorable indigence,
de la vertu laborieuse et des droits sacrés de l'homme, l'ordre
du jour sur la pétition qui vient de vous être présentée et sur laquelle peut-être le peuple fera plus que de passer à l'ordre du
jour. » (Applaudissemens.)

Saint-André. » Quand vous avez vu le peuple en masse, remplissant le lieu de vos séances, applaudir à la mesure salutaire que
Robespierre vient de défendre, lorsque vous la décrétâtes pour
son salut, vous avez pu juger combien elle était utile et juste.

On a osé dire que le décret que vous avez rendu avilit le peuple; il n'en est rien : ce que donne la nation n'avilit jamais, mais ce qu'on reçoit d'un particulier pour trahir la patrie, est bien vil et bien criminel.

» Je ne connais pas l'auteur de la pétition qui vient de vous être présentée ; mais je déclare qu'elle est entièrement puisée dans les arrêtés fédéralistes et contre-révolutionnaires des Sections de Lyon, de Toulon, de Marseille et de Bordeaux; arrêtés dont je pourrais rassembler les lambeaux de manière à vous faire retrouver tout entier le discours que vous venez d'entendre. Citoyens, ne vous le dissimulez pas, le but des aristocrates est d'amener la contre-révolution par un mouvement sectionnaire, déclarez-le au peuple un moment trompé, et il reconnaîtra son erreur, ses faux amis ; il leur arrachera le masque dont ils s'étaient couverts, les dépouillera de leur popularité et les écrasera de sa justice éternelle. » (Applaudissemens.)

La Convention passa à l'ordre du jour. Le parti qui venait ainsi porter audacieusement ses conclusions souveraines, au sein de l'Assemblée nationale, avait occupé la veille toute la séance des Jacobins. La société des femmes révolutionnaires dirigée par la citoyenne Lacombe tenait fortement pour les *enragés*. Le jeune Leclerc de Lyon, le collaborateur de Jacques Roux, était hébergé par cette citoyenne. Ces faits et beaucoup d'autres remplissent le compte rendu de la soirée du 16 septembre aux Jacobins. Nous reproduisons cette séance qui abonde en détails extrêmement curieux.

Un secrétaire. « La société des républicaines révolutionnaires a toujours donné des preuves d'un excellent patriotisme, et vous lui avez rendu toute la justice méritée. Cependant elle vient d'y déroger aujourd'hui, en rayant de la liste de ses membres une bonne républicaine, la citoyenne Gobin, parce qu'elle a donné carrière à son énergie, en dénonçant le nommé Leclerc, qui insulte journellement aux mânes de Marat, en publiant une feuille imitative du journal de ce grand homme, quoiqu'elle ne soit nullement dans ses principes. »

Le secrétaire lit ensuite une lettre de la citoyenne Lacombe, présidente de cette société, à la citoyenne Gobin, par laquelle elle prévient celle-ci qu'elle ait à prouver ses dénonciations contre Leclerc, sous peine d'être traitée comme calomniatrice.

Terray. « Je demande que l'on nomme à la citoyenne Gobin des défenseurs officieux, car il paraît que les femmes révolutionnaires sont fanatisées en faveur de ce Leclerc, qui fut chassé des Cordeliers et des Jacobins avec Jacques Roux, comme quelques individus l'étaient de ce prêtre insensé. » (*On applaudit.*)

Chabot. « Il est temps de dire toute la vérité au sujet de ces femmes prétendues révolutionnaires. Je vais vous dévoiler les intrigues qui les agitent, et j'assure qu'elles vous surprendront.

» Je sais à quoi l'on s'expose en aigrissant une femme, à plus forte raison lorsqu'on en aigrit un grand nombre; mais je ne crains ni leurs intrigues, ni leur propos, ni leurs menaces.

» Il y a quelques jours que je fus arrêté par le chef de ces femmes, la citoyenne Lacombe, qui me demanda ce que nous voulions faire du ci-devant maire de Toulouse. Je répondis que j'étais étonné qu'elle sollicitât en faveur d'un ex-noble, d'un homme qui avait fait emprisonner des patriotes. Elle me répondit qu'il donnait du pain aux pauvres. Eh mais, repliquai-je, c'est ainsi qu'on fait la contre-révolution. Enfin elle me menaça de toute l'animadversion des femmes révolutionnaires, si je ne donnais, conjointement avec le comité de sûreté générale, l'ordre de son élargissement.

» J'avoue que là se lâchèrent de gros mots, et je me retirai. Le lendemain elle vint chez moi encore pour me répéter les mêmes choses. Madame Lacombe, car ce n'est pas une citoyenne, m'avoua que ce n'était pas M. de Rey qui lui tenait à cœur, mais bien son neveu qui l'avait touchée. (On applaudit.) Moi, qu'on accuse de me laisser mener par les femmes, lui dis-je alors, je ne ferai jamais pour elles ce que vous font faire les hommes; et toutes les femmes de la terre ne me feront jamais rien faire que ce que j'ai envie de faire pour le bien public.

» Madame Lacombe me tint alors les propos les plus feuillans, prétendit qu'on ne devait pas tenir ainsi les hommes en prison ; que, révolution ou non révolution, il fallait les interroger dans les vingt-quatre heures, les mettre en liberté s'ils étaient innocens, et les envoyer promptement à la guillotine s'ils étaient coupables ; enfin, tous les propos que tiennent ordinairement les aristocrates, quand nous arrêtons quelques-uns de leurs amis.

» C'est parce que j'aime les femmes que je ne veux pas qu'elles fassent corps à part, et qu'elles calomnient la vertu même. Elles ont osé attaquer Robespierre, l'appeler Monsieur Robespierre.

» Je demande que vous preniez envers ces femmes révolutionnaires des mesures violentes, propres à réprimer cette manie insensée qui les a saisies. Je demande qu'elles se purgent de toutes les intrigantes qu'elles ont dans leur sein, et qu'elles y soient invitées par une lettre. » (*On applaudit.*)

Bazire. « Et moi aussi, tout chétif que vous me voyez, j'ai été aux prises avec les femmes révolutionnaires. (*On rit.*)

Renaudin. « Ne riez pas; ceci peut devenir plus sérieux que vous ne pensez. »

Bazire. « Je m'explique. L'autre jour, sept à huit femmes révolutionnaires vinrent au comité de sûreté générale réclamer la liberté d'un nommé Semandy, détenu à Sainte-Pélagie, qu'elles prétendaient être arrêté à tort. Nous leur déclarâmes qu'on préparait une contre-révolution sectionnaire à Paris, comme on en avait fait à Lyon, Marseille, Bordeaux, etc.; que Semandy nous avait été dénoncé par les députés des Bouches-du-Rhône, comme ayant joué un des principaux rôles dans celle de Marseille, et qu'il devait être en ce moment à Paris.

» Elles me demandèrent alors une permission, collectivement pour toute la société, d'entrer dans les prisons; c'était afin de s'y informer du motif d'arrestation des prisonniers, et de pouvoir forcer leur élargissement si elles le jugeaient à propos.

» Je leur répondis que cela n'était pas possible, et je leur en dis les raisons. J'ajoutai qu'il fallait qu'elles allassent demander aux députés des Bouches-du-Rhône une attestation en faveur de Semandy, qu'alors je pourrais leur obtenir la permission qu'elles réclamaient; elles refusèrent en prodiguant des injures à ces députés, et à moi personnellement; elles me dirent qu'elles sauraient bien faire repentir un blanc-bec comme moi de l'audace avec laquelle je refusais leur demande; elles me dirent que j'étais comme M. Robespierre qui osait les traiter de contre-révolutionnaires; je répondis que quand on parlait ainsi de Robespierre, et qu'on attaquait son patriotisme, il n'y avait plus rien à dire.

» Je me repens humblement de n'avoir pas assez de barbe pour plaire à ces dames; mais, tel que je suis, je leur déclarai que je ne savais point céder à des sollicitations injustes.

» Elles allèrent de là chez Moyse Bayle lui demander des attestations de patriotisme en faveur de Semandy. Sur son refus, ces dames firent chez Moyse Bayle le même tapage qu'elles avaient fait au comité de sûreté générale.

» Je crois que la société des femmes républicaines révolutionnaires est pure, mais elle est menée par des intrigantes. Je demande que la société invite les femmes révolutionnaires à faire un scrutin épuratoire qui les purge de toutes ces femmes dont l'esprit a gâté la société; sans doute elles ne s'y refuseront pas, et nous verrons ainsi de bonnes patriotes purifiées de toute intrigue et de toute cabale. »

Renaudin. « La citoyenne Lacombe, ou madame Lacombe, qui aime tant les nobles, donne retraite à un noble chez elle. On vient de m'apprendre qu'elle loge chez elle M. Leclerc, ci-devant et contre-révolutionnaire bien prouvé. Mais ce n'est pas assez de loger un aristocrate, elle loge encore un fripon; car il est bon que vous sachiez un fait qui prouve quel est l'homme dont vous vous occupez: il a volé à un de mes amis une paire de pistolets qu'il a vendue 50 livres; mon ami n'a point voulu le poursuivre, et m'a dit qu'il était fort aise d'en être quitte pour 50 livres. »

« *Un citoyen* commence par attribuer aux femmes tous les

troubles qui sont arrivés à Paris. (*Les tribunes murmurent.*) Mais il termine par demander l'arrestation des muscadines, ainsi que des muscadins. » (*Toute la société applaudit.*)

N.... « Hier, comme vous savez, on célébra à la section de la Montagne, l'inauguration des bustes de Marat et de Lepelletier; une femme parla; elle dit d'abord d'excellentes choses, mais elle termina par demander qu'on renouvelât les autorités constituées, et qu'on surveillât la marche du pouvoir exécutif. »

Tachereau. « Cette femme se fourre partout; elle a dit la même chose à une assemblée où j'étais; elle demanda d'abord la constitution, toute la constitution, rien que la constitution, et vous remarquerez en passant ce langage hypocrite et feuillantin, après quoi elle voulut saper les bases de la constitution, et renverser les autorités constituées de toute espèce. »

N.... « La femme qu'on vous dénonce est fort dangereuse en ce qu'elle est fort éloquente; elle parle bien d'abord et attaque ensuite les autorités constituées comme on vous l'a dit. Elle a tiré à boulets rouges dans un discours que j'ai entendu, et sur les Jacobins, et sur la Convention. »

» Un citoyen qui a lu le numéro d'aujourd'hui de Leclerc, cite un passage qu'il croit mériter la punition la plus sévère. Leclerc dit que, si on voulait l'arrêter, il poignarderait, et celui qui décernerait le mandat d'arrêt, et celui qui l'exécuterait. Durosoy et Royou ne tenaient pas un autre langage, quand ils payèrent de leur tête la peine de leur folie et de leur scélératesse. Il veut qu'on arrête enfin les vociférations de ce grimaud, de ce cuistre qui porte partout l'incertitude et le soupçon. Car dans un moment de révolution, à la veille de reconquérir par une crise salutaire sa liberté, rien n'est dangereux comme un journal modéré. »

« La citoyenne Lacombe paraît en ce moment à l'une des tribunes, et semble demander la parole. Le tumulte et le trouble deviennent si forts que le président se couvre; ce n'est qu'au bout d'un assez long temps que le calme renaît. »

« Le président lui observe que c'est ainsi qu'elle justifie les dénonciations qu'on veut faire sur son compte, et qu'un véritable crime en patriotisme est de causer du trouble ou de le prolonger dans une assemblée de gens qui ont besoin de délibérer froidement sur les intérêts du peuple. »

On met aux voix ces deux propositions : 1° d'écrire aux femmes révolutionnaires pour les engager à se débarrasser, par scrutin épuratoire, des femmes suspectes qui mènent la société;

2° D'envoyer au comité de sûreté générale, pour l'engager à faire arrrêter les femmes suspectes. (*Arrêté à l'unanimité.*)

On fait cet amendement, que la citoyenne Lacombe soit menée sur-le-champ au comité de sûreté générale. (*On applaudit.*)

On fait aussi celui de demander au comité l'arrestation de Leclerc.

Chabot. » Vous ne pouvez pas traduire au comité de sûreté générale un citoyen quelconque; mais vous pouvez inviter le comité de sûreté générale à mander la femme Lacombe; car je ne doute pas qu'elle ne soit l'instrument de la contre-révolution. »

Bazire. « Proposer au comité de sûreté générale d'arrêter les femmes suspectes, c'est manquer son but; car dans une ville immense comme Paris, il est très-difficile au comité de découvrir leur demeure, et fort aisé à celles-ci de s'échapper. Mais la société fera mieux d'écrire à tous les comités révolutionnaires des sections, qui connaissent mieux les femmes suspectes de leur arrondissement, et qui les feront arrêter avec plus de certitude et d'aisance. »

Renaudin. « Cela serait inutile de la part de la société. Il vaut mieux que le comité de sûreté générale écrive à tous les comités révolutionnaires, en les engageant à prendre cette mesure de sa part; les comités ne s'y refuseront pas. »

Desfieux. « La mesure que vous prîtes avec Custine vous servit parfaitement; je demande que vous la mettiez en usage. Leclerc est contre-révolutionnaire; vous voulez l'arrêter, ainsi que la femme Lacombe. Envoyez une députation des membres de votre sein. Que le comité de sûreté générale, en faisant arrêter tous ces individus, fasse mettre le scellé sur les papiers des uns et des autres, où l'on trouvera, je n'en doute pas, des preuves de contre-révolution. »

Chabot. « Cette motion est insidieuse, car si Lacombe venait à nier tout ce qu'elle m'a dit, ce serait le plus sûr moyen de se justifier ; mais j'ai des preuves et des témoins qu'elle m'a tenu ce langage ; elle ne le niera pas ; et si elle l'avoue, on peut après cela même la convaincre de contre-révolution.

» Elles nous accusent, ces femmes contre-révolutionnaires, d'avoir opprimé le peuple, et juré de traverser les intérêts de la nation. Sommes-nous devenus plus riches depuis cette époque?

» Je citerai des faits contre les femmes révolutionnaires, contre Lacombe ; qu'elles en citent contre moi ; sans doute elles ont droit de m'accuser, mais ce ne doit être qu'avec des titres légitimes. »

« Un citoyen dénonce le preneur de notes du journal de la Montagne, comme vivant habituellement avec Leclerc. Il demande que ces relations soient éclaircies. » (On applaudit.)

Desfieux. « On vient de me dire en entrant dans la salle que la citoyenne Lacombe m'avait réclamé ; je déclare que je n'ai avec elle aucune espèce de relations quelconques ; je ne lui ai jamais parlé que dans des endroits publics. Je n'ai pareillement aucune espèce de relations avec Leclerc, Jacques Roux ou autres dénoncés dont il vient d'être question. Il ne faut que lire les numéros de Leclerc pour s'en convaincre ; j'y suis dénoncé, injurié ; mais de pareils traits me font honneur, et la seule honte qui pût rejaillir sur moi serait d'être loué d'un tel homme. » (*Moniteur.*)

Pendant que les femmes révolutionnaires occupaient ainsi la société des Jacobins, la Commune prenait des mesures à l'égard des *jolies solliciteuses*. Le 15 septembre, la section de l'Unité se plaignit au conseil général « de ce que l'administration de police était trop sensible aux sollicitations des jolies femmes qui réclamaient la liberté d'individus mis en état d'arrestation. »

Sur le réquisitoire d'Hébert, le conseil arrêta que l'administration de police ne pourrait mettre qui que ce fût en liberté, sans en avoir communiqué au parquet qui en référerait au conseil, pour être statué définitivement, et qu'aucun de ses membres ne se prêterait à des sollicitations pour faire sortir les citoyens détenus. Le 16, un membre du conseil demanda que les administrateurs de police accusés de s'être laissé séduire par de jolies femmes, fussent dénommés au procès verbal, et mandés au conseil, pour rendre compte de leur conduite. Cette proposition fut adoptée. Les membres inculpés étaient Beaudrais et Froidure. Le 17, Beaudrais vient se disculper et demanda le rapport de l'arrêté du 15. Hébert s'y opposa : « J'ai vu, dit-il, ce matin à la police, une foule de jolies femmes en assiéger les bureaux, pour des mises en liberté. Fût-on un Caton, on doit craindre les Circé ; elles possèdent l'art de capter les hommes. On repoussera la femme d'un bon sans-culotte, parce qu'elle ne sera pas mise élégamment ou n'aura pas de beaux yeux ; tandis qu'une astucieuse coquette, accoutumée à tromper les trompeurs eux-mêmes, sera admise. Je demande le maintien de l'arrêté et son exécution dans toute sa rigueur. Je requiers en conséquence qu'il soit affiché à toutes les portes des bureaux de police, une défense à toutes les jolies solliciteuses d'y entrer. » — Le conseil arrêta que « toutes les jolies intrigantes » n'auraient aucun accès dans les bureaux de police. (*Journal de Paris*, n. CCLXII.)

Pour ces motifs et parce que les républicaines révolutionnaires qui portaient la cocarde nationale étaient exposées à de fréquentes insultes, le conseil arrêta que toutes les femmes, sans exception la porteraient. La Convention elle-même rendit un décret à cette occasion. Le 21 septembre, Maillhe demanda que toute femme qui négligerait de porter la cocarde, fût traitée comme contre-révolutionnaire et suspecte. Julien (de Toulouse) trouva cette mesure trop rigoureuse : il demanda, et fit décréter que, la première fois, une femme trouvée sans cocarde serait punie de huit jours de prison, et qu'elle serait enfermée jusqu'à la paix en cas de récidive. Le nouveau comité de sûreté générale prit à l'égard des solliciteuses le même arrêté que le conseil général de la Commune. Cet arrêté transmis à la municipalité par le comité de salut public est consigné dans le procès-verbal du conseil général, du 23 septembre. Pour terminer ce qui concerne les femmes dans l'histoire du présent mois, nous devons encore mentionner une adresse portée le 18 au soir à la barre de la Convention, et que le *Moniteur* analyse ainsi :

« Les citoyennes de la société républicaine présentent une pétition tendante à faire transférer les femmes de mauvaise vie dans des maisons nationales, pour les y occuper à des travaux utiles, et ramener, s'il se peut, aux bonnes mœurs par des lectures patriotiques, ces malheureuses victimes du libertinage, dont souvent le cœur est bon, et que la misère seule a presque toujours réduites à cet état déplorable. »

— L'un des plus graves événemens du mois de septembre fut l'attaque dirigée contre le comité de salut public à la séance de la Convention, du 25. Plusieurs élémens concoururent à cette opposition. Le même coup fut frappé par les Hébertistes, par une fraction de la Montagne qui céda à des passions particulières, et par les Girondins.

On sait qu'Hébert et Vincent avaient vivement combattu la proposition de Danton, tendant à ériger le comité de salut public en gouvernement provisoire. Ils exprimèrent alors, et renouvelèrent depuis la demande formelle de l'organisation du pouvoir constitutionnel. La dictature effrayait les Hébertistes. C'était particulièrement l'omnipotence des commissaires conventionnels qu'ils voulaient faire cesser. Maîtres de Bouchotte et par lui de toutes les places à la nomination du ministère de la guerre, ils conspiraient pour donner à leurs amis les meilleurs postes de l'armée. Mais comment y réussir tant que des représentans du peuple pourraient, de leur autorité privée, casser les officiers et les remplacer au moins provisoirement. Pour écarter ces obstacles ils concertèrent une pétition que Vincent fit adopter par le club des Cordeliers, et qui fut présentée à la Convention le 18 au soir. Cette pétition formulée en articles contenait les demandes suivantes :

« 1° Le rapport du décret qui permet aux représentans du peuple auprès des armées de prendre séparément des arrêtés;

» 2° Le rapport du décret qui rappelle les commissaires du conseil exécutif;

» 3° Une loi qui défende aux représentans du peuple de prendre des arrêtés qui entravent la marche du conseil exécutif;

» 4° Une autre loi qui rende ces mêmes représentans du peuple responsables d'avoir favorisé les friponneries des agens militaires. »

La Convention accueillit les pétitionnaires par des murmures; ils furent renvoyés pardevant le comité de sûreté générale avec les pièces dont ils se disaient porteurs. Le club des Cordeliers recula devant une lutte avec la Convention. Les meneurs eux-mêmes avaient plutôt cherché à sonder le terrain, qu'à s'y aventurer tête baissée. Aussi la pétition fut-elle désavouée et retirée.

Si les Hébertistes redoutaient pour leurs amis de l'armée les arrêtés des représentans, certains montagnards de la Convention ne les redoutaient pas moins. Chacun voulait préserver les siens. Duhem avait pris le parti de Custine, et il avait été à cause de cela sur le point d'être exclu des Jacobins. Lorsque Amar dénonça Kellermann, à la séance de la Convention du 27 août, Thuriot défendit ce général. La mollesse avec laquelle il conduisait le siége de Lyon l'ayant fait destituer, le 11 septembre, et remplacer par le général Doppet, Thuriot n'approuva pas cette mesure. En désaccord, avec ses collègues du comité de salut public, sur ce point et sur quelques autres, il leur rompit publiquement en visière à la séance du 17. Un décret ordonnait l'arrestation de trois membres du département de Seine-et-Oise. Ce département étant venu, le 17, réclamer ses collègues, Saint-André se plaignit du peu de respect des orateurs : il demanda que la pétition fût improuvée, et que les pétitionnaires fussent renvoyés au comité de sûreté générale. Thuriot combattit cette proposition, Robespierre l'appuya, et elle fut décrétée. Le 20, Thuriot donna sa démission du comité de salut public. Des raisons toutes personnelles avaient indisposé d'autres députés montagnards contre ce comité. Bourdon (de l'Oise) et Goupillau avaient été aigris par les reproches auxquels les avaient exposés leur conduite envers Rossignol. Le premier ne pardonnait pas à Robespierre l'humiliation qu'il lui avait fait subir le 11, aux Jacobins. Merlin et Rewbell n'oubliaient pas la peine qu'ils avaient eue à se laver de la capitulation de Mayence; Cochon et Briez de celle de Valenciennes. Lecointre, Courtois, Osselin, Dupain, Ryter, Laurent et beaucoup d'autres avaient été dénoncés aux Jacobins. Pressarin en avait été chassé, pour avoir obtenu, du comité de sûreté générale, la libre sortie, sous caution, de son neveu Trillard, emprisonné comme membre de la municipalité lyonnaise contre-révolutionnaire.

L'occasion d'attaquer le comité de salut public fut donnée à tous les mécontens par les revers de l'armée du Nord qui avaient succédé à la victoire d'Hondschoote. Le comité en attribuait la faute à Houchard, qu'il s'empressa de destituer. Les amis de ce général, unis à ceux qui avaient à se plaindre du comité tentèrent de rejeter sur lui non-seulement le désastre de Courtrai, mais encore tous les malheurs de la guerre civile et de la guerre étrangère. Le côté droit muet et consterné jusqu'à ce jour battit des mains à cette agression. Son attitude dans les séances du 24 et 25 septembre détermina une addition au décret du 3 octobre qui envoyait au tribunal révolutionnaire Brissot et ses complices, et dont l'article 4 prononça, en effet, l'arrestation de tous les signataires des protestations des 6 et 19 juin.

Le 24 septembre, la Convention reçut une lettre du ministre de la guerre, annonçant la nomination des généraux Jourdan, Delmas et Moreau, au commandement en chef des armées du Nord, du Rhin et de la Moselle, vacant par la destitution des généraux Houchard, Landremont et Schawembourg. La discussion s'engagea sur cette lettre. Duroy déclara que le général Landremont avait rendu de grands services à la République. Génissieux demanda que le ministre fût tenu de donner les motifs de ces destitutions. Duroy reprit la parole et dit qu'il fallait laisser aux armées des officiers qui, pour avoir le malheur d'être nés nobles, n'en étaient pas moins sans-culottes. Il demanda que le conseil exécutif ne pût suspendre, destituer, ni remplacer les généraux qu'après en avoir donné les motifs à la Convention. Duhem recommanda l'union parmi les patriotes. — Jusqu'ici le ministère seul était mis en cause, mais ce n'était qu'un jeu pour lancer le comité. Billaud-Varennes monta, en effet, à la tribune, et déclara que « ces destitutions avaient été combinées avec le comité de salut public. » Alors Raffron appuyant ces mesures, soutint qu'il ne fallait laisser aucun noble dans les armées. Saint-André se leva ensuite, et prenant la question par le côté personnel, il dit que Houchard avait constamment eu auprès de lui, Barthélemy, jeune homme connu par son insolence, son incapacité et son incivisme, et Vermon, homme froid et craintif, qui ne demandait qu'à cantonner les troupes. Vermon prit la défense de son frère; la dénonciation et la défense furent renvoyées au comité de salut public. — Après cela on lut une seconde lettre de Bouchotte, annonçant que la nomination qu'il avait faite de Daubigny, pour second adjoint de la deuxième division du département de la guerre, avait été approuvée par le conseil exécutif. Bourdon (de l'Oise) recommença la querelle : il déclara qu'il s'opposait à cette nomination, si ce Daubigny était le même qui, le 10 août 1792, avait été saisi dans la section des Tuileries, les mains garnies de l'argent qu'il avait volé. Billaud-Varennes répondit que le comité n'avait pas eu connaissance de cette nomination; et que, dans tous les cas, il fallait éclaircir le fait. Un décret fut rendu dans ce sens, et Daubigny traduit au tribunal révolutionnaire qui le reconnut innocent fut confirmé dans son emploi, le 30 septembre, et loué pour son patriotisme par Robespierre et St.-Just.

La séance du 24 n'avait été qu'une escarmouche sans conséquence contre le comité de salut public; dans celle du 25 l'attaque fut poussée à fond. Aimé Goupillau commença par dénoncer

Rossignol comme ayant refusé de se conformer au plan général arrêté pour la campagne de la Vendée. Duhem lut une lettre de Bentabolle, datée d'Arras, annonçant que les subsistances allaient très-mal, ainsi que les administrations ; qu'il n'y avait ni ordre, ni ensemble dans les opérations ; que l'armée du Nord avait besoin d'un renfort de quarante mille hommes d'infanterie et de cavalerie, etc., etc. Briez, l'un des commissaires de la Convention au siége de Valenciennes, monta aussitôt après à la tribune. Il donna lecture d'un mémoire sur l'état actuel de l'armée du Nord, dans lequel il reprocha au comité de salut public de garder le silence et de ne pas prendre les mesures nécessaires. Il annonça que Menin avait été évacué, et que l'arrière-garde avait beaucoup souffert ; que Dunkerque était menacé de nouveau ; que la défaite du corps d'armée placé près de Cambrai avait livré aux ennemis les campagnes du Hainault, du Cambrésis, de la Flandre et de la Picardie. Il conclut à ce que les mesures les plus promptes fussent prises pour renforcer l'armée du Nord, et à ce que le comité de salut public fût tenu de faire un rapport, séance tenante, sur l'état de cette armée. — La Convention décréta l'impression du mémoire de Briez, et l'adjonction de l'auteur au comité de salut public.

Merlin, l'un des commissaires au siége de Mayence, communiqua ensuite les lettres reçues de la Vendée. Elles annonçaient que l'avant-garde de Mayence avait été attaquée entre Clisson et Mortagne, et enveloppée par un nombre prodigieux d'ennemis ; qu'après s'être vaillamment défendue, elle avait été forcée à la retraite, et avait perdu son artillerie légère. La générale ayant été battue à Clisson, le corps d'armée avait marché au secours de l'avant-garde ; il avait repoussé les rebelles, mais n'avait pu recouvrer l'artillerie. Les mêmes lettres portaient que le général Rossignol avait refusé d'agir de concert avec les autres généraux, et de faire marcher ses colonnes selon le plan concerté entre ces derniers et les commissaires.

Aimé Goupillau. « Non-seulement l'armée qui est sous le commandement de Rossignol a refusé de marcher, mais toutes les lettres nous annoncent que les deux divisions de Luçon, qui avaient des succès, ont reçu ordre de se replier. »

Ici un membre du côté droit prit la parole. Delaunay d'Angers, le jeune, celui qui avait fait contre Marat le rapport à la suite duquel l'*Ami du peuple* avait été envoyé au tribunal révolutionnaire, et que nous verrons bientôt accusé de conspiration et condamné à mort, se leva et dit : « Je demande que le comité de salut public fasse connaître s'il n'est pas vrai que les deux colonnes de Rossignol ont été battues, l'une le 17, l'autre le 19 de ce mois, et qu'une colonne victorieuse a reçu de lui l'ordre de rétrograder. »

En ce moment Fabre-d'Églantine, l'un des membres les plus suspects de l'ancien comité de sûreté générale, eut l'air de s'interposer comme conciliateur, mais c'était en réalité pour glisser une motion malveillante, dont le résultat eût été de tenir quarante-huit heures sur la sellette le comité de salut public : « Comme il est des opérations, dit-il, qui exigent du secret, je demande que l'on ajourne cette discussion jusqu'à demain, et que la séance de demain y soit uniquement consacrée, que chacun dise alors ce qu'il saura, que tout le monde connaisse les causes du mal, et que l'assemblée ne se sépare point sans avoir pris des mesures. »

Charlier. « Les causes du mal sont les fripons qui sont en place. » (*On applaudit.*)

Billaud-Varennes. « Je prie la Convention de considérer combien il est important qu'elle ne se sépare point aujourd'hui sans avoir pris une détermination. Je ne crains pas de le dire, la discussion que vous venez d'entendre est le plus grand triomphe que les ennemis de la République aient pu remporter. Oui, sans doute, votre comité de salut public frémit depuis quarante-huit heures de l'horrible coalition formée par tous les intrigans qui veulent anéantir la République et la Convention nationale. Il faut déchirer le voile; car le comité, malgré son énergie et sa vigueur, ne peut se charger seul d'une si terrible responsabilité. Il faut enfin que la Convention sauve la patrie, elle en a les moyens. Nous étions convenus hier de faire le rapport qu'on vous demande. Vous saurez qu'il n'y a pas dans le comité un seul membre qui ne se soit élevé contre les abus qu'on dénonce ici. Mais il ne faut pas que la Convention se divise. Loin de nous tout esprit de parti! il faut nous tenir rapprochés. Défions-nous des hommes qui ont gardé le silence jusqu'à ce jour, et à qui j'entends faire des lamentations. Le comité de salut public est prêt; il vous dira qu'il faut que la responsabilité pèse sur toutes les têtes, et que la Convention réponde en masse du salut public. (*On applaudit.*)

Charlier. « D'après ce que Billaud vient de dire, je demande que le comité de salut public soit mandé, et que la Convention prenne, séance tenante, une détermination. » Cette proposition est décrétée.

Barrère, au nom du comité de salut public. « Le comité de salut public vient d'être dénoncé devant vous, au moment même où il est, par une infinité de détails, entouré d'obscurité d'une part, et de l'autre circonvenu par les intrigues très-ostensibles de ces hommes gagés par les Anglais, tout couverts d'un patriotisme hypocrite, qui disent aussi servir l'état, en semant la défiance parmi les patriotes. Pour déjouer ces intrigues et ces dénonciations artificieuses d'une secte de petits ambitieux, il ne faut que de la vérité et de la simplicité. Le comité n'a préparé aucun rapport; il va répondre catégoriquement aux prétendus griefs articulés contre lui.

» D'abord il n'a reçu d'autres nouvelles que celles qu'il vous a chaque jour annoncées. Ce n'est qu'aujourd'hui qu'il a appris, en même temps que vous, l'affaire de Menin, que nous ne connaissons pas, et sur laquelle Houchard avait gardé le silence. Elle vous est parvenue par voie indirecte: il y a trouvé la confirmation des soupçons qu'il avait déjà conçus contre ce général quant à ce qu'il connaît. Il a été chargé plusieurs fois d'être le porteur de nouvelles désastreuses. Il faut ici en analyser les causes; et cet examen vous donnera les motifs qu'on nous a demandés de la destitution et du remplacement de plusieurs généraux.

» Depuis longtemps le premier principe pour tirer parti du courage du soldat, le principe établi par Frédéric, et celui de tous les grands généraux, est d'avoir de grandes armées en masse plutôt que de partager ses forces. Au contraire, vous n'avez eu jusqu'à présent que des armées disséminées, morcelées ; même lorsqu'on les rassemblait en masse, des généraux ignorans ou perfides les divisaient et les faisaient battre en détail, en les opposant toujours à un ennemi supérieur. Le comité a aperçu le mal ; il a écrit aux généraux de se battre en masse. Ils ne l'ont pas fait ; vous avez eu des revers.

» Une autre cause de nos maux, c'est la méfiance et la trahison. Tous les hommes qui appartenaient à la classe nobiliaire sont frappés d'opinion : ce sont des traîtres commencés. Une voix générale s'élevait contre eux ; le comité vous en a avertis, et vous avez reçu la même impulsion.

» Le comité a cru que vous ne deviez pas rappeler l'existence d'une caste détruite en faisant des lois particulières à une classe d'hommes ; il a cru que tous les gens suspects en général devaient être éloignés des armées. Les opérations qu'il a faites à cet égard devaient être secrètes pour avoir leur succès ; vous-mêmes l'y avez autorisé en lui donnant tout pouvoir pour exclure les gens suspects des armées ; mais il a dû prendre des ménagemens, soit pour l'escadre qui est en mer, et qui est commandée en partie par des nobles ; soit pour les armées de terre, où des nobles sont dépositaires des plans de campagne ; il a fallu les tâter secrètement, connaître quels étaient ceux qui trahissaient, ceux qui étaient disposés à trahir, ceux sur qui on pouvait momentanément compter, afin de ne pas opérer une subite désorganisation.

» C'est d'après ces motifs que nous avons fixé plus particulièrement notre attention sur des faits qui, quoique environnés de lauriers recueillis à Dunkerque et à Bergues, ne présentaient pas moins le caractère d'une adroite trahison. Je vous ai lu à cette tribune les relations de plusieurs avantages remportés sur les Anglais. On a cru d'abord que c'était la plus grande victoire. Mais les fonctions de votre comité ne se bornent pas à venir vous lire les lettres des généraux et à faire le rôle d'une froide gazette nationale; il doit s'assurer par lui-même de la vérité des faits. Examinant les résultats généraux de l'affaire de Dunkerque et les pertes que nous faisaient éprouver ces victoires mêmes, par la mauvaise disposition qu'on donnait à nos armées, il a dû épier le caractère particulier de chacun de ceux qui ont eu part à ces événemens. Quatre faits rendent Houchard infiniment suspect : le premier, de n'avoir pas jeté à la mer les Anglais, après leur déroute ; le second, de n'avoir pas taillé en pièces les Hollandais qu'il tenait cernés ; le troisième, de n'avoir donné qu'un mouvement partiel à l'armée, et d'avoir laissé dans l'inaction des troupes qui auraient pu être d'un grand secours, quand on assassinait la garnison de Cambrai dans un ravin; enfin d'avoir abandonné Menin, laissé tailler les derrières de cette armée pendant la retraite, et d'avoir gardé le silence sur cette affaire. Tous ces faits, qui ne nous étaient qu'imparfaitement connus, ne nous inspiraient encore que de fortes préventions. Houchard, né dans les rangs obscurs d'une légion, parvenu au grade le plus éminent après avoir fait en Allemagne plusieurs actions d'éclat, ne paraissait pas devoir être jugé aussi sévèrement sans un examen approfondi des faits.

» Dans ces circonstances, un de nos collègues, d'un patriotisme prononcé, le citoyen Hens, est venu de l'armée. Ce commissaire intègre et éclairé a confirmé tous les rapports que nous avions déjà. Trente ou trente-deux mille hommes avaient été commandés par Houchard. Trente mille Français contre des Anglais devaient les exterminer. Le général Houchard les divisa en trois colonnes ; l'une, composée de dix mille hommes, fut confiée à Landrin, qui se cacha au moment de l'action ; l'autre, dirigée du côté de la mer, ne produisit pas son effet, et donna aux Anglais le temps de se retirer ; la troisième colonne fut dirigée sur Hondtschoote ; elle avait contre elle toutes les chances et les principales forces de l'ennemi ; elle était composée de douze mille hommes contre dix-huit mille bien retranchés. Voilà un morcellement qui ne peut être que l'effet d'une ignorance crasse ou de la trahison. Cette dernière colonne, la seule qui remplit son but, ne vainquit que par un effort de courage qui tient du prodige. Nous avons donc pris le parti de destituer le général Houchard, et de mettre à sa place un général sans-culotte, un patriote prononcé.

» Nous nous sommes dirigés dans ce choix principalement d'après le rapport de vos commissaires. Vos ennemis ont deux moyens de désorganiser vos armées : l'aristocratie qui trahit, c'est celle de vos généraux ; la perfidie qui répand de fausses terreurs, qui fait fuir et qui met la confusion dans les troupes, c'est celle des états-majors. Ce n'est pas tant des Condé et des Turenne qu'il nous faut que de bons états-majors, et au-dessus d'eux un homme de probité.

» Le comité a pensé que la mesure de l'arrestation prompte et secrète répondait des traîtres. Il a sur-le-champ fait repartir Hens avec un travail concerté entre le comité et le ministre. Ce travail a pour objet d'éloigner des armées, par des mesures successives et prudentes, les gens suspects, les étrangers et surtout les nobles. On a paru témoigner quelque inquiétude sur ces destitutions ; c'est sans doute parce qu'on n'en connaissait pas les motifs. Hens doit être arrivé hier. Il a dû procéder au changement de l'état-major. Le comité a cru devoir lui laisser quelques jours pour faire ces changemens sans commotion, pour ne pas imprimer de nouvelles secousses et de nouvelles craintes à cette malheureuse armée du Nord, qui a déjà éprouvé quatre ou cinq trahisons.

» Quant aux nominations que le comité a concertées avec le ministre, il n'a appelé à cette régénération de l'armée que des sans-culottes par état et par principes, combattant pour leurs propres droits ; car il est inouï que la noblesse, contre laquelle on se bat, dirige cette guerre, dans le succès de laquelle elle a tout à perdre.

» Nous avons voulu ôter des armées les nobles, les Irlandais, les gens suspects. Nous l'avons fait avec les connaissances qu'a le ministre de la guerre dans ses bureaux, avec celles qu'ont recueillies Carnot et quelques autres membres du comité de salut public, ainsi que les représentans du peuple délégués à cette armée, enfin avec les notions que les bons citoyens s'empressent de nous donner sur tel ou tel militaire. Il ne reste plus à l'assemblée qu'à examiner la note que nous publierons de ces nominations et de ces destitutions; et si elle a plus de lumières et de renseignemens, comme cela doit être, puisqu'elle est composée d'un plus grand nombre d'hommes, ce doit être à chaque membre qui a des notions sur le caractère de ceux qui sont promus à nous dire si nous avons choisi de bons patriotes, ou si nous nous sommes trompés.

» Le comité vous doit une observation importante. Il est un instrument national, une portion, un résumé de vous-mêmes; on ne peut l'accuser injustement sans attaquer la Convention elle-même; vous ne pouviez lire vous-mêmes toutes les correspondances, suivre tous les détails du gouvernement; vous avez chargé de ces fonctions un extrait de vous-mêmes, qui, toujours actif, vous représente quand vous n'êtes pas rassemblés pour délibérer en commun. Cette institution cesse d'être utile si on la dépouille de toute espèce de considération. Accusera-t-on les ministres de faiblesse? Nous ne vous dissimulerons pas que nous n'avons pas un ministère aussi révolutionnaire, aussi énergique qu'on pourrait peut-être le désirer. Mais où sont les hommes doués à la fois de toutes les qualités désirables dans l'homme public? On les accuse, on les dénonce, on est obligé de les changer à chaque instant. Les hommes trouvent partout leur place dans les révolutions; mais on ne trouve pas partout des hommes qui aient le courage et le talent révolutionnaire nécessaires pour les places éminentes. Ces instrumens précieux s'usent facilement. Il faut, outre le talent et le courage, une première qualité préférable à toutes les autres, c'est la probité et le patriotisme. Cette qualité se trouve, à ce que nous croyons, dans le ministère actuel.

» Le comité travaille de concert et d'affection avec les ministres. Autant que nous pouvons, nous pressons leur marche.

» Quant au comité, accusé pendant que ses membres étaient absens, il n'a pu se défendre; mais il doit vous le déclarer, il existe un grand plan parmi les ennemis intérieurs; il existe un petit parti d'ambitieux ou d'étrangers, qui a pour objet de diviser la Convention, de faire des sectes de patriotisme, afin que, ne formant plus une masse, la République ne soit plus défendue. Des hommes qui exercent un pouvoir à côté de nous voudraient peut-être se dégager d'une surveillance importune. Il ne réussira pas ce parti liberticide (*Non, non*, s'écrie toute l'assemblée); mais pour cela le comité a besoin de votre force, il a besoin de votre confiance. Si elle est altérée, si nous l'avons perdue, si la calomnie est parvenue à nous l'enlever, rappelez-nous dans votre sein; nous y rentrerons glorieux, puisque nous avons fait notre devoir. Nous y ferons encore votre avant-garde contre les tyrans coalisés. Ce sera encore sur nous qu'ils frapperont les premiers, parce que ce sera nous aussi qui les premiers dirigerons encore contre eux l'énergie nationale. Nous avons autant qu'aucun membre de cette assemblée la confiance de nos forces et de nos ressources. Rappelez-nous, nous viendrons au milieu de vous, servir, comme auparavant, la chose publique; et si nous remettons nos fonctions dans des mains plus heureuses, vous ne les aurez pas confiées à de plus pures. » (*On applaudit.*)

Prieur. « Je vais vous faire lecture d'une pièce qui a une grande analogie avec les faits qui vous ont été déjà dénoncés. Parmi les généraux qui se trouvent destitués à l'armée du Nord, se trouve le général Hédouville. Voici un arrêté de vos commissaires Levasseur et Bentabolle qui atteste l'infâme conduite de cet officier.

« Nous représentans envoyés près l'armée du Nord, suspen-
» dons de toute fonction militaire le citoyen d'Hédouville, géné-
» ral de division, pour n'avoir pas exécuté le plan d'attaque ar-
» rêté à Cambrai entre les généraux et les représentans du peu-

» ple; pour avoir refusé de charger l'arrière-garde des ennemis
» au moment où ils se retiraient de Wervick ; pour avoir fait
» changer, par ses mauvaises dispositions, en déroute, la retraite
» de Menin, en assurant que son arrière-garde était en sûreté au
» moment même où elle était vivement harcelée par l'ennemi ;
» pour avoir abandonné cette arrière-garde et s'être retiré à
» l'avant-garde, au lieu de clore et protéger la retraite, de
» manière que l'ayant cherché partout pour recevoir ses or-
» dres, on le trouva assis tranquillement sur le bord d'un
» fossé, etc. »

» Voilà les hommes que le comité de salut public n'a plus voulu voir à la tête de nos armées. Nous lui devons graces d'avoir enfin pris le parti de ne prendre les généraux que parmi les sans-culottes, parmi ceux des officiers inférieurs qui ont donné depuis la révolution des preuves constantes d'intelligence et de patriotisme. »

» *Robespierre.* « Si ma qualité de membre du comité de salut public doit m'empêcher de m'expliquer sur ce qui s'est passé avec une indépendance entière, je dois l'abdiquer à l'instant, et après m'être séparé de mes collègues, que j'estime et que j'honore (et l'on sait que je ne suis pas prodigue de ce sentiment), je vais dire à mon pays des vérités nécessaires. La vérité est la seule arme qui reste entre les mains des intrépides défenseurs de la liberté pour terrasser les perfides agens de l'aristocratie. Celui qui cherche à avilir, à diviser, à paralyser la Convention, est un ennemi de la patrie, soit qu'il siége dans cette enceinte, soit qu'il y soit étranger (*On applaudit*); qu'il agisse par sottise ou par perversité, il est du parti des tyrans qui nous font la guerre. Or, il existe ce projet d'avilissement, il existe dans les lieux même où le patriotisme devrait régner, dans des clubs qui prétendent être plus que patriotes. On fait la guerre à la Convention dans la personne de tous les défenseurs de la liberté. Mais, ce qu'il y aurait de plus déplorable, ce serait que ce lâche système eut des partisans.

» Depuis longtemps le comité de salut public soutient la

guerre que lui font quelques membres, plus envieux et plus prévenus que justes. Quand il s'occupe jour et nuit des grands intérêts de la patrie, on vient vous apporter ici des dénonciations écrites, présentées avec astuce. Serait-ce donc que les citoyens que vous avez voués aux plus pénibles fonctions auraient perdu le titre de défenseurs imperturbables de la liberté, parce qu'ils ont accepté ce fardeau? Ceux qui les attaquent, sont-ils plus patriotes, parce qu'ils n'ont pas reçu cette marque de confiance? Prétendez-vous que ceux qui ont ici défendu la liberté et les droits du peuple au péril de leur vie, au milieu des poignards, doivent être traités comme de vils protecteurs de l'aristocratie. Nous braverons la calomnie et les intrigues. Mais la Convention est attachée au comité de salut public; votre gloire est liée au succès des travaux de ceux que vous avez revêtus de la confiance nationale.

» On nous accuse de ne rien faire : mais a-t-on donc réfléchi à notre position? Onze armées à diriger, le poids de l'Europe entière à porter, partout des traîtres à démasquer, des émissaires soudoyés par l'or des puissances étrangères à déjouer, des administrateurs infidèles à surveiller, à poursuivre; partout à aplanir des obstacles et des entraves à l'exécution des plus sages mesures; tous les tyrans à combattre, tous les conspirateurs à intimider, eux qui se trouvent presque tous dans une caste si puissante autrefois par ses richesses, et encore par ses intrigues; telles sont nos fonctions. Croyez-vous que, sans unité d'action, sans secret dans les opérations, sans la certitude de trouver un appui dans la Convention, le gouvernement puisse triompher de tant d'obstacles et de tant d'ennemis? Non, il n'y a que la plus extrême ignorance, ou la plus profonde perversité qui puisse prétendre que, dans de pareilles circonstances, on ne soit pas un ennemi de la patrie, alors qu'on se fait un jeu cruel d'avilir ceux qui tiennent le timon des affaires, d'entraver leurs opérations, de calomnier leur conduite. Ce n'est pas impunément que vous lasseriez la force d'opinion nécessaire. Je n'en veux d'autre preuve que les discussions qui viennent d'avoir lieu.

» Le comité de salut public voit des trahisons au milieu d'une victoire. Il destitue un général encore investi de la confiance, et revêtu de l'éclat d'un triomphe apparent ; et on lui fait un crime de son courage même ! Il expulse les traîtres, et jette les yeux sur les officiers qui ont montré le plus de civisme ; il les choisit après avoir consulté les représentans du peuple qui avaient des connaissances particulières sur le caractère de chacun d'eux. Cette opération demandait du secret pour avoir son plein succès : le salut de la patrie l'exigeait. On avait pris toutes les mesures nécessaires pour que ce secret fût gardé, ne fût-ce que par rapport aux autres armées. Eh bien ! au moment où nous sommes impatiens de connaître le résultat de ces mesures, on nous dénonce à la Convention nationale ; on critique notre travail sans en connaître les motifs. On veut que nous divulguions le secret de la République, que nous donnions aux traîtres le temps de s'échapper ; on cherche à frapper de défaveur les nouveaux choix, sans doute pour que la confiance ne puisse se rétablir.

» On déclame sans cesse contre les nobles, on dit qu'il les faut destituer ; et, par une étrange contradiction, quand nous exécutons cette grande mesure de révolution, et que même nous y apportons tous les ménagemens possibles, on nous dénonce. Nous venons de destituer deux nobles, savoir, l'un des hommes de cette caste proscrite les plus suspects par leurs antiques relations avec la cour, et un autre connu par ses liaisons et ses affinités avec les nobles étrangers, l'un et l'autre d'une aristocratie prononcée : eh bien ! on nous accuse de tout désorganiser. On nous disait qu'on ne voulait voir que de vrais sans-culottes à la tête des armées, nous avons choisi ceux que des exploits nouveaux à l'affaire de Bergues et de Dunkerque désignaient à la reconnaissance nationale, qui ont vaincu malgré Houchard, qui ont déployé le plus grand talent ; car l'attaque de Hondschoote devait faire périr l'armée française ; c'est principalement à Jourdan qu'est dû le succès étonnant qui a honoré cette armée, qui a forcé la levée du siége de Dunkerque ; c'est cet officier qui, au moment où l'armée ne s'attendait pas à trouver 18,000 hommes bien retranchés, et où elle était surprise par la décharge d'une artillerie effrayante, c'est Jourdan qui s'élança à la tête d'un bataillon dans le camp ennemi, qui fit passer son courage au reste de l'armée, et la prise de Hondschoote fut l'effet de ses habiles dispositions et de l'ardeur qu'il sut inspirer.

» Le chef de l'état-major étant justement suspect nous l'avons remplacé par un homme dont les talens et le patriotisme ont été attestés par tous vos commissaires, un homme connu par des exploits qui l'ont signalé du temps même où les plus odieuses trahisons sacrifiaient cette armée. Il s'appelle Ernould, il s'est distingué dans la dernière affaire, et a même reçu des blessures. Et l'on nous dénonce !

» Nous avons fait les mêmes changemens dans les armées de la Moselle et du Rhin ; tous les choix ont porté sur des hommes du caractère de celui que je viens de vous dépeindre. Et l'on nous accuse encore !

» S'il est quelques présomptions morales qui puissent diriger le gouvernement et servir de règles aux législateurs, ce sont celles que nous avons suivies dans ces opérations.

» Quelle est donc la cause de ces dénonciations ?

» Ah ! cette journée a valu à Pitt, j'ose le dire, plus de trois victoires. A quel succès en effet peut-il prétendre, si ce n'est à anéantir le gouvernement national que la Convention a établi, à nous diviser, à nous faire déchirer de nos propres mains ? et si nous passons dans l'Europe pour des imbéciles ou des traîtres, croyez-vous qu'on respectera davantage la Convention, qui nous a choisis, qu'on sera même disposé a respecter les autorités que vous établirez par la suite ?

» Il est donc important que le gouvernement prenne de la consistance, et que vous remplaciez un comité qui vient d'être dénoncé avec succès dans votre sein. (*Non, non*, s'écrie l'assemblée unanime.)

» Il ne s'agit pas ici des individus, il s'agit de la patrie et des principes. Je le déclare, il est impossible que, dans cet état de choses, le comité puisse sauver la chose publique ; et si on me le conteste, je rappellerai combien est perfide, combien est étendu le système de nous avilir et de nous dissoudre, combien les étrangers et les ennemis de l'intérieur ont d'agens payés à cet effet ; je rappellerai que la faction n'est point morte, qu'elle conspire du fond de ses cachots, que les serpens du marais ne sont point encore écrasés. (On applaudit.)

» Les hommes qui déclament perpétuellement, soit ici, soit ailleurs, contre les hommes qui sont à la tête du gouvernement, ont eux-mêmes donné des preuves d'incivisme ou de bassesse. Pourquoi donc veut-on nous avilir? quel est celui de nos actes qui nous a mérité cette ignominie?

» Je sais que nous ne pouvons nous flatter d'avoir atteint la perfection ; mais lorsqu'il faut soutenir une république environnée d'ennemis, armer la raison en faveur de la liberté, détruire les préjugés, rendre nuls les efforts particuliers contre l'intérêt public; il faut alors des forces morales et physiques que la nature a peut-être refusées, et à ceux qui nous dénoncent, et à ceux que nous combattons.

» Le comité a des droits à la haine des rois et des fripons ; si vous ne croyez pas à son zèle, aux services qu'il a rendus à la chose publique, brisez cet instrument ; mais auparavant examinez dans quelles circonstances vous êtes. Ceux qui nous dénoncent sont dénoncés eux-mêmes au comité ; d'accusateurs qu'ils sont aujourd'hui, ils vont devenir accusés. (*On applaudit.*) Mais quels sont les hommes qui s'élèvent contre la conduite du comité, et qui, dans cette séance, ont aggravé vos revers, pour aggraver leurs dénonciations ?

» Le premier se déclara le partisan de Custine et de Lamarlière; il fut le persécuteur des patriotes dans une forteresse importante, et dernièrement encore il a osé ouvrir l'avis d'abandonner un territoire réuni à la République, dont les habitans, dénoncés par lui, se défendent aujourd'hui avec énergie contre les fanatiques et les Anglais.

» Le second n'a pas encore réparé la honte dont il s'est couvert en revenant d'une place confiée à sa défense, après l'avoir rendue aux Autrichiens. Sans doute, si de tels hommes parviennent à prouver que le comité n'est pas composé de bons citoyens, la liberté est perdue ; car sans doute ce ne sera pas à eux que l'opinion éclairée donnera sa confiance, et remettra les rênes du gouvernement. Qu'on ne pense pas que mon intention est de rendre ici imputation pour imputation. Je prends l'engagement de ne jamais diviser les patriotes ; mais je ne comprends pas parmi les patriotes ceux qui n'en ont que le masque, et je dévoilerai la conduite de deux ou trois traîtres qui sont ici les artisans de la discorde et de la dissension. (*Applaudissemens.*)

» Je pense donc que la patrie est perdue si le gouvernement ne jouit d'une confiance illimitée, et s'il n'est composé d'hommes qui la méritent. Je demande que le comité de salut public soit renouvelé. » (*Non, non,* s'écrie-t-on de nouveau dans l'assemblée entière.)

Briez. » Citoyens, qu'il n'entre dans l'idée d'aucun de vous que j'aie voulu inculper le comité de salut public; non, ce n'était pas là mon dessein ; pour s'en convaincre, il suffit de lire mon mémoire. Je suis incapable d'intrigues et d'intentions perfides. Faut-il que je vous rappelle ce que mes collègues et moi avons fait pendant le siège de Valenciennes? Nous avons été pendant quarante-trois jours entre le feu de l'ennemi et le fer des assassins; nous avons prolongé la reddition de cette ville ; nous avons conservé à la République une garnison importante, tandis que celles du Quesnoy et de Condé ont été faites prisonnières : voilà ce que nous avons fait. De retour ici, j'ai été atteint d'une maladie grave, qui m'a mis dans l'impossibilité de voir personne et de nouer aucune intrigue. L'amour seul de la patrie m'a fait dire ce que je savais d'une de nos plus importantes frontières. Je déclare en outre que je ne me crois pas assez de talents pour être membre du comité de salut public; ainsi je n'accepte point. »

La Convention rapporte le décret qui adjoignait Briez au comité de salut public, et ordonnait l'impression de son discours.

Saint-André. « Le comité de salut public doit être regardé comme une commission créée par la Convention pour donner plus de vigueur à l'action du gouvernement. Il est composé d'individus dont chacun, sachant qu'il est loin d'avoir toute la force et tous les talens nécessaires pour un si grand fardeau, verra avec plaisir qu'on le rende au repos et à la tranquillité. Nous ne sommes point jaloux de pouvoir; nous céderons sans regret, avec honneur, avec orgueil même, la place à des hommes en qui la Convention aura reconnu plus de lumières et de capacité, et nous nous féliciterons avec un Spartiate de ce que la République aura trouvé des agens plus habiles; mais il n'y a pas ici de point isolé; ici le tout est lié à la partie, et la partie liée au tout. Si vous n'avez plus de confiance dans le comité de salut public, il ne faut pas hésiter un moment : tout doit aller ensemble. Si la commission que vous avez créée n'est pas investie de pouvoirs analogues à sa nature, dès-lors elle devient illusoire. Si vous croyez qu'il faille tout faire, tout ordonner, tout discuter publiquement, cassez la commission, et traitez les affaires à la tribune. Sans doute tous les actes de législation doivent être publics, et c'est en cela que les états libres diffèrent du despotisme; mais les actes de gouvernement doivent être secrets : autrement, vos ennemis, agissant dans le secret, auraient tout l'avantage qu'ils désirent. Leur politique est un machiavélisme abominable : loin de vous cette affreuse politique; mais tenez, comme eux, vos opérations secrètes; prenez des moyens de prudence et de précaution pour que la publicité ne détruise pas l'effet de vos mesures. Je sais bien que vos ennemis veulent vous amener à tout discuter publiquement, afin de prévenir l'opposition aux résistances, et d'étouffer la République au berceau. Vous vous garderez de leur donner ce triomphe.

» Il est bien étonnant que ce soit pour quelques généraux traîtres et ignorans qu'on se soit agité. Rappelez-vous, citoyens, qu'après la victoire de Jemmappes, on voulait décerner une couronne civique à Dumourier, à ce général perfide, qui, pour avoir remporté cette victoire (je me trompe, c'étaient les soldats qui avaient vaincu malgré lui), méritait la honte de l'échafaud. C'est ainsi que Houchard a été forcé par ses troupes à être victorieux. Si ses plans eussent été suivis, Dunkerque serait pris, et les Anglais seraient maîtres de nos places du nord, comme de la plus importante place du midi. Cependant, quand nous avons destitué Houchard, on nous a demandé les causes de sa destitution. On dit que nous exerçons un pouvoir arbitraire ; on nous accuse d'être despotes. Des despotes ! nous ! ah ! sans doute, si c'est le despotisme qui doit faire triompher la liberté, ce despotisme est la régénération politique. (*On applaudit.*)

» Nous avions au comité des pièces qui accusaient Houchard, Hentz arrive et les confirme. Il nous dit : « Nous aurions fait arrêter Houchard, si nous n'avions pas craint que l'énergie de cette mesure n'excédât nos pouvoirs de représentans du peuple ; mais nous venons nous concerter avec le comité. Devions-nous, nous qui connaissons le patriotisme et la probité de Hentz, devions-nous résister à ses dénonciations ? Ah ! c'est alors que vous nous auriez dit : « Nous vous avions donné des pouvoirs, vous n'en avez pas fait usage pour sauver la patrie ; vous avez trahi notre confiance. » Nous avons donc jugé que, pour nous conformer à vos vues, nous devions agir sans vous ; car, si nous eussions agi avec vous, nous manquions à vous, à vos décrets, à nos sermens, nous trahissions la patrie.

» Maintenant, pour détruire votre confiance dans le comité, on s'agite, on reproduit les imputations, les calomnies consignées dans les écrits des contre-révolutionnaires, des fédéralistes. Les traîtres de Toulon nous accusaient aussi d'avoir excédé nos pouvoirs. Au reste, si nous avons usé d'un pouvoir terrible que vous nous avez confié, nous sommes toujours prêts à en répondre. Mais ne détruisez pas, comme vous l'a dit Barrère, l'avant-garde de vos armées.

» Citoyens, ces attaques sont dirigées contre la liberté. Renouvelez le comité, s'il le faut, mais conservez cet établissement, auquel vous devez quelques mesures fortes et énergiques et des succès qui rempliront des pages remarquables dans l'histoire.

» Qu'on ne dise pas qu'après avoir détruit une coalition liberticide, une autre s'élève et que la Convention se divise. C'est aussi l'occasion de vous dire une des sources de cette division apparente; un décret ordonne que nul membre ne restera en commission plus de deux mois. D'après ce décret, nous avons eu des commissaires à rappeler. Eh bien! ils envisagent ce rappel comme un outrage. Ils rapportent de petites haines, de petits amours-propres; ils favorisent toutes les attaques contre nous. On nous demande la destitution des nobles, et par une de ces contradictions inconcevables, on vient ici faire l'éloge des nobles. Qu'on s'explique; en veut-on? n'en veut-on pas? (*Toute l'assemblée* : Non, non.) Si l'on n'en veut pas, qu'on permette donc au comité d'en débarrasser la République, et dites : le comité a cédé à l'opinion générale, il a fait son devoir, car l'opinion est la reine du monde. Je termine. La Convention veut ou doit renouveler son comité de salut public. Mais, je dis que, quelle que soit sa détermination, elle doit investir ce comité de toute la plénitude de sa confiance et de toute l'autorité nécessaire; autrement il ne pourra jamais faire le bien, car il trouvera toujours un mur d'airain pour l'en empêcher. »

Billaud-Varennes. « Aux explications qui ont été données je vais en ajouter de nouvelles : apprenez donc, citoyens, que si nous avons éprouvé quelques échecs, de grandes mesures ont été prises par le comité de salut public pour les réparer; apprenez que des armées disséminées va s'en former une formidable, qui sera placée entre nous et nos ennemis; apprenez qu'une flotte nombreuse porte peut-être en ce moment des coups terribles à vos ennemis, que Rome sera bientôt attaquée dans Rome, et que cent mille hommes sont prêts à descendre en Angleterre, faire essayer aux Anglais le courage des Français. (*Vifs applaudissemens.*) C'est à la Convention à se maintenir à la hauteur à laquelle l'a placée le comité de salut public; c'est à elle à se montrer grande; c'est à la Convention à diriger les dix-huit cent mille hommes qui se sont levés, et nos ennemis disparaîtront. Le comité vous proposera les moyens d'exécution pour ce grand mouvement, par votre approbation vous en assurerez le succès. Un trop grand nombre de commissaires sont auprès des armées; il vous proposera d'en rappeler plusieurs dans votre sein, et de faire revivre dans les autres le caractère d'énergie, de dignité et de dévoûment qui doit faire distinguer un représentant du peuple.

» Quant à moi, qui suis entré depuis peu de temps dans le comité, je dois vous déclarer que je suis peiné de voir qu'il a des fonds à sa disposition; je vous déclare que je suis disposé à donner ma démission si vous ne créez une commission chargée de disposer de ces fonds. (*Une voix unanime*: Non, non.)

» Quant à notre situation, elle est loin d'être désespérée; n'écoutez pas les hommes dont le talent est de tout paralyser en semant des craintes. Le conseil exécutif qui marche, mais qui n'a pas toute l'agilité qu'il devrait avoir, est travaillé par des ambitieux qui voudraient se substituer à la place de ceux qui le composent. N'oubliez pas que des renforts immenses grossissent nos armées, que les états-majors sont presque tous renouvelés, que l'Anglais qui infecte encore notre territoire, va être attaqué dans ses propres foyers; qu'enfin vous avez dix-huit cent mille défenseurs. (*Applaudissemens.*) J'insiste sur le rapport du décret qui met des fonds à la disposition du comité de salut public. »

Duroy. « Hier j'ai parlé sur les nominations faites par le ministre de la guerre, mais non contre le comité; au reste, je déclare que je dirai toujours ma façon de penser sur les opérations de ce comité, parce qu'il doit être libre à chaque membre de la Convention de faire connaître ce qu'il croit utile à son pays. On a parlé de commissaires : et moi aussi j'ai été commissaire, et jai remercié le comité de salut public de m'avoir rappelé. »

On demande l'ordre du jour.

Bazire. « Je m'oppose à l'ordre du jour. La Convention doit faire connaître son opinion sur le comité de salut public. »

Robespierre. » Passer à l'ordre du jour, c'est ouvrir la porte à tous les inconvéniens que j'ai développés. La Convention ne peut pas se taire sur ce qui tend à paralyser le gouvernement.

Les explications qui ont été données sont insuffisantes ; il en résulte seulement que les membres du comité de salut public qui ont parlé ont eu l'air de défendre leur cause, et vous n'avez rien prononcé ; c'est donner l'avantage aux hommes qui l'ont calomnié, non pas toujours ici, mais secrètement, mais d'une manière d'autant plus perfide qu'ils semblent l'applaudir devant vous quand il fait ses rapports ; car je vous le déclare, le plus pénible sentiment que j'aie éprouvé pendant cette discussion, c'est d'avoir vu applaudir Barrère par ceux-là même qui n'ont cessé de calomnier indistinctement tous les membres du comité, par ceux-là même qui voudraient peut-être nous voir un poignard dans le sein. (*On applaudit.*)

» Un membre a dit que chacun devait pouvoir émettre son opinion sur les opérations du comité de salut public : je n'en disconviens pas ; les fonctions du comité de salut public sont pénibles, et c'est à cause de cela qu'il ne pourrait point sauver la patrie sans la Convention. Pour sauver la patrie il faut un grand caractère, de grandes vertus ; il faut des hommes qui aient le courage de proposer des mesures fortes, qui osent même attaquer l'amour-propre des individus. (*On applaudit.*) Sans doute chacun est libre de dire sa façon de penser sur le comité, mais cette liberté ne doit pas aller à un tel point qu'un député qui est rappelé du fond des départemens, parce qu'on juge qu'il a cessé de bien servir le peuple, prenne le devant et accuse le comité. (*Applaudisssemens.*)

» Citoyens, je vous ai promis la vérité tout entière, je vais la dire. Dans cette discussion, la Convention n'a pas montré toute l'énergie qu'elle aurait dû ; on vous a fait un rapport sur Valenciennes dont le but apparent était de vous instruire de toutes les circonstances de la reddition de cette place, mais dont l'objet réel était d'inculper le comité de salut public. Pour prix de son accusation vague, l'auteur de ce rapport est adjoint au comité qu'il dénonce. Eh bien ! je vous le déclare, celui qui était à Valenciennes lorsque l'ennemi y est entré n'est pas fait pour être membre du comité de salut public. (*Vifs applaudissemens.*) Ce membre ne répondra jamais à cette question : *êtes-vous mort ?* (*Applaudissemens plusieurs fois réitérés.*) Si j'avais été à Valenciennes dans cette circonstance, je n'aurais jamais été dans le cas de vous faire un rapport sur les événemens du siége, j'aurais voulu partager le sort des braves défenseurs qui ont préféré une mort honorable à une honteuse capitulation. (*On applaudit.*) Et puisqu'il faut être républicain, puisqu'il faut avoir de l'énergie, je vous le déclare, je ne serais point d'un comité dont un tel homme ferait partie.

» Cela paraîtra dur ; mais ce qui est plus dur encore pour un patriote, c'est que, depuis deux ans, cent mille hommes ont été égorgés par trahison et par faiblesse : c'est la faiblesse pour les traîtres qui nous perd. On s'attendrit pour les hommes les plus criminels, pour ceux qui livrent la patrie au fer de l'ennemi ; moi, je ne sais m'attendrir que pour la vertu malheureuse ; je ne sais m'attendrir que pour l'innocence opprimée ; je ne sais m'attendrir que sur le sort d'un peuple généreux que l'on égorge avec tant de scélératesse. (*On applaudit.*)

» J'ajoute un mot sur nos accusateurs : il ne faut pas, sous prétexte de la liberté des opinions, qu'un comité qui sert bien la patrie soit impunément calomnié par ceux qui, pouvant écraser une des têtes de l'hydre du fédéralisme, ne l'ont pas fait par excès de faiblesse, ni par ceux qui, à cette tribune, ont osé proposer froidement d'abandonner le Mont-Blanc aux Piémontais. (*On applaudit.*)

» Quant à la proposition de Billaud-Varennes, je n'y attache aucune importance, et je la crois impolitique. Si les cinquante millions mis à la disposition du comité pouvaient un instant fixer l'attention de la Convention, elle ne serait pas digne de travailler au salut de la patrie ; je soutiens qu'il ne faut pas croire à la probité pour soupçonner le comité de salut public. (*On applaudit.*) Que les tyrans qui nous détestent, que leurs calomniateurs à gages, que les journalistes qui les servent si bien, répandent ces impostures pour nous avilir, je le conçois ; mais il ne nous appartient pas, à nous, de prévoir de semblables inculpations, ni d'y répondre; il me suffit de sentir dans mon cœur la force de défendre jusqu'à la mort la cause du peuple, qui est grande et sublime; il me suffit de mépriser tous les tyrans et les fripons qui les secondent. (*On applaudit*.)

» Je me résume, et je dis que toutes les explications qu'on a données sont insuffisantes. Nous pouvons mépriser les calomnies; mais les agens des tyrans qui nous entourent nous observent, et recueillent tout ce qui peut avilir les défenseurs du peuple : c'est pour eux, c'est pour prévenir leurs impostures, qu'il faut que la Convention nationale proclame qu'elle conserve toute sa confiance au comité de salut public. » (*On applaudit*.)

Briez et Dury ajoutent quelques mots pour leur justification; le dernier est couvert de murmures.

Bazire. « L'homme qui n'a pas souffert pendant cette misérable discussion n'a pas de vertus civiques. (*On applaudit.*) Où en serions-nous donc si Robespierre avait besoin de se justifier devant la Montagne? (*On applaudit.*) La contre-révolution sectionnaire est-elle faite ici, ou doit-elle se faire demain? Robespierre a fait une proposition qu'on ne peut pas repousser; il a demandé que la Convention nationale déclarât solennellement si le comité de salut public a toute sa confiance. »

Par un mouvement spontané, l'assemblée entière se lève et déclare que le comité de salut public a toute sa confiance. — Les applaudissemens retentissent dans toutes les parties de la salle.

Billaud. « La Convention approuve-t-elle les mesures qu'a prises le comité? »

L'approbation est donnée à l'unanimité et au milieu des applaudissemens universels.

Bazire. « Rappelez-vous, citoyens, ce que disait Marat dans la révolution : « Nous nous sommes mis la corde au cou à l'égard des tyrans; souvenez-vous qu'il n'y a plus de salut pour eux que dans nos divisions. » Eh bien! serrons-nous tous les uns contre les autres pour sauver la liberté. »

Les plus vifs applaudissemens accueillirent ces dernières paroles de Bazire. Cette discussion, si forte d'un côté, et si misérable de l'autre, retrempa pour longtemps l'énergie de la Convention, et consolida, entre les mains des dictateurs, le pouvoir absolu. S'il était vrai, en effet, que les plus hautes intelligences, les volontés les plus fermes, les caractères les plus honorables fussent les titres exclusifs au gouvernement de la France, tout cela venait de se montrer réuni dans les hommes qu'on avait si imprudemment mis en cause. Nous n'avons rien retranché de ce débat, dont aucun historien n'a encore fidèlement apprécié ni les causes, ni le drame, ni les résultats. C'est à Barrère qu'on attribue particulièrement les honneurs de la journée. Or, quiconque comparera les deux improvisations de Robespierre, et même les quelques mots de Billaud-Varennes et de Saint-André, à la phraséologie pâle et délayée de Barrère, se rangera certainement d'un autre avis. Jomini et l'auteur des *Mémoires d'un homme d'état* tirent toutes leurs inductions sur la nature du plan transmis à Houchard par le comité de salut public des paroles de son rapporteur et des reproches sanglans qu'il adressa au général disgracié à la séance du 25 septembre. Selon nous, personne ne fut alors ni aussi sévère ni aussi explicite que Robespierre, et les deux historiens dont il s'agit auraient mieux fait que d'entrevoir la question militaire s'ils avaient lu attentivement cet orateur, et surtout s'ils l'avaient suivi de la Convention aux Jacobins. Là, en effet, il acheva de s'expliquer, et il se trouva que les moyens et le but du comité en ce qui touche l'expédition dans la Flandre occidentale sont conformes à l'hypothèse par laquelle nous en terminons le récit. La séance des Jacobins, le 25 septembre, commença par une peinture de ce qui s'était passé à la Convention. Coupé (de l'Oise) présidait; ce fut lui qui exposa les faits; après un préambule fort étendu sur les causes du scandale qui venait d'arriver, il continua ainsi :

« Des orateurs de toute espèce se sont montrés à la tribune et ont été applaudis. Ces temps malheureux que nous avons fait disparaître avaient l'air de se renouveler. Je crus entendre Brissot, Guadet, Vergniaud, Gensonné, Lasource, le vertueux Pétion. Quelle joie pour ces messieurs! à leurs voix tout le côté droit, qui aujourd'hui était bien garni, se levait; une partie même de la Montagne applaudissait à leurs déclamations, car c'est par elle-même qu'on veut la combattre ; mais ce n'était pas la vraie Montagne, celle qui a fait, qui maintient la révolution, qui a soutenu la liberté du peuple et l'indépendance des citoyens. Ces hommes donc avaient un parti nombreux. Qui sont-ils? Vous en serez étonnés, c'était Thuriot, c'était Duhem, c'était Duroi, etc. Quel était leur but? Je n'en sais rien ; la suite les jugera ; mais s'ils ont tenu en ce moment le langage des contre-révolutionnaires, le peuple ne se laissera pas abuser; c'est là surtout qu'il faut porter son attention. Rallions-nous autour du comité de salut public ; il ne s'est jamais montré plus grand que dans cette circonstance, et il a développé toute la fermeté, l'énergie et le talent dont vous le supposez capable, et dont les hommes choisis par le peuple pour le sauver lui-même devaient être revêtus. » Plusieurs membres firent des discours dans ce sens. Tant que les débats ne sortirent point du parlementaire, Robespierre garda le silence. Mais lorsque Raisson, Brocher et Dufourny attaquèrent la pétition dictée par Vincent aux Cordeliers, et rappelèrent qu'Hébert avait demandé l'organisation du pouvoir constitutionnel, Robespierre monta à la tribune.

Robespierre. « Ceux qui ont pu de bonne foi avoir quelque scrupule sur la destitution de Houchard et des autres généraux destitués peuvent se rassurer, s'ils considèrent que les mêmes moyens employés pour soustraire Custine à l'échafaud sont mis en usage pour sauver Houchard qui ne l'a point mérité.

« Le comité de salut public a jeté avant-hier un coup d'œil sur l'état des armées; il a vu avec frayeur qu'elles étaient abandonnées à des hommes qui avaient tout fait pour anéantir leurs succès, et prévenir ou empêcher leurs efforts et leurs travaux.

« Un plan dont le succès était infaillible avait été formé et communiqué à Houchard; le but était d'anéantir d'un seul coup tous les efforts de nos ennemis. Il ne fallait pas de connaissances militaires pour s'en convaincre; il était impossible, pour quiconque connaît les hommes et les localités, qu'il échappât un seul Anglais pour porter à Londres la nouvelle de leur défaite. Il n'a pas voulu en faire usage, et a causé, par cette obstination et sa malveillance, tous les maux qui ont depuis affligé notre armée.

» Le comité de salut public a vu qu'Houchard, à qui on a contesté du talent, en a montré beaucoup pour éviter de battre les Anglais.... Il a réussi ; mais par hasard il se trouvait là un vrai républicain, qui rendit ses projets inutiles.

» Un général de division (et ici je dois rendre justice au ministre de la guerre, il en a placé d'excellens à la tête de chaque division), ce général, dont le nom est respecté dans la révolution, Jourdan, se met à la tête de la division, lui inspire tout le feu du républicanisme dont son ame est embrasée ; il se précipite sur Hondschoote, il l'emporte. C'est lui qui succède à Houchard ; tel est le prix de sa valeur et de son patriotisme. »

Robespierre raconte une foule de traits qui prouvent la profonde trahison de Houchard et sa connivence avec les Anglais, qu'il a fui jusqu'à trois fois, retournant sur ses pas, de peur de les atteindre et d'être obligé de les combattre.

Il passe de là à un autre homme non moins dangereux.

Il détaille la conduite de Landremont, noble et très-noble, comblé des faveurs du tyran, et qui, comme cela était tout simple, n'avait rien fait des excellentes troupes qu'il commandait.

« Un jeune homme, en faveur duquel tous les suffrages de l'armée se réunissent, a été nommé général à sa place ; car il n'y avait pas de vieillard qui eût fait autant de preuves de talens et de patriotisme. »

Robespierre détaille à la société les nominations des généraux de brigade, de division, toutes guidées par les témoignages de leurs armées et par la connaissance qu'avaient d'eux les hommes qui les plaçaient dans des emplois si importans à la République.

« Tout cela fut l'ouvrage d'une soirée ; les généraux perfides ont été destitués et remplacés à la fois. Mais c'est cela même qu'on a reproché au comité de salut public ; on lui a fait un crime de toutes ces destitutions ; on a soutenu Houchard, Landremont et autres; on a tenu en échec tous ces changemens; on a exigé que ce secret, qu'il fallait garder, fût révélé par le ministre ; car tout cela n'entrait pas dans le calcul de ces messieurs, et de nouveaux visages déconcertaient tous leurs projets.

» Tout cela a dû déplaire à une secte d'hommes qui a voulu perfectionner et finir les opérations projetées par la faction brissotine et le côté droit. Ils se sont servis même de la Montagne pour parvenir à leurs fins. Sans doute le peuple n'en sera pas dupe. La conduite du comité de salut public déplaît aux intrigans : tant pis, elle plaira au peuple, c'est assez. Il était nécessaire qu'un gouvernement quelconque succédât à celui que nous avons détruit; il faut que la puissance du gouvernement soit entre les mains des patriotes ou des conspirateurs.

» Le système d'organiser en ce moment le ministère constitutionnellement n'est autre chose que celui de chasser la Convention elle-même. Remettre entre les mains des ministres le pouvoir que leur donna la Constitution, au milieu des troubles et des orages dont nous sommes environnés, c'est faire triompher les intrigans aux dépens des patriotes, et assassiner la patrie sous prétexte d'assurer la tranquillité. Pitt, pour porter plus sûrement des coups à la liberté, a dû emprunter ses couleurs. C'est ainsi qu'il a séduit des patriotes de bonne foi; c'est ainsi qu'il a mis en activité des hypocrites de patriotisme ; et le peuple souffrant, toujours enclin à se plaindre du gouvernement, qui ne peut remédier à tous ses maux, est l'écho fidèle de leur calomnie.

» Rappelez-vous, Jacobins, que vous avez fait la révolution pour le seul plaisir de rendre vos frères libres. Vous soutiendrez la Montagne, qu'on attaque ; vous soutiendrez le comité de salut public, qui se montre digne de la liberté; et c'est ainsi qu'avec vous il triomphera de toutes les attaques des ennemis du peuple; c'est ainsi que par vous il fera triompher la liberté et triomphera avec elle. »   (*Moniteur.*)

Le conseil général de la Commune de Paris voulut ajouter son propre témoignage à tous ceux qui s'élevèrent alors en faveur de Robespierre et de ses collègues. Il prit un arrêté portant qu'il serait déclaré à la Convention nationale que son comité de salut public avait toute la confiance du peuple parisien. C'est là le seul fait de politique générale que nous offrent les séances de la Commune pendant les derniers jours de septembre. Les subsistances étaient momentanément en bon état. Parmi les incidens particuliers où l'attention du conseil s'arrêta un instant, nous remarquons un voyage de Chaumette dans le département de la Nièvre, où il était né. A son retour, il demanda qu'il fût établi une correspondance suivie avec les sociétés populaires de ce département, et que le ci-devant duc de Nivernais ne fût relâché qu'après avoir restitué aux veuves, aux orphelins et aux pauvres ce qu'il leur avait volé par des concussions. Ces propositions furent adoptées. Chaumette affecta une grande modestie à l'égard des éloges qui lui furent alors décernés pour les services qu'il avait rendus pendant son voyage. Il publia une lettre dans laquelle il attribuait au représentant Fouché de Nantes tout le bien qui avait été fait dans le département de la Nièvre. — Une mesure de police mérite d'être mentionnée : c'est le refus d'un certificat de civisme à Palissot, fondé sur ce que, dans sa comédie des *Philosophes*, il avait insulté à J.-J. Rousseau. Palissot obtint ce certificat, en prouvant qu'il avait publié de nombreuses rétractations de la comédie qu'on lui reprochait. L'épurement des comités révolutionnaires clot les opérations du conseil général en septembre.

— Les Jacobins employèrent leurs dernières séances de ce mois à examiner et à discuter la liste des candidats désignés pour l'état-major de l'armée révolutionnaire. Voici cette liste :

État-major de l'armée révolutionnaire.

Général. — Ronsin, général de brigade à l'armée des côtes de Cherbourg ; Parein, général de brigade à l'armée de la Vendée. — *Adjudans-généraux* : Mazuel, chef de brigade ; Houssaye, chef de bataillon à l'armée du Nord ; Mauban, chef de bataillon.

Chefs de bataillon. — Mollin, commandant une colonne de Marseillais au 10 août; Thurelle, commandant de la section des Marchés; Halm, commissaire de la section de la Fontaine-de-Grenelle; Lemaire, commissaire de la section de la Montagne; Delorme-Cordier, commissaire de la section du Faubourg-Montmartre.

Adjudans-majors. — Bréard, commandant de la section de Popincourt; Bénard, commandant en chef de la même section; Thomassé, brigadier de gendarmerie; Gondrecourt, membre du comité d'insurrection du 10 août; du Hommier; Tollède.

Quartiers - maîtres. — Ducastel, vainqueur de la Bastille; Fromant, chef de la correspondance du secrétariat de la municipalité de Paris; Lacour, Jaillet, Liébaut, Gachet.

Presque tous les candidats furent acceptés. Thomassé refusa à cause de son grand âge, et Mazuel, qui travaillait alors à organiser six escadrons de cavalerie, dont deux étaient déjà partis pour l'armée, pria la société de le laisser s'en tenir à la charge qu'il s'était imposée. Il fit agréer à sa place le citoyen Lang, qui s'était distingué au 10 août.

Du 25 au 30 septembre, la Convention s'occupa de terminer la loi du *maximum*, que nous avons citée dans une note au commencement de ce volume. La correspondance renferme des nouvelles dont la certitude ne fut acquise que le mois suivant; nous ne nous y arrêterons pas ici.

Le 28 septembre Vouland présenta, au nom des comités de salut public et de sûreté générale, la liste des citoyens proposés par ces comités pour compléter les quatre sections du tribunal criminel extraordinaire. Cette liste fut adoptée par un décret, dont voici les termes :

« La Convention nationale, sur la présentation qui lui a été faite, par ses comités de salut public et de sûreté générale, de la liste des citoyens proposés pour compléter la formation des quatre sections du tribunal criminel extraordinaire séant à Paris, adopte la liste ainsi qu'il suit :

1. *Président du tribunal.* Hermand, président du tribunal du Pas-de-Calais.
2. Dumas, de Lons-le-Saulnier, département du Jura, vice-président.
3. Sellier, déjà juge au tribunal révolutionnaire.
4. Dobsen, juge au tribunal révolutionnaire.
5. Brulé, juge au tribunal du cinquième arrondissement du département de Paris, séant à Sainte-Geneviève.
6. Coffinhal, juge au tribunal.
7. Foucault, juge au tribunal.
8. Bravetz, juge dans le département des Hautes-Alpes.
9. Liége, juge au tribunal actuel.
10. Supleyras, greffier du tribunal du district d'Uzès, département du Gard.
11. Célestin Lefetz, administrateur du district d'Arras.
12. Verteuil, substitut de l'accusateur public près le tribunal révolutionnaire.
13. Lanne, procureur-syndic du district de Saint-Pol.
14. Ragmey, homme de loi de Lons-le-Saulnier.
15. Masson, premier commis du greffe du tribunal.
16. Denizot, juge du tribunal du cinquième arrondissement.
17. Haroy, auteur de la pièce intitulée *la Liberté conquise*.
18. David, de Lille, député suppléant à la Convention nationale.
19. Maire, juge du tribunal du premier arrondissement.

Accusateur public.

Fouquier-Tinville.

Substituts.

Fleuriot-Lescot.
Giebauval, juge au tribunal.
Royer, envoyé par l'assemblée primaire de Châlons-sur-Saône.

Naulin, commissaire national du tribunal du cinquième arrondissement de Paris.

Liendon, juge au troisième tribunal.

Jurés.

1. Antonelle, ex-député des Bouches-du-Rhône à l'Assemblée législative.
2. Benoitray, de la section du Muséum.
3. Servière, cordonnier de la même section.
4. Fauvetty fils, de la ville d'Uzès, envoyé par l'assemblée primaire de la section des Sans-Culottes de la ville d'Uzès, département du Gard.
5. Lumière, membre du comité révolutionnaire de la section du Muséum.
6. Fauvel, de la section du Panthéon, rue Saint-Jacques, n. 41.
7. Auvray, employé aux diligences, section du Mail.
8. Fainot, électeur de Paris.
9. Gauthier de Chesnechenu, département d'Eure-et-Loir.
10. Renard, de la section du Contrat-Social.
11. Renaudin, luthier, section des Gardes-Françaises.
12. Meyère, membre du directoire du département du Gard.
13. Châtelet, peintre, section des Piques.
14. Clémence, commis aux assignats.
15. Gérard, artiste, rue des Poulies, près du Louvre.
16. Fiévé, du comité révolutionnaire de la section du Muséum.
17. Léonard Petit-Treissin, de Marseille.
18. Trinchard, de la section du Muséum.
19. Topino-Lebrun, de Marseille, au Louvre.
20. Pyol, membre du comité de surveillance, rue Contrescarpe.
21. Girard, orfèvre, rue Saint-Honoré.
22. Souberbiel, chirurgien, rue Saint-Honoré.
23. Presselin, tailleur d'habits, rue du Rempart-Saint-Honoré.
24. Deydier, serrurier, à Choisy-sur-Seine.

25. Sambat, peintre.
26. Villate, rue du Bac.
27. Klispis, joailler, rue Saint-Louis, au Palais, n. 68, à Paris.
28. Crestien, actuellement juré.
29. Leroy, *idem.*
30. Thoumin, *idem.*
31. Paul-Jean-Louis Laporte, administrateur du district de Lacey, département de la Mayenne.
32. Ganney, actuellement juré.
33. Jourdeuil, *idem.*
34. Brochet, *idem.*
35. Garnier, section de la Montagne.
36. Martin, chirurgien, rue de Savoie.
37. Guermeur, du département du Finistère.
38. Dufour, rue Sainte-Croix-de-la-Bretonnerie.
39. Mercer, rue du Battoir.
40. Aubry, tailleur, rue Mazarine.
41. Campagne, orfèvre, dans la galerie du Théâtre-de-la-République.
42. Billon, menuisier, rue du Faubourg Saint-Denis.
43. Gimond, tailleur, section des Marchés.
44. Baron, chapelier, cour du Commerce.
45. Prieur, peintre, près la porte Saint-Denis.
46. Lohier, marchand épicier, section du Théâtre-Français.
47. Duplay père, rue Saint-Honoré, n. 366.
48. Devèze, charpentier, de la section de la République.
49. Boissot, électeur de Paris.
50. Maupin, électeur de Paris.
51. Camus, artiste, faubourg Saint-Denis.
52. François-Victor Aigoin, de Montpellier.
53. Picard, ex-président de la section des Tuileries.
54. Nicolas, imprimeur, rue Saint-Honoré.
55. Dumon, laboureur, à Cahors.
56. Besson, envoyé des assemblées de Saint-Dizier, département de la Haute-Marne.

57. Gravier, vinaigrier, à Lyon.
58. Payan, du département de la Drôme, employé dans les bureaux du comité de salut public de la Convention nationale.
59. Gilibert, négociant, à Toulouse, au coin de la Bourse.
60. Becu, médecin de Lille.

Maintenant que le tribunal révolutionnaire était entièrement réorganisé, on allait commencer les procès importans dont chaque jour l'opinion publique demandait la prompte instruction. Le 30 septembre, à la lecture de plusieurs lettres sur cet objet, la société des Jacobins arrêta qu'elle se porterait en masse à la Convention pour demander que Brissot et ses complices fussent enfin jugés. Elle y vint en effet le 1ᵉʳ octobre.

OCTOBRE.

Nous voici parvenus au dernier mois de la période comprise entre la chute des Girondins et leur supplice. On a vu la situation désespérée dans laquelle le pouvoir jacobin avait trouvé la France; on a suivi la route laborieuse, pour ne pas dire impraticable, par laquelle ce pouvoir a marché au salut national; aujourd'hui il arrive enfin au terme désiré. Ce n'est pas que, pour se maintenir dans la position qu'il a conquise, il ne lui faille encore de constans et rudes efforts; mais la France est entièrement dégagée des périls extrêmes où l'individualisme girondin l'avait précipitée. Au nord, à l'est et au midi, les armées étrangères reculent devant les troupes de la République. Les victoires sont maintenant éclatantes et rapides, comme l'étaient naguère les revers. La guerre civile est aussi favorable aux Jacobins que la guerre étrangère; Lyon est pris et la Vendée presque anéantie. Toulon seul résistera jusqu'au 19 décembre. La confiance que le comité de salut public avait en ses nouveaux agens et en sa nouvelle tactique militaire ne craignait plus de se manifester hautement. Au lieu de prophétiser des malheurs, on annonçait à cette heure d'infaillibles succès, et tous les cœurs s'ouvraient à l'espérance. Le 11 octobre Robespierre disait aux Jacobins :

« Demain sera un jour fameux dans les fastes de la République; demain, toutes les forces de la liberté se mesurent contre celles de la tyrannie ; demain est un jour qui aura une grande influence sur le sort des despotes coalisés. Il se livre demain un grand combat sur nos frontières.

» Si la fortune favorise la cause de la vertu, du courage et de la liberté, la victoire est à nous. Si cela n'arrivait pas, qu'on se rappelle que la République, que la liberté est impérissable, et que nous ne serons pas terrassés. Voici l'alternative dans laquelle nous sommes : si les tyrans sont vaincus, les tyrans sont perdus; si les tyrans sont vainqueurs, si la victoire est infidèle à des drapeaux républicains, ces républicains n'en seront que plus terribles, car ils apprendront à se défier de leurs propres forces, et devenus moins confians, leurs coups ne seront désormais que plus assurés. Cette fois les tyrans n'ont pas choisi nos généraux. S'il arrive un échec, sans doute il faut l'attribuer à la perfidie, non des généraux, je crois que nous pouvons répondre d'eux, mais à quelques agens secrets cachés parmi les soldats pour y fomenter des troubles, pour y causer des désordres de toute espèce. Si donc un échec arrive, si l'armée recule, tout le peuple français doit se lever et lui servir d'arrière-garde. (*Les plus vifs applaudissemens éclatent dans toutes les parties de la salle. L'enthousiasme s'empare de tous les esprits; tous les chapeaux sont levés et balancés en l'air; les cris de* vive la République *retentissent de toutes parts.*)

» Si au contraire, et je n'en doute pas, nous remportons sur eux la victoire, nous les poursuivrons avec acharnement, et la mort du dernier des tyrans en sera le fruit, comme elle en est l'objet. Quel que soit donc l'événement qui nous sera bientôt annoncé, restons toujours fermes, inébranlables, prêts à supporter le malheur ou à jouir, sans en abuser, de la prospérité.

» Quant à vos représentans, ils rallieront la France entière sous les drapeaux de la liberté ; ils vous montreront l'exemple du courage et du dévouement. Résolus de mourir pour la patrie, ils traceront de leur sang le signal de la vengeance, et vous leur devrez encore une leçon. »

Les prévisions de Robespierre furent pleinement réalisées. Cette promesse de vaincre était le premier acte de haute responsabilité fait par le comité de salut public, revêtu maintenant de tous les pouvoirs. L'attaque dirigée contre lui à la fin de septembre avait eu ce résultat qu'il put demander et obtenir la consécration indéfinie de sa dictature. La veille du jour où Robespierre prononça aux Jacobins le discours que nous venons de transcrire, Saint-Just avait fait un rapport à la Convention, à la suite duquel le gouvernement avait été déclaré révolutionnaire jusqu'à la paix. Nous reproduisons ici cette pièce :

« *Rapport fait, au nom du comité de salut public, par le citoyen Saint-Just, le* 10 *octobre.*

» Pourquoi faut-il, après tant de lois et tant de soins, appeler encore votre attention sur les abus du gouvernement en général, sur l'économie et les subsistances? Votre sagesse et le juste courroux des patriotes n'ont pas encore vaincu la malignité qui, partout, combat le peuple et la révolution : les lois sont révolutionnaires, ceux qui les exécutent ne le sont pas.

» Il est temps d'annoncer une vérité qui, désormais, ne doit plus sortir de la tête de ceux qui gouverneront : la République ne sera fondée que quand la volonté du souverain comprimera la minorité monarchique, et régnera sur elle par droit de conquête.

» Vous n'avez plus rien à ménager contre les ennemis du nouvel ordre de choses, et la liberté doit vaincre à tel prix que ce soit.

» Votre comité de salut public, placé au centre de tous les résultats, a calculé les causes des malheurs publics; il les a trouvés dans la faiblesse avec laquelle on exécute vos décrets, dans le peu d'économie de l'administration, dans l'instabilité des vues de l'état, dans la vicissitude des passions qui influent sur le gouvernement.

» Il a donc résolu de vous exposer l'état des choses, et de vous présenter les moyens qu'il croit propres à consolider la révolution, à abattre le fédéralisme, à soulager le peuple et lui procurer l'abondance, à fortifier les armées, à nettoyer l'état des conjurations qui l'infestent.

» Il n'y a point de prospérité à espérer tant que le dernier ennemi de la liberté respirera. Vous avez à punir non-seulement les traîtres, mais les indifférens même; vous avez à punir quiconque est passif dans la République, et ne fait rien pour elle. Car depuis que le peuple français a manifesté sa volonté, tout ce qui est hors le souverain, est ennemi.

» Si les conjurations n'avaient point troublé cet empire, si la patrie n'avait pas été mille fois victime des lois indulgentes, il serait doux de régir par des maximes de paix et de justice naturelle : ces maximes sont bonnes entre les amis de la liberté; mais entre le peuple et ses ennemis, il n'y a plus rien de commun que le glaive. Il faut gouverner par le fer ceux qui ne peuvent l'être par la justice ; il faut opprimer les tyrans.

» Vous avez eu de l'énergie; l'administration publique en a manqué. Vous avez désiré l'économie ; la comptabilité n'a point secondé vos efforts. Tout le monde a pillé l'état. Les généraux ont fait la guerre à leur armée ; les possesseurs des productions et des denrées, tous les vices de la monarchie se sont ligués contre le peuple et vous.

» Un peuple n'a qu'un ennemi dangereux, c'est son gouvernement; le vôtre vous a fait constamment la guerre avec impunité.

» Nos ennemis n'ont point trouvé d'obstacles à ourdir les conjurations. Les agens choisis sous l'ancien ministère, les partisans des royalistes, sont les complices nés de tous les attentats contre la patrie. Vous avez eu peu de ministres patriotes; c'est pourquoi tous les principaux chefs de l'armée et de l'administration, étrangers au peuple, pour ainsi dire, ont constamment été livrés aux desseins de nos ennemis.

» Si le peuple se trompe, il se trompe moins que les hommes.

Le généralat est sans sympathie avec la nation, parce qu'il n'émane ni de son choix ni de celui de ses représentans ; il est moins respecté du soldat, il est moins recommandable par l'importance du choix ; la discipline en souffre, et le généralat appartient encore à la nature de la monarchie.

» Il n'est peut-être point de commandant militaire qui ne fonde, en secret, sa fortune sur une trahison en faveur des rois.

» On ne saurait trop identifier les gens de guerre au peuple et à la patrie.

» Il en est de même des premiers agens du gouvernement; c'est une cause de nos malheurs que le mauvais choix des comptables : on achète les places, et ce n'est pas l'homme de bien qui les achète. Les intrigans s'y perpétuent : on chasse un fripon d'une administration, il entre dans une autre.

» Le gouvernement est donc une conjuration perpétuelle contre l'ordre présent des choses. Six ministres nomment aux emplois ; ils peuvent être purs, mais on les sollicite ; ils choisissent aveuglément ; les premiers, après eux, sont sollicités, et choisissent de même : ainsi le gouvernement est une hiérarchie d'erreurs et d'attentats.

» Les ministres avouent qu'ils ne trouvent plus qu'inertie et insouciance au-delà de leurs premiers et seconds subordonnés.

» Il est possible que les ennemis de la France fassent occuper en trois mois tout votre gouvernement par des conjurés. En entre-t-il trois en place, ceux-ci en placent six ; et si dans ce moment on examinait avec sévérité les hommes qui administrent l'état, sur trente mille qui sont employés, il en est peut-être fort peu à qui le peuple donnerait sa voix.

» Citoyens, tous les ennemis de la République sont dans son gouvernement. En vain vous vous consumez dans cette enceinte à faire des lois ; en vain votre comité, en vain quelques ministres vous secondent, tout conspire contre eux et vous.

» Nous avons reconnu que des agens de l'administration des

hôpitaux ont fourni, depuis six mois, de farines les rebelles de la Vendée.

» Les riches le sont devenus davantage depuis les taxes, faites surtout en faveur du peuple ; elles ont doublé la valeur de leurs trésors ; elles ont doublé leurs moyens de séduction.

» Les hommes opulens contribuent, n'en doutez pas, à soutenir la guerre. Ce sont eux qui partout sont en concurrence avec l'état dans ses achats. Ils déposent leurs fonds entre les mains des administrations infidèles, des commissionnaires, des courtiers ; le gouvernement est ligué avec eux. Vous poursuivez les accapareurs ; vous ne pouvez poursuivre ceux qui achètent en apparence pour les armées.

» Il faut du génie pour faire une loi prohibitive à laquelle aucun abus n'échappe : les voleurs que l'on destitue placent les fonds qu'ils ont volés entre les mains de ceux qui leur succèdent.

» La plupart des hommes déclarés suspects ont des mises dans les fournitures. Le gouvernement est la caisse d'assurance de tous les brigandages et de tous les crimes.

» Tout se tient dans le gouvernement ; le mal dans chaque partie influe sur le tout. La dissipation du trésor public a contribué au renchérissement des denrées et au succès des conjurations ; voici comment :

» Trois milliards, volés par les fournisseurs et par les agens de toute espèce, sont aujourd'hui en concurrence avec l'état dans ses acquisitions ; avec le peuple, sur les marchés et sur les comptoirs des marchands ; avec les soldats, dans les garnisons ; avec le commerce, chez l'étranger. Ces trois milliards fermentent dans la République. Ils recrutent pour l'ennemi ; ils corrompent les généraux ; ils achètent les emplois publics ; ils séduisent les juges et les magistrats, et rendent le crime plus fort que la loi. Ceux qui se sont enrichis veulent s'enrichir davantage ; celui qui désire le nécessaire est patient ; celui qui désire le superflu est cruel. De là les malheurs du peuple, dont la vertu reste impuissante contre l'activité de ses ennemis.

» Vous avez porté des lois contre les accapareurs ; ceux qui devraient faire respecter les lois accaparent ; ainsi les consuls *Papius* et *Poppœus*, tous deux célibataires, firent des lois contre le célibat.

» Personne n'est sincère dans l'administration publique. Le patriotisme est un commerce des lèvres ; chacun sacrifie tous les autres, et ne sacrifie rien de son intérêt.

» Vous avez beaucoup fait pour le peuple, en ôtant dix-huit cents millions de la circulation ; vous avez diminué les moyens de tourmenter la patrie ; mais depuis les taxes, ceux qui avaient des capitaux ont vu doubler au même instant ces capitaux. Comme je l'ai dit, il est donc nécessaire que vous chargiez l'opulence des tributs ; il est nécessaire que vous établissiez un tribunal pour que tous ceux qui ont manié depuis quatre ans les deniers de la République y rendent compte de leur fortune. Cette utile censure écartera les fripons des emplois. Il est nécessaire que le trésor public soit rempli des restitutions des voleurs, et que la justice règne à son tour après l'impunité.

» Alors, quand vous aurez coupé la racine du mal, et que vous aurez appauvri les ennemis du peuple, ils n'entreront plus en concurrence avec lui ; alors, vous dépenserez beaucoup moins pour l'équipement et l'entretien des armées ; alors le peuple indigent ne sera plus humilié par la dépendance où il est du riche.

» Le pain que donne le riche est amer ; il compromet la liberté ; le pain appartient de droit au peuple dans un état sagement réglé.

» Mais si au lieu de rétablir l'économie et de pressurer les traîtres ; si au lieu de leur faire payer la guerre, vous faites des émissions d'assignats pour les enrichir encore davantage, vous ajouterez de plus en plus aux moyens qu'ont vos ennemis de vous nuire.

» Il faut dire la vérité tout entière. Les taxes sont nécessaires à cause des circonstances ; mais si les émissions d'assignats continuent, et si les assignats émis restent en circulation, le riche qui a des épargnes se mettra encore en concurrence avec le peuple, avec l'agriculture, avec les arts utiles, pour leur ravir les bras qui leur sont nécessaires.

» Le cultivateur abandonnera sa charrue parce qu'il gagnera davantage à servir l'homme opulent. Vous aurez taxé les produits, on vous enlèvera les bras qui produisent; et si les produits sont plus rares, le riche saura bien se les procurer, et la disette peut aller à son comble.

» Lorsqu'on a taxé les denrées au tiers, au quart, à moitié du prix où elles étaient auparavant, il faut ôter de la circulation le tiers, le quart, la moitié du signe ou de la monnaie.

» C'est au riche, dont les taxes doublent le revenu, à rendre à la patrie une portion de ce revenu proportionnel au bénéfice des taxes.

» L'un des meilleurs moyens de faire baisser les denrées est de diminuer l'excès des fortunes, et de forcer celui qui a trop à l'économie.

» Ces vérités simples doivent être saisies de tout le monde; elles appartiennent davantage au cœur qu'à l'esprit.

» Il y a quelques rapports particuliers sous lesquels vous devez envisager les monnaies dans les circonstances présentes, tout ayant prodigieusement renchéri depuis les ventes de 1790, 1792, qui ont été les plus rapides, les annuités et les intérêts qu'on vous paie aujourd'hui ne répondent plus à la valeur actuelle du signe, et l'état a perdu moitié sur la vente des terres.

» Je ne fais point ces réflexions pour alarmer les acquéreurs. Quelles que soient les pertes qu'a faites l'état, la perte du crédit national serait plus grande encore, et la probité du peuple français garantit l'aliénation des domaines publics.

» Ainsi tout concourt à vous prouver que vous devez imposer les riches, établir une sévère économie et poursuivre rigoureusement tous les comptables, afin de ne pas perdre sur la valeur des intérêts et des annuités.

» Ces moyens sont simples; ils sont dans la nature même des

choses, et sont préférables aux systèmes dont la République est inondée depuis quelque temps.

» Votre comité de salut public a pensé que l'économie et la sévérité étaient dans ce moment le meilleur moyen de faire baisser les denrées; on lui a présenté des projets d'emprunts, de banques et d'agiotages de toute espèce, et sur les monnaies et sur les subsistances; il les a rejetés comme des inspirations de l'avarice ou de l'étranger. Notre principe doit être de diminuer la masse des assignats par le brûlement seul.

» Jetons un coup d'œil sur le commerce et sur le change.

» Je parlerais ici de la politique et du commerce de l'Europe, si je n'avais un rapport particulier à vous faire sur les colonies.

» Je ne parlerai donc point ici des vues commerciales qui conviennent à la République. Je ne veux parler du commerce que dans son rapport avec la crise où nous sommes.

» Beaucoup de denrées sont devenues rares; ce sont celles que ne produit point notre pays; ces denrées pourront devenir plus rares encore par la difficulté de s'en procurer. Il n'y a plus de changes, mais il vaut mieux se passer de denrées de luxe que de courage et de vertu.

» Il sera nécessaire que votre comité de commerce examine si toutes les denrées de première nécessité que produit le sol de la République, sont en proportion avec les besoins du peuple, car rien ne supplée à la disette absolue.

» Tout le commerce de l'Europe languit; nos ennemis sont punis eux-mêmes, semblables à l'abeille qui perd la vie en nous piquant de son aiguillon. Il s'est fait mille banqueroutes à Londres depuis la guerre. Aussitôt que le gouvernement anglais connaît un riche, il le fait lord. Son dessein en cela est de fortifier le patriciat et la monarchie; mais ce moyen ruine le commerce, et s'il se trouve quelques hommes de courage dans la chambre des communes, elle abolira peut-être bientôt celle des pairs et le trône, aidée par la misère publique et le ressentiment du commerce.

» Nos mœurs présentes nous font souffrir avec joie des privations. Il n'en est pas de même dans les monarchies qui nous font la guerre ; elles sont toutes ébranlées par les cris des peuples.

» Les denrées ont encore renchéri par la difficulté des charrois et la cherté des fourrages et des chevaux ; les chemins sont ruinés pour la plupart.

» Votre comité avait eu l'idée d'employer les hommes justement suspects à les rétablir, à percer les canaux de Saint-Quentin et d'Orléans, à transporter les bois de la marine, à nettoyer les fleuves. Ce serait le seul bien qu'ils auraient fait à la patrie ; c'est à vous de peser cette idée dans votre sagesse. Dans une République il n'y a point de considération qui doive prévaloir sur l'utilité commune ; il serait juste que le peuple régnât à son tour sur ses oppresseurs, et que la sueur baignât l'orgueil de leur front.

» Les différentes lois que vous portiez autrefois sur les subsistances auraient été bonnes si les hommes n'avaient été mauvais.

» Lorsque vous portâtes la loi du *maximum*, les ennemis du peuple, plus riches que lui, achetèrent au-dessus du *maximum*.

» Les marchés cessèrent d'être soumis par l'avarice de ceux qui vendaient ; le prix de la denrée avait baissé, mais la denrée fut rare. —

» Les commissionnaires d'un grand nombre de communes achetèrent en concurrence ; et comme l'inquiétude se nourrit et se propage d'elle-même, chacun voulut avoir des magasins, et prépara la famine pour s'en préserver.

» Les départemens fertiles furent inondés de commissions ; tout fut arrhé : on achète même pour le duc d'Yorck ; on a vu des commissionnaires porteurs de guinées.

» L'administration des subsistances militaires et le peuple, obligés d'acheter au *maximum*, ne trouvèrent que ce que la pudeur du crime et de l'intérêt n'avait pas osé vendre à plus haut prix.

» Ainsi nos ennemis ont tiré avantage de nos lois mêmes, et les ont tournées en leur faveur.

» Votre comité de salut public a pensé que vous deviez réprimer fortement cette concurrence établie entre le peuple et les ennemis, et soumettre les commissions ou réquisitions à un *visa*, par le moyen duquel les agens malintentionnés seraient reconnus, et les réquisitions organisées.

» Dans les circonstances où se trouve la République, la Constitution ne peut être établie; on l'immolerait par elle-même. Elle deviendrait la garantie des attentats contre la liberté, parce qu'elle manquerait de la violence nécessaire pour les réprimer. Le gouvernement présent est aussi trop embarrassé.

» Vous êtes trop loin de tous les attentats; il faut que le glaive des lois se promène partout avec rapidité, et que votre bras soit partout présent pour arrêter le crime.

» Vous devez vous garantir de l'indépendance des administrations, diviser l'autorité, l'identifier au mouvement révolutionnaire et à vous, et la multiplier.

» Vous devez resserrer tous les nœuds de la responsabilité, diriger le pouvoir souvent terrible pour les patriotes, et souvent indulgent pour les traîtres; tous les devoirs envers le peuple sont méconnus; l'insolence des gens en place est insupportable; les fortunes se font avec rapidité.

» Il est impossible que les lois révolutionnaires soient exécutées, si le gouvernement lui-même n'est constitué révolutionnairement.

» Vous ne pouvez point espérer de prospérité si vous n'établissez un gouvernement qui, doux et modéré envers le peuple, sera terrible envers lui-même par l'énergie de ses rapports; ce gouvernement doit peser sur lui-même, et non sur le peuple. Toute injustice envers les citoyens, toute trahison, tout acte d'indifférence envers la patrie, toute mollesse, doit y être souverainement réprimé.

» Il faut y préciser les devoirs, y placer partout le glaive à côté de l'abus, en sorte que tout soit libre dans la République, excepté ceux qui conjurent contre elle et qui gouvernent mal.

» Les conjurations qui ont déchiré depuis un an la République nous ont avertis que le gouvernement avait conjuré sans cesse contre la patrie ; l'éruption de la Vendée s'est accrue sans qu'on en arrêtât les progrès ; Lyon, Bordeaux, Toulon, Marseille, se sont révoltés, et sont vendus sans que le gouvernement ait rien fait pour prévenir ou pour arrêter ce mal.

» Aujourd'hui que la République a douze cent mille hommes à nourrir, des rebelles à soumettre, et le peuple à sauver ; aujourd'hui qu'il s'agit de prouver à l'Europe qu'il n'est point en son pouvoir de rétablir chez nous l'autorité d'un seul, vous devez rendre le gouvernement propre à vous seconder dans vos desseins, propre à l'économie et au bonheur public.

» Vous devez mettre en sûreté les rades, construire promptement de nombreux vaisseaux, remplir le trésor public, ramener l'abondance, approvisionner Paris comme en état de siége jusqu'à la paix ; vous devez tout remplir d'activité, rallier les armées au peuple et à la Convention nationale.

» Il n'est pas inutile non plus que les devoirs des représentans du peuple auprès des armées leur soient sévèrement recommandés. Ils y doivent être les pères et les amis du soldat; ils doivent coucher sous la tente ; ils doivent être présens aux exercices militaires ; ils doivent être peu familiers avec les généraux, afin que le soldat ait plus de confiance dans leur justice et leur impartialité, quand il les aborde. Le soldat doit les trouver jour et nuit prêts à l'entendre. Les représentans doivent manger seuls. Ils doivent être frugals et se souvenir qu'ils répondent du salut public, et que la chute éternelle des rois est préférable à la mollesse passagère.

» Ceux qui font des révolutions dans le monde, ceux qui veulent faire le bien, ne doivent dormir que dans le tombeau.

» Les représentans du peuple dans les camps doivent y vivre comme Annibal avant d'arriver à Capoue, et comme Mithridate, ils doivent savoir, si je puis ainsi parler, le nom de tous les soldats; ils doivent poursuivre toute injustice, tout abus, car il s'est introduit de grands vices dans la discipline de nos armées ; on a vu des bataillons de l'armée du Rhin demander l'aumône dans les marchés ; un peuple libre est humilié de ces indignités ; ils meurent de faim ceux qui ont respecté les dépouilles de la Belgique.

» Un soldat malheureux est plus malheureux que les autres hommes ; car pourquoi combat-il, s'il n'a rien à défendre qu'un gouvernement qui l'abandonne ? et le caractère des chefs est peu propre à lui faire supporter ses maux. Il est peu de grandes ames à la tête des armées pour les enivrer, leur inspirer l'amour de la gloire, l'orgueil national et le respect de la discipline qui fait vaincre ; il n'y avait eu jusqu'à présent à la tête de vos armées que des imbéciles et des fripons. Votre comité de salut public a épuré les états-majors, mais on peut reprocher encore à tous les officiers l'inapplication au service ; ils étudient peu l'art de vaincre ; ils se livrent à la débauche ; ils s'absentent des corps aux heures d'exercice et de combat ; ils commandent avec hauteur, et conséquemment avec faiblesse. Le vétéran rit sous les armes de la sottise de celui qui le commande, et voilà comment nous éprouvons des revers.

» Il nous a manqué jusqu'aujourd'hui des institutions et des lois militaires conformes au système de la République qu'il s'agit de fonder. Tout ce qui n'est point nouveau dans un temps d'innovation est pernicieux. L'art militaire de la monarchie ne nous convient plus, ce sont d'autres hommes et d'autres ennemis : la puissance des peuples, leurs conquêtes, leur splendeur politique et militaire dépendent d'un point unique, d'une seule institution forte.

» Ainsi, les Grecs doivent la gloire militaire à la *phalange* ; les Romains, à la *légion* ; qui vainquit la phalange. Il ne faut pas croire que la phalange et la légion soient les simples dénominations des corps composés d'un certain nombre d'hommes ; elles désignent un certain ordre de combattre, une constitution militaire.

» Notre nation a déjà un caractère ; son système militaire doit être autre que celui de ses ennemis; or, si la nation française est terrible par sa fougue, son adresse, et si ses ennemis sont lourds, froids et tardifs, son système militaire doit être impétueux.

» Si la nation française est pressée dans cette guerre par toutes les passions fortes et généreuses, l'amour de la liberté, la haine des tyrans et de l'oppression; si au contraire ses ennemis sont des esclaves mercenaires, automates sans passions, le système de guerre doit être l'ordre du choc des armes françaises.

» Le même esprit d'activité doit se répandre dans toutes les parties militaires; l'administration doit seconder la discipline.

» L'administration des armées est pleine de brigands; on vole les rations des chevaux; les bataillons manquent de canons ou de chevaux pour les traîner; on n'y reconnaît point de subordination, parce que tout le monde vole et se méprise.

» Il est temps que vous remédiez à tant d'abus, si vous voulez que la République s'affermisse; le gouvernement ne doit pas être seulement révolutionnaire contre l'aristocratie, il doit l'être contre ceux qui volent le soldat, qui dépravent l'armée par leur insolence, et qui, par la dissipation des deniers publics, ramèneraient le peuple à l'esclavage, et l'empire à sa dissolution par le malheur. Tant de maux ont leur source dans la corruption des uns et dans la légèreté des autres.

» Il est certain que dans les révolutions, comme il faut combattre la résistance des uns, la paresse des autres pour le changement, la superstition de ceux-ci pour l'autorité détruite, l'ambition et l'hypocrisie de ceux-là, le gouvernement nouveau s'établit avec difficulté, et ce n'est qu'avec peine qu'il forme son plan et ses maximes; il demeure long-temps sans résolutions bien décidées; la liberté a son enfance; on n'ose gouverner ni avec vigueur, ni avec faiblesse, parce que la liberté vient par une salutaire anarchie, et que l'esclavage rentre avec l'ordre absolu.

» Cependant l'ennemi redouble d'efforts et d'activité; il ne nous fait point la guerre dans l'espérance de nous vaincre par les armes, mais il nous la fait pour énerver le gouvernement et empêcher qu'il ne s'établisse ; il nous la fait pour verser le sang des défenseurs de la liberté, et en diminuer le nombre, afin qu'après la mort de tous les hommes ardens, ils capitulent avec les lâches qui les attendent. Il a péri cent mille patriotes depuis un an : plaie épouvantable pour la liberté! Notre ennemi n'a perdu que des esclaves; les épidémies et les guerres fortifiaient l'autorité des rois.

» Il faut donc que notre gouvernement regagne d'un côté ce qu'il a perdu de l'autre. Il doit mettre tous les ennemis de la liberté dans l'impossibilité de lui nuire à mesure que les gens de bien périssent. Il faut faire la guerre avec prudence et ménager notre sang, car on n'en veut qu'à lui ; l'Europe en a soif. Vous avez cent mille hommes dans le tombeau qui ne défendent plus la liberté.

» Le gouvernement est leur assassin ; c'est le crime des uns, c'est l'impuissance des autres et leur incapacité.

» Tous ceux qu'emploie le gouvernement sont paresseux; tout homme en place ne fait rien lui-même et prend des agens secondaires; le premier agent secondaire a les siens, et la République est en proie à vingt mille sots qui la corrompent, qui la combattent, qui la saignent.

» Vous devez diminuer partout le nombre des agens, afin que les chefs travaillent et pensent.

» Le ministère est un monde de papiers; je ne sais point comment Rome et l'Égypte se gouvernaient sans cette ressource ; on pensait beaucoup, on écrivait peu. La prolixité de la correspondance et des ordres du gouvernement est une marque de son inertie; il est impossible que l'on gouverne sans laconisme. Les représentans du peuple, les généraux, les administrateurs, sont environnés de bureaux comme les anciens hommes de palais; il ne se fait rien, et la dépense est pourtant énorme. Les bureaux ont remplacé le monarchisme; le démon d'écrire nous fait la guerre, et l'on ne gouverne point.

» Il est peu d'hommes à la tête de nos établissemens dont les vues soient grandes et de bonne foi ; le service public, tel qu'on le fait, n'est pas vertu ; il est métier.

» Tout enfin a concouru au malheur du peuple et à la disette : l'aristocratie, l'avarice, l'inertie, les voleurs, la mauvaise méthode. Il faut donc rectifier le gouvernement tout entier pour arrêter l'impulsion que nos ennemis s'efforcent de lui donner vers la tyrannie; quand tous les abus seront corrigés, la compression de tout mal amènera le bien; on verra renaître l'abondance d'elle-même.

» J'ai parcouru rapidement la situation de l'état, ses besoins et ses maux; c'est à votre sagesse de faire le reste; c'est au concours de tous les talens à étendre les vues du comité de salut public; il m'a chargé de vous présenter les mesures suivantes du gouvernement. »

La Convention nationale decrèta ce qui suit :

Du gouvernement.

» Art. 1ᵉʳ. Le gouvernement provisoire de la France sera révolutionnaire jusqu'à la paix.

» 2. Le conseil exécutif provisoire, les ministres, les généraux, les corps constitués, sont placés sous la surveillance du comité de salut public, qui en rendra compte tous les huit jours à la Convention.

» 3. Toute mesure de sûreté doit être prise par le conseil exécutif provisoire, sous l'autorisation du comité, qui en rendra compte à la Convention.

» 4. Les lois révolutionnaires doivent être exécutées rapidement. Le gouvernement correspondra immédiatement avec les districts, dans les mesures de salut public.

» 5. Les généraux en chef seront nommés par la Convention nationale, sur la présentation du comité de salut public.

» 6. L'inertie du gouvernement étant la cause des revers, les délais pour l'exécution des lois et des mesures de salut public seront fixés; la violation des délais sera punie comme un attentat à la liberté.

Subsistances.

» 7. Le tableau des productions en grains de chaque district, fait par le comité de salut public, sera imprimé et distribué à tous les membres de la Convention, pour être mis en action sans délai.

» 8. Le nécessaire de chaque département sera évalué par approximation et garantie; le superflu sera soumis aux réquisitions.

» 9. Le tableau des productions de la République sera adressé aux représentans du peuple, aux ministres de la marine et de l'intérieur, aux administrateurs des subsistances; ils devront requérir dans les arrondissemens qui leur auront été assignés. Paris aura un arrondissement particulier.

» 10. Les réquisitions pour le compte des départemens stériles, seront autorisées et réglées par le conseil exécutif provisoire.

» 11. Paris sera approvisionné au premier de mars pour une année.

Sûreté générale.

» 12. La direction et l'emploi de l'armée révolutionnaire seront incessamment réglées de manière à comprimer les contre-révolutionnaires.

Le comité de salut public en présentera le plan.

» 13. Le conseil enverra garnison dans les villes où il se sera élevé des mouvemens contre-révolutionnaires. Les garnisons seront payées et entretenues par les riches de ces villes jusqu'à la paix.

Finances.

» 15. Il sera créé un tribunal et un juré de comptabilité; ce tribunal et ce juré seront nommés par la Convention nationale;

il sera chargé de poursuivre tous ceux qui ont manié les deniers publics depuis la révolution, et de leur demander compte de leur fortune. »

La démarche arrêtée par les Jacobins le 30 septembre eut lieu en effet le lendemain. Le 1er octobre, ils se présentèrent à la barre de la Convention, avec une députation de toutes les sociétés populaires de Paris. L'adresse suivante fut lue :

« Citoyens représentans, nous venons provoquer la vengeance nationale contre un grand coupable. Déjà deux fois notre voix a provoqué ici cette vengeance ; deux fois nos efforts ont été vains. Une plus longue impunité ne ferait qu'enhardir les complots ; il est temps enfin que Brissot et ses complices reçoivent les peines dues à leurs forfaits. » (*On applaudit.*)

La Convention décréta que le comité de sûreté générale lirait l'acte d'accusation, séance tenante ; mais, sur des observations de Vouland, il fut accordé à ce comité un délai de trois jours. Le 3 octobre, Amar, chargé de la rédaction de ce travail, en donna lecture. Nous réunirons cette pièce avec celles dont se composera le chapitre séparé que nous consacrerons aux procès des Girondins. Ce chapitre renfermera de plus le procès de Custine et celui de Marie-Antoinette, de sorte que dans notre histoire du présent mois, nous ne nous occuperons ni de cette dernière, ni des accusés girondins ; deux d'entre ceux qui avaient été mis hors la loi, Gorsas et Biroteau, furent saisis, le premier à Paris ; le second à Bordeaux. « Gorsas, dit le *Journal de la Montagne*, n° 128, qui avait d'abord fui dans le Calvados, et qui s'était enfoncé depuis dans le Finistère avec Pétion, Barbaroux, et les autres fédéralistes, a été arrêté hier (6 octobre), à deux heures après-midi, chez la citoyenne Brigide, son ancienne maîtresse, établie marchande de livres à côté du passage Radzivill ; il s'aperçut que la porte était entourée, et voulut se sauver en sautant par une fenêtre qui donne sur la rue ; mais des sentinelles posées de ce côté l'ont arrêté ; il a été conduit en prison, et on lui a fait traverser le jardin du ci-devant Palais-Royal. » Le tribunal révolutionnaire, devant lequel Gorsas comparut le lendemain, se borna à constater son identité, et le livra immédiatement à l'exécuteur des hautes œuvres. Le condamné demanda la parole ; elle lui fut refusée ; alors se tournant vers le peuple, il dit : « Je recommande à ceux qui m'entendent ma femme et mes enfans ; je suis innocent : ma mémoire sera vengée. » Avant d'aller au supplice, Gorsas appela un juge pour faire une déclaration ; il voulait déclarer des dettes qu'il n'avait pas eu le temps de solder. Le juge qui reçut sa déclaration lui dit de faire passer la note de ses dettes à l'accusateur public. Gorsas fut exécuté peu d'heures après, le 8 octobre. — Biroteau, saisi à Bordeaux le 24 octobre, avec Girey-Dupré et Boisguyon, fut aussi immédiatement exécuté. Il avait été mis hors la loi par un décret du 10 juillet. Le procès-verbal de l'interrogatoire qu'on lui fit subir, et que la Convention reçut le 13 décembre, n'offre de remarquable que cette réponse : « Je sais que la guillotine m'attend ; mais elle ne vous aurait pas manqué, vous ni les partisans de la Montagne, si nous eussions été les plus forts. » — Girey-Dupré et Boisguyon furent envoyés à Paris.

Lorsqu'Amar parut, le 3 octobre, à la tribune de la Convention, pour lire le rapport du comité de sûreté générale contre les Girondins, de vifs applaudissemens se firent entendre dans toutes les parties de la salle. Par le premier article du décret qu'il proposait quarante-cinq députés du côté droit devaient être traduits au tribunal révolutionnaire, et soixante-treize autres, signataires des protestations contre les journées des 2 et 3 juin, mis seulement en état d'arrestation. Nous plaçons ici la discussion à laquelle ce rapport donna lieu.

[CONVENTION. — *Séance du 3 octobre.* — *Amar, au nom du comité de sûreté générale.* « Avant de commencer le rapport, je suis chargé de vous proposer de décréter qu'aucun membre de l'assemblée ne puisse sortir avant que le rapport ne soit terminé, et que la Convention ait porté une décision. » Cette proposition est décrétée.

N..... « Je demande qu'aucun citoyen des tribunes ne puisse également sortir avant la fin de la séance. » (*On applaudit dans les tribunes.*) La proposition est adoptée. — Le président donne les ordres au commandant du poste. — Amar commence son rapport en présentant la liste des membres inculpés.

N..... « Ducos et Fonfrède, qui sont du nombre des conspirateurs que le rapporteur vient de nommer, ne sont pas dans l'assemblée; je demande que le comité de sûreté générale soit autorisé à les faire arrêter. » — Cette proposition, étendue à tous les membres, est décrétée.

Vigée. « Comme je suis du nombre des accusés, je demande qu'on prenne la liste des présens. »

N..... « Je dépose sur le bureau une lettre qui m'a été adressée par Isnard, pour la remettre au président. »

Montaut. « Je demande que le préopinant nous indique la demeure d'Isnard, afin qu'il soit arrêté à l'instant. » — L'arrestation d'Isnard est décrétée. — Amar lit son rapport et le projet de décret.

Fonfrède. « Je demande à relever un fait faux avancé dans le rapport. »

Plusieurs voix. « Vous le relèverez au tribunal. »

Fonfrède. « Nous sommes accusés, Ducos et moi, d'avoir écrit à Bordeaux.... »

Albitte. « Les patriotes immolés à Marseille, la trahison de Toulon, le sang qui coule à Lyon, la dévastation de la Vendée, accusent les conspirateurs; ils parleront au tribunal, qui les entendra. » (*On applaudit.*)

Billaud-Varennes. « Le temps est venu où tous les conspirateurs doivent être connus et frappés. Je demande qu'on ne passe pas sous silence un homme qu'on a oublié, malgré les faits nombreux qui déposent contre lui. Je demande que d'Orléans soit renvoyé au tribunal révolutionnaire avec les autres conspirateurs. » (*Vifs applaudissemens.*) — Cette proposition est décrétée.

Billaud-Varennes. « La Convention doit être grande, en même temps qu'elle fait un acte de justice. Il faut que le décret qu'elle va prononcer soit rendu aussi solennellement que celui qui envoya le tyran à l'échafaud. Il faut que chacun se prononce dans cette circonstance, et s'arme du poignard qui doit percer le sein des traîtres. Je demande que le décret soit prononcé par appel nominal. »

Robespierre. « Je ne vois pas la nécessité de supposer que la Convention nationale est divisée en deux classes, celle des amis du peuple, et l'autre des conspirateurs et des traîtres. Nous ne devons pas croire qu'il y ait ici d'autres conspirateurs que ceux désignés dans le rapport. Il n'est personne d'assez stupide pour n'être pas frappé de la lumière des flammes de Lyon et de Marseille que ces conspirateurs ont allumées, pour ne pas entendre les cris des patriotes égorgés dans la Belgique, dans la Vendée, à Toulon, et partout où cette faction exécrable a eu de l'influence. Je demande que le décret soit simplement mis aux voix. »
— Le décret présenté par Amar est adopté. — La salle retentit d'applaudissemens; les cris de *vive la République* se font entendre de toutes parts.

Albitte. « Je viens de parcourir les départemens méridionaux, et j'ai vu combien la corruption était profonde. Ce sont les écrits incendiaires d'un homme que je suis surpris de ne pas trouver dans le nombre des accusés, de Rabaut, dit Saint-Étienne, qui ont le plus contribué à pestiférer l'opinion publique. »

Amar. « J'observe à l'assemblée que le comité de sûreté générale n'a pas proposé le décret d'accusation contre Rabaut, Buzot et autres, parce qu'ils ont été mis déjà hors de la loi. »

Albitte. « Je demande le décret d'accusation contre Aubry; c'est lui qui, membre du comité militaire, vous proposait des décrets dont le but était de désorganiser nos armées; c'est cet homme qui voulait dissoudre l'armée des Pyrénées; c'est lui qui avait établi à Grenoble le centre de la force départementale. Aubry est un traître. Les preuves de sa trahison sont au comité. Je demande qu'il soit décrété d'accusation. »

Aubry. « Je demande à répondre. »

Plusieurs voix. « Vous répondrez au tribunal. »

Voulland. « J'observe à la Convention qu'il y a maintenant au comité de salut public un rapport sur Aubry, au sujet de sa mission près l'armée des Pyrénées-Orientales ; mais de plus Aubry a signé la protestation, et il est, comme les autres, décrété d'arrestation. »

Levasseur. « Je suis étonné que celui qui osa proposer d'aller, le sabre à la main, tenir vos séances à Versailles, et d'exterminer le peuple, ne soit pas compris dans le décret ; je demande qu'il soit décrété d'accusation. »

Vigée. « Je vais répondre. Le 27 avril j'étais encore à combattre les rebelles de la Vendée comme simple grenadier. Le premier jour que j'ai siégé parmi vous..... »

Bentabolle. « Vigée ne doit pas avoir le privilége de donner des explications, tandis que vous n'avez pas voulu entendre les autres. » — Le décret d'accusation est rendu contre Vigée.

Duroi. « Richon, qui a toujours siégé dans le côté droit, a écrit dans le département de l'Eure une lettre dont Buzot et les autres conspirateurs se sont servis pour soulever les citoyens de ce département ; c'est un des principaux auteurs des troubles qui y ont eu lieu. Je demande contre lui le décret d'accusation. » — Richon est décrété d'accusation.

Le président. « La Convention doit déterminer la manière dont sera exécuté le décret qu'elle vient de rendre. »

Thuriot. « Il y a un moyen simple : on fera l'appel des accusés, et ils sortiront à mesure par la barre. » — Cette proposition est décrétée.

N..... « Je trouve que vous n'avez pas pris une mesure assez sévère contre ceux qui ont signé des protestations ; ce sont des contre-révolutionnaires : je les regarde comme assez coupables pour être confondus avec les conspirateurs dont ils soutenaient la cause. Je demande contre eux le décret d'accusation. » — On demande l'ordre du jour.

Osselin. « Ceux qui demandent l'ordre du jour me paraissent avoir une fausse idée du décret d'accusation ; celui qui est accusé n'est pas pour cela convaincu : ce n'est qu'une prévention sur laquelle le tribunal prononce. Ceux-là sont à mes yeux des contre-révolutionnaires qui ont signé des protestations lorsque toute la République était en feu. (*On applaudit.*) Je sais qu'il y en a quelques-uns qui se sont rétractés, mais le tribunal les distinguera ; je demande le décret d'accusation contre tous. »

Amar. « J'assure à la Convention que la conduite en apparence nulle de la minorité de la Convention depuis le 2 juin était un nouveau plan de conspiration concerté par Barbaroux. Si vous le voulez, je vais vous en lire les preuves. »

Robespierre. « La lecture proposée par le rapporteur est absolument inutile; en décrétant que le comité de sûreté générale lui ferait un rapport sur les signataires de la protestation du 17 juin, la Convention nationale a satisfait pour le moment à la justice nationale.

» Le décret qui vient d'être rendu honore à jamais la Convention, et fera passer le nom de ses membres à la postérité; ce n'est plus un tyran dont elle était l'ennemie naturelle qu'elle a frappé, ce sont plusieurs de ses membres qui, lâchement perfides, ont fait tourner contre le peuple les armes qu'il leur avait confiées pour sa défense. Quel est l'homme maintenant qui, prêt à commettre un crime, ne s'arrêtera pas, effrayé d'un pareil exemple? Quel est l'homme qui doutera que la Convention nationale se soit vouée au salut de la patrie, puisqu'elle n'a pas même épargné ses membres?

» La Convention nationale ne doit pas chercher à multiplier les coupables, c'est aux chefs de la faction qu'elle doit s'attacher; la punition des chefs épouvantera les traîtres et sauvera la patrie. La plupart de ces grands criminels sont compromis dans le décret d'accusation ; s'il en est d'autres parmi ceux que vous avez mis en état d'arrestation, le comité de sûreté générale vous en présentera la nomenclature, et vous serez toujours libres de les frapper. Mais, citoyens, faites attention que parmi les hommes que vous avez vus traîner le char des ambitieux que vous avez démasqués, il en est beaucoup d'égarés ; sachez..... (*Il s'élève quelques murmures.*)

» Je dis mon opinion en présence du peuple ; je la dis franchement, et je le prends pour juge de mes intentions. Sachez, citoyens, que vous ne serez véritablement défendus que par ceux qui auront le courage de dire la vérité, lors même que les circonstances sembleraient commander leur silence. (*Vifs applaudissemens.*)

» Je suis loin de faire l'apologie de la faction exécrable contre laquelle j'ai combattu pendant trois ans, et dont j'ai failli plusieurs fois être la victime ; ma haine contre les traîtres égale mon amour pour la patrie ; et qui osera douter de cet amour ?

» Je reviens à mon raisonnement, et je dis qu'ayant ordonné au comité de sûreté générale de faire un rapport sur les signataires de la protestation, il est de votre justice d'attendre ce rapport ; je dis que la dignité de la Convention lui commande de ne s'occuper que des chefs, et il y en a déjà beaucoup parmi les hommes que vous avez décrétés d'accusation ; s'il en existe encore, le peuple est là, il vous en demandera justice ; je dis que parmi les hommes mis en état d'arrestation, il s'en trouve beaucoup de bonne foi, mais qui ont été égarés par la faction la plus hypocrite dont l'histoire ait jamais fourni l'exemple ; je dis que parmi les nombreux signataires de la protestation, il s'en trouve plusieurs, et j'en connais, dont les signatures ont été surprises. D'après toutes ces considérations, je demande que la Convention laisse les choses dans l'état où elles sont jusqu'après le rapport de son comité ; et s'il se trouve encore de nouveaux coupables, on verra alors si je ne serai pas le premier à appeler sur leur tête toute la vengeance des lois. (*On applaudit.*) » — La proposition de Robespierre est adoptée.

Montaut. « Je demande qu'ils soient tous indistinctement conduits dans des maisons d'arrêt ; rappelez-vous, citoyens, que lorsque vous mîtes les trente-deux en état d'arrestation, plusieurs d'entre eux s'échappèrent et furent fanatiser les départemens. »

— La proposition de Montaut est décrétée. — On demande l'impression du rapport et du projet de décret du comité.

Amar. « Citoyens, le décret que vous venez de rendre doit être plus solennel que la condamnation du tyran. Je demande l'impression de toutes les pièces, elles éclaireront et dirigeront l'opinion publique. »

Robespierre. « On semble craindre que cette impression ne retarde l'instruction du procès. Citoyens, les preuves écrites sont les plus faibles; c'est l'histoire de la révolution qui les condamne; c'est l'opinion publique qui a frappé les conspirateurs que nous venons de décréter d'accusation. Je demande qu'on s'en rapporte pour l'impression du procès à l'avis du comité de sûreté générale. » — L'impression du procès est décrétée. — Un secrétaire fait l'appel nominal des membres décrétés d'accusation; ils sortent par la barre, et sont conduits dans la salle des pétitionnaires.

Osselin. « Je demande que les scellés soient apposés sur les papiers des membres mis en état d'arrestation. — Cette proposition est adoptée.

N..... « Je dénonce un fait très-important, il vient d'être remis à un député de ce côté (*du côté droit*) deux clefs par un des membres mis en état d'arrestation. »

N..... « Cette clef est celle de ma chambre; je demeure en commun avec le député qui me l'a remise. »

Billaud. « Je demande que cette clé soit déposée sur le bureau, et renvoyée au comité de sûreté générale. » — Cette proposition est adoptée.

Le président. « Les membres mis en état d'arrestation par l'assemblée viennent de me faire parvenir cette lettre :

« Représentans nos collègues, les soussignés-mis en état d'arrestation par décret de la Convention nationale, déclarent qu'ils n'ont jamais conspiré contre la patrie..... »

Plusieurs membres. « L'ordre du jour. » — La lecture est discontinuée.

Billaud. « La Convention nationale vient de donner un grand exemple de sévérité aux traîtres qui méditent la ruine de leur pays; mais il lui reste encore un décret important à rendre. Une femme, la honte de l'humanité et de son sexe, la veuve Capet, doit enfin expier tous ses forfaits sur l'échafaud. Déjà on publie parmi le peuple qu'elle a été transférée au Temple; qu'elle a été jugée secrètement, et que le tribunal révolutionnaire l'a blanchie; comme si une femme qui a fait couler le sang de plusieurs milliers de Français pouvait être absoute par un jury français! Je demande que le tribunal révolutionnaire prononce cette semaine sur son sort. » — Cette proposition est décrétée. — L'assemblée lève la consigne qui empêche ses membres de sortir de la salle.]

— Les mouvemens matérialistes qui éclatèrent en novembre, et amenèrent le culte de la Raison, étaient en pleine vigueur dès le mois d'octobre. Les faits qui appartiennent à ce mouvement composent, en grande partie, la correspondance de la Convention et les procès-verbaux des séances de la Commune de Paris. Nous nous occuperons spécialement de cet objet à l'époque du succès momentané qu'obtinrent les athées. — Nous divisons ce qui nous reste à dire du mois d'octobre sous les deux titres suivans : Histoire de la guerre, — Histoire de Paris.

Histoire de la guerre. — *Siége de Lyon.* — Nous avons laissé la narration de ce siége au moment où Kellermann venait d'envoyer une seconde sommation. Le corps avec lequel il entreprenait d'assiéger Lyon consistait en douze bataillons de quatre cents hommes chacun, cinq escadrons et une centaine de canonniers, ce qui faisait un total de six mille hommes au plus. Bien que la ville fût ouverte, il aurait fallu une force quadruple pour tenir tête aux insurgés. « D'ailleurs, dit Jomini, sa situation est telle qu'il avait suffi de quelques redoutes et d'une bonne artillerie pour la mettre à l'abri d'un coup de main. Bâti au confluent de la Saône dans le Rhône, Lyon, dominé au nord, entre les deux rivières, par les hauteurs de la Croix-Rousse; à l'ouest, sur la rive droite de la Saône, par les collines de Fourvières et Sainte-Croix, avait été mis en état de défense par un de ses habitans (de Précy). La population, fournissant au delà de vingt mille hommes en état de porter les armes et organisés en bataillons correspondant aux diverses sections, gardait non-seulement son enceinte, mais occupait encore des postes à une et deux lieues de la place, tels que le pont d'Oullins, Grange-Blanche, Limonest, Mirbel, sur les principales communications, et poussait même des partis jusqu'à Saint-Etienne pour communiquer avec les fédéralistes de Montbrison. »

Nous commencerons par l'exposé des faits parlementaires relatifs au siége de Lyon; nous dirons ensuite les opérations militaires. — Le 11 août, la Convention reçut communication d'une lettre des commissaires de l'armée des Alpes, Gauthier et Dubois-Crancé, annonçant que Kellermann marchait sur Lyon, pour l'attaquer le 9 août au matin, avec vingt mille républicains. Dubois-Crancé triplait ainsi, par politique, le nombre des troupes conduites au siége. — Le 18 août, Barrère lut des dépêches sur la situation de Lyon apportées par Séguin, lieutenant au cinquième de cavalerie; il en résultait que cette ville persistait dans sa rébellion, malgré les proclamations de Kellermann et des représentans du peuple Gauthier et Dubois-Crancé. Nous avons rapporté ces proclamations. La Convention décréta qu'elles seraient insérées au Bulletin, et ordonna un envoi de forces additionnelles pour hâter le siége. — Le 21, août Barrère fit part de lettres particulières annonçant la révolte de Montbrison. Il fit adjoindre Couthon, Maignet et Chateauneuf-Randon aux représentans du peuple en mission dans les départemens de Rhône-et-Loire et adjacents. Il lut ensuite une lettre attribuée à Danton, et que cite, en effet, comme telle, le *Journal de Lyon*, n. 128. Elle était adressée à Dubois-Crancé, « et, dit le journal, elle avait été trouvée dans un portefeuille perdu par ce dernier lors de son départ de Grenoble. Citoyens, ajoute le rédacteur, tels sont leurs projets, tels sont leurs sentimens! » Voici cette pièce.

» *Paris, le 21 juillet.* — CHER COLLÈGUE, la fameuse journée du 10 août s'approche; il est temps enfin de frapper le grand coup ; il faut que la *sainte Montagne* triomphe ; *n'épargne rien*, je t'en conjure, tu sais que le département de Rhône-et-Loire, et *notamment* la ville de Lyon, qui est des plus importantes par ses richesses et sa population, entre pour beaucoup dans le *grand et fameux* projet dont tu as une parfaite et entière connaissance.

» Emploie donc les plus *grandes mesures*, que dis-je ? toutes les forces qui sont en ton pouvoir, pour *asservir* les Lyonnais rebelles, dussions-nous même *abandonner* le Mont-Blanc au tyran sarde, *peu nous importe* ; les Savoisiens fussent-ils tous *enchaînés deux à deux*, point de considération, point de *demi-mesure* : il est temps que nous RÉGNIONS.

» Il faut *cerner* de toutes parts la ville de Lyon, lui ôter tous les *moyens de subsistances* ; que les citoyens orgueilleux de cette ville superbe, ainsi que *toutes les villes quelconques, tombent enfin à nos pieds*.

» Si, contre mon attente, tu ne pouvais *réduire* cette ville orgueilleuse *par la famine*, il faudra pour lors *l'assiéger sans miséricorde*, et même, s'il le faut, la *réduire en poussière ;* LE SOL NOUS RESTERA TOUJOURS !!!

» Si les cultivateurs crient, demandent où ils iront vendre leurs denrées, dis-leur d'aller les vendre à *Constantinople* s'ils le veulent : distribue à force des assignats, ne les compte pas, TOUT SE TROUVERA A LA FIN. *Signé* : DANTON. »

Nous reproduisons cette lettre avec les formes typographiques employées par le journal qui la publia. Telle qu'elle est insérée dans le n. 234 du *Moniteur* (22 août 1793), elle peut fort bien passer pour une lettre réellement écrite par Danton, car non-seulement on a fait disparaître du texte toutes les expressions soulignées, mais encore on a presque partout retouché à la rédaction. On aurait voulu rendre vraisemblable cette pièce, si évidemment apocryphe, qu'on n'aurait pas mieux fait. La version donnée par le *Journal de Lyon* étant celle des Girondins eux-mêmes, elle doit seule faire autorité. Tout nous porte à croire que la lettre fut fabriquée par le rédacteur de cette feuille. « Il est temps que nous RÉGNIONS » est une expression dont se sert continuellement cet écrivain dans sa polémique contre Dubois-Crancé, qu'il appelle « LE ROI Crancé. »

Lorsque Barrère lut cette lettre, Danton se contenta de répondre qu'il était un peu plus malin que les faussaires, qu'il ne se servait pas du style des messieurs de Lyon, que d'ailleurs il n'avait de correspondance d'aucune sorte.

Le 21 août, Gay Vernon communiqua à la Convention une lettre écrite par Lesterp-Beauvais et cinq autres membres de la députation de la Haute-Vienne, à l'époque du 2 juin, et par laquelle les citoyens de ce département étaient invités à ne plus reconnaître les décrets de la Convention. D'autres membres accusèrent Lesterp-Beauvais, alors en mission à Saint-Etienne, d'avoir fait pacte avec les Lyonnais pour leur livrer les armes des manufactures de cette ville. Amar confirma ces dépositions, et l'assemblée décréta que Lesterp-Beauvais serait arrêté, ainsi que les cinq autres signataires de la lettre dénoncée.

Le 29 août, on reçut une dépêche de Dubois-Crancé, portant que le feu avait commencé le 24, après trente heures inutiles livrées à la réflexion. L'officier porteur de la lettre déclara qu'il avait été victime de la commission populaire établie à Lyon ; qu'il était attaché à l'infortuné Chalier, et qu'il s'en était peu fallu qu'il éprouvât le même sort ; il assura qu'en frappant Lyon on frapperait les Piémontais et toutes les puissances, avec lesquelles cette ville rebelle avait des intelligences.

— Le 6 septembre, Barrère annonça que Lyon continuait d'être bombardée ; que l'émigration des vieillards, des femmes et des enfans était prodigieuse, et que les commissaires leur faisaient donner tous les secours dont ils avaient besoin. — Le 11, Kellermann fut destitué et remplacé par Doppet. — Le 23 septembre, la Convention reçut les dépêches suivantes :

Lettre du citoyen Châteauneuf-Randon, représentant du peuple, datée du 20 septembre 1793.

« Depuis le départ du peuple du département du Puy-de-Dôme pour marcher contre Montbrison et Lyon, celui des départemens de la Haute-Loire, de l'Ardèche, du Cantal et de Rhône-et-Loire, à qui nous avions fixé des points de rassemblement, s'est réuni à lui, et une armée formidable de trente mille hommes, marchant sur trois colonnes, en s'étendant de sa droite à sa gauche, depuis le département de l'Ardèche jusqu'à celui de l'Ain, s'est mise en marche avec toutes ses provisions. De cette manière, toutes les montagnes et toutes les gorges ont été battues de façon à empêcher le grand refluement des muscadins dans l'intérieur, et celui de leurs approvisionnemens dans Lyon, dont nous avons arrêté une très-grande partie, et intercepté toutes communications.

» Plus de trois cents muscadins ont été pris avec leur or, et la plupart avec leurs chevaux, leurs armes et leur plan de contre-révolution, consistant à se répandre dans le département du Puy-de-Dôme, de la Haute-Loire, de la Lozère, et à faire une nouvelle Vendée. Leur marche ainsi coupée, je ne crois pas qu'il y ait du danger. Dans tous les cas, des postes de seconde ligne ont été établis, et tout ce qui n'a pas marché patrouille le jour et bivouaque la nuit.

» La marche de cette armée avait fait évacuer les muscadins de Montbrison, et les avait fait replier sur tous leurs postes du côté de Lyon. Javoque y est entré deux jours après, et a fait mettre beaucoup de monde en état d'arrestation. Sa mère a été enlevée par ces coquins. De là, il est parti avec l'aile de notre armée : savoir, quatre mille hommes d'Issoire, département du Puy-de-Dôme; cinq cents hommes du Puy; cinq mille hommes de l'Ardèche, et tout ce qui s'est rencontré sur le passage pour gagner par Saint-Etienne la rive droite du Rhône, communiquant avec le camp de Limonet, de la Pape, le centre marchant vers Lyon en droiture, et poussant toujours en avant par une forte avant-garde, et attendant comme corps de réserve tous les événemens qui s'opèrent, et par la droite, et par la gauche, et par l'avant-garde du centre.

» Arrivant ainsi près des retranchemens de cette ville, j'ai cru devoir lui faire la sommation suivante, dont j'avais prévenu mes collègues des camps de la Pape, Limonet et la Guillotière.

« AU NOM DU PEUPLE FRANÇAIS.

» *Égalité, Liberté, République une et indivisible, Chateauneuf-Randon, représentant du peuple, aux habitans de Lyon.*

» Un décret de la Convention nationale a nommé Couthon, Châteauneuf-Randon et Maignet adjoints à Dubois-Crancé, Gauthier et Reverchon, Laporte et Javoque, pour soumettre les rebelles de Lyon.

» Le peuple des départemens de Rhône-et-Loire, du Puy-de-Dôme, du Cantal, de l'Ardèche, de la Haute-Loire et autres, que nous dirigeons particulièrement, s'est levé en masse pour faire respecter ses lois dans la ville de Lyon; il veut qu'on s'y soumette sans réserve.

» Habitans de Lyon, au nom du peuple français, vous êtes sommés de reconnaître tous les décrets de la Convention nationale, de mettre bas les armes, et d'ouvrir vos portes. Vous ne pouvez plus résister; soixante mille hommes vous entourent. Vos intelligences avec les ennemis de la République sont détruites; les Piémontais sont chassés du Mont-Blanc; les Anglais et les Espagnols n'osent plus souiller long-temps le territoire de la liberté dans Marseille ni dans Toulon.

» Les Anglais et le duc d'Yorck ont été complétement battus à Dunkerque; ils fuient à grands pas le territoire français. L'armée des alliés est entièrement dispersée, et tous leurs magasins sont en notre pouvoir. Partout le peuple français fait triompher, sans réserve, les principes éternels et sacrés des droits de l'égalité et de la liberté.

» Ouvrez vos portes, ou la vengeance du peuple est prête à éclater sur vous.

» J'envoie cette sommation à mes collègues qui occupent les divers camps qui vous bombardent, afin de vous la faire parvenir, et pour les engager à faire cesser le feu des batteries dirigées contre vous jusqu'à huit heures du soir. Passé cette heure, la masse du peuple est prête à vous porter les derniers coups; et dès ce moment-là, les représentans du peuple ne répondent plus de vos personnes ni de vos propriétés.

» Ce 19 septembre 1793, l'an deuxième de la République, une et indivisible.

» *Signé* : CHATEAUNEUF-RANDON. »

Voici leur réponse, insignifiante et perfide, comme toutes les autres.

« *Les corps administratifs séans à Lyon, et les délégués de la section du Peuple-Français dans le département de Rhône-et-Loire, formant le comité général de salut public, au citoyen représentant du peuple Châteauneuf-Randon :*

» Citoyen représentant, votre trompette est arrivé à six heures; vous nous demandez une réponse pour huit, ce qui est impossible. Nos concitoyens sont sous les armes; vous ne pouvez pas en douter; ils ne peuvent être assemblés que demain pour exprimer leur vœu sur votre lettre.

» Lyon, le 19 septembre 1793, l'an deuxième de la République.

» Signé, MONTVIOT, *président*; et ROUBAIN, *secrétaire-général.*

» Pour copie conforme: CHATEAUNEUF-RANDON.

» En conséquence, vous sentez que le bombardement a dû recommencer à neuf heures; et ce matin, je leur ai adressé cette dernière missive.

« AU NOM DU PEUPLE FRANÇAIS,

» *Châteauneuf-Randon, représentant du peuple, aux habitans de Lyon.*

» Vous avez violé et trahi tous les devoirs de la nature et tous les droits de la guerre dans la journée d'hier : ceux de la nature, sur un de nos frères qu'une de vos patrouilles avait blessé à la cuisse, et qu'elle a haché et coupé en petits morceaux; les droits de la guerre, parce que le feu des batteries des camps qui vous cernaient et vous bombardaient avait cessé, et que le vôtre s'est fait entendre à sept heures et demie du soir en face de la Guillotière, par où le trompette vous était parvenu. Et cependant vous aviez reçu la sommation du peuple français à six heures ; et cependant, malgré qu'il vous eût donné jusqu'à huit, votre trompette n'est arrivé qu'à neuf, sans apporter de réponse satisfaisante aux vœux du peuple qui vous environne et qui va pénétrer dans Lyon. En conséquence, le bombardement a dû recommencer, et il ne cessera que lorsque vous serez réduits, ou que vous aurez mis bas les armes et ouvert les portes.

» Je vous le répète, les représentans du peuple, sans ces promptes et dernières conditions, ne répondent plus de vos personnes ni de vos propriétés.

» Le 20 septembre 1793, l'an deuxième de la République une et indivisible.

» Pour copie conforme : CHATEAUNEUF-RANDON.

» Le feu roule de toutes parts, et à chaque instant on leur enlève des postes, quoique leurs batteries soient immenses, leur position avantageuse et pleine de retranchemens et de redoutes, et qu'ils aient des chefs expérimentés ; mais le courage, l'énergie du peuple et tous les vivres interceptés doivent bientôt concourir à les réduire. Nous écrivons tous de nos côtés au comité de salut public pour différentes choses indispensables, et rien n'est plus urgent que d'avoir ses réponses. Couthon est toujours à Clermont, et fait refluer, par sès grandes mesures, les besoins de l'armée. Maignet est resté deux jours de plus à Montbrison, pour organiser les corps constitués, et rétablir les sociétés populaires.

» Je viens de communiquer, malgré toutes les mousqueteries des rebelles, avec mes collègues, des camps sur Lyon, et toutes nos mesures seront uniformes.

» Quel spectacle admirable et touchant de voir la masse vertueuse du peuple : levée contre les rebelles, quittant femmes, enfans, et toutes sortes de travaux, marchant depuis huit jours, bivouaquant toutes les nuits, et campant maintenant sans tentes et sans aucun effet d'habillement et d'effets indispensables !

» La Convention nationale doit bien prendre sous sa protection les femmes et les enfans des citoyens qui, dans cette circonstance, ont marché avec tant de zèle, et qui sont dans le besoin. *Signé* CHATEAUNEUF-RANDON. »

Le 6 octobre, la Convention reçut une lettre de Dubois-Crancé et Gauthier dans laquelle ils se justifiaient des lenteurs qui leur étaient reprochées. Billaud-Varennes les accusa d'avoir constamment refusé d'attaquer cette ville de vive force, et demanda leur rappel, qui fut décrété. — Le 12, le ministre de la guerre fit passer la lettre suivante que lui écrivait le général Doppet, en date du 9 :

« Citoyen ministre, au troisième jour de mon arrivée à l'armée de Lyon, je m'aperçus qu'il était nécessaire de s'emparer des hauteurs de Sainte-Foix. Je disposai une colonne pour ce fait, et le 29 du mois dernier, nous prîmes aux rebelles quatre redoutes, neuf pièces de canon et beaucoup de prisonniers, parmi lesquels se trouva *monsieur l'évêque Lamourette.* Je m'emparai de Sainte-Foix, et y disposai de suite des batteries pour battre Fourvière, Saint-Just, Saint-George et Saint-Irénée. Je ne crus pas devoir alors vous envoyer une dépêche ; je voulais que Lyon fût à nous pour vous écrire. Hier 8, j'avais donné des ordres, et tout disposé pour porter un dernier coup aux rebelles. A cinq heures du soir, une de nos avant-gardes s'empara d'une forte redoute à Sainte-Irénée, et le feu de nos batteries mettait le feu aux maisons de Saint-Just. J'avais donné ordre à une autre colonne d'entrer dans la ville de Perrache, ontre onze heures et minuit; mais à neuf heures je fus averti que les rebelles allaient faire une sortie par Vaize ; ainsi je contre mandai l'attaque de Perrache, pour disposer des forces capables de prendre et arrêter tous les rebelles.

» Des commissaires des sections de Lyon vinrent dans la nuit porter les vœux du peuple aux représentans ; je fis suspendre le feu. Cependant, au milieu de la nuit, nos avant-gardes prenaient des redoutes. Nous sommes entrés à Lyon ce matin.

» Les rebelles se sont en effet enfuis de la ville, non pas sans recevoir des canonnades et fusillades. Il est pourtant probable qu'ils n'iront pas à deux lieues ; plusieurs colonnes les cernent, et pendant le temps je dispose des forces militaires dans la ville pour nous mettre à l'abri des trahisons, de même que pour y maintenir l'ordre. Je vous écris de la maison commune.

» *Le général en chef de l'armée des Alpes*, DOPPET.

» P. S. *Vive la République!* Au moment où je ferme ma lettre, la plupart des généraux rebelles sont tués. Nous avons pris le trésor qu'ils emportaient. »

La fuite des rebelles fut un instant attribuée à la trahison ; mais on ne s'arrêta point à cette pensée. Jomini raconte ainsi cet événement: « Le 8 octobre, Précy sortit par le faubourg de Vaize avec environ deux mille cinq cents hommes, quatre pièces de canon, et culbuta, en remontant la Saône, les postes de la division Rivas ; mais, bientôt atteint par les détachemens mis à sa poursuite, il fut entièrement défait après un combat plus sanglant encore qu'opiniâtre. Ses soldats dispersés cherchèrent en vain un refuge dans les bois : les belliqueux habitans de l'Ain les immolèrent comme des bêtes fauves, et à peine Précy et Virieu parvinrent-ils à gagner la Suisse avec quatre-vingts hommes. » (*t.* 4, *p.* 194 (1).

---

(1) La table du Moniteur, article Virieu, dit qu'il fut pris et fusillé. Elle ren-

La Convention termina sa séance du 12 octobre par l'adoption du décret suivant :

« La Convention nationale, après avoir entendu le rapport du comité de salut public, décrète :

» Art. 1er. Il sera nommé par la Convention nationale, sur la présentation du comité de salut public, une commission extraordinaire, composée de cinq membres, pour faire punir militairement, et sans délai, les contre-révolutionnaires de Lyon.

» 2. Tous les habitans de Lyon seront désarmés. Leurs armes seront distribuées sur-le-champ aux défenseurs de la République.

» Une partie sera remise aux patriotes de Lyon qui ont été opprimés par les riches et les contre-révolutionnaires.

» 3. La ville de Lyon sera détruite ; tout ce qui fut habité par les riches sera démoli; il ne restera que la maison du pauvre, les habitations des patriotes égorgés ou proscrits, les édifices spécialement employés à l'industrie, et les monumens consacrés à l'humanité et à l'instruction publique.

» 4. Le nom de Lyon sera effacé du tableau des villes de la République.

» La réunion des maisons conservées portera désormais le nom de *ville affranchie.*

» 6. Il sera élevé sur les ruines de Lyon une colonne qui attestera à la postérité les crimes et la punition des royalistes de cette ville, avec cette inscription :

» *Lyon fit la guerre à la liberté ; Lyon n'est plus.— Le 18e jour du 1er mois de l'an 2 de la République une et indivisible.*

» 7. Les représentans du peuple nommeront sur-le-champ

voie pour les détails de ce fait au n. XXXII, le 2 du deuxième mois de l'an 2 (23 octobre 1793). Or ce numéro renferme une lettre de Couthon, Maignet, etc., où il est dit, non pas que Virieu a été fusillé, mais que Précy et Virieu ont péri dans leur retraite. Au reste, cette même erreur de la table a été répétée dans tous les articles correspondans, tels que Lyon. (*Note des auteurs.*)

des commissaires pour faire le tableau de toutes les propriétés qui ont appartenu aux riches et aux contre-révolutionnaires de Lyon, pour être statué incessamment par la Convention nationale sur les moyens d'exécution du décret qui a affecté ces biens à l'indemnité des patriotes. »

Le 16 octobre, les Jacobins reçurent une lettre des représentans du peuple Couthon, Maignet, Laporte et Châteauneuf-Randon, annonçant que ceux qui avaient échappé au fer des soldats républicains à Lyon tombaient chaque jour sous la hache des lois : ils demandaient, pour remplir les fonctions administratives et judiciaires, quarante hommes dont le républicanisme, la probité et la sagesse leur conciliassent l'estime publique. Renaudin appuya cette demande; mais il s'étonna de trouver le nom de Châteauneuf-Randon à côté de celui de Couthon : « Une lettre de Lyon, dit-il, m'apprend que cet homme est » digne d'être noble. » Taschereau fit observer qu'il serait dangereux que quarante Jacobins quittassent en ce moment la société; il pensa que trois ou quatre suffiraient. Brichet demanda qu'un nombre déterminé allât remplir les mêmes fonctions à Bordeaux. Collot-d'Herbois repoussa les inculpations dirigées contre Châteauneuf-Randon, et crut devoir relever plusieurs motions inconsidérées qui avaient été précédemment faites. Il termina par inviter Renaudin à donner des nouvelles de Gaillard. Renaudin déclara que Gaillard était vivant, mais dans un état déplorable, suite des persécutions qu'il avait éprouvées. Lavaux demanda pour Chalier les honneurs du Panthéon. — La société nomma, par un arrêté, soixante commissaires, dont quarante pour Lyon et vingt pour Bordeaux; ils étaient chargés d'y former l'esprit public. Le même arrêté portait que la société se rendrait à la Convention pour l'engager à approuver cette mesure et ordonner l'érection d'un obélisque à la mémoire de Chalier et des trois compagnons de sa mort glorieuse.

Le 30 octobre, la Convention envoya à Lyon Montaut, Fouché, de Nantes, et Collot-d'Herbois; par arrêté du 29, le club des Jacobins adjoignit vingt-quatre commissaires à ce dernier. —

Là se bornent les faits parlementaires relatifs à Lyon pendant le mois d'octobre. Nous renvoyons au mois de novembre l'historique des faits révolutionnaires qui suivirent la prise de cette ville.

De tous les récits du siége, celui fait par Dubois-Crancé, aux Jacobins, le 19 octobre, nous a paru réunir les meilleures conditions de véracité. Il eut lieu en public, en présence de témoins nombreux des événemens, et à une époque où le narrateur lui-même, étant en disgrace, eût été impitoyablement relevé s'il avait commis une simple inexactitude. Dubois-Crancé commença par rendre un compte sommaire de sa mission près de l'armée des Alpes jusqu'au moment du siége de Lyon ; il continua ainsi :

« Je puis dire aujourd'hui sans inquiétude ce qu'une saine politique m'interdisait pendant le cours des opérations, c'est que nous nous sommes présentés devant Lyon avec douze bataillons de quatre cents hommes chacun, cinq escadrons et une centaine de canonniers ; total, au plus, six mille hommes. Nous n'avions pas douze bouches à feu et deux mille coups à tirer.

» J'ajoute à ces moyens neuf à dix mille hommes de réquisition ; mais ces troupes me doivent la justice qu'en estimant leur zèle et leur obéissance à la loi, j'ai évité de les compromettre, autant que les circonstances ne l'exigeaient pas. Ainsi, le service des tranchées et toutes les attaques, sur quelque point que ce fût, a été fait par des têtes de colonnes composées de troupes réglées, de manière que ces braves soldats se multipliaient à l'infini, essuyaient le feu jour et nuit, passaient jusqu'à soixante-douze heures de suite à la tranchée, et ne se plaignaient jamais. Ils ont fait, au nombre de six mille, pendant un mois, et au nombre de dix mille, après l'arrivée de la garnison de Valenciennes, le service de soixante mille hommes ; et ne croyez pas, citoyens, qu'en vous parlant ici de troupes réglées, je veuille désigner les troupes ci-devant de ligne, il n'y avait dans cette petite armée qu'un seul bataillon du 25e régiment ; tout le reste était composé de bataillons de volontaires qui la plupart n'avaient pas encore vu le feu.

» D'un autre côté, Lyon, que les lenteurs de la Convention avaient mis à portée de se procurer tous les moyens de défense, renfermait dans son sein quarante mille hommes bien armés, dont sept à huit mille casernés; presque tous déserteurs ou émigrés, une foule d'officiers très-expérimentés, et trois cents bouches à feu.

» Lyon, placé sur deux fleuves, avait en avant du pont Morand, aux Broteaux, des ouvrages immenses et parfaitement bien faits, capables de contenir quatre à cinq mille hommes et cinquante bouches à feu; la Croix-Rousse est un amphithéâtre coupé de ravins, de bois escarpés, où chaque maison offre une défense, chaque terrasse une redoute; nous avons vu tirer de six étages à la fois, et il y en avait davantage de masqués; à Vaise, à Fourvière, à Saint-Just, à Perrache, mêmes dispositions, mêmes obstacles. Voilà la vérité; et l'on s'étonne que le siége de Lyon ait duré deux mois? A-t-on oublié que Mayence, situé à peu près comme Lyon, mais moins fortifié par l'art et la nature, a été attaqué par des forces immenses, qu'il a coûté trente mille hommes au roi de Prusse, et qu'il n'a pu le réduire que par famine après cinq mois?

» On m'a accusé de lenteur; mais j'allais chaque jour à la tranchée visiter tous les postes, et à découvert sous le feu de l'ennemi.

» On m'a accusé de lenteur; mais j'ai quitté ma colonne pour aller à celle de Javogues déterminer, le 25 septembre, l'attaque de vive force de la redoute d'Oullins, sans laquelle on ne pouvait prendre Saint-Génis ni Perrache; j'y ai marché comme soldat avec Javogues; j'ai tué le chef, pris son drapeau, et le voici que je jette à vos pieds; souvent j'ai haché des redoutes, souvent j'ai pointé le canon avec succès; mes frères d'armes sont là, qu'ils viennent me démentir.

» Je vais maintenant donner la tactique et l'itinéraire du siége.

» Tout eût été cerné dès le 8 août, si la colonne de réquisition que devait commander le général Nicolas eût été fournie par les départemens de la Haute-Loire et du Puy-de-Dôme ; mais la perfidie des administrations de ces départemens nous priva longtemps de ce secours.

» Nicolas, trahi, abandonné, fut livré aux rebelles avec un petit détachement de hussards que nous lui avions envoyé pour encourager et protéger sa colonne.

» Nous prîmes le parti de ne compter que sur nos moyens : nous détachâmes mille hommes de bonnes troupes de la division qui attaquait par les Broteaux, pour se porter avec du canon sur Saint-Étienne, aux ordres du chef de brigade Valette. Je fis partir pour Rouanne deux officiers très-patriotes et très-intelligens (les citoyens Frugières, chef du troisième bataillon de la Drôme, et Dorfeuille, qui vous est bien connu) pour insurger le peuple et se mettre à sa tête, à l'effet de marcher sur Montbrison, en se réunissant au détachement qui avait pris par Saint-Étienne, et de revenir tous ensemble sur Lyon, occuper, par Saint-Genis et Grossieux, toute la partie vacante depuis Pierre-Benit, à la rive droite du Rhône, jusqu'à la droite du camp de Limonest, à la tour de Salvagni. Toutes ces dispositions furent heureusement exécutées.

» Saint-Étienne fut pris, Montbrison fut évacué, et les Lyonnais, battus partout, se replièrent sur leurs avant-postes d'Oukins, Saint-Genis et de Grossieux.

» Le district de Rouanne avait fourni trois mille hommes ; celui de Saint-Étienne, cinq à six mille ; la campagne de Lyon avait suivi enfin l'étendard de la loi, et nous étions en force suffisante pour terminer glorieusement le siége de Lyon. J'appris alors, mais seulement alors, que Couthon, Maignet et Châteauneuf-Randon avaient fait lever les départemens du Puy-de-Dôme et de la Haute-Loire, qui nous avaient si indignement trahis, et qu'ils marchaient par Ambert avec des forces considérables.

» Notre réunion se fit le 21 septembre. Jusque-là on n'avait pu qu'occuper les points principaux, canonner et bombarder la ville par les lignes de la Ferandière, le long du Rhône, et par la

Croix-Rousse, où on avait emporté vingt redoutes, et où il en restait encore autant.

» Dix-huit cents hommes de la garnison de Valenciennes étaient arrivés depuis huit ou dix jours; j'envoyai de suite du gros canon et 3,600 hommes de bonnes troupes, pour former les têtes de chaque colonne; j'allai moi-même, comme je l'ai dit, attaquer la redoute d'Oukins, près Saint-Genis; ce qui facilita l'attaque de Sainte-Foix, qui fut enlevée dans la journée du 29.

» Je repartis sur-le-champ de la Pape pour Sainte-Foix, où je trouvai Couthon, qui, jusque-là, ne n'avait pas donné signe de vie; il arrivait de Clermont, c'était le 2 octobre. Les succès du 29 avaient enflammé son zèle : il crut qu'on pouvait entrer le lendemain de son arrivée dans Lyon; je lui dis que le pont de la Mulatière étant à nous, on pouvait, en prenant des positions sur le revers de Sainte-Foix, du côté de la Saône, canonner et balayer toutes les défenses des Lyonnais à Perrache, et entrer par là dans la ville, mais qu'on y serait écrasé par le canon de Fourvières, et qu'avant tout il fallait prendre Saint-Just et Fourvières : ce fut heureusement l'avis de tous mes collègues et de tous les généraux. J'ajoutai que mes intelligences dans la ville m'avaient convaincu que la famine y était; je lui montrai de la farine d'avoine et de pois noir ou vesce, qui était la seule ressource des rebelles; encore, dis-je, ne peut-elle durer, car tous les moulins sont coulés bas par notre canon de la Féranderie, et l'on donne au peuple, depuis huit jours, les amandes, le chocolat, enfin toutes les parties nutritives que peuvent fournir les épiciers. Je l'ai dit, Lyon est à vous dans huit jours au plus tard par la faim, et vous n'avez rien à craindre des Piémontais, qui ont repassé les monts. Si vous y entrez l'épée à la main, le désordre qui en résultera peut perdre l'armée, si nécessaire à porter devant Toulon; si vous y éprouvez un échec, vous pouvez manquer la ville de Lyon.

» Un décret du 6, rendu sur une fausse interprétation d'une de mes lettres, m'avait retiré mes pouvoirs; mais comment Couthon savait-il ce décret, le même jour où il a été rendu, assez officiellement pour le faire publier dans Lyon le 7, à huit heures du matin? cela prouve que ce n'est pas la lettre qu'on reçut de moi le 6 qui fut cause de mon rappel, il avait été combiné et garanti d'avance.

» Je fus donc paralysé précisément au moment où la ville, excédée de fatigue et de besoin, allait ouvrir ses portes, et elle les ouvrit effectivement le 8, car toutes les redoutes si meurtrières de la Croix-Rousse avaient été évacuées dans la nuit : nos troupes de Calvire étaient parvenues à la porte Sainte-Claire à minuit, et sans l'ordre de suspension d'armes, occasionné par une députation des trente-deux sections, elles seraient entrées à cette heure dans la ville sans obstacle et sans tirer un coup de fusil, comme elles y sont entrées effectivement le 9 au matin, en offrant du pain à tous les citoyens. »

Toulon. — Au premier bruit de l'entrée des Anglais à Toulon, les représentans du peuple près l'armée des Alpes donnèrent l'ordre au général Brunet de détacher une division pour la reprendre. Celui-ci refusa d'obéir, sous le prétexte que cette place n'était pas comprise dans l'arrondissement de son armée. Cette désobéissance le conduisit à l'échafaud. Barras et Fréron rassemblèrent les garnisons de la côte, et en formèrent un petit corps de trois à quatre mille hommes qui vint, sous les ordres du général Lapoype, prendre poste d'observation aux environs de Sollies. D'un autre côté, le général Cartaux, maître de Marseille, avait poussé, dès le 29 août, son avant-garde sur Ollioules; après en avoir été d'abord délogé, il y rentra bientôt et prit position sur le revers oriental des gorges avec ses quatre mille hommes. Ces deux corps isolés, et qui n'avaient entre eux que des communications assez difficiles, furent les seuls qui, durant les mois de septembre et d'octobre, formèrent une espèce de blocus de la place, sous le commandement successif des généraux Cartaux, Lapoype et Doppet.

« Durant les premiers jours de l'occupation étrangère, dit Jomini, les habitans s'imaginèrent que les alliés combattaient de bonne foi pour le rétablissement de la royauté. En effet,

Louis XVII fut proclamé, tant dans Toulon que dans les forts ; partout le drapeau blanc remplaça le drapeau tricolore ; mais on ne tarda pas à s'apercevoir que les Anglais n'étaient rien moins que les fidèles gardiens d'une place réservée à un roi enfant. Aussitôt que le cabinet de Londres apprit le trop heureux événement qui venait de lui livrer la marine française, il nomma pour la direction des affaires une commission composée de l'amiral Hood, de lord Elliot, et du général Ohara ; le premier, non moins capable de conduire une intrigue que de diriger une escadre, sema la défiance et augmenta la division parmi les habitans, en flattant tantôt un parti et tantôt l'autre. Les mécontens consentaient bien à reconnaître le roi, pourvu que la constitution de 91 fût respectée ; les royalistes, au contraire, pensaient que toute autorité constitutionnelle devait être abolie, et qu'à l'exception du gouverneur militaire et de l'intendant, du maire et de ses échevins, toutes les autres autorités devaient être détruites. Dans cette diversité d'opinions, l'amiral anglais eut le pouvoir de faire décider par le comité général, sur la proposition du baron Imbert (l'un de ceux qui, avec l'amiral Trogoff, avaient le plus contribué à la trahison), l'ajournement indéfini de toutes les autorités. Il fit plus, il suspendit, sous de vagues prétextes, le départ de la députation nommée par les sections pour aller exprimer à *Monsieur,* régent, qui se trouvait alors à Turin, le désir qu'elles avaient de le posséder à Toulon. » (*Histoire des guerres de la révolution,* t. IV, p. 217.)

Pierre Bayle et Beauvais étaient restés au pouvoir des Anglais. Pendant le mois d'octobre la Convention reçut la nouvelle que ces deux représentans avaient été assassinés. Pierre Bayle s'était suicidé. Voici les détails donnés sur cet événement par Robespierre jeune, à la séance du 12 nivose de l'an II (1er janvier 1794) :
« Les représentans du peuple Bauvais et Bayle, après avoir essuyé les plus sanglans outrages à Toulon, furent enfermés dans le fort de la Malque ; c'est dans ce fort que les esclaves de Pitt se rassemblaient pour délibérer sur le genre de supplice qu'ils feraient subir aux patriotes français ; les uns proposaient

de leur arracher la langue, d'autres de leur faire couler du plomb fondu dans les veines, et d'autres atrocités encore plus cruelles. » Ces conversations furent entendues par notre collègue Bayle; il voulut se soustraire, en se donnant la mort, au sort qui l'attendait, et profita, pour se poignarder, du moment où Beauvais prenait quelque repos. « — Quant à Beauvais, il resta dans les cachots jusqu'à la reprise de Toulon. Délivré par l'armée de la République, il ne tarda pas à mourir des suites des mauvais traitemens qu'il avait endurés.

La nouvelle de la mort violente de deux de ses membres indigna profondément la Convention. Elle avait appris en outre que les Anglais avaient établi à Toulon une commission militaire pour juger les patriotes, et que déjà plus de 800 cents avaient été embarqués pour être conduits on ne savait où. Ces motifs la déterminèrent à agir sévèrement à l'égard des étrangers domiciliés en France. A la séance du 18 du premier mois (9 octobre), au moment où fut annoncé l'assassinat de Beauvais, Barrère fit décréter la prohibition de toutes les marchandises anglaises, la peine de vingt ans de fers contre ceux qui en importeraient, vendraient ou achèteraient ; la remise dans les dépôts de celles existant dans les magasins, etc. Sur la motion de Fabre, combattue par Rouret, amendée par Robespierre et Billaud-Varennes, un second décret ordonna l'arrestation de tous les Anglais, Écossais, Hanovriens; la saisie de leurs propriétés, et une peine de dix ans de fers fut prononcée contre ceux qui les recéleraient, et contre les fonctionnaires publics qui négligeraient l'exécution de ces mesures. — Quelques jours après Pons (de Verdun) fit une motion tendant à ce que la loi contre les Anglais fût rapportée ou étendue à tous les étrangers. Le 16 octobre, Saint-Just prit la parole sur cette motion, au nom du comité de salut public, et à la suite de son rapport la Convention décréta :

« Art. 1er. Les étrangers nés sujets des gouvernemens avec lesquels la République est en guerre seront détenus jusqu'à la paix.

» Art. 2. Les femmes qui ont épousé des Français avant le décret du 18 du premier mois ne sont point comprises dans la présente loi, à moins qu'elles ne soient suspectes ou mariées à des hommes suspects.

» Art. 5. Le comité de commerce présentera dans trois jours ses vues sur le sort des étrangers qui ont formé des établissemens dans la République, afin que la présente loi ne tourne point contre l'industrie nationale. »

Chabot fut le seul qui prit la parole contre ce décret. Il venait de contracter le mariage dont il a déjà été question dans notre histoire, et qu'il annonça en ces termes, aux Jacobins, à la séance du 5 octobre. Chabot avait pris la parole sur un discours d'Anacharsis Clootz; il continua ainsi : « Je profite de cette occasion pour annoncer à la société que je me marie. On sait que j'ai été prêtre, capucin même; je dois donc motiver à vos yeux la résolution que j'ai prise. Comme législateur, j'ai cru qu'il était de mon devoir de donner l'exemple de toutes les vertus. On me reproche d'aimer les femmes : j'ai cru que c'était anéantir la calomnie que d'en prendre une que la loi m'accorde, et que mon cœur réclame depuis long-temps. Je ne connaissais pas, il y a trois semaines, la femme que j'épouse. Elevée, comme les femmes de son pays, dans la plus grande reserve, on l'avait soustraite aux regards des étrangers. Je n'étais donc pas amoureux d'elle; je ne le suis encore que de sa vertu, de ses talens, de son esprit et de son patriotisme; de son côté la réputation du mien m'avait trouvé le chemin de son cœur. J'étais loin de prétendre à elle. Je la demandai à l'un de ses frères, *Junius Frey*, homme de lettres estimable, connu par deux ouvrages très-patriotiques, (l'*Anti-fédéraliste* et la *Philosophie sociale*); je la demandai, dis-je, pour un de mes parens. « Elle vous est réservée pour vous-même, me répondit-il. Je lui observai que je n'avais qu'une pension *capucinale* de 700 livres que j'abandonnais à mes parens, l'un âgé de 80 ans, l'autre de 85, plus patriotes, plus énergiques que moi, et qui se sont ruinés pour me donner de l'éducation. Cela est égal, me répondit ce galant homme; nous vous la donnons pour vous, et non pas pour votre fortune.

» On m'a calomnié à cet égard; on a prétendu que j'avais de l'argent, puisque je faisais un mariage avantageux. Je vais vous lire mon contrat de mariage ; vous y verrez en quoi consiste ma fortune. J'achetai, lors de la législature de 92, pour quinze cents livres de meubles, qui, gagnant à cause de la baisse des assignats, sont reconnus valoir deux mille écus. Je suis donc riche d'un capital de six mille livres.

(Chabot fait lecture de son contrat de mariage.)

» Maintenant j'invite la société à nommer une députation qui assiste à mon mariage et au banquet civique qui le terminera. Je la préviens qu'aucun prêtre ne souillera ma noce, et que nous n'emploierons que la municipalité. La députation voudra bien s'y rendre à huit heures ; je désire que tout soit terminé pour neuf, car je ne veux pas m'absenter de la Convention nationale : et ma femme m'a dit qu'elle cesserait de m'aimer si cela me faisait négliger une seule fois la Convention et les Jacobins. »

On voit le soin avec lequel Chabot évitait de désigner son beau-frère par la qualité qu'il avait, en effet, celle de banquier. Cette explication sur son mariage avec une étrangère ne satisfit pas unanimement les Jacobins. Ce ne fut qu'après une vive discussion lancée par Dufourny que la demande de Chabot fut accordée. — Le discours qu'il fit le 16 octobre pour amender les propositions de Saint-Just était entièrement dans l'intérêt de ses beaux-frères. Chabot n'avait pas assez de l'article qui lui laissait sa femme, puisque, marié avant le décret du 9 octobre, celui du 16 ne pouvait l'atteindre ; il voulait encore qu'un tribunal fût immédiatement créé pour examiner la conduite de tous les étrangers depuis qu'ils étaient en France, leurs principes et leur fortune, et que ce tribunal prononçât dans le plus court délai possible, afin que ceux qui étaient vraiment patriotes ne restassent pas longtemps confondus avec les coupables. — Robespierre répondit à Chabot: « Je me méfie indistinctement de tous ces étrangers dont le visage est couvert du masque du patriotisme, et qui s'efforcent de paraître plus républicains et plus énergiques que nous. Ce sont ces ardens patriotes qui sont les plus perfides artisans de nos maux. Ils sont les agens des puissances étrangères; car je sais bien que nos ennemis n'ont pas manqué de dire: « Il faut que nos émissaires affectent le patriotisme le plus chaud, le plus exagéré, afin de pouvoir s'insinuer plus aisément dans nos comités et dans nos assemblées; ce sont eux qui sèment la discorde, qui rôdent autour des citoyens les plus estimables, autour des législateurs même les plus incorruptibles; ils emploient le poison du modérantisme et l'art de l'exagération pour suggérer des idées plus ou moins favorables à leurs vues secrètes. (*On applaudit.*)

» Propose-t-on une mesure sage, mais cependant courageuse et calculée sur l'étendue des besoins de la patrie? ils disent aussitôt qu'elle est insuffisante, et demandent une loi plus populaire en apparence, mais qui, par leurs menées, deviendrait un instrument de destruction. Propose-t-on une mesure plus douce, mais calculée encore sur les besoins de la patrie? ils s'écrient qu'il y a là de la faiblesse, que cette mesure va perdre la patrie. Ce sont ces agens qu'il faut atteindre, c'est à eux qu'il faut parvenir en dépit de leur art perfide et du masque dont ils ne cessent de se couvrir. Ces agens-là sont de tous les pays. Il y a des Espagnols, des Anglais, des Autrichiens; il faut les frapper tous. (*Vifs applaudissemens.*) — Barrère parla dans le même sens, et la Convention adopta le décret que nous avons rapporté.

Vendée. A la séance du 1ᵉʳ octobre, Barrère, au nom du comité de salut public, fit le rapport suivant sur la Vendée:

Barrère. « Citoyens, l'inexplicable Vendée existe encore! et les efforts des républicains ont été jusqu'à présent impuissans contre les brigandages et les complots des royalistes qu'elle recèle.

» La Vendée, ce creuset où s'épure la population nationale, devrait être anéantie depuis long-temps, et elle menace encore de devenir un volcan dangereux! Vingt fois, depuis l'existence de ce noyau de contre-révolution, les représentans, les généraux, et le comité lui-même, d'après les nouvelles officielles qu'il recevait, vous ont annoncé la destruction prochaine de ces fanatiques : de petits succès de la part de nos généraux étaient suivis de grandes défaites ; trois fois victorieux dans de petits postes, chacun d'eux a été vaincu dans une forte attaque.

» Les brigands de la Vendée n'avaient ni poudres, ni canons, ni armes : d'un côté l'Anglais par ses communications maritimes, de l'autre nos troupes, tantôt par leurs défaites, tantôt par leur fuite, tantôt par des événements qui ressemblent à des intelligences concertées entre quelques-uns de nos soldats, quelques charretiers d'artillerie et les vendéistes, leur ont fourni de l'artillerie, des munitions et des fusils.

» L'armée que le fanatisme a nommée *catholique royale* paraît un jour n'être que peu considérable ; elle paraît formidable le lendemain : est-elle battue, elle devient comme invisible ; a-t-elle des succès, elle est énorme. La terreur panique et la trop grande confiance ont tour à tour dénombré avec une égale exagération nos ennemis. C'est une sorte de prodige pour des imbéciles ou des lâches. C'est un rassemblement très-fort, mais non pas invincible pour des militaires ; c'est une chasse de brigands, et non une guerre civile pour des administrateurs politiques.

» Cette armée *catholique royale*, qu'on a portée long-temps à quinze, à vingt-cinq, à trente mille, est aujourd'hui, sur le rapport des représentans du peuple près les côtes de Brest, d'environ cent mille brigands ; on croyait qu'il n'existait qu'une armée, qu'un rassemblement ; aujourd'hui l'on compte trois armées, trois rassemblemens. Les brigands, depuis l'âge de dix ans jusqu'à soixante-six, sont en réquisition par la proclamation des chefs ; les femmes sont en vedette ; la population entière du pays révolté est en rébellion et en armes : nous aurions une juste idée de la consistance de cette armée de révoltés en énumérant les différens districts qu'elle occupe, à quelques réfugiés près.

» On croyait pouvoir les détruire le 15 septembre : le tocsin avait réuni vers le même but un nombre étonnant de citoyens de tout âge ; le pays s'était mis tout entier en réquisition avec ses piques, ses faux, ses instrumens mêmes de labourage, et avec des subsistances pour quelques jours seulement. Des contingens prodigieux par leur nombre autant que par la difficulté de les nourrir, de les armer, de les approvisionner, des contingens nombreux, levés presque à la fois depuis Angers jusqu'à Tours, et depuis Poitiers jusqu'à Nantes, semblaient annoncer que la justice nationale allait enfin effacer le nom de la Vendée du tableau des départemens de la République. Les contingens bivouaquaient : les uns gardaient le côté droit de la Loire; les autres devaient appuyer et renforcer les colonnes de nos troupes.

» Jamais depuis la folie des croisades on n'avait vu se réunir spontanément autant d'hommes qu'il y en eut tout à coup sous les drapeaux de la liberté pour éteindre à la fois le trop long incendie de la Vendée.

» Mais, soit par défaut de principes et d'ensemble dans l'exécution des mesures et du plan de campagne, soit par toute autre cause que nous rechercherons plus sévèrement quand nous pourrons rapprocher tous les faits, jusqu'à présent obscurs, compliqués, désavoués ou contradictoires, la vérité est que les citoyens des contingens ont été ralentis, découragés par le non-emploi; que les contingens se sont fortement nui eux-mêmes par leur masse, se sont nui par le manque de subsistances ou par leur mauvaise et inégale distribution.

» On n'a pas su, on n'a pas pu en tirer le parti convenable pour frapper un grand coup, et faire une guerre d'irruption au lieu d'une attaque de tactique.

» La terreur panique, qui a toujours perdu et vaincu sans retour les grandes masses, la terreur panique a tout frappé, tout effrayé, tout dissipé comme une vapeur; la journée du 18 a été désastreuse.

» Un plan de campagne avait été conçu et long-temps discuté, et le partage d'opinions survenu dans le conseil de guerre au commencement de septembre avait été vidé par l'approbation du comité, qui avait pensé, après une longue discussion, que le principal moyen était de garantir les bords de la mer et d'empêcher toute communication des rebelles avec les Anglais.

» Le comité était fondé dans cette opinion principale sur ce qu'il fallait garantir d'abord Nantes des brigands, qui s'y portaient sans cesse, ensuite la ville de Nantes contre Nantes elle-même, c'est-à-dire contre l'avarice de quelques commerçans, l'aristocratie de quelques autres, et la malveillance de quelques fonctionnaires publics : le comité avait appris par le représentant du peuple Goupillau que le 15 août, pendant toute la nuit et les trois journées suivantes, une partie de l'armée de la République avait entendu des signaux en mer, des coups de canon répétés à onze heures, à une heure et à trois heures, et de même pendant la nuit.

» Le comité avait appris depuis cette époque que les représentans du peuple à Nantes avaient les preuves de la communication des rebelles avec les Anglais, et que plusieurs fois les fanatiques de la Vendée s'étaient plaints au commencement du mois d'août de ce que les Anglais ne leur envoyaient pas les six mille hommes qu'ils leur avaient promis.

» Il résulte d'un rapport communiqué par le ministre de la marine, et fait par un chirurgien nommé Jean-Baptiste Sanat, venant d'Angleterre, où il a été amené prisonnier en revenant de Cayenne sur le navire *le Curieux* de Rochefort, il en résulte qu'on connaît à Portsmouth dans l'intervalle de vingt-quatre heures tout ce qui se passe à Nantes et dans la Vendée, et qu'on recevait des nouvelles et de l'argent pour les émigrés par le moyen des bateaux pêcheurs français qui vont débarquer à Jersey et à Guernesey.

Le comité était appuyé sur la considération majeure des manœuvres pratiquées dans le port de Brest, et de l'esprit de fédéralisme répandu dans les départemens de la ci-devant Bretagne. Il a donc fallu porter toute son attention vers Nantes; il a fallu renforcer cette portion de l'armée des côtes de Brest, qui devait garantir la partie si intéressante de l'ouest, et chasser avec une armée agissante les brigands qui attaquaient sans cesse la ville de Nantes.

» Quarante mille citoyens ont fui devant cinq mille brigands, et la Vendée s'est grossie de cet incroyable succès. La mort de plusieurs pères de famille a jeté la stupeur dans les contingens, et le général Rossignol écrivait le 22 septembre au général Canclaux : « Les contingens n'existent plus ; on n'a pas su en tirer » parti ; ils sont plus nuisibles qu'utiles dans le moment. On se » tient sur la défensive à Saumur et aux ponts de Cé. On ne peut » faire aucun mouvement. »

« Quant au côté d'Ancenis, le tocsin aurait appelé des auxiliaires de la Vendée, et non pas des défenseurs de la liberté : le représentant Meaulle s'est vu forcé d'y contenir les amis secrets des rebelles vendéistes, et de faire brûler publiquement des drapeaux blancs.

» C'est d'après ces notions essentielles et ces motifs puissans que l'on a vu l'armée sortant de Mayence se porter vers Nantes pour attaquer vivement, quoiqu'un peu plus tard, les rebelles de Mortagne et de Chollet. Les troupes de cette garnison ont été, puisqu'il faut le dire, la pomme de discorde des deux divisions militaires des côtes de Brest et des côtes de la Rochelle : chaque général voulait commander à ces troupes disciplinées sortant de Mayence ; chacun pensait être victorieux avec ces seize mille hommes joints aux forces qu'il commandait auparavant ; on se divisait sur ce point, et la République seule en a souffert.

» Au moment où le conseil de guerre fut tenu à Saumur, le 2 septembre, sur les moyens d'employer la force venue de Mayence, tous les représentans reconnurent que les rebelles étaient aux portes de Nantes, et que là étaient les grands dangers si les rebelles avaient pu prendre les Sables et s'approcher des départemens maritimes voisins, dont l'esprit n'est pas bon pour la République.

» Après être partis de Saumur, les représentans arrivent au moment où les rebelles attaquaient Nantes pour la quatrième fois depuis la fin d'août : ils avaient été repoussés déjà avant l'arrivée des forces de Mayence.

» Les dispositions étaient faites : la division commandée par Beysser, du côté de Machecoul et de Montaigu, vers la rive gauche de la Loire, après avoir balayé la partie qui lui était désignée, devait se réunir aux troupes venues de Mayence dans le bourg de Torfou. Les chemins mauvais, les abatis, et peut-être des trahisons, ont empêché l'exécution de cette mesure.

» D'ailleurs, comme la vérité est le premier tribut que le comité doit à la confiance dont la Convention l'a investi, il faut dire qu'une partie de nos troupes n'a pas conservé dans sa marche les mœurs que doivent avoir les armées de la République : on a pillé à Torfou en reconnaissant ce poste ; et pendant le pillage les soldats ont été cernés et très-fortement maltraités par les brigands.

» Le bataillon de la Nièvre, qui était à son poste, et qui gardait les canons, a été investi par les brigands : il a été étonné du nombre et de l'impétuosité des assaillans ; il a plié, et les canons ont été pris. Vous avez déjà appris les détails de cette journée, dont le revers a été réparé dans la même journée par les mêmes troupes en avant de Clisson, lorsque le corps d'armée a repoussé l'ennemi.

» Ici se présente la journée des rebelles, celle dont les succès ont étonné un instant nos troupes : c'est la journée du 19 septembre dont je veux parler.

» Ce jour-là les troupes de Mayence se battaient à Torfou avec grand échec.

» Ce jour-là les troupes de Mayence se battaient à Paloi, aux portes de Nantes avec grand succès.

» Ce même jour les troupes aux ordres de Rossignol étaient repoussées de Vihiers par les brigands, et quoique la division de Santerre fût forte de nombreuses réquisitions, elle était entièrement battue à Coron, où elle a perdu son artillerie ; des pères de famille ont demeuré sur le champ de bataille, et la terreur a frappé les contingens.

» Que produisit cette triste journée, outre les malheurs qu'elle éclaira? Elle produisit des plaintes, des soupçons, entre les chefs. Ils écrivaient de Saumur pour se plaindre de ce que les brigands étaient renvoyés vers cette partie, tandis que les troupes de Mayence étaient occupées à se battre aussi, ainsi que la division de Beysser, contre d'autres rassemblemens de brigands, à la fois à Torfou, à Mortagne et à Montaigu. La défaite de Saumur n'a pas été un contre-coup, mais une déroute.

» C'est à Montaigu que Beysser était battu, et qu'il lui devenait impossible de faire sa jonction avec les troupes de Mayence à Boussay, où il était attendu. La déroute de Beysser avait aussi des suites fâcheuses, car elle a produit l'échec de la division de Mikousky, qui était au moment d'opérer sa jonction à Saint-Fulgent avec la colonne commandée par Beysser.

» Les plaintes du côté de Saumur ont dû cesser alors que les représentans du peuple écrivent de Clisson, le 22 septembre, qu'il existe une armée plus nombreuse qu'on ne l'avait pensé, une armée de cent mille brigands, dont cinquante mille bien armés.

» Le 24 les représentans du peuple à Saumur leur répondent que les divisions d'Angers et de Saumur ne peuvent que se tenir sur la défensive; alors les représentans du peuple près les troupes de Mayence se sont occupés de rétablir les communications avec Nantes. Ainsi tout n'a pas été en pure perte pour la République: les troupes de Mayence ont préservé Nantes contre les brigands, Nantes contre Nantes; elles ont préservé surtout les départemens de la ci-devant Bretagne.

» Tels sont les résultats sommaires de la correspondance reçue par le comité sur les événemens militaires de toutes ces journées; tels sont les résultats que le comité a obtenus des conférences qu'il a eues samedi avec le général Ronsin, et dimanche avec Rewbel et Tureau, représentans du peuple, arrivés de la Vendée dans la nuit.

» Le tableau des malheurs de la patrie, qui réjouit l'aristocrate, qui contente le modéré, n'est qu'une leçon pour l'administrateur public, et un motif de courage pour le républicain.

» Pour prendre dans l'affaire de la Vendée l'attitude qui convient à la Convention nationale, elle doit d'abord jeter un coup d'œil rapide sur les progrès, et ensuite sur le dernier état.

» Voici un aperçu rapide :

» Conspiration commencée par Larouarie (1), et qui se rattache à des complots plus profonds, et que le temps ne couvrira pas toujours de ses ombres ; conspiration mal déjouée, mal suivie par le conseil exécutif d'alors. Il fallait brûler la première ville, le premier bourg, le premier village qui avait fomenté la révolte : une ville en cendres vaut mieux qu'une Vendée qui absorbe les armées, les cultivateurs, la fortune publique, et qui détruit plusieurs départemens à la fois.

La Vendée a fait des progrès par les conspirateurs qui l'ont commencée, par les nobles qui les ont aidés, par les prêtres réfractaires qui s'y sont mêlés, par le fanatisme des campagnes, la tiédeur des administrations, la trahison des administrateurs ; par les étrangers qui y ont porté de l'or, des poudres, des armes et des scélérats ; par les émigrés qu'on y a vomis, par les partisans de Pitt et de Greenville, qui en calculaient, qui en achetaient les progrès effrayans.

» La Vendée a fait d'autres progrès par l'insuffisance des troupes envoyées ; par le choix des généraux, traîtres ou ignorans ; par la lâcheté de quelques bataillons composés d'étrangers, de Napolitains, d'Allemands et de Génois ramassés dans les rues de Paris par l'aristocratie, qui nous a fait ce présent avec quelques assignats : il y avait même dans les bataillons des émigrés que le glaive de la loi a punis à Tours.

» La Vendée a fait de nouveaux progrès par l'envoi trop fréquent et trop nombreux de commissaires de la Convention, par l'armée trop nombreuse de commissaires du conseil exécutif.

» La Vendée a fait de nouveaux progrès par l'insatiable avarice

(1) Larouarie, gentilhomme d'un esprit remuant et de mœurs dissolues à qui l'on attribue le premier plan de la guerre de Vendée. Arrêté à Coblentz, il mourut à la fin de 1792.

des administrations de nos armées, qui agiotent la guerre, qui spéculent sur les batailles perdues, qui établissent leurs profits sur les malheurs de la patrie, qui grossissent leurs trésors de la durée de la guerre, qui contrarient les dispositions militaires pour en prolonger les bénéfices, et qui s'enrichissent sur des tas de morts.

» La Vendée a fait de nouveaux progrès par l'intelligence qui doit exister entre nos ennemis, entre nos départemens rebelles, entre les Anglais, entre l'aristocratie et les complots obscurs de Paris, et ceux qui agissent dans nos armées.

» La Vendée a fait les derniers progrès par la marche inégale de nos armées combinées, par l'esprit stationnaire de l'armée de Saumur, quand celle de Nantes avait une activité victorieuse, par la non organisation de l'armée de Niort et l'inactivité que lui avait communiquée son premier général.

» Comment nos ennemis n'auraient-ils pas porté tous leurs efforts sur la Vendée? c'est le cœur de la République, c'est là que s'est réfugié le fanatisme, et que les prêtres ont élevé ses autels; c'est là que les émigrés, les cordons rouges, les cordons bleus et les croix de Saint-Louis, de concert avec les puissances coalisées, ont rassemblé les débris d'un trône conspirateur; c'est à la Vendée que correspondent les aristocrates, les fédéralistes, les départementaires, les sectionnaires; c'est à la Vendée que se reportent les vœux coupables de Marseille, la vénalité honteuse de Toulon, les cris rebelles des Lyonnais, les mouvemens de l'Ardèche, les troubles de la Lozère, les conspirations de l'Eure et du Calvados, les espérances de la Sarthe et de la Mayenne, le mauvais esprit d'Angers, et les sourdes agitations de quelques départemens de l'ancienne Bretagne.

» C'est donc à la Vendée que nos ennemis devaient porter leurs coups; c'est donc à la Vendée que vous devez porter toute votre attention, toutes vos sollicitudes : c'est à la Vendée que vous devez déployer toute l'impétuosité nationale, et réunir tout ce que la République a de puissance et de ressources.

» Détruisez la Vendée; Valenciennes et Condé ne seront plus au pouvoir de l'Autrichien.

» Détruisez la Vendée; l'Anglais ne s'occupera plus de Dunkerque.

» Détruisez la Vendée; le Rhin sera délivré des Prussiens.

» Détruisez la Vendée, et l'Espagne se verra harcelée, conquise par les méridionaux, joints aux soldats victorieux de Mortagne et de Cholet.

» Détruisez la Vendée, et une partie de cette armée de l'intérieur va renforcer cette courageuse armée du Nord, si souvent trahie, si souvent désorganisée.

» Détruisez la Vendée; Lyon ne résistera plus, Toulon insurgera contre les Espagnols et les Anglais, et l'esprit de Marseille se relèvera à la hauteur de la révolution républicaine.

» Enfin, chaque coup que vous porterez à la Vendée retentira dans les villes rebelles, dans les départemens fédéralistes, dans les frontières envahies. La Vendée, et encore la Vendée! voilà le chancre politique qui dévore le cœur de la République française; c'est là qu'il faut frapper!

» C'est là qu'il faut frapper d'ici au 20 octobre, avant l'hiver, avant l'impraticabilité des routes, avant que les brigands trouvent l'impunité dans le climat et dans la saison.

» D'un coup d'œil vaste, rapide, le comité a vu dans ce peu de paroles tous les vices de la Vendée.

» Trop de représentans;

» Trop de généraux;

» Trop de division morale;

» Trop de divisions militaires;

» Trop d'indiscipline dans les succès;

» Trop de faux rapports dans le récit des événemens;

» Trop d'avidité, trop d'amour de l'argent et de la durée de la guerre dans une grande partie des chefs et des administrateurs.

» Voilà les maux. Voici les remèdes:

» *Première mesure.* A trop de représentans substituer un petit nombre, en exécutant rigoureusement le décret politique et salutaire qui défend d'envoyer des représentans dans leur propre pays, dans leur département.

» Renouveler ainsi l'esprit de la représentation nationale près les armées, c'est l'empêcher de s'altérer, et de perdre cette énergie, cette dignité républicaine qui fait sa force ; c'est rompre des habitudes toujours funestes, c'est éloigner des ménagemens personnels, presque inséparables des affections locales.

» Ainsi quatre représentans suffiront dans l'armée agissante contre la Vendée pour embrasser toute la surveillance des opérations. Il n'y a rien d'injurieux, rien de douteux dans cette nouvelle nomination de représentans : le comité connaît trop les travaux immenses qu'ont faits à Nantes, à Saumur, à Tours et à Angers les représentans qui y sont dans ce moment pour établir ce genre d'ingratitude à la place des marques de satisfaction qu'ils méritent ; mais les nouvelles combinaisons prises par le conseil exécutif provisoire et par le comité pour une armée unique contre la Vendée n'exigeront plus que quatre représentans.

» *Seconde mesure*. A trop de généraux succédera un seul général en chef d'une armée unique : c'est là le moyen de donner de l'ensemble aux divisions militaires, de l'unité aux moyens d'exécution de l'armée, de l'intensité au commandement, et de l'énergie aux troupes.

» Deux chefs marchaient contre la Vendée ; deux chefs appartenaient aux deux armées des côtes de Brest et de la Rochelle : de là point d'ensemble, point d'identité de vues, de pouvoir, d'exécution ; deux esprits dirigeaient deux armées, quoique marchant vers le même but, il ne faut à l'armée chargée d'éteindre la Vendée qu'une même vue, qu'un même esprit, qu'une même impulsion. La force des coups qui doivent être portés aux brigands dépend beaucoup de la simultanéité, de l'ensemble de ceux qui frappent et de l'esprit uniforme qui les meut.

» Les généraux ont plus de passions, et des passions plus actives que les autres hommes : dans l'ancien comme dans le nouveau régime un amour-propre excessif, une ambition exclusive de la victoire, un accaparement de succès sont inséparables de leur cœur ; chacun, comme Scipion l'Africain, voudrait être Scipion le Vendéiste ; chacun voudrait avoir éteint cette guerre civile ; chacun voudrait avoir renversé le fanatisme et exterminé les royalistes.

» Ambition généreuse sans doute, et digne d'éloge ; mais c'est lorsqu'elle n'est pas personnelle, mais c'est lorsqu'elle n'est pas exclusive, mais c'est lorsqu'elle ne tourne pas à la perte de la République. Soyez fiers de vos succès, généraux de la République ! mais ne soyez ni jaloux ni ambitieux personnellement.

» Soyez jaloux de servir mieux qu'un autre la République ; soyez ambitieux de la sauver ; soyez ambitieux de la gloire générale et de la renommée de la patrie ; il n'est que cette passion qui puisse vous sauver ou vous rendre célèbres.

» Il est des hommes cependant qui font de l'art affreux de la guerre un vil métier, une spéculation mercantile, et qui ont osé dire : *il faut que cette guerre dure encore deux ans*..... Citoyens, serait-ce donc un patrimoine que le droit de faire égorger ses semblables ? Serait-ce une spéculation vénale que celle de conduire ses concitoyens à l'honneur de la victoire ? Serait-ce à la merci des généraux et des administrateurs militaires que nous pourrions livrer ainsi le sort de la République, la destinée de vingt-sept millions d'hommes, et la dépense de la fortune nationale ?

» Pardonnez cette légère digression ; elle a été commandée par le sujet. La jalousie des généraux a fait plus de mal encore à la France que les trahisons.

» Désormais un seul général en chef commandera l'armée active contre la Vendée. Pour y parvenir il a fallu faire un nouvel arrondissement pour cette armée : l'armée de Niort, celle de Saumur, celle de Nantes ne formeront plus désormais qu'une seule armée ; elle sera augmentée en territoire de tout le département qui contient Nantes, du département de la Loire-Inférieure. Cette armée portera le nom d'*armée de l'Ouest*.

» *Troisième mesure.* Il faut trancher ces deux divisions, *armée des côtes de Brest, armée des côtes de la Rochelle*, et n'en former qu'une seule pour y adapter un général nouveau. C'est au conseil provisoire à présenter sans délai à votre approbation un général en chef reconnu par son audace et son patriotisme ; car il ne faut que de l'audace contre des brigands, des prêtres et des nobles : ils sont lâches comme le crime ; ils n'ont de force que celle que donne le fanatisme royaliste et religieux. Opposons-leur non le fanatisme de la liberté, le fanatisme ne convient qu'à la superstition et au mensonge, mais opposons-leur l'énergie des républicains, et l'enthousiasme que la liberté et l'égalité impriment à toutes les ames qui ne sont pas corrompues.

» Depuis que l'art de la guerre a obtenu une grande perfection il est de principe qu'il faut, pour avoir des succès, faire la guerre avec de grandes masses ; c'est un art militaire qu'on se lève en masse pour la victoire. *Dieu*, disait un général fameux du nord, *Dieu se met toujours du côté des gros bataillons.*

» Pourquoi la liberté, qui est la divinité que nous servons, ne suivrait-elle pas cette tactique ? Pourquoi nos généraux divisent-ils, gaspillent-ils, disséminent-ils sans cesse nos forces, au lieu de les réunir et de les employer par grande et imposante partie ? L'exemple des succès de la réunion et des forces combinées a été si souvent donné ! Espérons qu'enfin il va être suivi dans la Vendée : vous n'avez qu'à l'ordonner.

» L'indiscipline est le plus grand fléau des armées ; elle désorganise la victoire ; elle paralyse les succès ; elle intercepte la défense ; elle fournit l'arme la plus favorable aux ennemis : aussi n'ont-ils pas oublié de l'employer.

» Pour mieux s'assurer de l'indiscipline nos ennemis domestiques inspirent le désir du butin. Le pillage, ce nom qui est la propriété des brigands et leur signe de ralliement, devait-il souiller les pages de l'histoire des premiers défenseurs de la République ! Espérons encore que le nouveau général va faire punir, d'après vos décrets, les faits de pillage et d'indiscipline, qui détruiraient nos succès ou déshonoreraient les victoires s'ils pouvaient être plus long-temps tolérés.

» Quant aux nouvelles exagérées, aux fausses victoires, aux rapports infidèles sur les événemens de la Vendée, le comité a non à se reprocher, mais à gémir sur les fausses relations que la correspondance lui a données sur quelques événemens militaires, entre autres sur les dépêches qui annonçaient du côté de Saumur que Mortagne et Cholet étaient pris, que vingt mille brigands avaient mordu la poussière, et qu'il n'en restait plus que cinq mille.

» Qu'ils sont imprudens et coupables ceux qui trompent ainsi les législateurs, et qui créent ou trop de terreur par des revers légers, ou trop de succès par des succès mensongers! Le comité a les yeux ouverts sur les hommes qui, au milieu des départemens arrosés par la Loire, écrivent des faussetés de ce genre, et il les dénoncera aux tribunaux comme agens indirects de contre-révolution. Ceux qui trompent sciemment les agens de la Convention nationale sur des événemens militaires, dans un moment où toutes les ames sont ouvertes à toutes les impressions, où l'inquiétude publique est exaspérée, et peut avoir des résultats fâcheux, de pareils hommes sont répréhensibles, et seront désormais punis comme contre-révolutionnaires.

» Il ne reste plus qu'un mot à dire sur la Vendée, et ce mot est un encouragement national à tous ceux qui dans cette campagne chasseront tous les brigands intérieurs ou étrangers, car c'est la même famille.

» Un décret porte « que le traitement des généraux sera
» gradué sur le nombre des campagnes qu'ils auront faites. »
Oh! combien il eût été plus humain, plus philosophique, plus révolutionnaire, de décréter un *maximum* décroissant par le nombre des campagnes! Combien cette mesure aurait accéléré le terme de la guerre! Rarement les généraux la terminent : les artistes ne ruinent pas leur art. Ce sont les peuples, qui paient

la guerre de leur or, de leurs travaux, de leur sang, qui terminent les guerres! Ce sont les Républiques, qui favorisent la population et l'industrie, et non la guerre, qui détruit tout jusqu'aux vertus, jusqu'aux premiers droits de la sainte humanité!

» Hé bien, c'est nous qui donnerons une plus grande récompense à ceux qui auront le plus abrégé la durée de la guerre! Décrétons que la reconnaissance nationale attend l'époque de la campagne pour décerner des honneurs publics et des récompenses aux armées et aux généraux qui auront le plus concouru à terminer la guerre.

» Que les aristocrates, qui se réjouissent impunément de nos revers, et quelquefois de la mauvaise exécution des lois révolutionnaires, qui ne les atteignent pas autant qu'ils le méritent, que les aristocrates et les modérés ne voient pas dans cette annonce solennelle le besoin de voir terminer la guerre! Ils n'ignorent pas que les émigrés seuls ont donné pour aliment à la sainte guerre que nous leur faisons six milliards de valeur territoriale ou mobilière; que les rebelles de Lyon, de Toulon, de Marseille, de la Vendée, et les conspirateurs de tout genre, viennent grossir de leurs biens la fortune publique; ils n'ignorent pas sans doute qu'une nation qui remplit ses villes de manufactures d'armes, et qui couvre ses frontières de six cent mille jeunes citoyens avec un décret de deux lignes, est une nation qui ne craint ni l'Europe ni ses tyrans, et qui doit être victorieuse!

» Il faut que le général d'une république voie, après l'honneur de la victoire, la patrie lui prodiguant des honneurs et des récompenses. Nous faisons des lois pour des hommes, et non pour des dieux: n'obéissons pas à leur avarice, mais soyons reconnaissans; ne servons pas à leur vanité, mais ouvrons enfin à côté du trésor public le trésor inépuisable qui chez les Français contient les germes de toutes les vertus, la monnaie de la gloire civique!

» Le comité a pris des mesures ces deux jours pour l'état-major de l'armée révolutionnaire de l'Ouest, et pour la marche à suivre : l'état-major est épuré de ci-devant nobles, d'étrangers et d'hommes suspects.

» Ce travail a pour principal objet l'action du gouvernement et l'exécution des lois, la concentration du pouvoir national dans la Convention, le jeu et la circonscription des autorités constituées.

» Le comité a chargé Billaud-Varennes de s'occuper dans ce moment d'un travail général sur les représentans du peuple près les armées et dans les départemens, qu'il faut réduire, rappeler ou changer de lieu. Nous plaçons ici à ce sujet une observation que nos collègues doivent entendre : la mesure du rappel des représentans n'est que la cessation ou le renouvellement dans les fonctions de représentant, telle qu'elle est commandée par les décrets, ainsi nul reproche, nul doute, aucun nuage ne doit tourmenter les représentans rappelés.

» Ce travail réduira à deux et tout au plus à trois dans chaque armée les représentans du peuple ; ce travail aura pour objet le retour des autres représentans du peuple dans les départemens, et le placement de représentans nécessaires dans les places fortes les plus importantes.

» Ce travail ramènera dans la main de la Convention des pouvoirs trop disséminés ; il rétablira dans un seul point l'autorité nationale.

» C'est à l'entrée de l'hiver, c'est à la fin de la campagne que la Convention doit reprendre toute l'activité, toute l'énergie et toute la pensée du gouvernement.

» Collot-d'Herbois présentera un travail général sur la Vendée, son origine, ses progrès et ses trahisons ; il en démontrera les causes et les effets ; il en dévoilera les agens et les auteurs, et le glaive de la loi pourra frapper enfin ceux qui ont porté la fléau de la guerre au sein même de la République.

» Le comité s'est occupé aussi des mesures qui peuvent accélérer la destruction de la Vendée, et ces mesures peuvent être puissamment secondées par une proclamation simple et courte, à la manière des républicains ; nous vous la présenterons aujourd'hui.

» C'est à la Convention à commander cette fois le seul plan de campagne, celui qui consiste à marcher avec audace vers les repaires des brigands de la Vendée.

» La Convention doit donner à toutes les divisions de l'armée révolutionnaire de l'Ouest un rendez-vous général, d'ici au 20 octobre, à Mortagne et à Chollet : les brigands doivent être vaincus et exterminés sur leur propre foyer ; semblables à ce géant fabuleux qui n'était invincible que quand il touchait la terre, il faut les soulever, les chasser de leur propre terrain pour les abattre !

» Non, elle ne sera pas sans gloire et sans récompense l'armée qui aura terminé l'exécrable guerre de la Vendée ! La même gloire et les mêmes récompenses attendent les autres généraux de la République.

« Voici le projet de décret et la proclamation. » (*L'un et l'autre sont immédiatement mis aux voix et adoptés.*)

« La Convention nationale, après avoir entendu le rapport du comité de salut public, décrète :

» Art. 1er. Le département de la Loire-Inférieure demeure distrait de l'armée des côtes de Brest, et est réuni à celle des côtes de la Rochelle, laquelle portera désormais le nom d'*armée de l'Ouest*.

» 2. La Convention nationale approuve la nomination du citoyen Léchelle, général en chef nommé par le conseil exécutif pour commander cette armée.

» 3. La Convention compte sur le courage de l'armée de l'Ouest et des généraux qui la commandent pour terminer d'ici au 20 octobre l'exécrable guerre de la Vendée.

» La reconnaissance nationale attend l'époque du 1er novembre prochain pour décerner des honneurs et des récompenses aux armées et aux généraux qui dans cette campagne auront exterminé les brigands de l'intérieur, et chassé sans retour les hordes étrangères des tyrans de l'Europe. »

LA CONVENTION NATIONALE A L'ARMÉE DE L'OUEST.

« Soldats de la liberté, il faut que les brigands de la Vendée soient exterminés avant la fin du mois d'octobre ! Le salut de la patrie l'exige ; l'impatience du peuple français le commande ; son courage doit l'accomplir. La reconnaissance nationale attend à cette époque tous ceux dont la valeur et le patriotisme auront affermi sans retour la liberté et la République. »

— Il s'en fallut de bien peu que l'ordre de la Convention ne fût exécuté dans les temps même qu'elle fixait. Le mois d'octobre fut marqué, pour les Vendéens, par une suite de déroutes. Battus le 8 et le 9, à Châtillon ; le 15, à La Tremblay ; le 17, à Chollet ; et le 18, à Beaupréau, les royalistes se retirèrent en désordre sur Saint-Florent, d'où ils passèrent sur la rive droite de la Loire, le 19 octobre. Si l'armée républicaine, au lieu de s'arrêter au pillage, à la dévastation et à l'incendie des villes et des villages, exécutions prescrites d'ailleurs par les décrets de la Convention, s'était présentée avec son artillerie sur les hauteurs de Saint-Florent, c'en était fait des débris des Vendéens ; un seul jour voyait terminer cette guerre. Mais ce fut seulement le troisième jour après l'occupation de Beaupréau que les vainqueurs songèrent à poursuivre les ennemis. — D'Elbée, Lescure et Bonchamp étaient mortellement blessés. Avant de passer la Loire, les Vendéens voulaient égorger cinq mille prisonniers républicains enfermés dans l'église de Saint-Florent. Neuf avaient déjà été fusillés en route pour avoir tenté de s'échapper. Déjà les royalistes, conduits par Cesbron d'Argogne, commandant de Chollet s'avançaient pour mettre à mort les captifs, lorsqu'un ordre attribué par les uns à Lescure, et par les autres à Bonchamp, arrêta les meurtriers.

Lorsque la nouvelle de ces victoires arriva au comité de salut public, Barrère crut pouvoir annoncer à la Convention (25 octobre), que la Vendée n'était plus. Des applaudissemens unanimes s'élevèrent et se répétèrent à plusieurs reprises dans l'assemblée et parmi les spectateurs ; les cris multipliés de *Vive la République*, se mêlèrent aux acclamations. — Mais ; ainsi que nous le verrons, dans le mois de novembre, la Vendée existait toujours, et les royalistes, quoique sortis de leur pays, devaient encore tenir quelque temps en échec les armes de la République.

Guerre étrangère. — Armée du Nord. — Nous empruntons au *Tableau historique de la guerre de la révolution française*, par les généraux Servan et Grimourd, le récit des opérations de l'armée du Nord, depuis le remplacement d'Houchard par Jourdan, jusqu'à la fin d'octobre 1793. La levée du blocus de Maubeuge, et la victoire de Wattignies sont les principaux faits de la narration suivante :

» Le général Houchard, mandé à Paris, fut remplacé, le 26, par le général Jourdan. L'armée se trouvait alors dispersée sur une ligne de plus de trente lieues, savoir : dans le camp de Dunkerque, vingt mille hommes ; dans celui de Cassel, quatorze mille hommes ; dans ceux de Bailleul et de la Madeleine, mille hommes ; à Graverelle et à Arleux, vingt-huit mille hommes ; à Maubeuge, vingt-sept mille hommes, et à Beaumont, douze mille hommes, sous les ordres du général du Quesnoi. Toutes ces forces montaient à environ cent trente mille hommes ; mais composées en grande partie de bataillons de nouvelles levées, et des anciens complétés par les réquisitions, avec très-peu de cavalerie en comparaison du nombre qui aurait été nécessaire.

» Le 29, à la pointe du jour, l'ennemi passa la Sambre sur six colonnes, à Barlaimont, Pont-sur-Sambre, Haumont, Marpens, Jeumont et Solre-sur-Sambre. Après une résistance très-opiniâtre, les Français furent repoussés partout. L'ennemi cerna Maubeuge et son camp retranché, et porta son armée d'observation vers Avesnes et Landrecies, qui fut bloqué le 3 octobre.

» Les 5 et 8, les Hollandais et les Hanovriens se réunirent aux Autrichiens à Bettignies, et s'étendirent sur leur droite vers Bavei et le Quesnoi. En même temps, une colonne de cinq mille hommes sortie, avec une nombreuse artillerie, du camp de Maubeuge, repoussa d'abord les avant-postes autrichiens; mais ceux-ci ayant été considérablement renforcés, les Français furent obligés de rentrer dans le camp.

» Il devenait très-pressant de forcer les ennemis à s'éloigner de Maubeuge et de Landrecies, si l'on ne voulait pas leur laisser prendre tranquillement des quartiers d'hiver sur le territoire français. Le comité du salut public avait donc ordonné une attaque générale, et le général Jourdan fit ses dispositions en conséquence. Il avait au camp de Graverelle dix-huit mille hommes; et il en fit venir dix mille du camp de Cassel et douze de celui de la Madeleine. Ces troupes durent être renforcées par des gardes nationales requises dans les localités les plus voisines de chaque camp. On avait mis en outre l'armée des Ardennes à ses ordres: le lieu du rendez-vous général fut à Guise.

» L'armée ennemie, forte de quatre-vingt mille hommes, occupait une position entre Maubeuge et Avesnes, le quartier-général était à Wattignies.

» Le général Jourdan plaça une division de l'armée des Ardennes à Beaumont, trois bataillons à Solre-le-Château, dix-huit cents hommes d'infanterie et six cents de cavalerie à Nouvion, son avant-garde à Etreux, en avant de Guise.

» Le 13, l'armée française se remit en mouvement. La division du général Balan prit une position à la gauche d'Avesnes, celles des généraux le Maire, du Quesnoi et l'avant-garde à la droite. Aux premiers mouvemens des Français, les généraux autrichiens se portèrent en avant de Maubeuge, détachèrent dix mille hommes sous les ordres du général Haddick, de Beaumont vers Philippeville, afin de contenir l'armée des Ardennes, et se lier au général Beaulieu qui commandait les impériaux dans cette partie. Le comte de Bellegarde commandait l'aile droite, le général Clairfait le centre, le général Terzi la gauche. Les Hollandais et les Hanovriens prolongeaient la droite vers Landrecies. Le duc d'York s'étendait du Quesnoi à Landrecies.

» Le 14, le général Clairfait fit une reconnaissance dans laquelle on se borna à tirer seulement quelques coups de canon de part et d'autre. Le même jour, il y eut un engagement d'avant-postes vers le bois du Tilleul, à la gauche des Français, qui, après trois attaques successives, furent entièrement repoussés.

» Le 15, l'engagement eut lieu sur toute la ligne; la droite et le centre des alliés se maintinrent dans leurs postes, mais leur aile gauche fut forcée de céder le terrain; cependant après des efforts prodigieux et une grande perte, cette aile parvint à regagner ses positions, et l'armée française fut obligée de reprendre les siennes. Pendant cette action, la garnison de Maubeuge fit une sortie infructueuse. Le même jour, les Français attaquèrent aussi l'ennemi à Beaumont; mais le général Haddick ayant fait passer des renforts au général Beniowski, celui-ci repoussa les républicains à Solre-Saint-Géri; en même temps les postes placés près des Boussu-les-Valcourt étaient obligés de se replier sur Philippeville.

» Le 16, la bataille recommença sur toute la ligne; à la faveur d'un brouillard épais, les Français marchèrent de nouveau en avant sur quatre colonnes; et dès l'instant où le brouillard se dissipa, les deux armées se trouvant en présence, le feu commença. De l'aveu des alliés, jamais il n'avaient entendu une telle exécution d'artillerie. Pendant les décharges redoublées des bouches à feu, on entendait retentir dans les rangs des républicains leurs chants belliqueux et patriotiques. L'action se maintint comme la veille à la droite et au centre des ennemis; mais les tentatives contre leur gauche obtinrent un succès plus complet. Le général Jourdan, pour se l'assurer, avait détaché le général du Quesnoi avec son aile droite, afin de tourner et de déborder la gauche de l'ennemi, et le prendre en flanc et à revers. Le village de Wattignies après avoir été pris et repris, était resté au pouvoir des Français à la troisième attaque; dès lors la gauche des ennemis ayant plié et rompu la ligne, le centre des républicains marcha en avant et renversa celui des alliés à coups de baïonnette. Leur droite, ne pouvant plus résister, se retira en bon ordre sur Maubeuge. La même nuit, l'ennemi repassa la

Sambre à Haumont et Requignies, au-dessus et au-dessous de la place, et l'armée d'observation près de Boussières et de Pont-sur-Sambre. La perte des coalisés fut de plus de six mille hommes, et l'on évalua celle des Français à environ la moitié. Le 17, ils entrèrent à Maubeuge et ruinèrent les prodigieux travaux des Autrichiens, qui avaient élevé autour de la place trois batteries de vingt pièces de 24 pour la foudroyer.

» Le général français n'osa suivre les ennemis sur la rive gauche de la Sambre, où ils prirent des positions de Merbes-le-Château à Landrecies et au Câteau-Cambresis. L'armée française s'établit sur la rive droite par une chaîne de postes. La seconde division de l'armée des Ardennes occupa Beaumont, Xivri et les environs, rétablissant ainsi la communication de Meubeuge à Philipeville. »

Armée du Rhin. Ici les succès ne répondirent pas à ceux de l'armée du Nord. Ce fut, au reste, le seul point où les armes de la République éprouvèrent des revers en octobre. Afin de donner à nos lecteurs l'intelligence complète des opérations de cette armée, il nous faut rétrograder jusqu'à la capitulation de Mayence. Nous allons laisser parler les auteurs du *Tableau historique.*

» Après la reddition de Mayence, l'armée prussienne qui venait d'en faire le siége, avait reflué vers Neustadt, Spire et Germersheim. Le roi de Prusse, à la tête de trente-cinq mille hommes, avait marché le 4 août par Kircheim sur Turkheim, où il avait établi son quartier. Des Autrichiens, réunis aux troupes palatines, étoient venus augmenter l'armée du général Wurmser qui prit son quartier à Weingarten. Le corps prussien, aux ordres du duc Brunswick, avait défilé par Kaiserlautern sur le duché des Deux-Ponts, et s'était établi entre Munichweiller et Pirmasens. Un petit corps de la même nation, aux ordres du général Kleist, occupait les hauteurs de Ketterick et de Sturzelbrun. Un camp volant de troupes légères s'était porté à Alt-Hornbach, et le général Kalkreuth avait marché de Mayence par Kirn et Tholei, sur la Sarre, pour occuper les hauteurs entre Sarre-Louis et Sarbruck.

» Ce grand mouvement des ennemis avait pour but, de cerner les lignes de la Lauter et de les tourner, en faisant une trouée vers Bitsche. En conséquence, le 1er août, le roi de Prusse fit investir Landau par les troupes à ses ordres, du côté des Vosges, et prit son quartier à Edickhoffen. Du côté du Rhin, le général Wurmser forma l'investissement, en s'établissant à Offenbach et Herxheim. Dès lors Landau fut mis en état de siége, sous le commandement du général Laubadère.

» Du côté de la Moselle, où le général Schawimbourg était venu remplacer le général Houchard, parti pour commander dans le Nord, après plusieurs combats assez incertains de part et d'autre, les Prussiens avaient poussé leurs partis vers Bitsche, Fischbach et Dahn. Le général Kalckreuth s'était établi avec son armée entre Neukirchen et Ottweiller.

» A l'armée du Rhin, quelques succès entre sa gauche et la droite des coalisés, et une sortie heureuse faite par la garnison de Landau, facilitèrent, le 12, l'entrée d'un convoi considérable dans cette place.

» Le 18, le général Landremont remplaça le général Beauharnais dans le commandement de l'armée, qu'il quitta en vertu d'une destitution. Le 20, l'ennemi attaqua sur tout leur front, en portant cependant ses principaux efforts sur le poste de Jockrim, d'où les Français, forcés de céder au grand nombre, se retirèrent dans la forêt de Bienwald, en arrière de Hagenbach, après avoir perdu plusieurs pièces de canon. Le lendemain, le général Landremont voulut faire attaquer les coalisés dans leur nouvelle position; mais cette entreprise n'ayant pas réussi, la division de droite rentra dans son camp de Lauterbourg, et l'ennemi s'avança sur la lisière des bois de Bienwald.

» Le 28, l'ennemi renouvela l'attaque sur tout le front de la ligne. Sa droite, où se trouvait le régiment de Rohan émigré, attaqua par les gorges de Bergzabern son centre entre Nider et Ober-Otterbach, et la gauche près de Freykenfeld : il fut repoussé partout.

» Le mois de septembre se passa comme le mois d'août, en combats, soit généraux, soit particuliers, à l'armée de la Moselle et du Rhin, mais toujours sans aucun succès marqué de part ni d'autre. Les Français tentèrent aussi inutilement deux passages du Rhin : l'un au Fort-Louis, l'autre à Strasbourg, sur Kell.

» Le 29, le général Landremont ayant été destitué, fut remplacé par le général Pichegru, et provisoirement par le général Carle. A cette époque, l'armée de la Moselle repoussée de Bliescastel, avait été obligée de se retirer sur Bitsche, Rohrbach et Sarguemines, pour couvrir la trouée de Phalsbourg à Bitsche. Les Prussiens s'étaient alors postés à Eschweiller, et avaient étendu leur gauche à Freudenberg vers Bitsche.

» Depuis quatre mois que l'armée du Rhin occupait les lignes de la Lauter ou de Weissembourg ; on y avait ajouté toutes les ressources de l'art, et les coalisés avaient été repoussés dans toutes leurs entreprises ; enfin, ils attaquèrent simultanément le front et tournèrent les deux extrémités. Pour cet effet, l'armée prussienne, commandée par le duc de Brunswick, marcha par les gorges des Vosges sur la gauche des Français, afin de contenir cette aile et l'empêcher de porter des troupes au centre, où devait se faire la principale attaque. Le général Wurmser avait ordonné au prince de Waldeck, qui commandait un corps de dix mille hommes sur la rive droite du Rhin, de passer le fleuve à la hauteur de Seltz, de s'emparer de cette ville, et de prendre ensuite une position de revers en arrière de la droite des Français, entre Lauterbach et leur camp. Par ce mouvement, l'aile droite se trouvait tournée, et si l'attaque réussissait au centre, la retraite des Français se trouvait coupée, ou du moins il leur devenait difficile de tenir dans leurs retranchemens ou derrière les lignes.

» Le 5 octobre (22 vendémiaire), le passage du corps de Waldeck s'effectua secrètement à Blietersdorff. Les Autrichiens surprirent et pillèrent Seltz, et lui firent éprouver toutes les horreurs de la guerre. Dès lors, le général Wurmser fit attaquer le centre des lignes par trois colonnes. La première se porta sur le camp et les batteries de Steinfelds ; la seconde par la forêt de Bienwald ; et la troisième, où se trouvait le prince de Condé avec son corps d'émigrés français, attaqua par Bergzabern. Les émigrés combattirent avec une valeur qui détermina en grande partie le succès de cette journée ; ils emportèrent successivement plusieurs redoutes, s'emparèrent de dix-sept canons, et se portèrent ensuite avec le reste de la colonne sur Weissembourg et d'Altstat emportés de vive force ; tous les postes français se trouvèrent forcés, et la retraite se fit en désordre, au centre par Gaisberg, à la droite par Rossfeldeu et Sufflenheim sur Haguenau, où l'armée se dirigeait.

» A la gauche, le duc de Brunswick ayant laissé le prince de Hohenlohe devant Bitsche, avait marché, le 11 octobre (20 vendémiaire), par l'abbaye de Sturtzelbrun et Ober-Steinbach, avec neuf bataillons et quinze escadrons, le 13 (22), sur Nothweiller et Lembach. Les généraux Ferrière et Desaix gardèrent leur position jusqu'à la dernière extrémité, et firent ensuite leur retraite avec beaucoup d'ordre. L'armée française s'établit alors derrière les anciennes lignes de la Motter, la droite à Druzenheim, le centre à Haguenau, et la gauche dans la vallée de Reichshoffen, occupant cette petite ville et Uttenhoffen, afin de conserver une communication libre avec Bitsche.

» Le 15 octobre (24 vendémiaire), l'armée se rapprocha de Strasbourg, et prit une position derrière la Zorn, jusqu'à Hochfelden.

» La nuit du 16 au 17 octobre (25 au 26 vendémiaire), le général du Bois ayant été repoussé de Druzenheim, s'était retiré sur Offendorf, et avait laissé son avant-garde à Hanhoffen.

» Le 17 octobre (26 vendémiaire), l'armée du Rhin fut attaquée sur tous les points ; le centre et la gauche firent des prodiges et parvinrent à faire perdre du terrain à l'ennemi ; mais le général Dubois s'étant retiré à Hænheim, près de Strasbourg, et ayant mis à découvert toute la droite du centre, obligea le général en chef de porter l'armée derrière la rivière de Suffel et le quartier-général à Schiltigheim, aux portes de la place. L'ennemi s'empara de Wantzenau dans la nuit du 17 au 18 (26 au 27); mais l'avant-garde de la division de droite réussit à l'en chasser.

» A l'armée de la Moselle, le général Kalckreuth avait été vivement repoussé vers Sarguemines, et le prince de Hohenlohe-Ingelfingen, aux postes avancés de Bitsche et Rhorbach.

» Après la prise des lignes de la Lauter, le général Wurmser avait établi successivement son quartier à Weissembourg, à Sultz, à Haguenau et à Brumpt. L'armée autrichienne était derrière la Zorn ou Soor, les Prussiens et les émigrés entre Mommenheim et Pfaffenhoffen, avec des postes à Bouxweiller et Neuweiller; les principales forces étaient entre Brumpt et Weilbruck.

» Le 22 octobre (1er brumaire), les Prussiens attaquèrent le poste de Breitenstein, sur des hauteurs entre Saverne et Bitsche, et, malgré une vive résistance, ils forcèrent les Français de l'évacuer; mais le lendemain, le général Burci reprit cette position, qui assurait la communication de l'armée du Rhin avec celle de la Moselle.

» La nuit du 25 au 26 octobre (4 au 5 brumaire), l'ennemi surprit les avant-postes de l'avant-garde de la division de droite, et pénétra au milieu du village de Vantzenau; les troupes qui s'y trouvaient, n'ayant point songé à se défendre, furent poursuivies jusqu'à la rivière d'Ill; le même jour, l'ennemi s'empara aussi du bois de Reichstet, mais il fut repoussé sur-le-champ.

» Le général Pichegru prit le commandement de l'armée du Rhin le 28 octobre (7 brumaire), et à peu près à la même époque, le général Hoche prit celui de l'armée de la Moselle. A son arrivée, il la campa sur les hauteurs en avant de Bouquenon, où il reçut des renforts de l'armée du Rhin, dans la vue de marcher sur Bitsche, de là sur Weissembourg et Landau.

» Malgré le succès d'une forte sortie, les Prussiens commencèrent le bombardement de cette place, en présence du prince royal de Prusse. Le 26 octobre (8 brumaire), l'arsenal fut incendié, le magasin à poudre, près de la porte de France, sauta et causa la destruction d'une partie de la courtine et des maisons environnant l'hôtel-de-ville. Ce désastre ne put déterminer le général Laubadère à se rendre, et il renvoya la sommation qui lui avait été faite. Alors les Prussiens cessèrent leur feu le 1er novembre (11 brumaire), pour se porter dans la vallée d'Anweiller et vers Lemberg et Pirmensens, pour renforcer les postes de communication entre l'Alsace et la ci-devant Lorraine allemande. »

Armée des Alpes et d'Italie. Les Piémontais avaient profité du siège de Lyon pour pénétrer dans la Faussigni et la Tarentaise, ils avaient repoussé les Français jusqu'à Aiguebelle, et maîtres de la vallée de Sallenche, ils s'étaient avancés jusqu'à Bonneville, de là ils menaçaient Anneci et Chambéry. Leurs démonstrations sérieuses commencèrent le 2 septembre, par l'attaque du passage de Charbonnière-Château situé sur l'Arc. Ils furent complétement battus ; et, à partir de ce jour jusqu'au 8 octobre, où ils se trouvèrent rejetés au-delà du petit Saint-Bernard et du Mont-Cenis, leur retraite fut une suite de déroutes. Ces succès étaient l'ouvrage de Kellermann. Ce général, dénoncé pour sa conduite douteuse devant Lyon, fut rappelé, et traduit à l'Abbaye le 1er novembre; il resta en prison même longtemps après la réaction thermidorienne. Le tribunal révolutionnaire le renvoya absous, le 8 novembre 1794.

En même temps que les Piémontais pénétraient dans le Mont-Blanc, ils avaient formé une entreprise sur le Var, pour tenter de couper les communications entre l'armée des Alpes et celle d'Italie, en détruisant un pont établi sur le fleuve, entre le Broc et Saint-Martin. Sept cents républicains occupaient un poste en avant de Gilette, pour protéger et défendre ce pont; ils y furent attaqués le 18 octobre par quatre mille Piémontais, et en leur tenant tête toute la journée, ils donnèrent le temps au général Dugommier de venir à leur secours et de marcher avec eux le 19 contre l'ennemi sur lequel on tomba après avoir fait feu à trente pas: on le rompit, et on le mit dans une entière déroute. Après cette action, l'armée d'Italie resta stationnaire dans les positions d'où elle couvrait le comté de Nice et le siège de Toulon.

Nous terminons ici l'histoire de la guerre en octobre. Nous aurions encore à donner le bulletin de l'armée des Pyrénées orientales et de celle des Pyrénées occidentales ; mais, sur ce point, les hostilités ne présentent aucun fait où le salut de la France soit un moment en question : nous pouvons donc en différer sans inconvénient le résumé jusqu'à la fin de la campagne de 1793.

Histoire de Paris. — La capitale fut assez calme pendant le mois d'octobre. L'emprisonnement des suspects s'y exécuta sans désordres ; le 30, le nombre des gens incarcérés s'élevait à trois mille trente-sept. La paix ne fut guère troublée que par une rixe entre la société des républicaines révolutionnaires, et les citoyennes de la Halle, au sujet du bonnet rouge que les premières voulaient imposer à celles-ci. La querelle éclata le 28 octobre ; elle fut apaisée par le conseil municipal. Le 29, les femmes de la Halle portèrent leur plainte à la Convention qui, sur les motions de Fabre, décréta que nul individu ne pourrait être forcé de se vêtir autrement qu'il ne le voudrait. L'une des pétitionnaires demanda l'abolition de toutes les sociétés de femmes, parce que, dit-elle, c'était une femme qui avait fait le malheur de la France. Cette demande fut renvoyée au comité de sûreté générale qui fit décréter, le 30, la suppresion des clubs et sociétés populaires de femmes, sous quelque dénomination que ce fût, et la publicité de toutes les séances des sociétés populaires d'hommes.

L'histoire de Paris, en octobre, est à proprement parler l'histoire du club des Jacobins. Nous n'avons qu'à mentionner un seul acte de la Commune ; ce fut l'arrêté suivant pris le 2 octobre.

Dans la séance du 1er, un réquisitoire du procureur de la Commune contre les femmes publiques, les libraires et les marchands d'estampes qui vendaient des ouvrages obscènes, avait donné lieu à un arrêté du conseil général sur les mœurs. Chaumette avait présenté la rédaction du préambule et du considérant de cet arrêté. Mais, sur l'observation que ses tableaux paraissaient trop chargés, et qu'il était nécessaire de peindre la vertu à côté du vice, afin de rendre justice à la ville de Paris, qui était la source de l'une et de l'autre, Chaumette avait promis une nouvelle rédaction; il en donna lecture au conseil, et elle fut adopté en ces termes :

« Le procureur de la Commune, après avoir exposé les grands principes de la révolution et de la liberté, qui ne peuvent l'une et l'autre se soutenir que sur les mœurs publiques; après avoir fait sentir l'indispensable nécessité où l'on est de s'opposer aux progrès rapides et effrayans du libertinage.

» Le conseil général, frappé des principes développés dans le réquisitoire, affligé de voir plusieurs quartiers de Paris empoisonnés par la débauche, au point que la mère honnête craint de s'y faire accompagner de sa fille, que le père républicain tremble toujours pour les mœurs de son fils, lorsqu'il est obligé de parcourir ces quartiers, où le vice effronté attend la jeunesse, l'attaque et la réduit avec les vertus qui commençaient à germer dans son cœur; justement alarmé sur le sort de la République au milieu de la dépravation que des monstres excitent sans cesse, soit en offrant aux regards des républicains le vice couronné de fleurs, soit en tapissant nos rues et nos places publiques de gravures, de livres, de reliefs, où les images sacrées de la liberté se trouvent confondues avec un ramas d'ordures qui retracent presque partout les tableaux du vice en action, et les scènes les plus scandaleuses;

» Considérant qu'il est de son devoir de s'opposer aux efforts sans cesse renaissans des corrupteurs du cœur humain, les plus fermes soutiens du royalisme et de l'aristocratie, lesquels n'ont cessé de multiplier les moyens de débauche, parce qu'ils savaient qu'un peuple corrompu ne peut conserver sa liberté; parce qu'il reste nécessairement sans énergie, sans volonté stable, sans courage et sans force;

» Considérant que s'il ne travaille sans relâche à consolider les mœurs, bases essentielles du système républicain, il se rend criminel aux yeux de la postérité, à qui la génération présente doit tous ses efforts pour anéantir les restes de la corruption monarchique, et de l'avilissement de quatorze cents ans d'esclavage et d'immoralité ;

» Considérant enfin, que c'est sauver la patrie que de purifier l'atmosphère de la liberté du souffle contagieux du libertinage, dont les effets sont plus funestes à la République que l'or, l'intrigue et les armées des despotes coalisés.

» Arrête : 1° qu'il est défendu à toutes filles ou femmes de mauvaise vie, de se tenir dans les rues, promenades, places publiques, et d'y exciter au libertinage et à la débauche, sous peine d'être mises en arrestation, et traduites au tribunal de police correctionnelle, comme corruptrices des mœurs, et perturbatrices de l'ordre public ;

» 2° Il est défendu à tous marchands de livres, de tableaux, de gravures et reliefs, d'exposer en public des objets indécens, et qui choquent la pudeur, sous peine de saisie et anéantissement desdits objets ;

» 3° Des commissaires de police sont tenus, sous leur responsabilité, de faire de fréquentes visites dans les quartiers infectés de libertinage, sous peine d'être destitués s'ils ne remplissent pas leurs fonctions ;

» 4° Les patrouilles arrêteront toutes les filles et femmes de mauvaise vie qu'elles touveront excitant au libertinage ;

» 5° Le commandant-général insérera à l'ordre le présent arrêté pendant huit jours, et le fera afficher dans tous les corps-de-garde.

» Le conseil général arrête l'impression, l'affiche, l'envoi à tous les comités et aux assemblées des sections, du présent arrêté.

» Le conseil général appelle à son aide pour l'exécution et le maintien de son arrêté, les républicains austères et amis des mœurs, les pères et mères de famille, toutes les autorités constituées, et les instituteurs de la jeunesse, comme étant, les uns et les autres, spécialement chargés de conserver les mœurs des jeunes citoyens, sur lesquels repose l'espérance de la patrie ; invite les vieillards, comme ministres de la morale, à veiller à ce que les mœurs ne soient point choquées en leur présence, et à requérir les commissaires de police et autres autorités constituées, chargées de l'exécution du présent arrêté, toutes les fois qu'ils le jugeront nécessaire ;

» Enjoint à la force armée de prêter main forte pour le maintien du présent arrêté, lorsqu'elle en sera requise, même par un seul citoyen. »

Club des Jacobins. — Cinq faits principaux dominent l'histoire de ce club pendant le mois d'octobre : les dénonciations contre Julien de Toulouse; la querelle entre Vincent et Charles Laveaux; la mission de Rousselin, à Provins; l'emprisonnement et la délivrance de Desfieux, et une question de liberté de la presse relative au journal d'Hébert. Nos extraits des débats des Jacobins renferment les détails de ces faits.

Séance du 4 octobre. — Une lettre de la correspondance dénonce plusieurs employés dans l'administration des charrois. Différentes dénonciations sur cette administration se succèdent. Hassenfratz lit une liste de ces employés, qui tous étaient au service du ci-devant *Veto* ou de ses frères.

Liste des chefs du dépôt de Marcoussi.

Les trois administrateurs sont : d'Espagnac, Audierre et Malus.

Chefs qui composent le dépôt.

Murphy, piqueur chez le ci-devant roi; Boubert, cocher chez le ci-devant roi; Macheret, cocher chez le ci-devant roi; Blanchart, cocher chez le ci-devant roi; Hugué, trésorier, était à l'office du ci-devant roi; Rouarre, garde-du-corps du ci-devant roi; Martin, officier d'office du ci-devant roi; Allain, postillon du ci-devant comte d'Artois, est adjudant; le Commandeur, postillon du ci-devant duc de Coigny, capitaine d'une brigade; Bournaut, valet-de-chambre des ci-devant dames de France, et de retour de Rome (son épouse y est encore), a été fait capitaine d'une brigade; il est parti pour Arras; Bouquet, émigré avec le ci-devant comte d'Artois, et de retour, capitaine; Garnier, cocher chez le ci-devant maréchal de Broglie, adjudant; Piedecoq, employé chez le ci-devant roi, capitaine d'une brigade, prêt à partir, quoiqu'il n'ait que vingt-deux ans; le nommé Masuet, prêtre, on le dit réfractaire, capitaine de brigade, parti pour Arras; Cazalisse, piqueur chez la ci-devant princesse Lamballe, capitaine; d'Arvilliers, commis aux aides, aristocrate outré, capitaine d'une brigade.

Raisson. « Il faut qu'on connaisse ceux qui ont placé dans cette administration les fripons dont il s'agit, car ceux-là sont aussi bien coupables, qui ont cherché à perdre la République, en confiant ses intérêts à ceux qui montraient le désir ardent de la perdre. »

Julien de Toulouse demande la parole.

Raisson. « Ceux qui font entendre leur voix dans le sanctuaire de la vérité doivent être exempts de tout reproche. Julien était membre du comité de sûreté générale; il n'en est plus, mais la voix publique s'élève contre lui; mais des observateurs patriotes, des hommes zélés et véridiques lui adressent des reproches, peut-être mérités. Je ne sais par quelle fatalité Julien fut le rapporteur de beaucoup de gens justement suspects, et toujours ils sortirent blanchis de ses mains. Avant donc de combattre des intrigans et des traîtres, il faut être soi-même inaccessible à tout soupçon. La représentation nationale doit être composée de manière qu'elle soit exempte de tout reproche. Je demande donc que Julien de Toulouse réponde aux bruits qui s'élèvent contre lui, et qui déjà ont obligé un des comités de la Convention à prendre contre lui des mesures sévères. »

Chabot. « Je demande la parole pour combattre la motion d'ordre de Raisson. »

Julien, de Toulouse, rend hommage à la pureté d'intention qui a dicté les observations de Raisson. Il s'étend sur le but des sociétés populaires, et veut prouver que son intention ni son ambition n'a jamais été d'acquérir une réputation ni de l'influence par des discours, des figures et des déclamations.

David. « J'invite Julien de Toulouse à ne pas faire de belles phrases, mais à s'expliquer sur les liaisons qu'on lui reproche avec d'Espagnac, et dont nous avons la preuve. »

Julien de Toulouse. « Je défie qui que ce soit de m'accuser d'un crime. J'en appelle à ma vie entière ; je prends à témoin tous les bons patriotes, tous mes collègues, que je n'ai jamais cessé de me montrer le défenseur des droits du peuple ; que j'ai toujours voté comme ses amis les plus ardens ; que toutes les actions de ma vie attestent le civisme le plus pur ; que je n'ai jamais manqué de rendre, à qui que ce fût, des services individuels... »

N.... « Témoin d'Espagnac. »

Moenne. « J'interpelle Julien de Toulouse de répondre, au sujet des conciliabules, qu'on l'a accusé de tenir avec Thuriot et Barrère, chez la ci-devant comtesse de Beaufort. »

Julien de Toulouse explique ses relations avec d'Espagnac, au sujet d'un rapport, dont il fut chargé dans le temps qu'il était membre du comité des marchés ; il rend compte d'une conversation qu'il a eue avec cet homme, qui lui apprit qu'il avait été fort bon prédicateur ; cette identité de métiers lia plus particulièrement d'Espagnac et Julien ; celui-ci apprit de l'autre qu'il avait été républicain dix ans avant qu'on pensât à la République. Cependant son rapport tendit à faire casser les marchés de d'Espagnac avec la nation, qu'il regardait comme onéreux ; mais la Convention maintint les marchés de d'Espagnac, qui de tous les marchés avec la République, étaient les moins dispendieux, d'autant mieux qu'une clause de ce même marché assurait la nation contre tous les gains illégitimes qu'auraient pu faire ces contractans infidèles ; c'était que la nation compterait avec lui de clerc à maître, c'est-à-dire qu'elle lui donnerait dix pour cent pour toutes les pertes qu'il aurait pu supporter, et résilierait le bail.

Il ajoute ensuite que d'Espagnac lui écrivait à Orléans, qu'il désirait sa présence au comité des marchés; qu'on lui suscitait des persécutions; que même d'Espagnac, croyant n'avoir que peu de jours à vivre, avait disposé de ses biens, et le regardant comme un homme fidèle et probe, voulait le faire son exécuteur testamentaire, comme il voulait faire aux Jacobins un legs de 70,000 livres. (*Violens murmures.*)

» J'invoque, continue l'orateur, le témoignage de Danton et de plusieurs Jacobins, et j'atteste que ce n'est qu'à cause de ce legs à la société que j'ai suivi la connaissance de d'Espagnac. »

Quant aux conciliabules qu'on lui reproche d'avoir tenus avec Thuriot et Barrère, il dément plus formellement ce fait, et certifie que s'ils en eussent tenu, ce n'eût été que pour trouver des moyens plus prompts et plus efficaces de sauver la patrie... mais il ne s'est jamais rencontré avec eux nulle part.

Il termine par demander une commission de six membres qui juge toute sa vie politique; si un seul nuage peut être élevé sur sa probité, sur son patriotisme, il consent à être retranché, non pas des Jacobins, non pas de la Convention, mais de la terre des vivans.

Thuriot demande la parole; David, Dufourny la demandent en même temps.

Thuriot. « Il est de la dignité de l'assemblée d'entendre la réponse aussi tranquillement qu'elle a entendu l'accusation. »

» Oui, depuis deux mois, des hommes se sont dit : Nous perdrons la patrie en calomniant ceux qui ont le plus fait pour elle. Je vais mettre les calomniateurs bien à leur aise... »

Raisson. « Il n'y a pas ici de calomniateurs.... » *Quelques murmures se font entendre; on demande à faire des motions d'ordre.*

Thuriot. J'observe que je réponds à des motions d'ordre, et qu'on ne peut pas me refuser la parole : je somme le président de me la maintenir, de lire le règlement. »

Sijas. « Je regrette que Thuriot, parlant à cette tribune, y emploie les mêmes expressions que Brissot et toute sa clique, quand ils étaient inculpés. Dans une assemblée d'hommes libres où on fait des interpellations à un citoyen, qui a des torts au moins apparens, je trouve fort extraordinaire qu'on taxe cela de calomnies : c'est le propre d'un républicain d'interpeller, et je demande qu'on n'appelle pas calomniateur le membre qui a la noble énergie de découvrir les faits qui sont à sa connnaissance. » (*Applaudi.*)

Thuriot. « Je suis un des plus anciens membres de cette société ; j'en sais mieux qu'un autre les règlemens. Si donc le membre qui m'a interpellé m'avait demandé seulement si j'allais souvent chez la citoyenne Beaufort avec Barrère, je me serais contenté de faire une réponse simple. Mais on y ajoute que je tenais des conciliabules, c'est-à-dire qu'on m'accuse de contre-révolution, et l'on voudrait que je ne me justifiasse pas avec éclat! il faudrait que je ne fusse pas homme; il faudrait que je ne fusse pas jacobin. J'atteste que je n'ai jamais vu Barrère et Julien de Toulouse qu'à la Convention ; que je ne suis jamais allé chez eux ; ils ne sont jamais venus chez moi ; je n'ai jamais eu avec eux aucune relation directe ou indirecte. »

La société arrête que la conduite de Julien, de Toulouse, sera examinée par une commission ; le bureau nomme à cet effet, Moenne, Raisson, Dufourny, Lebas.

Séance du 5. — *Laveaux.* « Citoyens, quelque répugnance que j'aie à parler de moi, il faut bien que je le fasse, puisque les circonstances m'y forcent, je vais donc vous détailler la persécution cruelle à laquelle je suis en butte depuis quelque temps. Je vous parlerai en homme vrai, en républicain ; je ne vous dirai point de mal de mes ennemis, car j'abhorre la calomnie, j'abhorre la médisance ; je vous exposerai les faits nuement, simplement ; vous me jugerez.

» Me trouvant à Paris lorsque Bouchotte parvint au ministère, Sijas, adjoint de la quatrième division, auquel je ne demandai point de place, m'offrit celle de chef de bureau de l'inspection générale des troupes ; je l'acceptai. J'ai travaillé sous Sijas, avec lui : qu'il dise si je n'ai pas toujours rempli mes devoirs en honnête homme, en patriote, en républicain ; si je ne l'ai pas toujours averti avec inquiétude de tout ce qui pouvait avoir la moindre apparence d'une infraction aux lois. »

Ici Laveaux rend compte des motifs de l'inimitié de Vincent, secrétaire-général du département de la guerre, contre lui.

« C'est, dit-il, d'avoir refusé d'adhérer à une adresse qu'il me présenta : d'avoir communiqué à Vincent lui-même le bruit qui courait sur son compte, qu'il avait volé autrefois des couverts d'argent chez un nommé Perrin, ci-devant avocat au conseil. Je lui avais communiqué ce fait par écrit, pour qu'il pût se justifier. Il vint donc dans mon bureau, il me serra la main, en me disant que j'étais son meilleur ami ; mais en même temps il envoya ou porta mon billet au comité révolutionnaire de la section du Luxembourg, qui lança contre moi un mandat d'amener, et me tint pendant quatre ou cinq heures dans une espèce de détention.

» On m'interrogea, je dis ce que je savais ; on interrogea le principal commis, et sa déclaration se trouva conforme à la mienne. Perrin fut interrogé aussi ; il nia le fait, dit que c'était un autre Vincent.

» Mais vous observerez que Perrin depuis quelques jours avait été mis en état d'arrestation comme suspect, et qu'il est relâché depuis qu'il a nié le fait.

» Cette affaire semblait assoupie, lorsque je reçus du ministre de la guerre la lettre suivante :

Paris, 26 septembre 1793.

« Citoyen, je vous préviens que les tentatives que vous avez
» faites pour inculper le patriote Vincent, secrétaire-général de
» la guerre, qui reste pur, malgré les efforts des malveillans,
» parce qu'il l'a toujours été, ne me permettent plus d'avoir la
» même confiance dans vos travaux à l'administration de la
» guerre. Vous voudrez bien cesser vos fonctions à compter dès
» ce moment, et vous regarder comme ne faisant plus partie de
» l'administration. BOUCHOTTE. »

» Le ministre refusait obstinément de m'entendre, on pouvait porter cette lettre à un comité révolutionnaire, m'y faire passer pour suspect, et m'arrêter. Je résolus d'exposer le tout dans une assemblée générale de ma section : elle fut indignée de cette conduite, et sans que je le lui demandasse, elle nomma des commissaires pour m'accompagner chez le ministre. Je me présentai donc chez Bouchotte, je lui déclarai que je ne venais point lui redemander sa confiance, que je n'en avais pas besoin, que je n'en voulais point; mais que je venais au nom de ma section, lui demander raison des inculpations faites contre moi dans sa lettre.

» Bouchotte ne répondit pas plus qu'une bûche. Pressé seulement par un des commissaires, il répondit d'un air ironique : j'espère que la section n'aura pas la prétention de me faire rendre compte de ma conduite.

» Voilà, citoyens, le prétexte qui m'a fait renvoyer des bureaux de la guerre; mais ce n'est pas la véritable raison, et la preuve de cela c'est que le principal commis, le seul coupable, s'il y en avait un, n'a point été renvoyé, et qu'au contraire on n'a pas voulu recevoir sa démission, qu'il avait donnée.

» Mais voici, citoyens, ce qui a courroucé contre moi le ministre de la guerre.

» Vous savez que Bouchotte affecte de ne point recevoir chez lui les députés de la Montagne, vous savez qu'il y a dans les bureaux des inscriptions qui disent que le poste des députés est à la Convention, et non dans les bureaux pour intriguer. Il y a même dans le bureau où j'étais, des lettres de députés de la Montagne, qui demandent un quart d'heure d'entretien pour des objets importans, pour des objets qui regardent des corps militaires entiers, et au bas desquelles le ministre a écrit de sa main républicaine : *S'il a quelque chose à me communiquer, qu'il m'écrive ce qu'il a à me dire.* Cela est bien beau; cela se passe le jour; mais apprenez, citoyens, ce qui se passe la nuit.

» Le 16 septembre, à huit heures et demie du soir, le député François, qui a voté pour l'accusation de Marat, de la manière la plus odieuse, la plus fanatique, la plus contre-révolutionnaire;

qui, dans l'affaire de Capet, a voté pour l'appel au peuple, vint me demander un congé pour un soldat auquel il s'intéressait. Je lui fis observer que la loi défendait d'accorder toute espèce de congé; et que s'il y avait quelque cas où on pouvait en accorder, elle ordonnait du moins qu'on produisît des certificats de médecin et de chirurgien.

» François me répondit que le ministre, auquel il venait de parler, m'ordonnait de délivrer le congé. Cela est impossible, lui dis-je, le ministre est patriote; il ne peut m'ordonner de faire une chose contraire à la loi. Eh bien! répliqua François, je vais vous apporter un ordre par écrit du ministre. — Quand vous m'apporteriez un ordre par écrit du ministre, de faire une chose contraire à la loi, apprenez que je ne la ferais pas. (Vifs applaudissemens.)

» François sort, va chez le ministre, et au bout de quelques momens il revint montrer, d'un air triomphant, un congé signé et délivré par le ministre lui-même.

» On fit observer à François que cette lettre parviendrait plus sûrement si elle été scellée du sceau de l'administration et marquée de la griffe. Le bon François, trompé par cette observation, laissa la lettre au bureau. Le lendemain matin, je pris cette ettre avec l'opinion de François sur le décret d'accusation contre Marat, et je portai le tout à Sijas, en lui faisant observer combien le ministre se compromettait en accordant un congé, à la recommandation d'un tel homme, surtout contre la loi. Sijas me répond que ce sont les affaires du ministre. Non, lui dis-je, il est de notre devoir de lui faire remarquer ses fautes, afin de lui donner occasion de les réparer. Sijas prend la lettre, l'appel nominal sur Marat, y joint l'appel nominal sur Capet, et va chez le ministre; mais bientôt la lettre revient avec cette apostille, écrite de la main de Sijas: *accordé d'après la promesse du ministre.*

» Voilà, citoyens, la véritable cause de mon renvoi; il a eu lieu dix jours après cette scène.

» Je viens de découvrir dans ma section un fait bien plus grave encore.

» Un jeune homme part de Paris l'année dernière pour servir sur les frontières, et quitte son poste sans congé; il revient ; le ministre lui fait donner, par le commissaire des guerres Leroux, une permission de ne pas rejoindre, quoiqu'il se portât à merveille; permission qui renferme un double délit, puisqu'elle confirme une véritable désertion et accorde un congé absolu défendu par la loi.

» Nommé par ma section pour examiner cette affaire avec le citoyen Sauffray, membre de cette société, nous nous sommes transportés aux bureaux de la guerre ; dans l'un, on nous a dit qu'il n'y avait ni chef, ni commis principal ; dans l'autre, qu'on ne connaissait pas les lois ; enfin dans l'autre, que ce congé avait l'air d'un faux, puisqu'il était absolument contraire à la loi. Ne pouvant tirer d'autre raison, nous nous transportâmes, mon collègue et moi, chez le commissaire Leroux, qui se rappela très-bien cette affaire, et nous répondit à plusieurs reprises : Quand une loi est inhumaine et barbare, je ne crois pas devoir l'exécuter.

» D'après tous ces faits, citoyens, vous ne devez pas être étonnés que le ministre de la guerre ait fait toutes sortes de tentatives pour arrêter le journal que je rédige; aussi l'a-t-il fait, persuadé qu'après avoir perdu une place, et n'ayant plus que ce moyen de subsister, je mourrais bientôt de faim. Vous venez d'entendre le récit fidèle et vrai de tout ce qui s'est passé ; jugez-moi. (*De vifs applaudissemens s'élèvent dans la société et dans les tribunes.*)

Séance du 7.—Le club, informé que Laveaux avait été mis derechef en état d'arrestation, décida que les commissaires, chargés d'examiner la cause des différends entre ce citoyen et le ministre de la guerre, iraient réclamer l'élargissement de leur frère auprès du comité de la section du Luxembourg. Vincent voulut prendre la parole : elle lui fut refusée jusqu'à ce que Laveaux fût présent, et des huées l'accompagnèrent à sa place. L'entremise du club en faveur de Laveaux fut immédiatement efficace.

Séance du 11. — *Rousselin.* « J'arrive de Provins : La municipalité, le district de cette ville étaient horriblement composés ; je me proposai avec mon collègue de les destituer. Ma première démarche fut de voir tous les sans-sulottes, de présenter à Dubouchet, représentant du peuple, mes pouvoirs à cet égard. Celui-ci parut, en les voyant, se sentir diminuer, amoindrir ; il s'effraya de ce que la hiérarchie civile était si peu observée et qu'on donnât à de simples commissaires civils le droit de destituer des municipalités. Nous le tourmentâmes pour l'engager à destituer ces deux autorités ; ce n'est qu'hier qu'il se détermina enfin contre la municipalité ; mais le district reste toujours, malgré toutes nos instances. »

Rousselin fait l'énumération des soins qu'il a cru devoir prendre pour enlever les armoiries, saisir l'argenterie marquée aux armes des ci-devant seigneurs. À tous les signes de féodalité, les emblèmes de la République ont été substitués, et l'on voit flotter de toutes parts le drapeau tricolore.

Il rappelle ensuite les abus d'autorité dont ces hommes se sont rendus coupables, tels que d'avoir fait mettre au carcan, pendant 24 heures en hiver, un malheureux qui avait tué une perdrix. « Je demande, ajoute-t-il, que la loi du talion soit exercée contre eux, et que tous les ci-devant qui se sont rendus coupables soient punis de la même peine.

» Un trait que je me rappelle peindra Dubouchet : Un homme était en prison pour délit ; on fit venir sa famille ; un enfant plut à Dubouchet : Voilà, dit-il, un enfant dont la figure m'intéresse ; qu'on rende la liberté au prisonnier. »

Un citoyen lit une lettre de Dubouchet qui récrimine contre les faits qu'on vient de lire ; il accuse Rousselin et son collègue d'être venus à Provins avec une pompe asiatique, d'y avoir vécu comme des Sardanapales, de s'être fait donner une garde d'honneur, etc., et Rousselin particulièrement d'avoir mené une fille avec lui pour ses menus plaisirs. — Rousselin réfute ces inculpations. — On réclame l'ordre du jour : il est adopté.

Séance du 14. — Julien de Toulouse, pendant ses fonctions de membre du comité de sûreté générale, avait fait un rapport sur les administrations fédéralistes. Il publia ce travail, et en fit hommage à la société des Jacobins et à la commune de Paris qui accepta de premier mouvement. A peine cette brochure fut-elle connue qu'elle devint, aux Jacobins, l'objet de dénonciations violentes. Elles eurent une conclusion à la séance du 14, dans laquelle Robespierre prononça un discours dont le texte n'a pas été conservé. Voici l'analyse du débat ; elle est littéralement extraite du *Moniteur*, comme celles qui précèdent.

—Un citoyen, qui se plaint de plusieurs inexactitudes qui se sont glissées dans le rapport de Julien de Toulouse, sur les départements fédéralistes, demande que la société lui adjoigne quatre autres de ses membres, pour demander à la Convention la révision de ce rapport.

Un autre citoyen demande qu'une commission de douze membres, pris dans la société, fasse elle-même cette révision.

Robespierre, dans un discours brûlant d'énergie et de patriotisme, démontre que cette mesure est incompatible avec les principes. Il termine par ce dilemme : « Ou ce rapport est bon, ou il est mauvais : dans le premier cas, on le doit approuver sans rien changer ; dans le second, il est inutile d'y toucher ; on ne rétablit pas ce qui est aristocrate, ce qui est feuillantin. »

Il affirme que ce rapport est contre-révolutionnaire ; il peint les malheurs de Lyon, la mort de l'infortuné Chalier avec des couleurs si touchantes qu'il fait frémir tous les cœurs.

« Ce rapport, ajoute-t-il, peint les magistrats du peuple qui se sont immolés à la République, et ont été massacrés par ses ennemis, comme des anarchistes, comme des hommes qui avaient provoqué les malheurs qui ont fondu sur leur tête. Du sein de la montagne, je vois des hommes qui assassinent la mémoire des héros de la liberté. Quoi! d'une part je vois des rebelles fuyant, échappant par une trouée à une armée considérable, par la faute de ses chefs ; je vois la prise de Lyon ne remplir qu'à demi les espérances des patriotes ; tant de scélérats impu-

nis, tant de traîtres échappés à la vengeance nationale, tant d'innocens qui ont péri sous leurs coups ; et je vois, de l'autre, de prétendus patriotes insulter à ces malheureuses victimes.....
Non, il faut que leur mémoire soit vengée ; il faut que ces monstres soient démasqués, exterminés, ou que je périsse. » (*Applaudissemens universels et réitérés.*)

Robespierre déclare que cette pitié qu'il voit dans tous les cœurs ne sera pas partagée par bien des hommes. Il en cite qui semblent avoir fait cause commune avec ceux dont il est question, et qui sans doute doivent bien s'étonner de ne figurer pas parmi les rebelles : c'est l'infâme Pressavin, que la société a chassé de son sein il y a peu de jours, et qui est l'auteur principal des malheurs de Lyon.

Enfin, en ne considérant que le rapport en lui-même, il regarde comme une injure faite à la société l'hommage d'un ouvrage contre-révolutionnaire ; il croit surtout que la municipalité de Paris a commis une erreur en l'acceptant ; et la conduite d'un représentant du peuple, en cherchant à s'entourer de suffrages étrangers lorsqu'il ne devait les attendre que de la Convention, est le comble de l'indécence. « Le moyen d'étayer son travail est fort extraordinaire. A-t-il cru, s'il était bon, que l'assentiment de la minorité des patriotes ne lui suffisait pas ? a-t-il cru, s'il était mauvais, que la faveur d'une municipalité, quelle qu'elle fût, pût le soutenir ? Non. La municipalité a fait une faute qu'elle réparera sans doute avec plaisir ; c'est à vous à lui en donner l'avis. Votre devoir est donc de rejeter cet hommage impur ; votre devoir est d'envoyer à la municipalité pour l'engager à rayer de ses registres une acceptation qu'elle n'a dû, ni pu faire. » (*On applaudit.*)

Brichet. « Ce n'est pas la première fois que Julien de Toulouse et quelques-uns de ses collègues me semblent ramper dans l'antre du mensonge et de la bassesse. N'eût-il fait que ce rapport, je le regarde comme coupable ; je demande son arrestation. »

Robespierre. Je n'ai pas prétendu que l'enthousiasme se mêlât à cette affaire ; des gens semblent s'y laisser entraîner, et peut-être entre-t-il dans le calcul de quelques-uns de poignarder les plus fermes appuis de la liberté du peuple, après avoir anéanti les traîtres. Je n'ai dénoncé qu'à regret un ouvrage dont j'ai vu l'auteur marcher longtemps sur la ligne parallèle des meilleurs patriotes. Il ne s'agit donc point ici d'arrestation ni de guillotine, il s'agit de sauver la liberté par des mesures sages, et celles que l'on semble vouloir prendre en ce moment ne sont pas du nombre.

» Je me réduis donc à demander l'adoption des deux motions : que la société refuse l'hommage du rapport, et engage la municipalité de Paris à en faire autant. »

Julien, de Toulouse. « J'entrais dans cette assemblée lorsque Robespierre développait son opinion sur mon rapport ; je croyais que ma profession de foi sur ce travail, dans la dernière séance, me mettait à l'abri de reproches ultérieurs : j'y réponds une fois pour toutes.

» Je n'ai point offert à la société mon travail comme un ouvrage qui fût digne d'elle ; mais, connaissant toutes les lumières dont elle est environnée, j'ai dû la prier qu'elle me les communiquât, afin d'en tirer tout le parti possible pour parvenir à la vérité.

» Quant à la Commune, je n'ai point prétendu non plus lui faire hommage de ce rapport ; mais il m'a semblé plus que juste de lui faire voir que cette ville qui a fondé la liberté, que les Parisiens, qui la créèrent et qu'on a tant calomniés, ne sont point les auteurs des troubles qu'on leur attribua, mais qu'ils prirent naissance dans les départemens voisins, par les intrigues de quelques factieux. Je lui devais cette preuve qui se trouvait dans mon rapport. Je la lui ai donnée, et je ne crois pas qu'il soit permis de mal interpréter cette offre. Il s'est trouvé dans mon travail des erreurs.... Mais je tiens à l'humanité, et je ne suis point infaillible. Cependant j'en atteste tous mes collègues : ne leur ai-je pas demandé de m'investir de toutes leurs connaissances ? ne les ai-je pas conjurés de me faire part de tous leurs renseignemens ?

Ai-je pu mieux faire, et n'ai-je pas rempli tous les devoirs attachés à mes fonctions? Je le répète, il n'est pas un cas où j'aie pu faire mieux, vu l'insuffisance des pièces et des détails qui étaient soumis à mon examen, et j'atteste surtout qu'il n'en est pas un où qui que ce soit eût pu faire mieux. »

Julien termine par prier qu'on charge de ce rapport une plume plus exercée que la sienne ; du reste, il est prêt à recommencer son travail et le faire réimprimer même s'il le faut. C'est ainsi qu'il répondra à toutes les imputations dont on pourrait le charger à l'avenir, et dont il peut démentir au moins les intentions qu'on lui prête.

Robespierre. « Je désirerais vivement d'être de l'avis de mon collègue ; mais je ne le puis. Je ne peux sacrifier le sang des patriotes, et nulle considération, pas même celle de l'amitié, ne me portera à transiger avec la vérité, ne me fera dire autre chose que ce que je pense.

» Vous avez pu remarquer que Julien a très-peu parlé du fond de la question. Il n'a pas eu à se plaindre de la tolérance de la société ; mais se rejetant sur les épisodes, il a beaucoup parlé de lui, de moi : il n'était point question de lui ni de moi.

» Il n'a justifié que ce que nous avons appelé son hommage à la municipalité. On sent que c'était là le plus léger reproche qu'on pût lui faire ; car, si son ouvrage eût été bon, ce n'eût été qu'une démarche imprudente, puisqu'il ne lui appartenait pas, avant que la Convention eût jugé son ouvrage, de capter des suffrages étrangers ; mais la chose enfin n'était pas inexcusable. »

Robespierre fait voir des rapports entre cette démarche et beaucoup d'autres qui tendent à compromettre la municipalité, qu'on a induite en erreur, à qui on a fait faire une fausse démarche auprès de celle de Bordeaux, qui, malgré ses belles apparences, est l'ennemie née de la ville de Paris, et le sera, relativement à son commerce, de la République. Il persiste à demander que la société rejette l'hommage du rapport, et envoie vers

la Commune de Paris pour l'engager à effacer son acceptation.
— Adopté à l'unanimité.

— Lorsque la Commune eut été informée de sa méprise, elle arrêta que le rapport de Julien serait livré aux flammes ; mais l'auteur lui-même étant venu désavouer son œuvre en plein conseil-général, et assurer qu'il avait été trompé, le conseil révoqua son arrêté : le rapport fut supprimé purement et simplement.

— Le 15, Taschereau annonça aux Jacobins l'arrestation de Desfieux. Collot-d'Herbois appela la société « au secours de ce patriote » ; une députation fut nommée pour aller réclamer sa liberté à la Commune. Le lendemain Desfieux vint remercier la société de l'intérêt qu'elle lui avait témoigné. Il rappela ses actes révolutionnaires, et déclara qu'il bravait ceux qui l'avaient fait arrêter, et qui l'accusaient « d'être un intrigant ». Cette affaire ne s'expliqua qu'à la séance du 23 et à celle du 24. C'est aussi dans ces deux séances qu'il fut question d'Hébert et de son journal ; en voici l'analyse :

Séance du 23. — *Hébert.* « On renouvelle contre moi la persécution qu'avait commencée la cabale qu'enfin le peuple a anéantie.

» Le comité, dit de surveillance, du département de Paris a fait arrêter mon journal et sa circulation dans les départemens, en me prévenant qu'il ne passerait plus dorénavant à la poste. J'ai appris que c'était pour une phrase prétendue dangereuse qui s'y trouvait ; la voici : « C'est que, si les administrateurs en général valaient les administrés, les choses iraient bien, et la République serait sauvée. » Je croyais ne dire qu'une vérité sentie de tous les bons patriotes et dans le cœur de tous les hommes sensés : on m'en fit un crime, on prétendit que j'avais voulu avilir les autorités constituées, moi qui prêche toujours le respect dû aux bons magistrats du peuple, moi qui ne recommande jamais que l'observation religieuse des lois.

» Pour vous faire voir que ceci est un système tramé contre moi, on ne s'est point contenté d'arrêter mon journal, mais des intrigans de ce pays-ci ont envoyé dans mon pays natal d'autres intrigans, pour prendre sur moi des renseignemens sur toute ma vie. Ils ont découvert qu'à l'âge de seize ans j'eus un procès criminel pour un de mes amis indignement persécuté et maltraité, dont je pris la cause. On vit que j'avais tenu tête à un des anciens parlemens, quoique alors il y eût quelques dangers. On vit que j'avais toujours été libre, on vit que j'étais républicain à seize ans, et que je m'exerçais déjà contre les despotes. On y vit de telles choses que l'homme qu'on envoyait s'écria : Il il est bien malheureux qu'on ne puisse pas obtenir prise sur ce coquin-là ! »

Dufourny. « Hébert vient de vous parler de meneurs, d'intrigans : je demande qu'il les nomme. »

Hébert. « C'est Fabricius, autrefois dit Leroi, ancien greffier du tribunal criminel, maintenant employé au comité de surveillance, c'est lui qui est allé scruter ma conduite dans mon département.

» Voici un autre fait. Vous vous rappelez le jour où, après une légère discussion que j'eus ici avec un homme qui jouit, à juste titre, de votre confiance et de votre amitié, il entra dans des explications dont la société fut satisfaite : je le fus aussi, et dès lors j'eus l'ame tranquille sur son compte. Le lendemain je le rencontrai ; il me tendit la main, m'embrassa, m'appela son meilleur ami ; je le crus.

» Je crois bien encore qu'il était sincère, et que ce sont de petits intrigailleurs qui ont usurpé son nom pour donner à leurs manœuvres beaucoup d'importance; mais quelque temps après, Fabricius dit à quelqu'un de mes amis : Vous croyez Danton réconcilié avec vous, il ne l'est pas ; souvenez-vous bien qu'il fera tout ce qu'il pourra pour vous perdre.

» Il m'est pénible de penser qu'un bon patriote, dont le nom est devenu illustre parmi les citoyens, puisse avoir sur mon compte de tels projets. Je repousse cette idée; mais je persiste, en demandant que le comité de surveillance du département soit obligé de laisser librement circuler mes feuilles dans les départemens. »

David, député. « Le lendemain du jour où Hébert eut avec Danton une explication dans cette assemblée, je le vis à la Convention, où il me dit : Je suis fort aise de m'être expliqué avec Hébert, car il m'en coûtait d'être mal avec ce garçon-là, que j'aime beaucoup. Je crois donc, comme Hébert, que ce sont de petits intrigans qui ont usurpé le nom d'un grand homme, pour donner de l'importance à leurs petits moyens. »

Momoro donne sur Fabricius des renseignemens pour prouver que son patriotisme est de fraîche date et au moins équivoque.

Chabot parle des principes de la liberté de la presse; il demande la surveillance la plus exacte sur les autorités qui voudraient intercepter les écrits patriotiques.

La société arrête qu'elle enverra au comité de surveillance une députation pour l'engager à protéger spécialement la feuille du père Duchesne.

Secondement, pour lui demander de surveiller les opérations du comité de surveillance du département de Paris.

Lavaux invite la société à ne pas charger des individus du soin d'obtenir justice pour les patriotes persécutés, mais à prendre en masse leur défense.

Desfieux. « J'ai été arrêté, et la société a bien voulu s'intéresser en ma faveur; si je n'ai pas d'abord dit ce que je pensais, c'est qu'il me répugnait de mal parler d'un patriote. Je crois que Dufourny l'est; mais je vais vous raconter ce qu'il a fait à mon égard : c'est lui qui m'a dénoncé au comité de sûreté générale, à l'administration de police ; c'est de sa main que j'ai vu écrit sur un bout de papier avec un crayon : Arrêtez Desfieux, il est de la faction girondine. »

Dufourny, administrateur du département de Paris. « Un étranger, nommé Proly, devait être arrêté en vertu de la loi du 7 de ce mois : Il était logé depuis longtemps avec Desfieux, sa demeure ne pouvait être donnée sans le nom de Desfieux. Cet ordre fut longtemps sans exécution, et je m'en félicitais, car, certain qu'il était dans un cercle d'intrigues, je prévoyais qu'il aurait des protecteurs jusque dans les comités de la Convention, et qu'il serait incessamment relaxé. C'est alors que je sentis que l'arbitraire dans les arrestations pouvait bien être vexatoire pour quelques citoyens en butte à des passions individuelles, mais que d'un autre côté les relaxations arbitraires, pouvant être funestes à la sûreté générale, il fallait trouver un moyen pour les rendre impossibles.

» Proly a été arrêté avec Desfieux qui se trouvait avec lui : le tourbillon s'est agité ; un bon mouvement de sensibilité s'est emparé des Jacobins ; ils ont cru voir un opprimé, ils ont volé à son secours, mais sur un simple exposé, mais sans connaissance de motif; on est allé en nombre extraordinaire enlever Desfieux, et avec lui l'inviolable Proly.

» Je déclare que j'ignorais que Desfieux eût été arrêté. Toutes les inculpations qu'on m'a faites sont fausses. J'avertis de nouveau que le jour des révélations arrivera. »

Collot-d'Herbois. « Je n'aime point qu'on inculpe vaguement Dufourny; je n'ai point oublié ce qu'il a fait pour la liberté; mais il a menti à lui-même, en disant qu'il n'avait point eu connaissance de l'arrestation de Desfieux. C'est certainement lui qui l'a provoquée ; il en avait même annoncé la nouvelle à Pache.

» Les intrigues dont je parle m'ont forcé à défendre Desfieux. Eh bien ! que Dufourny sache que ce procédé m'a attiré de Sainte-Pélagie, des Madelonnettes, vingt lettres d'aristocrates qui prétendent que je suis leur défenseur comme je le fus de Desfieux. Qu'il sente combien il m'était dur de me voir transformé ainsi en un défenseur d'aristocrates ; en un mot, que ce même Dufourny oublie un moment cet entêtement qui devient dangereux à la chose publique, et qu'il porte vraiment trop loin. Qu'il le réserve seulement contre nos ennemis, que je le voie comme je le vis à ce fauteuil où il nous présidait seize ou dix-sept qui étions échappés aux coups de fusil du Champ-de-Mars. C'est alors que Dufourny sera digne de vous, c'est alors qu'il sera digne de lui-même. » — Dufourny se présente pour répondre. — La société passe à l'ordre du jour.

Séance du 24 octobre. — *Collot-d'Herbois.* « On vient me provoquer à ma place ; deux fois l'on m'a répété : Desfieux, pour qui vous avez parlé hier, est un coquin, et vous en êtes un plus grand encore de l'avoir défendu. (*Ces mots excitent la plus grande indignation dans la société, on se précipite vers la porte d'où part le tumulte. Le président se couvre, le calme renaît.*)

» Ce matin Samba a dit à Gaillard, au tribunal révolutionnaire, qu'il serait bien vrai qu'avant quinze jours je ferais amende honorable pour ce que j'avais dit en faveur de Desfieux. Il n'y a qu'un instant, Moenne me répétait le même propos. Je n'y faisais pas attention, et je lui répondais : J'ai parlé à la société, faites-en autant, montez à la tribune. Alors Samba, s'approchant de moi, me pria de sortir et me provoqua de la manière la plus scandaleuse. Ceci est la suite des intrigues d'une femme qui parcourt vos comités.

Moenne. « Il y a quelques jours que Taschereau me dit : Je crois Desfieux un intrigant ; il a établi chez lui un bureau d'affaires où il trafique des places, et quand il ne peut faire lui-même l'acte d'autorité, il a l'impudence de se faire protecteur officieux auprès de Collot-d'Herbois. Voilà ce que je disais à Collot, voilà pourquoi il s'est fâché, car ceci n'était qu'une explication fraternelle.

Samba. « Il s'agit ici d'un homme qui se cache derrière le rideau de l'autrichien Proly, coupable d'une conspiration. »

Brichet. « Proly est un autrichien ; la femme dont il est question est anglaise, il faut les traiter de même ; la loi a prononcé sur eux. »

Samba. « Il est de fait que ce sont les liaisons de Desfieux avec Proly qui me l'ont rendu suspect.

» Voici une anecdote à l'égard de ce dernier. Proly, Pereyra, Dubuisson, à leur retour de Valenciennes, me parlèrent au comité de correspondance des projets de Dumourier sur Paris comme d'une chose dont ils avaient la connaissance intime, et proposèrent de se réconcilier avec les brissotins. Avec les brissotins, répondis-je, je me réconcilierai, le couteau à la main ! »

Desfieux. « J'atteste que je vis Proly au Palais-Royal se montrer dès le commencement de la révolution comme un bon patriote ; que le crime que sans doute on ne peut pardonner à Proly est d'avoir, avec ses deux collègues, dénoncé le premier Dumourier et avoir empêché le coup qu'il méditait. Je nie d'ailleurs avoir eu d'autres liaisons avec lui que celle de personnes qui demeurent dans la même maison ; je ne me constitue point son défenseur. »

Un membre du comité de surveillance du département de Paris vient répondre à l'inculpation d'Hébert, au sujet de l'arrestation du journal appelé *le Père Duchesne*.

Il fait l'énumération des services que ce comité a rendus à la chose publique, et ajoute que, ne sachant pas composer avec les principes, il a cru devoir arrêter une feuille, dont un paragraphe lui a semblé mériter cette précaution ; le voici à peu près :

« Si les bougres qui nous gouvernent, au lieu de nous déchirer comme des vautours, étaient laborieux comme des fourmis, les choses n'en iraient que mieux, et nous pourrions être bien gouvernés ; mais chacun rapine de son côté. »

Dufourny. « Je déclare que les autorités constituées ne doivent point se regarder comme apostrophées dans cet écrit. »

Momoro. « Je déclare que le *père Duchesne* a fait du bien dans toutes les armées. Si le comité n'était pas patriote, je demanderais sa destitution et sa traduction au tribunal révolutionnaire ; mais il est patriote : je demande seulement en faveur d'Hébert une réparation honorable au procès-verbal. » (*Applaudi, arrêté.*)

Saintex demande que le numéro d'Hébert soit envoyé à toutes les sociétés populaires pour terrasser le fanatisme. (Arrêté.)

JOURNAL

DES PRINCIPAUX PROCÈS

JUGÉS PAR

LE TRIBUNAL RÉVOLUTIONNAIRE (¹).

Depuis l'insurrection du 31 mai jusqu'au 31 octobre 1793.

Nous réunissons sous ce titre l'histoire de trois procès célèbres : celui de Custine, celui de Marie-Antoinette et celui des Girondins. Nous reproduisons textuellement le compte-rendu du *Moniteur*. — Le nombre des individus condamnés à mort révolutionnairement et exécutés à Paris, du 31 mai au 31 octobre, s'élève en tout à quatre-vingt-dix-huit. Quarante et un avaient été exécutés du 26 août 1792 au 31 mai 1793; ce qui fait un total de cent trente-neuf. Nous empruntons ce chiffre à un journal intitulé : *Liste générale et très-exacte des noms, âges, qualités et demeures de tous les conspirateurs qui ont été condamnés à mort*, etc. Le 1ᵉʳ n° de ce journal s'arrête au 11 janvier 1794.

Procès de Custine. — (*Commencé le 15, fini le 27 août.*)

L'accusé a d'abord assuré ses juges qu'il n'avait rien à redouter du tribunal devant lequel il a été renvoyé, parce que sa conscience était pure. Après s'être plaint de n'avoir reçu qu'hier au soir l'acte d'accusation porté contre lui, il a annoncé qu'il avait à présenter une liste de témoins à décharge.

---

(1) Le tribunal ne prit légalement le titre de révolutionnaire que par un décret du 29 octobre, rendu sur la motion de Billaud-Varennes. — Jusqu'à ce moment, il avait porté le titre de tribunal criminel extraordinaire.

(*Note des auteurs.*)

Interrogé de ses noms, surnoms, âge, qualités, lieu de naissance et demeure.

A répondu s'appeler Adam-Philippe Custine, ci-devant militaire, aujourd'hui citoyen, âgé de cinquante-deux ans, né à Metz, demeurant à Paris, rue et hôtel Grange-Batelière.

A lui observé qu'il avait une autre qualité.

A répondu qu'il était général en chef des armées du Nord et des Ardennes.

Le greffier donne lecture de l'acte d'accusation, dont la teneur suit :

Antoine-Quentin Fouquier-Tinville, accusateur public près le tribunal criminel révolutionnaire, etc.

Expose que par décret de la Convention nationale du 29 juillet dernier, Adam-Philippe Custine, ci-devant général en chef de l'armée du Nord et des Ardennes, a été traduit au tribunal révolutionnaire pour y être jugé, comme prévenu d'avoir trahi les intérêts de la République ; que, depuis, les pièces concernant son arrestation ont été remises à l'accusateur public, tant par la voie du comité de salut public de la Convention nationale, que par celle du comité de sûreté générale ; qu'examen fait desdites pièces par l'accusateur public, il en résulte que Custine, dès l'origine de la guerre que la République soutient avec toutes les puissances coalisées, a refusé un moment de s'emparer des gorges de Porentrui suivant l'ordre qu'il en avait reçu du maréchal Luckner, lors général en chef ; que passant ensuite en Allemagne à la tête d'une armée assez considérable, et suivant la conduite tenue par le traître Dumourier dans la Belgique, il s'est emparé successivement et avec rapidité des villes de Spire, Mayence et Francfort.

Que ces conquêtes faites, Custine, sans doute pour mieux couvrir la trahison qu'il tramait, a dénoncé le général Kellermann comme un traître ou un ignorant dans l'art militaire, et l'a accusé de l'avoir empêché de pousser ses conquêtes plus loin, en ne lui portant pas le secours qu'il attendait de lui ; que quoiqu'il fût instruit que l'opinion des habitans de Francfort n'était pas favorable à la révolution française, qu'ils la haïssaient même, ainsi que les Français ; ce dont il n'est pas permis de douter, d'après la manière infâme dont ces habitans en ont usé envers eux lorsque les Prussiens ont repris cette ville ; quoiqu'il fût également instruit que cette ville, abandonnée à ses propres forces, et quelle qu'en fût la garnison, n'était pas en état de soutenir de siège, Custine a néanmoins laissé dans cette ville une garnison d'environ trois mille hommes, au commandement d'un étranger qui bientôt a livré cette ville aux Prussiens qui, conjointement avec les habitans de Francfort, ont tué et massacré une grande partie des braves Français qui composaient cette garnison, de manière qu'il s'en est sauvé à peine huit cents ; que, quoique Custine ne pût jamais ignorer que la ville de Mayence, abandonnée à ses propres forces, ne résisterait pas tôt ou tard aux efforts combinés des puissances coalisées, et que ce seul motif fût suffisant non-seulement pour le déterminer à n'y pas jeter de l'artillerie, mais au contraire en faire retirer celle qu'il y avait trouvée, Custine, par un système tout opposé et qui ne peut être qu'un complot profondément combiné, ainsi que l'expérience nous l'a appris depuis, Custine, disons-nous, a dégarni la place de Strasbourg d'une grande partie de son artillerie, et l'a fait jeter dans la ville de Mayence, nonobstant les réclamations qui lui ont été faites à cet égard, en annonçant à la Convention et au pouvoir exécutif que cette ville était inexpugnable, et qu'elle serait le tombeau des Prussiens et des Autrichiens, tandis que dans le fond de l'ame il ne pouvait se dissimuler que cette ville serait au contraire le tombeau d'une partie des braves Français qui en composaient la garnison, et de l'artillerie immense qu'il y avait fait jeter.

Custine, semblable en tout au perfide et traître Dumourier, a, au mois de février dernier, sous prétexte d'indiscipline, licencié la gendarmerie qui lui était si nécessaire, tandis que cette gendarmerie n'avait d'autres torts que d'avoir réclamé auprès du général despote la même paie que celle qui lui était accordée avant d'aller aux frontières, au lieu de celle de vingt sous par jour, à laquelle il l'avait arbitrairement fixée et réduite ; Custine enfin, de son autorité privée, sans aucune forme, et toujours sous prétexte d'indiscipline, a fait fusiller différens officiers et gardes nationaux volontaires, notamment trois ou quatre dans des vignes, près de Spire, et au moment où ces volontaires étaient à manger du raisin. Custine, après avoir fait faire ainsi cette fusillade, s'est écrié : *Voilà comme on établit la discipline !*

Malgré la conviction dans laquelle Custine devait être que la ville de Mayence, abandonnée à ses propres forces, ne pouvait tenir contre les attaques réitérées de l'armée combinée des puissances coalisées, dans la crainte sans doute que cette ville ne tombât pas assez tôt au pouvoir des ennemis, lors de sa retraite de cette ville il la laissa sans vivres et sans munitions suffisantes, au point que la garnison était réduite à manger des *rats*, des *souris* et du *cuir* ; Custine feignant, lors de sa retraite de Mayence, de vouloir sauver une partie de la garnison et de l'immense artillerie qui y était, donne l'ordre à une partie de la garnison de partir avec une partie de cette artillerie ; mais quel temps choisit-il pour faire exécuter cet ordre ? celui où le renfort qu'attendaient les armées combinées est arrivé ; alors cet ordre n'a pu être exécuté, et la garnison et l'immense artillerie sont restées dans Mayence ; et, lors de sa reddition, cette immense artillerie est devenue la proie des ennemis de la République.

Tandis que la ville de Mayence était ainsi abandonnée à ses propres forces, et que Custine, malgré la forte garnison qui y était, savait que cette ville, dépourvue des choses les plus nécessaires, ne pouvait résister, il écrivait à la Convention qu'il n'y avait rien à craindre sur le sort de cette ville ; qu'elle se soutiendrait, et que l'armée de la Moselle ne devait aller à son secours que le 12 du présent mois d'août, tranquillisant ainsi, d'un côté, sur le sort de cette ville, et paralysant, de l'autre, l'armée de la Moselle.

Custine, par cette manœuvre criminelle, a obligé la garnison de Mayence à capituler le 28 juillet dernier, et a, par cette capitulation forcée, fait perdre à la République une artillerie aussi précieuse qu'immense.

Cependant Custine n'avait jamais ignoré un instant l'état de détresse de Mayence, puisque dès le commencement du blocus de cette ville le général Douairé a eu une conférence avec un agent de Custine, en présence du général prussien, et que, dans cette conférence, l'agent de Custine a glissé au général Douairé un billet signé de la main de Custine, mais écrit par une main étrangère, par lequel billet le général Douairé était engagé à entrer en négociation pour la reddition de cette ville, et que le citoyen Rewbell, commissaire de la Convention, et les citoyens Darzincourt, Klébert, Ledieudeville et Beaupuy ont assisté à la conférence et ont eu connaissance du billet en question.

Custine, lors de sa retraite de Mayence, s'est opiniâtré, nonobstant les représentations qui lui ont été faites, à ne vouloir pas conserver l'importante place de Kernesheim, poste d'autant plus intéressant, qu'en le conservant on aurait empêché que les ennemis eussent jamais pu pénétrer sur le territoire Français par la frontière de Landau, et que sa perte empêchera les armées françaises de pouvoir rien entreprendre sur le Palatinat. Custine a annoncé, le 25 mai dernier, à l'armée du Rhin et de la Moselle, dont il était alors le général en chef, qu'il venait d'être nommé général en chef de l'armée du Nord et des Ardennes; qu'il avait accepté ce commandement, et qu'il partirait le même soir ou le lendemain matin; cependant, nonobstant cette annonce, et le même jour, Custine forme un plan d'attaque générale; il écrit à Chamberniac, commandant au fort Vauban, de passer le Rhin avec deux mille hommes, et d'attaquer les ennemis sur l'autre rive, qui étaient au nombre de dix mille.

Custine écrit le même jour, 15 mai, à Houchard, et lui ordonne de faire marcher toute l'armée de la Moselle pour s'emparer du château-fort de Curourberck, et Custine s'exprime ainsi :

« Après l'expédition finie, vous vous retirerez, mon cher Houchard, dans votre position actuelle, emmenant avec vous le plus de Prussiens que vous pourrez : *Ce sont des Prussiens, il ne faut pas tout tuer;* mais, quant aux Autrichiens et Hessois, je vous les abandonne ; faites-en chair à pâté. »

Ces deux plans devaient s'exécuter le 17 ; mais heureusement Chamberniac désobéit à Custine, qui n'était plus son général; car, sans cette désobéissance, la République, d'après toutes les mesures prises par Custine, éprouvait encore évidemment un échec dans cette partie.

Le même jour, 17 mai, Custine fait marcher trente mille hommes pour en attaquer six mille en avant des lignes de la Lauter ; mais ses ordres sont tellement donnés ou si mal exécutés que les colonnes, arrivant sur l'ennemi, décousues ou sans ordre de bataille, sont repoussées avec beaucoup de perte, et ne peuvent se rallier qu'à une certaine distance ; alors Custine paraît; et, malgré la demande réitérée des troupes de retourner à l'ennemi, il donne l'ordre de la retraite; et, quoiqu'il ne fût plus général de cette armée, il y reste jusqu'au 25 mai dernier, y commande toujours, et ordonne des attaques démontrées fausses et nuisibles aux intérêts de la République; et, le même jour 25 mai, l'armée du Nord, sans général, est défaite, et le camp de Famars enlevé.

D'après un plan entre Houchard et Guillemin, tout était préparé pour qu'Arlon fût attaqué le 9 juin dernier, à huit heures du matin, par les deux armées combinées. Cette attaque n'a été faite que par la colonne commandée par Delange, et deux mille hommes commandés par Beauregard, venus de l'armée des Ardennes, parce que Custine avait donné contre-ordre à Guillemin d'exécuter ce plan, attendu qu'il ne voulait ni prendre Arlon, ni brûler ses magasins ; et, si la bravoure de douze mille hommes n'eût fait enlever ce poste, il serait impossible de calculer les suites funestes qui devaient en résulter pour la République.

Custine est si peu républicain que, quoiqu'il affectât sans cesse, en toute occasion, de se qualifier tel, un soir, étant à souper chez lui, à Mayence, et entouré d'un grand nombre d'officiers, vers la fin de janvier dernier, en parlant du ci-devant roi, dont il apprenait la mort, il dit : *Tout est fini* ; puis, gardant un morne silence, qui ne fut interrompu que par une autre exclamation : *Ce n'était pas mon avis ; il fallait garder le roi pour otage, et non le faire mourir.* D'après un pareil propos, il ne faut plus être étonné des expressions de Barbaroux, dans sa lettre imprimée, datée de Caen, du 18 juin dernier, lorsqu'il y parle de Custine. « Heureusement (dit Barbaroux dans cette lettre) Custine commande sur cette frontière... » ni de celles que l'on trouve dans un écrit imprimé et intitulé : *Bulletin officiel du bureau de correspondance de l'armée centrale, séant à Rennes,* 5 juillet. « L'assemblée centrale a arrêté qu'il sera écrit au général Custine, pour l'inviter à rester à son poste, quand même la faction de la Convention ou le pouvoir exécutif le destituerait, en lui déclarant qu'il mérite toujours la confiance du peuple. »

Cette manière de s'exprimer de la part des rebelles, sur le compte de Custine, ne permet pas de douter un seul instant des motifs qui ont déterminé ce dernier dans la conduite qu'il a tenue pendant qu'il était général.

Custine, arrivé à l'armée du nord et des Ardennes, ne s'est pas démenti. Il a fidèlement suivi la marche qu'avait tenue le traître Dumourier lors de sa retraite de la Belgique; Custine, sous le vain prétexte que cette armée était désorganisée et indisciplinée, l'a laissée dans l'inaction la plus répréhensible, ne s'est occupé nullement de protéger, par aucun moyen, les villes de Condé et Valenciennes, et les autres villes frontières qu'il savait assiégées, de façon que, par cette indigne manœuvre, Condé et Valenciennes sont maintenant au pouvoir des ennemis, avec une artillerie formidable et semblable à celle que Custine a fait perdre à Mayence ; que les autres villes frontières sont menacées et attaquées dans cette partie, et qu'en un mot le territoire français est entamé par les puissances coalisées, ce qui ne serait pas arrivé si Custine avait fait faire le plus léger mouvement à l'armée du Nord et des Ardennes pour protéger ces deux villes prises et celles menacées. Mais, loin d'avoir ordonné ces mouvemens, Custine, au contraire, pour consommer sans doute plus à loisir sa trahison, a cherché à faire tirer de la ville de Lille, déjà menacée d'un nouveau siége, soixante-seize bouches à feu, pour les transporter au camp de la Magdeleine ; et, nonobstant les sages représentations à lui faites par Favart, commandant cette place importante, dans sa lettre du 25 juin dernier, Custine a, par sa lettre du 2 juillet dernier, persévéré à vouloir faire extraire de cette place ces soixante-seize bouches à feu, de sorte que non content d'avoir, par son inaction coupable, exposé les villes de Condé et de Valenciennes à être prises, comme elles l'ont malheureusement été, son intention criminelle bien prononcée était, en dégarnissant ainsi Lille d'une artillerie qui lui était nécessaire, en cas du nouveau siége dont cette ville était menacée, de la livrer plus aisément au pouvoir des ennemis ; et ce qui caractérise davantage cette intention criminelle de Custine, c'est que Lamarlière, autre général aux ordres de Custine, s'occupait de son côté de dégarnir la ville des approvisionnemens dont elle était pourvue.

Telle est la manière perfide et combinée qu'employait Custine pour anéantir cette liberté si chère à tout être pensant, étouffer et pulvériser jusqu'à la plus légère trace de la République naissante.

D'après l'exposé ci-dessus, l'accusateur public a dressé la présente accusation contre Adam-Philippe Custine, ci-devant général en chef de l'armée du Nord et des Ardennes, pour avoir méchamment et à dessein abusé de la qualité de général des armées, et avoir, à la faveur de cette qualité, trahi les intérêts de la République, en entretenant des manœuvres et des intelligences avec les ennemis de la France, et, par suite de ces manœuvres et intelligences, d'avoir facilité l'entrée des ennemis dans les dépendances de la République, et de leur avoir livré des villes, forteresses, magasins et arsenaux appartenant à la République : ce qui est contraire à l'article IV de la section Ire du titre Ier de la IIe partie du code pénal. En conséquence, l'accusateur public requiert qu'il lui soit donné acte par e tribunal assemblé de la présente accusation ; qu'il soit ordonné qu'à sa diligence, et par un huissier du tribunal, porteur de l'ordonnance à intervenir, ledit Custine, actuellement détenu en la maison d'arrêt de la conciergerie, sera écroué sur les registres de ladite maison de justice; comme aussi que l'ordonnance à intervenir sera notifiée à la municipalité de Paris.

Fait au cabinet de l'accusateur public, ce 14 août 1793, l'an 2 de la République une et indivisible. *Signé* FOUQUIER-TINVILLE.

On procède à l'audition des témoins.

Joseph-Marie Lequinio, député à la Convention nationale, ci-devant commissaire à l'armée du Nord, dépose ne point connaître l'accusé, observant à cet égard que dans le temps que lui, déposant, se trouvait à l'armée du Nord, Custine n'y était pas encore arrivé.

Le président à l'accusé. N'avez-vous rien à dire contre la déposition du témoin?

R. Le témoin peut dire dans quel état se trouvait l'armée du Nord à l'époque qu'il y était.

Le président au témoin. En quel temps avez-vous quitté l'armée du Nord, et en quel état se trouvait-elle?

R. Je l'ai quittée le lendemain de la mort de Dampierre; elle était alors au camp de Famars, environnée de redoutes, en un mot en très-bon état; à la vérité, il n'y avait pas toute la cavalerie que l'on aurait pu désirer.

L'accusé. Il viendra un temps où je ferai connaître l'état où se trouvait cette armée quand j'y suis arrivé.

On entend un autre témoin.

Léonard Bourdon, député du Loiret à la Convention nationale, dépose n'avoir aucune connaissance des faits contenus en l'acte d'accusation, sinon que, se trouvant dans le département du Jura au mois d'avril dernier, une dame lui fit voir une lettre que son fils, jeune homme de vingt ans, lui adressait de l'armée du Rhin, dans laquelle il était dit que leur brave général (Custine) les avait passés en revue devant Wissembourg, et leur avait dit: Mes amis, ce n'est pas ma faute si vous manquez de tout ; c'est la f..... Convention qui ne vous envoie pas ce qu'il vous faut.

Le président à l'accusé. Avez-vous quelques observations à faire sur la déposition du témoin ?

R. Oui, j'en ai même beaucoup : il faut savoir qu'il n'est jamais entré dans mon caractère d'inculper la Convention nationale des dénûmens où s'est trouvée l'armée que j'avais sous mes ordres, mais bien le ministre Beurnonville, qui a sans cesse contrarié mes plans de campagne, en donnant des ordres diamétralement opposés à ce que je lui demandais d'ordonner : sans lui, le Palatinat n'aurait point été évacué. Si, dans ces derniers temps, Mayence ne s'est point trouvé approvisionné, comme on avait lieu de le penser, c'est encore à lui que l'on est en droit d'attribuer ce malheur, en ce que, dans le temps, il m'avait assuré qu'il y avait fait passer, sur mes demandes réitérées, les subsistances nécessaires pour soutenir un long siége. Ainsi c'est à tort que l'on pourrait m'accuser de n'avoir pas pris les précautions convenables relativement à cette place ; je ferai voir, quand il en sera temps, mon innocence à cet égard.

Un autre témoin est entendu.

Louis Montaut, représentant du peuple près les armées du Rhin et de la Moselle, dépose qu'ayant été envoyé auxdites armées après la retraite de Mayence, pour surveiller les opérations et la conduite des généraux, il y était arrivé avec ses collègues Ruampe et Soubrany : alors ayant interpellé l'accusé de déclarer à combien il pensait que pouvait se monter l'armée ou du moins les armées combinées qu'il croyait avoir à combattre, il avait répondu que, sur le rapport des espions, il pensait avoir devant lui cent cinquante mille hommes ; le déposant observe que le général Houchard, qui commandait l'avant-garde, lui avait dit, ainsi qu'à ses collègues, que si Custine lui avait voulu donner une arrière-garde seulement de douze mille hommes, il se serait battu avec vigueur. Effectivement Houchard s'était si bien posté que, quoiqu'il eût peu de monde, l'ennemi n'osa point l'attaquer, malgré les forces considérables qu'il avait.

L'accusé. C'est moi qui avais indiqué à Houchard de tenir le poste important dont parle le déposant.

Le témoin continue et dit : Citoyens jurés, voici un fait que vous voudrez bien ne point perdre de vue. A Hagueneau, on était si persuadé que l'armée rétrograderait que les dames y avaient d'avance préparé des logemens pour les officiers. Un autre fait : c'est que le citoyen Meunier, qui était alors capitaine dans l'armée du Rhin, et qui est aujourd'hui général de division à la même armée, arrivant d'une ville d'Allemagne où il avait été fait prisonnier, a remis, à lui témoin, un billet qu'il a assuré être écrit de la propre main de Custine; il est daté du 26 février dernier, et est ainsi conçu :

Citoyen commandant de Kœnigstein, vous ferez la capitulation la plus honorable aux Français, et vous viendrez me rejoindre à Landau, parce que des raisons majeures m'obligent à me retirer par cette place.

Le témoin ajoute que le citoyen.... lui a dit qu'un agent de Custine est venu pendant le siége de Mayence demander une entrevue au général Douairé, qui y commandait ; qu'au lieu d'une, il y en eut deux, et que dans une desdites conférences, il fut remis, de la part de Custine, un billet portant invitation de livrer la place aux Prussiens ; que Douairé doit avoir entre les mains ce billet.

L'accusé. A l'égard de ces deux billets, c'est un tour des Prussiens, attendu qu'ayant écrit une lettre au général Meunier, pour m'informer de l'état où il se trouvait, en un mot de sa position, un espion m'apporta une réponse, et me dit que si j'avais autre chose à mander à ce général, il s'en chargerait volontiers, ainsi que de l'argent, dont il me marquait avoir besoin dans sa lettre : je lui confiai cent douze louis d'or. Eh bien ! j'ai su depuis que le général Meunier n'avait vu ni les lettres ni l'argent; ainsi donc, il en est de même du billet que l'on dit avoir été remis de ma part au général Douairé : ce ne peut être que les Prussiens qui en sont les rédacteurs.

Le témoin parle ensuite de la lettre écrite au général Houchard, par Custine, lors de l'affaire du 17 mai, dans laquelle il lui marquait de s'emparer du château-fort de Curourberck, et lui disait : « Après l'expédition finie, vous vous retirerez, mon cher Houchard, dans votre position actuelle, emmenant avec vous le plus de Prussiens que vous pourrez : *Ce sont des Prussiens, il ne faut pas tout tuer*; mais, quant aux Autrichiens et Hessois, je vous les abandonne; faites-en chair à pâté. »

L'accusé, à cet égard, observe que les motifs qui l'ont engagé à écrire cette lettre à Houchard, étaient que le bruit s'étant répandu dans l'armée qu'un bataillon des Vosges, qui avait été fait prisonnier par les Prussiens, avait été massacré, il en écrivit au général Hohenlohe, qui commandait la colonne qui avait enveloppé ledit bataillon, en lui représentant que c'était agir contre toutes les lois de la guerre que d'en agir ainsi, attendu qu'alors il avait à craindre la représaille. Hohenlohe répondit dans une lettre que ce fait était de la plus grande fausseté, puisque, bien loin d'être massacré, le bataillon avait été traité avec tous les égards dus à l'humanité, ce qui se trouvait affirmé par d'autres lettres des officiers et soldats composant ledit bataillon, que le général prussien lui faisait aussi passer.

Ces lettres ayant été, par lui accusé, communiquées à l'armée qui était sous ses ordres, lui firent le plus grand plaisir en apprenant la fausseté de cette nouvelle, qui ne pouvait avoir été répandue que dans l'intention de porter les troupes à faire main-basse sur les prisonniers prussiens, afin que cette nation, à son tour, ne manquât point de massacrer les prisonniers français qui auraient le malheur de lui tomber entre les mains, ainsi que cela avait eu lieu précédemment de la part des Autrichiens. Voilà les seuls motifs qui m'ont engagé à recommander les prisonniers prussiens à Houchard, dans la lettre dont il est question.

Le témoin entre ensuite dans des détails d'opérations militaires, sur lesquels nous reviendrons, attendu qu'il en sera parlé souvent dans le cours des débats.

Le déposant ajoute qu'il a entendu dire qu'au moment où la nouvelle de la mort de Louis Capet est parvenue dans Mayence,

Custine, qui alors était à table, en parut d'abord comme extasié; puis un instant après, il se mit à dire : Ce n'était point mon avis, j'aurais voulu qu'on le gardât pour otage; enfin qu'il a été également instruit que Custine faisait fusiller les officiers et soldats de son armée pour les fautes les plus légères.

L'accusé. Je n'ai jamais fait entendre d'exclamations sur la mort de celui qui a attiré sur sa patrie les armées ennemies pour la dévaster; loin de moi une pareille pitié! J'ai pu dire que l'on nous aurait fait la guerre avec moins d'acharnement si nous l'avions gardé en otage; voilà tout.

A l'égard d'avoir fait fusiller arbitrairement des officiers et soldats, cela n'est point exact. Voici le fait : lors de la prise de Spire, les boutiques des horlogers furent pillées, ainsi que les principales églises, dont on cassa les vases sacrés; on pilla également les maisons religieuses. Je sentis sur-le-champ que, si de pareils délits n'étaient point réprimés, il pourrait en résulter les conséquences les plus funestes pour l'honneur et le succès des armes de la République; après avoir pris les informations nécessaires, je fis assembler dans une plaine trois mille grenadiers que l'on m'avait dit être du nombre des pillards. Là, je les fis fouiller; on trouve sur un grand nombre des preuves du délit; comme j'étais autorisé par décret de la Convention nationale à faire des réglemens qui, provisoirement, avaient force de loi, j'ordonnai que l'on fît tirer entre eux les plus coupables au sort, ce qui ayant été exécuté, plusieurs furent fusillés : cet exemple frappant ramena la subordination, dont une armée ne doit jamais, dans aucun temps, s'écarter : car, qui voudrait commander une armée qui se livrerait au pillage et qui porterait dans les pays où les armes de la République peuvent pénétrer la crainte de la violation des propriétés? ce ne serait certainement pas moi qui voudrais en être le chef; j'observe d'ailleurs que la conduite que j'ai tenue dans cette occasion a été par moi soumise à la sagesse de la Convention, qui daigna, par un décret honorable, approuver le rude, mais nécessaire exemple que j'avais fait.

Sur l'interpellation faite à Custine de déclarer s'il a envoyé à la Convention nationale le réglement qu'il dit avoir fait pour le maintien de la discipline dans l'armée qu'il commandait, il s'exprime ainsi qu'il suit :

R. Je l'ai envoyé dans le temps au comité militaire.

Le président à l'accusé. Avez-vous encore quelques observations à faire sur la déposition du témoin ?

R. Oui, il me reste à répondre sur l'inculpation qui m'est faite d'être resté à l'armée du Rhin après avoir reçu l'ordre de me rendre à celle du Nord ; d'avoir en outre donné des ordres au général Houchard, et notamment de lui avoir recommandé l'humanité envers les prisonniers prussiens. Citoyens jurés, je connaissais toute l'étendue de la tâche pénible que j'allais remplir ; je n'ignorais pas que j'allais entreprendre de commander une armée défaite tant par les trahisons de Dumourier que par les combats que livra le général Dampierre aux ennemis, voulant toujours les attaquer, tandis que, pour les vaincre, il fallait les tourner sans cesse, et non les attaquer ; d'un autre côté, la prise du camp de Famars en avait détruit un grand nombre. Néanmoins je sentais que si je refusais d'accepter ce commandement pénible, on ne manquerait point de me calomnier, en disant que je me refusais à montrer du caractère dans un moment où la République avait le plus grand besoin de mes services. Ces considérations m'engagèrent donc à accepter, décidé à répandre jusqu'à la dernière goutte de mon sang pour le service et le bonheur de ma patrie.

Je finis donc en observant que, si je ne me suis rendu que le 25 mai à l'armée du Nord, c'est que j'étais alors tourmenté d'une colique qui ne me laissait dormir ni jour ni nuit ; c'est là le seul motif qui m'a empêché de me mettre en route plus tôt.

Le témoin Montant entré ensuite dans les détails de l'affaire d'Arlon. Houchard, qui s'était transporté à Bitche pour se concerter avec Beauharnais sur la grande opération de Mayence, reçut une lettre du général Guillemin, dans laquelle il lui marquait qu'il ne pouvait se transporter à Arlon avec sa division, parce qu'il avait reçu un ordre du général en chef Custine, qui lui avait défendu d'y aller. Delaage, qui ignorait ce fait, se trouva seul à se battre à Arlon, contre les Autrichiens qui y étaient retranchés; s'il avait été soutenu par la division qu'il attendait de Guillemin, il n'y a point de doute qu'après avoir mis les ennemis dans une déroute complète, il les aurait poursuivis jusque dans Luxembourg, et y serait même entré avec eux, puisque la garnison n'était composée que de dix-huit cents hommes.

L'accusé sur ce fait répond qu'il ignore si une pareille lettre a été écrite à Houchard; qu'il était bien loin d'empêcher Guillemin de se rendre à Arlon avec sa division, puisque c'était lui, accusé, qui en avait ordonné l'attaque; d'où il conclut que si une pareille lettre a pu être écrite, c'est Guillemin qui a pris sur lui de ne pas y aller.

Le témoin continue, et dit qu'il a été envoyé, ainsi que ses collègues, à l'armée du Rhin et de la Moselle, pour y surveiller la conduite des généraux; que dans une conversation qu'il eut avec l'accusé, celui-ci parla de deux lettres qu'il avait écrites, l'une au duc de Brunswick, et l'autre au roi de Prusse. Alors, lui déposant, lui dit : Général, je ne vous aurais point parlé de ces lettres ; mais, comme c'est vous qui en parlez, je vous dirai franchement que vous avez eu tort de les écrire, attendu que moi et mes collègues, représentans d'un peuple libre, nous ne croyons ni à la philosophie du premier, ni à l'humanité du second.

L'accusé répond qu'il a écrit au roi de Prusse et à Brunswick, pour réclamer un prisonnier d'importance, qui était entre leurs mains, lequel se nommait Boze, et capitaine au 85ᵉ régiment, dont on lui avait vanté le civisme. Il observe, en conséquence, que dans une pareille occasion on ne pouvait pas leur écrire de sottises. Il prie à cet égard le tribunal de vouloir bien lui accorder le temps nécessaire pour faire venir un grand nombre de témoins justificatifs, qui ne peuvent qu'éclairer le tribunal sur sa conduite militaire.

L'accusateur public s'oppose à ce qu'il soit fait droit, pour le présent, sur la demande de l'accusé, sauf à y faire droit avant la clôture des débats, s'il y a lieu.

Le tribunal, par un jugement, confirme le réquisitoire de l'accusateur public, et ordonne que les débats seront continués.

Le président à l'accusé. De combien d'hommes était composée la division du général Guillemin, qui devait marcher sur Arlon ?

R. Je l'ignore ; je lui avais seulement ordonné de marcher avec la division tout entière.

L'accusateur public observe que, dès qu'il fut instruit que Guillemin n'avait point fait son devoir à Arlon, il aurait dû le faire arrêter ; il aurait préservé la République d'une autre trahison que Guillemin vient de commettre, en livrant aux ennemis le camp de César, qu'il commandait.

L'accusé garde le silence.

Le président. A l'affaire du 27 mai, la troupe que vous commandiez ne vous a-t-elle point invité de la reconduire au combat ?

R. Jamais il ne m'a été fait une pareille proposition.

Le président. Mais pourquoi, ce jour-là, vous qui aviez trente mille hommes sous vos ordres, et qui n'en aviez que six mille contre vous, n'avez-vous point tenté d'enlever le poste de Kernesheim?

R. Il faisait une chaleur excessive, et nous n'avions point d'eau pour donner aux soldats qui étaient harassés de fatigue ; d'ailleurs, le malheur est venu de ce que le général Ferrière ne m'a pas secondé dans cette affaire.

On entend un autre témoin.

Antoine Merlin, représentant du peuple et commissaire de la Convention nationale auprès des armées du Rhin et de la Moselle, dépose qu'il s'est élevé dans le temps à la Convention nationale contre la désobéissance de Custine aux ordres du maréchal Luckner, lorsque celui-ci lui commandait de s'emparer des gorges de Porentrut

L'accusé. Il n'a pas dépendu de moi de m'emparer de ces gorges; mais, pour y réussir, il fallait en avoir les moyens; premièrement, c'est qu'à cette époque je n'avais point de soldats; secondement, je ne pouvais exécuter, le vendredi, des ordres reçus le lundi. Il y a quinze lieues de Béfort aux gorges de Porentru, et il fallait s'organiser pour y aller. Ayant fait sur ce sujet, quelques jours après, des observations à Luckner, il me répondit avec ingénuité qu'il en avait agi ainsi pour se mettre à couvert de la responsabilité qui pesait sur sa tête.

A l'égard de la rapidité des conquêtes de Custine en Allemagne, le témoin observe que l'accusé n'a trouvé de résistance qu'à Spire, et encore quelle résistance? celle de trois mille hommes contre vingt mille.

Sur ce qui concerne les dénonciations de Custine contre Kellermann, le déposant déclare qu'il les a toujours regardées comme de pures calomnies, attendu qu'il est à sa connaissance qu'il faisait alors tout ce qui dépendait de lui pour garder les gorges et revers des Vosges.

Le témoin ajoute qu'il lui a été dit à Mayence que des députés de Coblentz étaient venus trouver l'accusé, et l'avaient invité à venir s'emparer de leur ville, mais qu'il s'en était excusé, en disant qu'il n'avait point assez de monde pour occuper tant de pays.

L'accusé. Le fait est vrai. On m'avait offert deux millions de florins; mais, quelque bonne volonté que j'eusse d'accepter cette proposition, je ne le pouvais pas, attendu que je n'étais pas secondé par Kellermann.

Le témoin continue et dit que l'accusation relative à Francfort ne lui paraît point fondée, attendu que Custine, quand même il aurait laissé dans cette ville une garnison de douze mille hommes au lieu de trois mille, il n'aurait pu empêcher vingt-cinq mille Prussiens qui l'assiégeaient de s'en rendre maîtres. Le seul tort que l'on pourrait reprocher à l'accusé est de n'avoir pas, immédiatement après la prise de cette ville, fait contribuer les habitans et enlever l'artillerie qui s'y trouvait.

L'accusé répond qu'il n'a conservé Francfort que pour retenir les Prussiens le plus de temps qu'il pourrait, pendant que l'on fortifiait Mayence; que, d'un autre côté, les fourrages qui s'y sont trouvés en ont été enlevés par ses ordres; pour des bouches à feu, il y en avait peu; enfin il regardait Francfort comme un poste d'avant-garde.

Le témoin observe au tribunal que c'est également à tort qu'il est dit, dans l'acte d'accusation, que Custine a tiré des remparts de Strasbourg l'artillerie qu'il a jetée à Mayence. La vérité est qu'il l'a tirée du parc d'artillerie de ladite ville, mais non des remparts; d'ailleurs il n'y avait point trop d'artillerie à Mayence, la moitié est en ce moment hors d'état de servir, par l'usage fréquent que la garnison en a fait. Mais Custine a trop de talent pour ignorer que Mayence, abandonnée à elle-même, ne pouvait point se soutenir sans une armée intermédiaire d'observation; et cela est si vrai, que si nous n'eussions été maîtres de la tête de Goudrelouz, Mayence n'aurait point tenu huit jours.

L'accusé. Le témoin a raison de dire que je n'ai point dégarni Strasbourg. L'occupation de Mayence forçait nos ennemis à disperser leurs armées sur une étendue de plus de soixante-dix lieues. Le Rhin et le Mein, par où ils tiraient leurs subsistances, n'étaient plus rien pour eux : avec une armée de cent mille hommes, si je les avais eus, j'en aurais tenu deux cent mille en échec. Sans doute il aurait été nécessaire de prendre Manheim : cela me fut proposé par des représentans du peuple; le témoin même y était, mais les moyens me manquaient; trois mille Bavarois y étaient arrivés dans le mois de décembre, et en avaient renforcé la garnison. On dira peut-être : Mais vous auriez pu bombarder Manheim de l'autre côté du Rhin. Mais qu'aurait été un bombardement, le Rhin étant entre deux? et, pendant que j'aurais fait bombarder, les ennemis que je tenais en échec auraient eu le temps d'accourir au secours de cette ville : le bombardement aurait donc été fait en pure perte. D'un autre côté, les ennemis de la révolution, qui étaient en grand nombre dans la ville, n'auraient pas manqué de dire aux habitans : Voyez ces Français, ils ne peuvent vous vaincre; eh bien! ils veulent vous abîmer, etc. En prenant Francfort, je m'étais assuré un pont sur le Mein, sur lequel je pouvais passer pour attaquer Manheim. Il faut remarquer que je n'avais que vingt-trois mille hommes, tandis que les ennemis étaient cinquante-deux mille; j'étais d'ailleurs occupé à accélérer la construction du fort de Cassel. Tout le monde sait que, sans ce fort, Mayence ne pourrait tenir. En prenant Francfort, mon plan était de faire contribuer, de fourrager, de brûler et dévaster le pays, et de rentrer en France par le Palatinat. J'avais le dessein de terminer la guerre en une seule et même campagne; je disais même aux citoyens qui avaient ma confiance : Laissez entrer les ennemis de la République sur notre territoire; plus ils entreront avant, plus il nous sera aisé de les détruire. Vous les arrêterez dans les défilés de Château-Thierry et de Soissons; alors moi je rentrerai en Allemagne, j'annoncerai la destruction de leurs phalanges, et il me sera aisé d'y opérer une révolution. Citoyens jurés, ces mesures et ces vues n'étaient point celles d'un traître.

Voilà la position où je me trouvais à la fin de janvier. Le fort de Cassel se construisait avec rapidité, nonobstant la rigueur de l'hiver qui était très-froid. J'avais beaucoup de soldats attaqués de maladies légères que le printemps pouvait dissiper. Je savais qu'il y avait dans Mayence dix-huit mille sacs de farine, vingt-deux mille sacs de blé et quatorze moulins, dont il fallait à la vérité laisser environ sept pour les habitans. Je savais qu'il y avait une grande quantité de sel. J'observe à cet égard que plusieurs journaux, mal informés sans doute, ont publié que j'en avais, étant dans Mayence, vendu une partie à mon profit. Je désirais que les moulins fussent disposés en losanges, afin que, si les uns venaient à être brûlés, les autres ne le fussent pas. Je savais qu'aux approches du siége la consommation deviendrait plus grande. Personne n'ignore que les généraux n'ont point à leur disposition les fonds nécessaires pour l'approvisionnement des places. J'écrivis donc au ministre Pache de faire passer dans Mayence tout ce dont cette ville pouvait avoir besoin. Il le fit;

mais au moment que cela s'opérait il fut remercié. Beurnonville entra au ministère. Tout le monde sait qu'il n'était point d'avis, dans le conseil exécutif, de conserver Mayence. Néanmoins il continua d'y faire passer des vivres pendant quelque temps; mais bientôt il cessa d'y en envoyer. J'ordonnai aux habitants de Mayence, par une proclamation, de s'approvisionner au plus tard pour le 14 avril; mais malheureusement cela ne fut point exécuté, parce qu'ils ne croyaient pas être assiégés. Avec seize mille hommes j'attaquai les Prussiens à Backala, et les tournai; un grand nombre restèrent sur le champ de bataille. J'allais retourner à Mayence lorsque j'appris que les revers des Vosges avaient été abandonnés aux ennemis; je changeai d'avis, en réfléchissant que je pouvais être coupé par derrière, et que dans Mayence je ne trouverais des vivres que pour peu de temps, si j'en augmentais ainsi la garnison. Je me retirai donc dans les lignes de Vauban, persuadé que Mayence serait le tombeau des troupes prussiennes, autrichiennes, saxonnes et hessoises, et l'expérience a prouvé que la fleur de leurs troupes est restée sur le champ de bataille.

Le témoin Merlin de Thionville dit : Citoyens, Custine vient de faire son apologie; c'est moi qui lui ai conseillé de brûler Manheim, ainsi que les magasins d'Edelbech sur le Necker, où les ennemis avaient leur farine. L'accusé n'ignorait pas que les trois mille Bavarois n'auraient point empêché les habitants de Manheim d'ouvrir leurs portes aux Français. Il me répondit que la prise de cette ville, dans les circonstances actuelles, devenait inutile tant qu'il tiendrait la campagne, et néanmoins il ne l'a point tenue; il devait ne pas abandonner son poste. Il donna les ordres au général Brelour de venir faire sa jonction avec lui, en lui écrivant: Vous rencontrerez quelques hussards, vous vous battrez, et reviendrez ensuite me joindre avec vos sept mille hommes. S'étant mis en route avec quatre cents chariots, Brelour rencontra l'ennemi; croyant que ce n'était qu'un corps détaché, il se battit; mais voyant qu'il avait affaire à une armée entière, et que s'il marchait plus avant il était enveloppé, il ordonna la retraite et rentra dans Mayence; de manière que peu s'en est fallu que Brelour, les sept mille hommes qui étaient sous ses ordres, mon collègue Rewbel et moi, qui l'accompagnions, et le convoi, ne tombassent entre les mains des ennemis.

Le témoin observe que, rétrogradant pour se rendre dans Mayence, ils virent les magasins de Spire et de Worms, où étaient renfermées les farines, qui brûlaient devant eux. Les flammes se voyaient de très-loin, et indiquaient aux ennemis que Custine, qui les avait incendiés, ne viendrait point opérer une jonction avec nous.

L'accusé répond sur ce fait: J'ai fait incendier dès huit heures du matin les magasins d'Oppenheim, de Worms et de Spire, parce que je venais d'apprendre que les ennemis étaient les maîtres des revers des Vosges, et qu'ils ne pouvaient tarder à s'emparer desdits magasins si je les leur avais conservés, ce à quoi je n'étais nullement disposé.

Le témoin entre ensuite dans de nouveaux détails relatifs à ce qui a précédé et suivi le siège de Mayence, à la disette qui s'y manifesta bientôt, à la prise et à la reprise de Veissenau, etc.

Le président au témoin. A quelle époque les sept mille hommes, dont vous étiez du nombre sont-ils sortis de Mayence?

R. Le 30 mars dernier.

Le président. A quelle heure a-t-on reçu dans Mayence l'ordre de se mettre en marche?

R. A neuf heures du matin.

Le président à l'accusé. Et vous, quel jour avez-vous ordonné à cette division de sortir de Mayence et de venir vous rejoindre?

R. Le 29 mars, j'avais trois aides-de-camp qui partaient pour Mayence; je donnai à l'un l'ordre dont est question; ils ont resté dans la ville, car aucun d'eux n'est revenu.

Le témoin déclare n'avoir vu que l'aide-de-camp Brou, qui apporta l'ordre à neuf heures; et à midi l'on s'est mis en marche.

En ce qui concerne le licenciement de la gendarmerie, le déposant observe que c'est à tort que l'on en a fait un des chefs d'accusation contre Custine, attendu qu'il ne l'a fait que d'après la réquisition des représentans du peuple, dont lui témoin était du nombre, parce que la gendarmerie de Landau était absolument en pleine insurrection : elle voulait exiger une paie plus forte que celle fixée par la loi. Comme depuis ce temps, ajoute le déposant, nous avons été enfermés dans Mayence, j'ignore de quelle manière l'accusé a opéré ce licenciement.

Le président à l'accusé. Comment avez-vous fait ce licenciement?

R. J'ai fait assembler à Landau la garnison sur la place d'armes; et là, après avoir fait avancer division par division, je leur signifiai la réquisition des représentans du peuple que j'avais reçue, et leur ordonnai en conséquence de déposer leurs armes, leurs manteaux et leurs chevaux, en leur accordant les indemnités de droit pour chacun desdits objets qui pouvaient leur appartenir, et en outre des certificats. Pendant que cette opération s'exécutait, je leur proposai de laisser chacun certaine somme à la masse, et de se contenter, s'ils voulaient rester au service, de vingt sous de paie par jour, ayant ajouté que ceux qui seraient de cet avis n'avaient qu'à passer du côté de la place. Un grand nombre y passa, et la tranquillité y régna.

Le président. Avez-vous envoyé à la Convention nationale les détails de ce licenciement?

R. Je l'ai envoyé dans le temps au ministre de la guerre.

Le président. Avez-vous pris des mesures pour empêcher que les mauvais sujets licenciés ne pussent être employés au service de la République?

R. Les représentans du peuple ne m'avaient donné aucun ordre à cet égard.

Le témoin. J'oubliais de dire que, lors de mon arrivée à Mayence, je trouvai la société populaire pour ainsi dire désorganisée : Custine s'était permis de faire arrêter arbitrairement le docteur Hoffmann, l'un des plus chauds et meilleurs patriotes qu'il y eût dans la ville, et l'avait fait mettre en prison.

L'accusé répond sur ce fait qu'il ignorait si cet homme était oui ou non patriote : il savait bien qu'il avait toujours le patriotisme à la bouche; mais il ignorait s'il l'avait dans le cœur, d'autant plus que ce sont ceux-là souvent qui sont les plus grands ennemis de la liberté. Sur cela, dit-il, n'a-t-on point vu Dumourier présider les Jacobins en bonnet rouge ?

Le témoin ajoute que l'accusé fit un voyage à Paris avant que Mayence fût bloquée, pour se concerter avec le pouvoir exécutif. Etant de retour, lui déposant lui dit : « Eh bien, général, avez-vous obtenu ce que vous désirez ? avez-vous à présent tout ce qu'il vous faut ? — Oui, me répondit-il, je me suis réconcilié avec Beurnonville, ça ira. »

L'accusé observe au témoin lui avoir dit de plus que Beurnonville, après une conférence qu'il avait eue avec lui, l'avait serré dans ses bras, en lui disant : Général, je ne vous connaissais pas : j'ai plusieurs fois été d'un avis contraire au vôtre ; mais à présent que j'ai eu le plaisir d'avoir une entrevue avec vous, vous pouvez retourner à votre poste, et être sûr que vous aurez tout ce dont vous pouvez avoir besoin. Il termina ce discours en me donnant le baiser de paix et d'amitié.

Le témoin entre dans les détails du siége de Mayence, de l'état où se sont trouvés la brave garnison et les habitans qui, pendant quatre mois, ont été renfermés hermétiquement dans ses murs, et des extrémités où ils ont été réduits.

L'accusé. L'héroïsme et le courage de la garnison de Mayence ne m'étonnent point ; je n'en attendais pas moins de la part de soldats républicains. Si l'armée de la Moselle s'était mise en campagne, conformément aux ordres que lui en avait donnés le conseil exécutif, il n'y a pas de doute que l'on aurait pu empêcher que Mayence ne fût bloquée.

Sur l'artillerie jetée dans Mayence, le témoin déclare que les pièces de seize ne pouvaient servir, attendu qu'il n'y avait point de boulets de calibre ; à l'égard des mortiers, l'on n'avait point de bombes françaises. On fut obligé, au moyen de vieilles fontes que l'on trouva, d'en fondre, et de faire également de la mitraille avec le vieux fer.

Le président à l'accusé. A combien de bouches à feu se montait l'artillerie de Mayence ?

R. Il y avait d'abord cent trente pièces en bronze, dites pièces électorales; soixante en fer, et quatre-vingts pièces françaises. Total : deux cent soixante-dix.

Le témoin observe que les pièces dites électorales étaient si défectueuses, qu'elles périssaient la plupart entre les mains des canonniers, en les tirant.

Le président au témoin. Est-il à votre connaissance qu'il ait été employé des mesures pour instruire le conseil exécutif du malheureux état où se trouvait Mayence relativement à ses subsistances ?

Le témoin observe que, pendant quatre mois qu'a duré le siége de Mayence, ils n'ont reçu aucune nouvelle de France, et que par trois fois, eux assiégés, ont essayé d'en faire passer, soit au conseil exécutif, soit à la Convention : la première, par le moyen d'un espion; la seconde, par un prêtre, qui se rendit d'abord à Francfort et de là à Bâle; la troisième, par une dame qui avait obtenu un sauf-conduit du roi de Prusse pour se rendre à Francfort, de là parcourir la Suisse et rentrer en France; mais le malheur a voulu que nous n'ayons jamais entendu parler d'eux, et que l'on ignore ce qu'ils peuvent être devenus.

Le président à l'accusé. Avez-vous reçu, pendant que vous étiez à l'armée du Rhin, des nouvelles de Mayence, par le canal d'un espion, d'une dame ou d'un prêtre ?

R. Hélas! non.

Le témoin dit que les Prussiens ne négligeaient aucun moyen pour intercepter les lettres que différens citoyens envoyaient à leurs amis. Il cite à cet égard le fait suivant : Les vedettes ennemies, de temps en temps remettaient à nos avants postes, avec une espèce de confiance, des *Moniteur* imprimés à Francfort, dans lesquels il était dit que les armées françaises étaient détruites; qu'une partie de celle de Dumourier, après avoir marché sur Paris, avait proclamé Louis XVII et dissous la Convention nationale; que c'était le président qui était le gouverneur du jeune roi ; que la garnison de Mayence était composée d'un tas de bêtes qui se battaient pour des individus qui n'existaient plus.

Quoiqu'il fût aisé de démontrer l'absurdité de pareils écrits, néanmoins cela donnait occasion aux soldats de discourir ; les uns disaient qu'ils étaient sûrs que les assertions qu'ils contenaient étaient vraies, d'autres disaient que lesdites assertions n'étaient pas vraisemblables ; pour rassurer les soldats et les désabuser, il fallait quelquefois plus de deux heures.

Le témoin dit que, pendant le siége, un trompette est venu demander une conférence au général Doyré, commandant de la place, à l'effet de consulter avec un agent du général Custine. On assembla le conseil de guerre, et là, d'un commun avis, on décida que Doyré s'y rendrait, mais qu'il y aurait avec lui un représentant du peuple ; le témoin déclara d'avance que lui n'irait point, attendu qu'il n'était pas assez froid pour voir les ennemis de si près.

Doyré s'étant rendu à cette entrevue avec Rewbell, représentant du peuple, on trouva beaucoup d'officiers prussiens et le nommé Boze, se qualifiant aide-de-camp de Custine. L'entrevue fut remise à un autre jour ; celle-ci se passa en pourparlers généraux. La seconde fois Boze remit un billet à Doyré, dans lequel il était dit de rendre la place après avoir obtenu une capitulation la plus honorable qu'il serait possible, et de venir le joindre ensuite à l'armée du Rhin avec la brave garnison qui était dans Cassel et Mayence.

Le président à l'accusé. Avez-vous donné une mission à Boze pour se rendre à Mayence ?

R. J'ignorais s'il existait, car je ne le connais point.

Le président à l'accusé. Vous avez écrit au duc de Brunswick et au roi de Prusse pour réclamer ce même Boze ; cela indique que vous le connaissiez?

R. Cela est vrai ; c'était à la recommandation du citoyen Corbeau, qui m'en avait dit beaucoup de bien.

Le témoin observe que ce Corbeau est un intrigant, qu'il était autrefois en Avignon, que c'est un des agens de Custine, qu'il n'a pas sans doute manqué de se trouver à cette conférence.

R. Corbeau m'a dit qu'il n'avait été à cette conférence que d'après les ordres qu'il en avait reçus de la cour palatine.

Le président. N'avez-vous point été engagé à provoquer la capitulation de Mayence par quelques personnes?

R. Oui, le ministre Lebrun m'avait ordonné de sonder l'opinion des puissances coalisées, et de m'informer si, en leur rendant Mayence, on pourrait espérer une suspension d'armes.

On procède à l'audition d'un autre témoin.

Jean Rewbel, représentant du peuple près l'armée du Rhin, dépose être parti de Paris le 20 décembre dernier, pour se rendre, avec ses collègues, à l'armée du Rhin, à l'effet de prendre les informations nécessaires sur ce qui s'est passé lors de la reprise de Francfort par les Prussiens. Ils apprirent d'abord que Custine avait remis le commandement de cette ville à un homme inepte, qui avait négligé de s'emparer des magasins de poudre et d'artillerie situés près des remparts.

Le témoin parlant ensuite des approvisionnemens de Mayence, s'explique ainsi :

Par une proclamation, la garnison, ainsi que les habitans, devaient être approvisionnés avant le 15 avril; les juifs se présentèrent pour se charger de l'approvisionnement général. Beaucoup de monde s'opposa à ce que l'adjudication fût faite pour un seul individu. On désirait, par exemple, que tel qui pourrait fournir du vin, du vinaigre, pût se présenter pour avoir droit d'être reçu à l'enchère, aussi bien que celui qui fournirait telle ou telle chose. Les juifs, qui étaient une société, ne se souciaient pas de cet arrangement; d'un autre côté, les Prussiens rôdaient déjà dans les environs, et une des clauses de l'adjudication que les juifs voulaient impérieusement était que les bœufs, vin, eau-de-vie, etc., qui seraient vendus et destinés pour la ville de Mayence, et qui seraient arrêtés par les ennemis, seraient payés comme s'ils étaient arrivés à bon port. Nous pensâmes que ces messieurs ne manqueraient pas de se faire arrêter pour avoir le plaisir de vendre une seconde fois leurs denrées : cette dernière considération fut cause que le marché, qui allait être conclu, ne le fut pas. Il fut décidé qu'on ajournerait l'enchère pour un autre temps, et qu'on la ferait afficher dans les départemens du Haut et du Bas-Rhin.

Les choses en étaient là, lorsque Mayence fut bloquée. On espérait, dans les premiers temps, que les armées du Rhin et de la Moselle viendraient nous délivrer, mais notre espoir fut trompé : les armées combinées qui grossissaient tous les jours nous assiégèrent en règle. Les habitans, dont la plupart étaient aristocrates, n'avaient point voulu s'approvisionner, parce qu'ils ne croyaient pas que la garnison soutiendrait un siége de la part des ennemis, qu'ils savaient être en très-grand nombre. Ils pensaient qu'il en serait de Mayence comme il en avait été de Francfort : l'expérience leur a fait voir qu'ils s'étaient trompés.

Mais j'observe que, pour défendre une ville pareille dans l'état où elle se trouvait, il aurait fallu, au dire des gens de l'art, quarante mille hommes, puisqu'il est de fait que pendant le siége il fallait tous les jours six mille hommes de service pour occuper l'immensité des postes qu'il fallait garder. Les soldats ne se sont ni couchés ni déshabillés pendant les deux derniers mois. Les ennemis, qui avaient des émissaires dans la ville, savaient exactement tout ce qui s'y passait; pour le prouver, il suffira de dire que les ennemis savaient si bien où étaient les magasins de blé, qu'ils ne cessaient de tirer dessus. On les changea ; eh bien, ils les trouvèrent sur-le-champ, et recommencèrent leur feu. Après qu'ils eurent incendié les moulins, il fallut avoir recours aux moulins à bras, et forcer, le sabre à la main, les ouvriers à y aller travailler, attendu le danger qu'il y avait. Sur la fin du siége, le beurre et la graisse ayant manqué, les soldats qui se trouvèrent dans les forts furent réduits aux plus tristes expédiens, tels, par exemple, que de se servir des rats et souris pour graisser leur soupe. Le déposant ajoute qu'il ne conçoit pas comment Custine a pu écrire à la Convention nationale que Mayence était approvisionnée pour longtemps, puisqu'il savait que les magasins étaient incendiés, les gazettes allemandes n'ayant cessé de le proclamer ; et qu'il aurait dû, quand ces faits sont parvenus à sa connaissance, se rétracter.

L'accusé. J'ai été le premier trompé ; je croyais que Mayence pourrait tenir jusqu'à la fin d'août ; mon dessein était, si j'étais resté à l'armée du Rhin, d'y aller le 15 juillet, et l'on voit que j'y serais encore arrivé à temps, puisque cette ville ne s'est rendue que le 25 dudit mois.

Je n'avais pas, comme on se plaît à le faire croire, oublié Mayence ; puisque dès le mois d'avril j'ai sollicité les représentans du peuple à y faire passer des émissaires ; on en a fait partir, mais aucun d'eux n'a pu arriver. J'aurais désiré que l'on déposât des sommes considérables chez des notaires, payables lorsque l'on recevrait des nouvelles officielles ; j'avais alors trente-quatre à trente-cinq mille hommes, dont la majeure partie était des recrues fournies par les contingens. Il fallait les habiller, les exercer. Il fallait monter la cavalerie ; je n'en avais alors presque pas : ce n'est point ma faute si des recrues que j'avais demandées dès le mois de novembre ne sont arrivées que dans le courant de mars ; d'ailleurs, la marche vers Mayence était empêchée par les armées ennemies qui s'avançaient vers Landau, et dont il était urgent de surveiller les mouvemens.

Le témoin passe ensuite à l'arrivée du trompette qui s'annonça porteur de lettres de la part du général de l'armée du Rhin ; le conseil de guerre ayant été assemblé, on fut d'avis unanimement que le général se rendrait à l'entrevue demandée avec un représentant du peuple, attendu qu'il pouvait s'agir, disait-on, du salut de la République.

Je fus nommé, continue le témoin, pour accompagner le général ; en arrivant nous trouvâmes Boze et plusieurs officiers prussiens et hessois. Boze nous dit en balbutiant qu'il avait de mauvaises nouvelles à nous apprendre ; que l'armée de Custine était fort affaiblie. Je lui observais qu'il fallait que tout le monde entendît, et qu'il eût à parler tout haut ; alors il continua, en disant que Paris était dans la plus cruelle insurrection, que la Convention nationale était dissoute, que le dauphin avait été proclamé roi, que Dumourier marchait sur Paris avec son armée pour y rétablir l'ordre.

Nous voyant peu disposés à croire ce que disait Boze, un des officiers prussiens nous dit que nous pouvions être sûrs que tous ces faits étaient de la plus exacte vérité ; et pour nous convaincre, il tira de sa poche un *Moniteur* imprimé à Francfort. Nous ne fîmes pas semblant d'écouter ce que disait cet officier ; nous nous occupâmes seulement de Boze, qui nous disait alors qu'il était chargé de plusieurs lettres de la part du général Custine, et même qu'il avait presque été sur le point de venir nous trouver dans la ville. Nous reprochâmes à Boze de s'être lâchement chargé d'une pareille mission, lui observant que s'il était venu à Mayence nous l'aurions fait arrêter. Alors un des officiers fit un signe à Boze, et l'on se sépara ; chemin faisant, le général Doyré nous montra un billet qu'il nous annonça lui avoir été donné par Boze en se séparant. Nous l'ayant remis, nous en fîmes part au conseil de Mayence, qui, après en avoir entendu la lecture, passa à l'ordre du jour, motivé sur ce qu'il était résolu et déterminé de se battre jusqu'à la mort.

Un autre témoin est entendu.

Aubert-Dubayet, général de brigade des armées de la République, dépose de tous les faits relatifs à ce qui s'est passé pendant le siége de Mayence. Il reproche à Custine de n'avoir point approvisionné cette place, ou du moins de n'avoir point surveillé les approvisionnemens, et d'avoir diverti les deniers de la République.

L'accusé. Je n'ai pu surveiller les approvisionnemens, et la raison en est simple ; c'est que dès le 18 février je suis parti de Mayence pour aller faire la tournée des rives du Rhin, pour examiner les positions et reconnaître les forts ; de retour, je fus à Strasbourg, afin de persuader aux corps administratifs que je savais opposés à ce que Mayence fût occupée par l'armée du Rhin, de l'importance de ce poste, devant lequel les armées ennemies ne pouvaient manquer de perdre beaucoup de monde, ainsi que l'expérience le prouve, puisque, de l'aveu même des puissances coalisées, ils ont perdu trente mille hommes devant Mayence pendant quatre mois qu'a duré le siége. Je ne suis point rentré dans cette place depuis le 18 février ; d'ailleurs, c'était aux représentans du peuple à surveiller les approvisionnemens, car moi j'étais général, et non représentant.

Le président au témoin. Est-il à votre connaissance qu'il y ait eu moyen de pouvoir faire diversion pour secourir Mayence, soit de la part de l'armée du Rhin, soit de celle de la Moselle.

Le témoin. Dans les premiers temps du siége, si les armées de la République avaient fait un mouvement, elles auraient infiniment inquiété les ennemis. Une nuit qu'il faisait un temps orageux et beaucoup d'éclairs, ils l'ont passée sous les armes. Les Américains ont assis la liberté dans leur patrie en donnant et perdant des batailles. Si nous avions entendu le canon de nos frères, nous serions sortis, et jugez ce que nous aurions fait, nous qui avons eu l'audace d'attaquer, dans une sortie, le camp où était le général, qui y avons poignardé son état-major, et lui-même n'a échappé que parce que le grenadier qui tenait la bride de son cheval fut tué au moment qu'il allait le poignarder. C'est de l'affaire de Marienborn dont je parle ; et j'observe que ce n'est point d'après mon journal que je cite ce fait, toutes les gazettes allemandes en ont rendu compte dans le temps.

Le président à l'accusé. Avez-vous quelques objections à faire contre la déposition du témoin?

L'accusé. Oui, j'en ai, et beaucoup même. Je ne conçois pas comment l'on peut comparer la guerre des Américains avec la position où j'étais alors. Sans doute les Américains ont perdu et gagné des batailles, je ne l'ignore pas ; mais ils étaient dans leur pays, et il fallait traverser les mers pour porter des recrues à leurs ennemis, tandis que nous, nous faisions la guerre au milieu de l'empire. Sans doute il faut donner des batailles ; mais il faut réfléchir avant de les donner. Fallait-il que je traversasse le Palatinat, où la troupe serait morte de faim, puisque dans la saison où nous étions alors on ne trouve rien dans ce pays? d'un autre côté, il faut penser que j'avais huit mille hommes de troupes ennemies devant Landau qui auraient pu me tourner et me couper la retraite. Tous les jours il m'arrivait sept à huit cents recrues qui avaient besoin d'être exercées; cela fortifiait l'armée que j'avais l'honneur de commander; et j'attendais, pour porter des secours à Mayence, que les orges, seigles et avoines fussent plus avancés, afin de les faire couper tout verts et de m'en servir pour les chevaux de l'armée.

Charles Hesse, neveu du prince de Hesse régnant, et général divisionnaire des armées de la République, commence sa déposition par les tournées qu'il a faites pour obéir au conseil exécutif. Il a été successivement employé du nord au midi de la République, et du midi au nord. Comme les détails dans lesquels il est entré sur ce sujet n'ont rien de commun avec ce qui est contenu en l'acte d'accusation, nous nous dispenserons d'en parler ; nous rendrons compte seulement de ce qui est relatif à l'accusé.

Le témoin dit qu'il était aussi facile à Custine, qui est un excellent officier, de prendre les Autrichiens dans les gorges de Porentru, qu'à lui, déposant, de prendre son chapeau. Ayant été envoyé à Strasbourg par Dumourier, pour y servir sous les ordres de Custine, étant arrivé dans cette ville, il fut se présenter à l'accusé, qui lui fit un accueil très-froid. Il apprit bientôt que Custine était aussi choyé dans Strasbourg que l'était autrefois le tyran à Versailles. S'étant promené sur les remparts, il ne fut pas peu étonné de voir la mauvaise disposition des canons. On en avait placé de gros où il fallait des petits, et des petits où il fallait des gros. Il s'en plaignit à Custine, qui ne l'écouta seulement point.

Le déposant ayant été nommé commandant à Besançon, Custine lui écrivit de détacher de la place soixante pièces de canon. Après de longues réflexions, il se décida de ne lui rien envoyer, et même de prendre les précautions nécessaires pour qu'en cas qu'il voulût une autre fois revenir à la charge, il ne pût définitivement rien obtenir.

Le général Sparre, qui fut nommé après lui commandant des ville et citadelle de Besançon, s'y refusa, comme avait fait lui déposant; on nomma, après le changement de Sparre, pour l'armée du Rhin, Wimpfen, frère de celui qui a trahi les intérêts de la République. Celui-là, par exemple, était très-disposé à accorder la demande de Custine; mais les corps administratifs, que j'avais endoctrinés, ne lui donnèrent que vingt heures pour sortir de la ville.

Le président à l'accusé. Avez-vous quelques observations à faire sur la déposition du témoin?

L'accusé. Oui: premièrement, il m'accuse de n'avoir pu me rendre maître des Autrichiens dans les gorges de Porentru; cela est bien aisé à dire. Mais le témoin ignore donc que si nous avons des jambes pour aller sur eux, ils en ont d'aussi longues pour fuir? Il dit qu'il n'a point trouvé, sur les remparts de Strasbourg, les canons disposés comme ils devaient l'être. Ni moi non plus, je ne les ai pas trouvés comme ils devaient être; aussi en ai-je fait des reproches au commandant d'artillerie, qui les a fait sur-le-champ replacer dans l'ordre qui leur convenait. A l'égard des canons de Besançon, ce n'est pas moi qui commandais alors l'armée du Rhin, c'était Biron; ainsi on ne peut pas me rendre responsable de la demande que je faisais desdits canons, puisqu'alors j'étais sous les ordres de Biron.

Le témoin dit qu'il est à sa connaissance que dans Cassel et Mayence il y avait 4000 pièces de canon; il observe que c'était un système perfide que d'entasser tant d'artillerie dans Cassel et Mayence, et de vouloir ensuite les conserver.

Custine, continue-t-il, pouvait, du temps qu'il était maître de Francfort, se transporter à Hanau, qui n'en est distant que de quatre lieues, et mettre cette ville à contribution; il aurait puni par là le landgrave de Hesse-d'Armstadt de la manière la plus sensible pour lui, parce que son dieu c'est l'argent.

L'accusé observe que Hanau est une ville pauvre, et que ce n'est point là où se trouvait alors le trésor du landgrave, c'était à Cassel ; on y aurait pu trouver, ajoute-t-il, 70 millions ; mais je n'avais point assez de troupes pour y aller.

Le président à l'accusé. Il vous sera démontré, la carte à la main que vous deviez, après la prise de Mayence, entrer dans la Hesse, la Franconie, y enlever les magasins, et rentrer en France : voilà le vrai moyen que vous deviez employer pour ne point compromettre les armes de la République.

L'accusé. Les ennemis n'avaient qu'un magasin considérable à Heilbron ; je le savais, et je donnai les ordres à Newinger de s'en emparer. Il ne le fit pas. Il faut cependant observer que j'ai vécu une partie de l'hiver avec le résultat de ce que j'avais trouvé dans les magasins de la Hesse et de la Franconie ; que d'un autre côté j'ai exigé, de contribution, un million de florins de la ville de Francfort, avec lequel j'ai payé les troupes. Ainsi vous voyez que nous n'avons point été à la charge de la République pendant trois mois.

Le témoin observe qu'il est à sa connaissance que l'accusé pouvait exiger plus d'un million de Francfort, qui est une ville riche, attendu que le roi de Prusse, qui y est venu après lui, n'a pas craint d'en demander six ; d'un autre côté, cela aurait eu l'avantage d'affaiblir les ressources de nos ennemis.

L'accusé. Eh bien, voyez ! je fus blâmé dans la Convention nationale, d'avoir exigé un million de florins.

Le témoin ajoute que Custine, au mépris de la loi, qui veut qu'aucun citoyen ne puisse être fonctionnaire public, s'il a des parens émigrés, a employé Blanchard à Strasbourg en qualité de commissaire des guerres, quoiqu'il eût deux fils émigrés, et qu'il eût été suspendu de ses fonctions par les représentans du peuple : c'est cet homme qu'il a chargé de ramasser les trésors de l'Allemagne.

L'accusé. J'ignorais que Blanchard eût deux fils émigrés ; à la vérité, les sociétés populaires de Besançon m'avaient écrit à ce sujet, et m'avaient même demandé son expulsion ; je ne pus les satisfaire, par la raison que je n'avais que lui de commissaire des guerres, et qu'en le renvoyant, il aurait fallu renoncer à toute opération. C'est lui qui m'a donné le moyen de prendre Spire et Mayence.

La témoin montre son étonnement de ce que depuis huit jours que Custine était à Paris, il ne s'était point présenté à la société des amis de la liberté et de l'égalité, pour détruire les bruits défavorables qui roulaient sur son compte.

L'accusé. Je crois que la société des Jacobins a rendu de grands services à la chose publique : je sais qu'il y a un grand nombre de bons citoyens dans les membres qui la composent; mais je sais aussi que les cours étrangères étaient dans le cas d'y entretenir des émissaires, qui s'y introduisent sous le faux dehors du patriotisme, dans le dessein d'y entretenir la méfiance contre ceux qui sont à la tête des forces de la République; néanmoins je dois déclarer que son estime m'a toujours été chère ; et je ne pense pas l'avoir déméritée, car je connais mon cœur.

Le président à l'accusé. Pourquoi avez-vous, de préférence, fait fortifier Cassel plutôt que les montagnes d'Openheim ?

L'accusé. J'avais écrit à Houchard pour cet objet; son apathie ne lui a pas permis d'exécuter ce que je lui conseillai de faire à cet égard.

On entend un autre témoin.

Jean-Pierre Couturier, député à la Convention nationale, dépose qu'il fut envoyé avec deux de ses collègues dans le département du Bas-Rhin, à l'effet de constater l'état de dénûment où se trouvait ce département. Arrivés à Strasbourg, ils s'occupèrent de réorganiser les corps administratifs et les tribunaux ; les craintes étaient considérables dans cette ville, on murmurait hautement contre Custine, que l'on accusait d'avoir négligé d'envoyer du renfort au commandant qu'il avait placé à Francfort, et d'avoir, par cette apathie, livré nos braves frères d'armes aux poignards des ennemis ; on l'accusait d'avoir, lors de l'invasion de ces pays-là, fait piller des châteaux pour son compte, dont il s'était partagé les dépouilles avec le commissaire Blanchard, et même le colonel Houchard en avait eu sa part; on l'accusait d'avoir enlevé de Strasbourg une quantité considérable d'artillerie, pour la jeter dans Mayence, etc.

Le déposant et ses collègues écrivirent ces faits à la Convention nationale; Custine, en ayant été instruit, se transporta à Strasbourg pour s'expliquer; il convint qu'il y avait eu quelques effets d'enlevés, mais que c'était peu de chose; que la position de Mayence était bonne, et que si l'ennemi se présentait, il le ferait repentir de sa témérité. Quelques jours après, les Prussiens le firent rétrograder de 26 lieues; ce n'est pas tout, à l'occasion de la lettre écrite à la Convention, Custine vint à Paris, et traita dans sa lettre le déposant et ses collègues de calomniateurs.

L'accusé. A mon arrivée dans les départemens du Haut et Bas-Rhin, je trouvai les esprits tièdes sur la révolution; cela ne m'étonna pas. Je savais que cela était occasionné par les agens des princes d'Allemagne qui étaient ci-devant possessionnés en Alsace, et qui ne négligent aucun des moyens capables d'égarer l'opinion du peuple. Par les mouvemens que je me donnai, je parvins en peu de temps à ranimer l'esprit public.

Le témoin me reproche de n'avoir point envoyé du secours à Francfort. Le commandant me demanda du canon; je répondis qu'il y en avait sur les remparts; et le fait était vrai, il n'avait qu'à s'en servir. Il me demanda de la poudre, je lui en fis passer, et en même temps je lui envoyai mon fils, qui s'est battu, lors de l'attaque, avec le plus grand courage. A l'égard des prétendus pillages dont parle le témoin, voici le fait. Il a été enlevé des chevaux que Houchard et moi avons achetés et bien payés. On enleva aussi du vin, dont la majeure partie a été consommée dans la ville de Mayence pendant le siége.

En ce qui concerne les termes de calomniateurs, dont le témoin prétend que je me suis servi envers lui et ses collègues, je dois, à cet égard, au tribunal et aux citoyens qui m'entendent, de faire connaître ma profession de foi. Je suis trop bon Français pour ne pas respecter et rendre hommage au sénat de mon pays; personne n'est plus attaché que moi aux grands intérêts de ma patrie; la soumission aux lois émanées de ses représentans est un devoir cher à mon cœur. Je suis républicain, et par conséquent incapable de m'oublier au point de commettre un écart semblable à celui dont le témoin vient de m'accuser.

Je suis venu à Paris; mais je n'ai point dit, ni à la Convention ni ailleurs, que les représentans du peuple qui avaient écrit contre moi fussent de mauvais citoyens; j'ai pu les regarder comme des hommes prévenus contre moi, et dont les opinions étaient exagérées; mais je n'ai jamais dit qu'ils fussent de malhonnêtes gens.

Nicolas Hentz, député à la Convention nationale, depose que, se trouvant en qualité de représentant du peuple près l'armée des Ardennes, il a eu occasion d'assister à une conférence où se trouvaient les généraux Kilmaine et Gobert, dans laquelle il fut question d'un plan dressé pour porter des secours à Condé; il s'agissait de faire diversion en attaquant Ostende; Kilmaine désirait pour cet objet que Houchard attaquât Arlon, pour éviter d'être attaqué du côté de Luxembourg. Houchard acquiesça à cette proposition; mais il reçut bientôt une lettre de Kilmaine qui lui marquait que Custine lui avait écrit de ne point y aller, de sorte que la division du général Delange, qui chargea seule, n'étant point soutenue, la trouée ne put être faite. Ce plan était si bon que plusieurs généraux ont dit qu'il était immanquable, puisque les ennemis se seraient trouvés attaqués par Liége, Dinan, Huy et Arlon.

L'accusé. Ce plan avait été créé avant la perte de Famars; j'étais encore alors à l'armée du Rhin. Arrivé à Valenciennes, je demandai quel était le nombre d'hommes dont était composée l'armée du Nord. On me répondit que, les jours auparavant, l'armée pouvait aller à quarante-huit mille hommes, mais qu'elle n'était plus que de trente-six; que dans le Camp-de-César il y avait également trente-six mille hommes, dont dix mille sans fusils, et six autres mille avec des fusils sans baïonnettes. Je voulus haranguer les soldats, ils me dirent qu'ils voulaient bien se battre, mais que pour se battre il fallait des armes.

Je demandai en quel état était le Quesnoy, on me dit qu'il y avait seize cents hommes. — Et les fortifications? — On y travaille. — Et Landrecies? — Il y a onze cents hommes, et l'on travaille également à le mettre en état de défense. Je ne connaissais pas le plan dont parle le témoin ; je m'informai du camp de. . . . . Les uns me dirent qu'il était bon, d'autres me dirent qu'il ne valait rien ; je fis donc, de mon côté, un plan sur l'inspection de la carte, car je ne connaissais pas le terrain.

Je mandai à Kilmaine de rassembler le plus de forces qu'il pourrait et de venir me joindre. Voilà quelle est la vérité des faits. Je reçus alors le plan de l'attaque d'Arlon ; j'ordonnai à Kilmaine de le seconder de tout son pouvoir, en lui prescrivant d'enfermer les ennemis dans Luxembourg, où la maladie qui s'y était répandue n'aurait point manqué d'en faire périr un grand nombre ; de marcher ensuite sur Coblentz et d'intercepter les barques qui arriveraient de la Hollande sur le Rhin, pour le siège de Mayence.

Les ennemis auraient été forcés de détacher de devant cette place une grande force pour protéger l'arrivée desdites barques ; cette opération les aurait obligés de lever le blocus de Condé et le siége de Valenciennes. Mais Kilmaine, au lieu d'aller à Arlon avec sa division, se contenta d'y envoyer le général Beauregard avec deux mille hommes, et toute l'expédition se borna à brûler quelques magasins et à se retirer ensuite.

Le témoin. Nous savions, par les rapports des espions que nous avions à nos ordres (car les généraux, quoique payés pour en avoir, n'en avaient pas), que nous n'avions point d'ennemis devant nous, et que rien ne défendait Namur ; ainsi, il était aisé de s'en emparer ; alors on interceptait les convois qui descendaient sur la Meuse. Que Custine dise tout ce qu'il voudra, il n'en est pas moins vrai qu'il n'a fait aucune démarche pour délivrer Condé, et il est prouvé qu'il s'est même opposé à ce qu'il y fût porté du secours ; ainsi il a donc tort.

L'accusé. Si la guerre se faisait aussi aisément que l'on en parle, il n'y a pas de doute que l'on ne perdrait pas une bataille, on les gagnerait toutes.

Le témoin ajoute, en terminant sa déposition, que le citoyen..... lui avait dit avoir vu l'accusé dans les premiers jours de juin avec un visage serein et enjoué, mais qu'ayant reçu un avis particulier venu de Paris, il changea et devint triste ; ce qui avait donné lieu audit citoyen de soupçonner que c'était sur la nouvelle des journées des 31 mai, 1 et 2 juin, en un mot sur ce qui s'était passé ces jours-là dans Paris, que l'accusé avait l'air d'avoir perdu la parole.

L'accusé. Je suis incapable d'avoir entretenu des correspondances avec des hommes qui trahissaient les intérêts de leur patrie ; je ne suis point capable d'avoir voulu me couvrir d'une infamie ; j'ai reçu un courrier dans le temps, mais je n'étais point triste, c'est une assertion jetée au hasard.

Un autre témoin est entendu.

Antoine-Louis Levasseur, député à la Convention nationale, dépose que, se trouvant le 20 mai au quartier-général de l'armée de la Moselle, à Forback, où il avait été envoyé pour exercer les fonctions de représentant du peuple, le général Houchard lui fit voir une lettre dans laquelle Custine, qui la lui adressait, lui disait de ménager les Prussiens, et de faire des Autrichiens et des Hessois de la chair à pâté. Quelque temps après, me trouvant à Metz, je vis l'accusé, et lui parlai de Mayence ; il me répondit qu'il n'était pas temps encore d'y aller, qu'il fallait laisser les armées combinées se détruire devant cette place, qu'il en périssait tous les jours un grand nombre, puisque les tas des morts avaient été, dans une des dernières sorties, élevés aussi haut que les retranchemens.

L'accusé observe que le fait dont parle le témoin est exactement vrai et connu de tout le peuple, puisqu'il a été inséré dans tous les papiers publics.

On entend un autre témoin.

Étienne Maignet, député de la Convention nationale, dépose

des faits relatifs à ce qui s'est passé dans l'affaire de Carisberg et dans celle d'Arlon.

Sur la mauvaise foi ou le malentendu qui ont régné lors de l'opération de la dernière, l'accusé dit : Voilà toujours ce que deviendront les choses quand il y aura tant de monde qui se mêlera de la marche des armées, ce sera la tour de Babel. Il faudrait à la tête du ministère un homme intelligent, dans le cas de donner des plans de campagne, et les généraux n'auraient plus qu'à les exécuter. Tandis que l'un fait un plan d'une manière, un autre en fait un qui contrarie celui-ci ; tous les plans d'opération continuant à se contredire les uns les autres, entraîneront infailliblement la destruction des armées de la République.

On continue l'audition des témoins.

Pierre-Marie-Gabriel Vidalot, adjudant-général à Mayence, dépose des faits relatifs à ce qui s'est passé pendant le siége. Il parle du billet remis par Boze au général Doyré. Après la reddition de cette place, il a été chargé d'apporter la capitulation à l'armée de la Moselle, ce qu'il a fait, en se rendant à Forback, près le général Houchard.

Charles-Alexandre Lavau, sous-chef des bureaux de la guerre, dépose qu'à la prise de Spire, les citoyens ont fait feu par les fenêtres sur les volontaires : ceux-ci, animés par une vengeance méritée, se livrèrent à quelques écarts. L'accusé les fit fusiller arbitrairement et par abus de pouvoir.

L'accusé. Voici les faits. Je fis attaquer Spire sur trois colonnes : l'une était aux ordres du général Meunier, l'autre aux ordres de Houchard, et je commandais la troisième, à qui j'ordonnai de marcher calme. Arrivé au coin d'une rue, je rencontrai les ennemis, qui firent feu sur moi à mitraille ; je les fis charger avec impétuosité, ils disparurent. Je me rendis à l'hôtel-de-ville, et sur l'interpellation que je fis aux officiers municipaux de me déclarer de quel côté avaient tourné les ennemis, et comment ils avaient fait leur rétraite, ils me répondirent qu'ils l'ignoraient. Je fis assembler la troupe et dis que si les soldats voulaient me promettre de ne point commettre de désordres, je les ferais loger dans la ville ; tout le monde me le promit ; alors je les y fis coucher. Le lendemain, ayant entendu du bruit, je courus sur le champ de ce côté ; on me dit que c'était les magasins que l'on pillait ; j'y rétablis le calme. Le second jour on vint me dire qu'un grand nombre de soldats dévastaient les vignes ; je donnai des ordres pour qu'il leur fût enjoint de se retirer, et, en cas de désobéissance, de faire feu sur eux, de manière cependant à n'en blesser aucun ; ce qui eut lieu. Le troisième jour, on accourut chez moi pour me faire part que l'on dévastait les églises, et que l'on emportait les vases sacrés et les saints, etc. Craignant, avec raison, que le pillage ne s'étendît bientôt aux maisons des particuliers, je fis assembler un bataillon que l'on m'avait dit avoir le plus coopéré à ce désordre ; et là, ainsi que je l'ai déjà déclaré, ils furent fouillés. On trouva sur plusieurs de ceux que le bataillon désigna pour avoir principalement encouragé les autres des morceaux brisés de vases sacrés, ornemens d'église et autres effets. Je donnai les ordres pour les faire tirer entre eux au sort, et, comme il fallait un grand exemple pour réprimer un pareil délit, afin qu'il ne se propageât pas davantage, je fis fusiller ceux qui avaient tombé au sort.

Depuis ce temps, on n'a plus eu la douleur de voir renouveler de pareilles insubordinations ; au contraire, la discipline s'est fermement établie dans l'armée du Rhin, qui est aujourd'hui un exemple de discipline pour toutes les troupes de la Republique.

Le témoin dit qu'il a toujours remarqué dans la conduite de l'accusé la même marche que dans celle du traître Dumourier. Pendant que celui-ci s'avançait dans la Belgique, Custine s'avançait dans l'Allemagne ; quand l'un évacuait, l'autre faisait ce qu'il appelle une retraite. L'un livrait nos magasins de vivres et munitions, qu'il avait eu grand soin d'y transporter, et faisait périr des milliers de nos frères ; l'autre, après avoir promené les armées de la République dans le Palatinat, livrait aux ennemis la majeure partie de l'artillerie des villes de Landau et de Strasbourg. Dumourier a fait massacrer nos frères à Jemmappes, Maëstricht et Nerwinde; Custine les a fait périr à Francfort, et les a lâchement abandonnés dans la ville de Mayence. Dumourier a livré aux Autrichiens les représentans du peuple à l'armée du Nord; il n'a pas tenu à Custine, par l'ordre qu'il a donné le 30 mars, que les Prussiens ne s'emparassent de ceux envoyés près de l'armée du Rhin; Dumourier a livré nos magasins à l'ennemi, Custine nous les fait incendier en abandonnant Mayence. Il n'y a pas à douter que son dessein était de faire massacrer les braves Français qui étaient renfermés dans cette place, ainsi que les représentans du peuple. Enfin, l'on peut dire que les conquêtes du Palatinat ont coûté autant à la République que l'opération de Dumourier dans la Belgique.

L'accusé. Moi avoir l'idée de faire massacrer mes braves frères d'armes! ceci ne peut avoir été imaginé que par mes ennemis, que par ceux qui m'ont traduit ici. Mon attachement pour la République, mon respect pour les lois, mon amour pour l'ordre, enfin mon innocence m'en feront sortir.

Un hasard heureux me rendit maître de Mayence. Le brave Houchard ayant reçu une blessure honorable, je l'envoyai porter la sommation au gouverneur. Son air menaçant, la blessure qu'il avait reçue, la manière énergique avec laquelle il s'exprimait, tout cela en imposa au gouverneur, qui se rendit. Pour conserver cette ville, il fallait s'emparer de Francfort; d'un autre côté, un décret portait que les troupes de la République seraient payées en argent sur le territoire ennemi, je n'avais pas un écu. Je résolus donc de prendre Francfort, afin de faire contribuer les banquiers de cette ville : c'est ce que je fis.

Le président à l'accusé. Mais pourquoi, au lieu d'ordonner au commandant que vous aviez placé dans cette ville de sortir les canons des arsenaux et de les placer sur les remparts, ne les y avez-vous placés vous-même, deux jours auparavant, quand vous avez été à Mayence?

L'accusé. Il aurait fallu en avoir le temps. J'avais plusieurs postes à occuper pour empêcher l'ennemi de pénétrer. Il fallait que je surveillasse ses mouvemens dans les montagues. Je savais que le commandant que j'avais mis à Francfort était un excellent officier, très-bon ingénieur, qui s'était battu dans sa patrie (la Hollande) contre les Prussiens. C'était ces considérations qui me l'avaient fait choisir; je n'avais d'ailleurs auprès de moi, dans le moment, aucune personne dans le cas d'être général. Je suis arrivé à Francfort une demi-heure après sa prise. Nous étions déjà près de la tour, lorsque l'on nous dit que les Prussiens venaient de s'en rendre maîtres, et qu'elle n'avait tenu que deux heures. J'en fus ému; car qui aurait pu prévoir que ce commandant laisserait entrer, la veille, dans la ville, cinq cents charpentiers, qui, au moment de l'attaque, ouvriraient les portes de la ville? Pouvais-je prévoir qu'une ville qui a de larges fossés remplis d'eau, qui a des ponts-levis, pouvais-je penser qu'ils resteraient baissés au moment de l'attaque, et que les ennemis passeraient sur ces mêmes ponts-levis pour entrer dans la ville? Non, sans doute. Je regrette, autant que tout bon Français, nos braves frères qui sont tombés sous le couteau des assassins. Heureusement le nombre ne fut pas aussi grand qu'on l'avait pensé en premier lieu. La garnison était composée de deux mille trois cents hommes : eh bien! onze cents furent faits prisonniers, huit cents se sont sauvés, et le reste a été massacré.

Le témoin observe que Custine savait d'avance que Mayence se rendrait, et que la garnison sortirait saine et sauve : ce fait a été dit à la société populaire de Strasbourg par le général Halau, à qui Custine l'avait dit.

L'accusé. Je n'ai point le don de deviner ainsi ; c'est à tort que l'on me prête ces faits.

Le président à l'accusé. Avez-vous donné l'ordre du 5 juin?

L'accusé. Oui, j'ai donné ordre de mettre à mort tous les lâches qui abandonneraient leurs drapeaux.

Le président à l'accusé. Mais la loi vous défend de faire des réglemens portant peine de mort. Vous pouvez faire des réglemens pour la police militaire, mais non prononcer sur la mort.

L'accusé. J'ai fait ce règlement parce que la désertion était extrême. Je l'ai fait par excès de zèle; d'ailleurs il n'a point été exécuté, et ne pouvait point l'être qu'après un jugement préalable.

Le président à l'accusé. Mais ceux que vous avez fait fusiller à Spire n'ont point subi de jugement préalable.

L'accusé. Sur ce que j'ai fait à Spire, j'en ai rendu compte à la Convention nationale, qui a approuvé ma conduite; d'ailleurs, si pour ce fait il faut que je porte ma tête sur l'échafaud, je saurai y marcher avec calme et sérénité.

Le président à l'accusé. Pourquoi avez-vous demandé au commandant de Strasbourg qu'il vous donnât par écrit l'état de l'artillerie de cette place? Vous savez que la loi le défend expressément.

L'accusé. Pour le général?

Le président à l'accusé. Oui, pour le général: vous pouviez lui en demander l'aperçu verbalement, mais non par écrit.

L'accusé. J'ignorais cette loi.

Le greffier donne lecture d'une lettre écrite par le citoyen Lépine, inspecteur d'artillerie à Strasbourg, à l'adresse du citoyen Dutheil, commandant en chef de l'artillerie, dans laquelle il est dit que le général Beauharnais et Custine lui ont demandé l'état par écrit de l'artillerie.

Dutheil, dans sa réponse à Lépine, lui exprime son étonnement de ce que les généraux s'adressent à lui, subalterne, pour une pareille demande : il lui observe que les réglemens militaires s'y opposent, qu'elle ne peut que cacher des vues perfides, puisque tous les généraux connaissent les réglemens qui s'y opposent.

Il finit par observer que cet objet est du ressort du général Desprès-Crassier.

Le témoin Lavaux observe qu'il suffira, pour donner une idée de la manière despotique avec laquelle l'accusé traitait les gardes nationaux, de dire qu'à Spire, où il fit fusiller trois officiers volontaires, il fit grâce à plusieurs soldats des troupes de ligne qui étaient coupables du même délit; enfin, il ajoute que

Custine, bien loin d'être républicain, a constamment dit à plusieurs reprises et en différens temps qu'il n'exécutait les décrets de la Convention et les réquisitions de ses commissaires que quand ils lui faisaient plaisir.

L'accusé. Je n'ai jamais méprisé, comme le prétend le témoin, les décrets de la Convention; j'ai, au contraire, toujours dit qu'elle était la boussole à laquelle il fallait tous se réunir. A l'égard de la prédilection qu'il prétend que j'avais pour les troupes de ligne, cela n'est point fondé; je les chérissais autant les uns que les autres, et ils méritaient de l'être. Je n'ai fait punir que ceux qui m'avaient été dénoncés par la clameur publique, et j'ai fait grâce aux autres.

Un autre témoin est entendu.

François-Guillemin Zimmermann dépose (par l'organe d'un interprète) que dès l'entrée des troupes de la République en Allemagne, il fut trouver Custine pour lui offrir de lui livrer Manheim. L'accusé reçut son offre avec assez d'indifférence; néanmoins il lui ordonna de faire pour cet effet toutes les démarches nécessaires, et même d'entrer, si besoin était, en négociation. Le déposant ne manqua point de s'assurer de gens adroits et intelligens sur lesquels on pouvait compter.

Il ajoute: Etant de retour de Manheim, je revins faire part à Custine de ma mission, et lui demandai deux mille hommes, dont huit cents d'infanterie et douze cents de cavalerie, pour faire une fausse attaque, et trois ou quatre canons pour tirer sur le château, dans lequel était la princesse douairière, qui, émue, n'aurait pas manqué d'engager ses gens à se rendre. Pour compléter ma promesse, je choisissais le jour de la fête de l'électeur palatin; moi déposant, étant du pays, et connaissant tous les endroits où sont déposés les bois et combustibles, je distribuais es hommes dont je m'étais assuré vers chacun de ces dépôts, et les faisais incendier. J'en aurais fait de même des magasins de fourrages, de manière que les troupes de cavalerie qui étaient dans la ville n'auraient plus eu de ressource pour subsister, si elles avaient voulu résister à la manière énergique avec laquelle je les aurais attaquées.

Custine me répondit qu'il fallait que je patientasse encore deux mois et demi pour l'exécution de ce projet, c'est-à-dire jusqu'au commencement de mai, temps où les Prussiens ne manqueraient pas d'être arrivés.

L'accusé. A peine j'eus mis le pied en Allemagne, que tous les fous de ce pays sont venus me trouver. Ils voulaient tous me livrer leurs villes, et lorsqu'il fallait agir, il n'y avait plus personne. On m'avait dit que l'on me livrerait Manheim moyennant douze cent mille livres; je mandai ce fait au conseil exécutif, qui m'envoya sur-le-champ ladite somme; je la gardai dans ma poche pendant huit jours, je n'ai vu venir personne pour gagner cet argent; je disais d'attendre jusqu'au mois de mai, parce que je pensais que l'armée de la Moselle se mettrait en marche dans ce temps, pour se joindre et agir de concert avec l'armée du Rhin; que, d'un autre côté, l'électeur palatin était neutre.

Le témoin observe que Custine n'ignorait pas qu'il n'y avait rien de plus dangereux que cette prétendue neutralité, puisque le prince Max servait d'espion aux ennemis, qu'il leur avait même indiqué plusieurs bateaux de fourrages appartenant aux Français, dont ils se sont emparés.

L'accusé. Sans doute je n'ignorais pas les trahisons de l'électeur, mais il fallait attendre le moment favorable pour s'en venger; nous avions besoin de lui pour ménager le pont qui pouvait nous conduire à Manheim.

Le témoin ajoute que les Prussiens et Autrichiens n'avaient, pour venir de Mayence, que les chemins de Bacala et de.... En s'emparant de ces gorges et en faisant des abatis dans la forêt de Bacala, jamais les ennemis n'auraient pu venir à Mayence. Un officier intelligent avait fait un arrangement de matières combustibles et d'artifices autour du pont de... sur lequel les ennemis devaient nécessairement passer; de manière qu'il était prêt à sauter, lorsque Custine rappela l'officier et le fit remplacer à ce poste par un autre, auquel ce brave officier exposa la nécessité de faire sauter ledit pont, pour empêcher les ennemis de pouvoir s'en servir; celui-ci promit qu'il y mettrait le feu; mais il n'en fit rien.

L'accusé. Vous auriez fait sauter tous les ponts qu'il y aurait eu sur la Sarre, que vous n'eussiez pas (fixant le témoin) empêché les Prussiens de passer, puisqu'il n'y avait alors de l'eau dans cette rivière que jusqu'à la cheville du pied. A l'égard des abatis dont vous parlez, il aurait donc fallu abattre toute la forêt de Marmalle, puisque ce n'est rien d'abattre ici si l'on passe là. Ainsi vous voyez que c'aurait été un abatis en pure perte et sans aucun fondement d'utilité; alors j'étais occupé à surveiller les opérations de nos ennemis qui nous canonnaient depuis le matin jusqu'au soir; je faisais charrier ce que j'avais trouvé dans les magasins des environs.

Le témoin continue sa déposition, et observe qu'en général, en Allemagne, Custine est accusé d'avoir voulu livrer les députés qui étaient à Mayence, comme Dumourier avait livré les autres à Saint-Amand. On allègue pour raison que deux femmes que Custine avait dans Mayence ont été averties, le 29 mars, c'est-à-dire vingt-quatre heures avant qu'il ordonnât la sortie de l'artillerie et des sept mille hommes, parmi lesquels étaient les représentans du peuple.

L'accusé observe qu'il n'avait point de maîtresse, ni dans Mayence ni ailleurs; que les deux dames dont parle le déposant étaient des patriotes qui lui avaient demandé la permission de venir le voir pour s'informer des progrès de la révolution française, à laquelle elles prenaient le plus vif intérêt.

A l'égard du parallèle que l'on fait entre lui et Dumourier, il ne voit pas quel rapport il peut y avoir entre lui accusé, qui a toujours servi sa patrie en homme d'honneur, et un bas intrigant tel que Dumourier.

Le témoin. J'écrivis à Custine, par l'intermédiaire de Thouvenot, que les Prussiens arrivaient, qu'ils avaient passé le Rhin, et qu'il eût à prendre ses précautions. On ne me fit aucune réponse.

L'accusé. Je n'ai jamais vu cette lettre; et comment l'aurais-je vue? j'arrivais de Paris; ce ne fut qu'entre Worms et Mayence que j'appris l'arrivée des Prussiens, encore n'était-ce que leur avant-garde qui se trouvait déjà passée. Je balançai si je les attaquerais ou non. Je suivis ce dernier parti, parce que je craignais d'engager les troupes de la République dans des défilés où, faute de subsistances, il aurait fallu périr.

Le témoin. Je dis que l'accusé est un négligent, qu'il aurait dû faire punir Thouvenot pour ne lui avoir pas remis ma lettre.

L'accusé. Comment vouliez-vous que je le fisse punir, moi qui ignorais si cette lettre existait?

Le témoin. Custine a été averti par un bon citoyen que les Prussiens arrivaient; eh bien! il a voulu faire pendre le donneur d'avis. On fut obligé de le faire sauver pour lui éviter la mort.

L'accusé. En quel temps?

Le témoin. Dans le temps que les Prussiens arrivaient.

L'accusé. Je n'ai aucune connaissance de ce fait, et je le nie.

Le témoin. Les citoyens André Mayer, officier attaché à l'état-major de l'armée du Rhin, Schlam, aide-de-camp, et Coria, employé au bureau de la correspondance nationale, y étaient. Ils pourront attester la vérité de ce qui vient d'être par moi avancé (1).

Le témoin. Custine avait placé ses magasins dans des lieux qui n'étaient point sûrs, et ne les faisait point suffisamment garder.

L'accusé. J'ai fait à cet égard toutes les démarches possibles, tant auprès du comité militaire que de celui de salut public; j'en ai même fait des reproches aux représentans du peuple près les armées du Rhin, et ce en présence des administrateurs, à qui je dis: « Vous voulez donc abandonner nos magasins aux Prussiens? » J'ai encore même dans ma correspondance une lettre d'un des administrateurs, qui se plaint de ce que je l'ai traité comme un homme dans le cas de livrer lesdits magasins.

Le témoin. Il a été reproché à Custine, dans la société des

---

(1) Il y a sans doute ici une réponse de Custine; elle n'est point dans le Bulletin.

Amis de la liberté et de l'égalité, à Strasbourg, qu'il avait fait venir pour quatre-vingt mille livres de meubles superbes, et les avait fait déposer hors la ville, dans une maison à lui appartenant.

L'accusé. On peut m'avoir fait ce reproche aux Jacobins de Strasbourg; mais je peux dire que, si le témoin n'avait point d'autres meubles que ceux-là, il pourrait bien prendre une besace et demander la vie.

On procède à l'audition d'un autre témoin.

Raymond Blanier, agent secret de l'armée du Rhin et de la Moselle, dépose qu'il n'a aucune connaissance des opérations de Custine, sinon de celles dont il était chargé par le ministre des affaires étrangères, qui étaient d'observer et faire observer les mouvemens, positions, la force et les projets des ennemis, d'en instruire les différens généraux des armées, les ministres, et le comité de salut public. Il a transmis exactement tous les avis qui lui sont parvenus aux uns et aux autres. Il déclare en outre avoir instruit l'accusé, cinq à six jours avant la prise de Francfort, des projets des Prussiens, pour venir l'attaquer dans la Vétéravie par les défilés de Friberg, lui avoir conseillé d'y envoyer les forces nécessaires, avec un train d'artillerie pour les empêcher de déboucher. Il a toujours accompagné ses rapports des observations qu'il croyait nécessaires pour le succès des opérations, en indiquant les moyens qu'il croyait les plus utiles et les plus propres pour s'opposer aux projets des ennemis, ou pour les combattre avec avantage.

Il déclare qu'il lui était impossible de surveiller si on mettait à profit et à exécution tous les avis qu'il donnait, étant obligé de parcourir l'extrémité d'une frontière à l'autre pour recueillir les avis qui pouvaient lui parvenir, pour les faire aussitôt tenir aux généraux, aux ministres et au comité de salut public.

Il déclare qu'on aurait pu empêcher les massacres de Francfort, si l'accusé ou Wanhelden, qui commandait alors dans cette ville, avait pris des mesures, et fait quelques dispositions tant intérieures qu'extérieures pour contenir les Prussiens au dehors et les malveillans au dedans; qu'il l'avait averti des mauvaises dispositions des habitans à l'égard des Français, et même d'un complot qu'il y avait de se défaire de lui en l'assassinant. Tout cela n'a pu faire envisager les dangers; tout a été négligé; il semble que c'était un fait exprès.

L'accusé dit que si la ville eût tenu trois ou quatre heures de plus, il serait arrivé assez à temps à son secours : je déclare que moi-même aurais voulu contenir les ennemis du dehors et du dedans, pour peu que j'eusse pris les moindres mesures; mais on peut dire qu'il n'y avait rien de fait pour l'éviter, quoiqu'on fût assez instruit que l'ennemi s'avançait. On peut juger par ce seul fait qu'il y avait au moins quatre mille hommes des environs de Francfort dans cette ville, déguisés, et la plupart Hessois.

Il déclare aussi l'avoir averti du passage de la première division de l'armée prussienne dans le Huntz-Ruck, sur le pont de communication à Saint-Goard, et que la deuxième division suivait, et qu'une fois les forces réunies, on devait l'attaquer sur trois colonnes, dont une sur Bingen, Kreiznach, et par les revers des Vosges; je lui exposai même, ajoute-t-il, la nécessité qu'il y avait d'occuper ces postes importans, et le danger que courait l'armée d'avoir sa retraite coupée, si on les abandonnait. J'ai fait ce que j'ai dû et pu pour instruire l'accusé, les ministres et le comité, où sont tous mes rapports qu'on peut examiner : ils prouvent assez ce que j'avance. Je défie qui que ce soit de nier leur véracité. Si l'accusé n'a pas pris les mesures qu'il devait, c'est sa faute; je pouvais le conseiller, et non lui ordonner, parce que je n'en avais pas le pouvoir. Si cependant on eût suivi mes avis, nous n'aurions pas essuyé tant de revers; la marche qu'ont tenue nos ennemis nous l'a prouvé.

Je n'ai point vu qu'on ait pris aucunes mesures, ni fait aucunes dispositions pour assurer la retraite de l'armée en cas d'échec; je défie de m'en montrer aucune dans tout l'espace qu'a parcouru l'armée. Voilà tout ce que je sais des opérations de Custine. Quant aux autres inculpations, comme vivres et munitions, et autres chefs d'accusation ; je n'en parlerai pas, n'en ayant pas connaissance assurée pour la vérité des faits.

L'accusé. Ces faits avancés par le témoin sont vrais ; mais avec la meilleure volonté, je n'ai pu empêcher l'ennemi d'arriver, n'ayant que peu ou presque point de cavalerie à lui opposer, en comparaison de la cavalerie prussienne, qui se trouvait en très-grand nombre ; je croyais que Francfort les arrêterait ; et point du tout, à peine a-t-il tenu deux heures.

Un autre témoin est entendu.

Charles Nahourd dépose qu'il est à sa connaissance que Custine pouvait se rendre maître de Coblentz, attendu que les officiers municipaux de cette ville lui avaient même envoyé pour cet effet une députation en assurant que les portes lui en étaient ouvertes ; qu'il est également vrai que l'accusé pouvait s'emparer de la forteresse de Herbrenheim, qu'un aide de camp de Brunswick lui a dit, à lui déposant, que si cette forteresse avait été prise, c'en était fait des armées prussiennes.

L'accusé. Oui, je l'ai déjà dit, on m'offrait ces villes, mais c'était à condition que je pourrais les prendre ; ce n'était point moi qui devais faire cette opération, c'était l'armée de la Moselle qui devait agir ; et c'est pourquoi, dans le temps, je me suis plaint de Kellermann. J'étais à vingt-deux lieues de Coblentz, tandis qu'il n'en était qu'à seize.

Le témoin. Comme j'étais à Francfort avant que les Prussiens ne s'en fussent rendus maîtres, je vis avec la plus vive douleur que la police militaire (la discipline) ne régnait pas. On n'avait placé aucuns piquets d'avant-poste pour surveiller les mouvemens des ennemis. Les espions hessois remplissaient la ville, et on ne se mettait point en peine de les expulser. Les ponts étaient baissés, etc.

L'accusé. Cela n'est point ma faute ; je ne peux pas mener à la lisière mes officiers subalternes. Lorsqu'un général en chef confie à un officier le commandement d'une place, c'est à lui à prendre toutes les mesures et les précautions que la prudence exige. Je lui avais recommandé de mettre des piquets partout où le besoin l'exigerait.

Le témoin. Custine, deux jours auparavant que les Prussiens reprissent Francfort, disait aux magistrats de cette ville qu'ils ne seraient point exposés aux rigueurs d'un siége, parce qu'il viendrait battre les Prussiens sous leurs murs.

L'accusé. Eh! le fait est vrai; mais je l'ai déjà dit, et je le dirai sans cesse, pouvais-je prévoir qu'une ville qui a des fosses pleines d'eau, des ponts-levis, ne tiendrait que deux heures? Au moment que j'arrive à son secours, on me dit sous la tour qu'elle venait d'être livrée. Nous nous battîmes en retraite, et leur tuâmes quatre mille hommes.

Le président à l'accusé. Avez-vous, lorsque vous étiez dans Francfort, deux jours auparavant, visité les avant-postes?

L'accusé. Non, parce que ce n'est point le fait du général en chef.

Le témoin. Custine a compromis l'honneur de la nation française, en délivrant des sauvegardes dans une grande partie des villes et bourgs d'Allemagne, à plus de soixante lieues de Francfort, par lesquels il faisait passer les défenseurs de la République pour des maraudeurs et des voleurs. (Murmures dans l'auditoire.)

L'accusé. Sur quoi peut-on fonder une pareille accusation? Qui pourra jamais être assez dénué de bon sens pour penser que j'aurais été assez peu délicat pour me faire passer pour le général de voleurs? Certainement on avouera que cette hypothèse n'est point vraisemblable.

Le président à l'accusé. Mais avez-vous donné des sauvegardes aux villes et bourgs de l'Allemagne?

L'accusé. J'en ai donné une à la chambre impériale de Wezlaer, et une autre à la ville de Wezlaer, qui me les avaient envoyé demander par des députations.

Le témoin. Il en a donné à l'évêque de Spire pour les magasins qui lui appartenaient, dans lesquels étaient cent mille sacs de froment, deux cent mille sacs d'avoine et des fourrages immenses.

Il a empêché, par ce moyen, les Français de s'en emparer, et en cela il a fait un grand bien aux ennemis, car aujourd'hui les Prussiens et Autrichiens se nourrissent encore avec ce qui était alors dans ces magasins.

L'accusé. J'ai délivré une sauvegarde à l'évêque de Spire, moyennant cent mille écus; et la raison en est simple: c'est que je n'avais pas les moyens d'aller à Heilbron, qui était à trente-six lieues de là, soit avec des voitures, soit pour les transporter ou pour les incendier. Je préférai cent mille écus en numéraire, avec lesquels j'ai payé les troupes.

Le témoin. Custine m'a engagé à négocier pour lui livrer Manheim; pour m'y encourager, il me promit de me donner douze cent mille livres, et le choix dans huit places, soit civiles, soit militaires. Je fis toutes les démarches nécessaires. Je fus à Manheim, et m'y assurai de gens sûrs et hardis pour exécuter un coup de main. Etant venu lui rendre compte que tout était prêt, qu'il n'y avait plus qu'à se montrer, je lui communiquai mes plans. Il se mit à rire ironiquement, en disant que promettre et tenir, c'était deux choses différentes.

L'accusé. J'ai à la vérité dit au témoin que, s'il pouvait me livrer Manheim, je lui donnerais douze cent mille livres, mais c'était sans coup férir que je voulais qu'on me la livrât; car pour me battre, je n'avais pas besoin de donner une pareille somme. Je voulais entrer dans la ville sans résistance pour ne point rompre la neutralité.

Le témoin. Custine a entretenu auprès de lui un certain baron de Révol, connu dans toute l'armée pour un espion du roi de Prusse.

L'accusé. Tous les espions sont doubles; il s'agit seulement de ne rien faire et dire devant eux que ce que l'on veut qui soit su.

On entend un autre témoin.

N.... Gateau dépose sur les faits relatifs à la journée du 17 mai, observant que toute la journée les généraux Ferrière et Landrement ont été sans mot d'ordre, et se sont vus exposés par cette trahison ou ineptie à être fusillés comme ennemis. Le plan de l'attaque a été jugé absurde.

L'accusé. Oui, il peut avoir été jugé absurde par ceux qui ce jour-là n'ont point fait leur devoir.

Le témoin. Custine dans cette affaire, par la manière maladroite avec laquelle il donna les ordres pour charger les ennemis, compromit l'honneur des troupes de la République, qui, n'ayant, disait-il, affaire qu'à six mille hommes, furent néanmoins mises en déroute, quoiqu'elles fussent de trente mille.

La colonne qu'il commandait ploya et se mit en désordre; mais bientôt après, l'armée s'étant ralliée pour ainsi dire d'elle-même, les soldats demandèrent à retourner à la charge. Custine, les voyant alors bien disposés, ordonna la retraite; ce qui donna lieu de penser que Custine, qui n'était plus alors général de l'armée du Rhin, avait imaginé ce mouvement pour décourager les soldats et empêcher que son successeur ne pût tirer parti desdites troupes, pour aller de longtemps au secours de Mayence.

L'accusé. C'est encore une calomnie atroce inventée par mes ennemis. J'avais ce jour-là donné les ordres nécessaires pour que l'on attaquât d'une manière uniforme; mais je prouverai dans ma défense générale que je n'ai point été secondé, notamment par Ferrière.

Le témoin. Custine a trompé la Convention nationale en ne lui envoyant pas le nombre des morts. Il est même constant qu'il l'a toujours caché.

L'accusé. L'état-major est chargé d'en dresser l'état et de me le faire passer; ceux qui me connaissent savent que mon caractère est la franchise, et non la dissimulation. Je ne pouvais envoyer que l'état qui m'était adressé.

Le témoin. Custine, par sa manière d'agir, a suivi les plans de Dumourier pour la désorganisation des armées de la République. A peine fut-il nommé commandant en chef de l'armée du Nord, qu'il demanda vingt mille hommes des armées du Rhin et de la Moselle; encore était-ce la fleur des troupes qu'il voulait avoir; c'étaient les chasseurs à cheval, et autres troupes légères, tous braves soldats, qui n'ont point cessé de faire campagne depuis le commencement de la guerre. Cette demande effraya les bons citoyens. On ne pouvait concevoir comment un homme qui avait dit ne pouvoir aller à Mayence, attendu l'insuffisance de troupes, voulait encore affaiblir ces armées au moment qu'elles allaient marcher sur cette ville.

L'accusé. Si quelqu'un était de connivence avec Dumourier, c'était Beurnonville, et non pas moi.

Le témoin. Custine, loin d'être dans les principes de la révolution, s'est constamment entouré d'ennemis de la liberté, tels, par exemple, que le nommé Devrigny, qui fut nommé par lui commandant à Landau, aristocrate fieffé, qui avait eu l'honneur d'être l'un des chevaliers du Poignard qui se trouvèrent au château des Tuileries le 28 février ; babillard éternel, se vantant beaucoup, et absolument incapable d'agir dans une sortie.

L'accusé. J'ignorais si Devrigny était, oui ou non, aristocrate ; je ne l'avais pas plus adopté qu'un autre homme. Celui qui sert bien la République, voilà l'homme que j'adopte. Je ne savais nullement s'il avait été chevalier du Poignard.

Le témoin. Devrigny cachait si peu ses opinions, qu'il empêcha les habitans de Landau de prêter leur serment civique.

Je me résume, et je dis que la campagne du Palatinat n'a été qu'une promenade, aussi bien que celle de Dumourier dans la Belgique. Custine, attendu le peu de résistance qu'il avait éprouvé pour prendre Mayence et les autres endroits, fut nommé dans l'armée *l'enfonceur de portes ouvertes.*

Custine regarde le témoin et ne fait aucune réponse.

On entend un autre témoin.

Hébrard Frédéric Lemaire, ancien capitaine dans la ci-devant légion de Condé, dépose avoir, pendant son séjour dans la ville de Strasbourg, assisté à une conférence, dans laquelle était Kellermann : c'est là où il a vu, pour la première fois, l'accusé, qui y avait été envoyé en qualité de commissaire de l'Assemblée nationale constituante. Dès qu'il fut nommé général, il fut le trouver avec une recommandation de Kellermann. Il lui donna les éclaircissemens nécessaires pour couper et arrêter les Autrichiens, qui étaient au nombre de cinq cents dans les gorges de Porentru, avec soixante dragons de Toscane. Il n'y fit pas grande attention et ne les exécuta point.

Quelque temps après, il lui annonça qu'il y avait près de Spire un corps de six mille ennemis, qu'il était aisé d'attaquer et de détruire. Il n'en fit rien, et n'attaqua pas même leur arrière-garde; néanmoins la prise de Spire eut lieu. Custine fit casser la tête à trois gardes nationaux, dont l'un, père de onze enfans, se jeta à ses genoux et lui demanda grace; mais il fut inexorable, et le fit fusiller.

Le déposant entre ensuite dans les détails de ce qui a précédé et suivi la prise de Francfort. Il ajoute que l'accusé envoya Houchard, qui était alors colonel des chasseurs, et son aide-de-camp, fourrager et enlever l'argenterie et ce qu'il y avait de plus précieux. Cette opération indisposa beaucoup les habitans du pays contre la nation française. Il observe qu'avec deux mille hommes il était facile d'en arrêter cent mille dans les gorges et montagnes; mais il fallait s'y fortifier: on lui en donna avis, et il n'en fit rien. Enfin, il termine par dire que, se promenant un jour dans Landau, il avait rencontré Custine qui lui demanda ce qu'il faisait dans la ville; lui ayant répondu que le général Biron savait ce qu'il y faisait, Custine lui dit qu'il était suspecté; ce qui ne pouvait être qu'une assertion fausse.

L'accusé. Il est très-vrai que le témoin m'a donné des renseignemens auxquels je n'ai pas eu de confiance, et que d'un autre côté il m'a donné des émissaires qui m'ont trompé et qui rendaient plus exactement compte aux ennemis qu'à moi de ce qui se passait dans notre armée.

A l'égard de l'argenterie enlevée, il n'y a eu que celle du prince de Nassau. Je n'ai fait porter le poids des contributions qu'aux nobles et aux prêtres, et je demande si cela pouvait indisposer contre nous les habitans? Il fallait enlever le fourrage, dit le témoin. Eh bien! qu'est-ce donc que j'ai fait dans le courant de novembre et décembre? J'ai écrit au conseil exécutif de m'envoyer, pour cet objet, six millions. J'aurais acheté ces magasins ; et j'aurais fait payer aux ennemis six francs ce qui n'aurait coûté que vingt sous à la République ; ou bien il aurait été impossible aux Prussiens de rester sur les bords du Rhin, n'ayant point de fourrages.

En ce qui concerne Landau, le maire de cette ville, voyant tous les jours le déposant se promener sur les remparts, avait conçu de l'inquiétude, il craignait qu'il ne fût dans le cas d'aller rendre compte aux ennemis de notre position ; et c'est ce qui a fait qu'il m'a dit de le faire venir et de lui demander ce qu'il faisait dans la ville.

Le témoin. Le maire de Landau n'était point regardé dans la ville d'un bon œil.

L'accusé. Il a été nommé commissaire des guerres par le conseil exécutif.

Plusieurs autres témoins sont entendus ; leurs dépositions sont peu importantes.

Jean-Baptiste-Ollivier Garnerin, ci-devant commissaire du pouvoir exécutif près les armées du Rhin et de la Moselle, dépose des faits relatifs à la journée du 17 mai ; ce jour-là Custine reçut un décret de la Convention nationale qui lui annonçait qu'il n'était plus général de l'armée du Rhin. Il n'en tint pas compte. A l'affaire du même jour les colonnes n'ont point reçu d'ordre de la journée ; on ne vit pas les aides-de-camp de Custine faire le moindre mouvement. Il ordonna à Labrétignière d'attaquer avec sa cavalerie les ennemis ; celui-ci lui objecta que, l'infanterie étant à plus de trois quarts de lieue de là, il ne pouvait être soutenu ; Custine lui répondit : « *Mon devoir est de commander, le vôtre est d'obéir.* » Labrétignière obéit et battit les ennemis ; il se serait même emparé de plusieurs pièces de canon, mais les mêmes ennemis qu'il venait de battre, s'étant ralliés, le chargèrent à son tour, et le mirent en déroute. Ne sachant où se retirer, Labrétignière aperçut un corps de trois cents tirailleurs, et s'avança de leur côté. Le malheur voulut qu'il fût pris pour ennemi, et que, comme tel, ce corps fît feu sur lui, et lui tuât quatre-vingt-cinq chevaux. Le même jour, Houchard reçut l'ordre de lever le camp de Forback, et d'aller attaquer le château de....., où les ennemis étaient rétranchés avec avantage. Houchard se mit à réfléchir sur le contenu de cet ordre; et ne voulant néanmoins rien prendre sur lui, il en référa aux représentans du peuple qui étaient près de lui, en leur observant qu'il allait être obligé de passer sur les corps de ceux de nos frères qui avaient déjà été tués; que d'un autre côté il ne savait s'il devait obéir aux ordres d'un général qui n'était plus celui de l'armée du Rhin. Les députés ne purent rien prononcer, attendu l'esprit de la loi à cet égard. Houchard alors ne sut que faire. Néanmoins, ne voulant pas avoir à se reprocher d'être la cause peut-être de la perte d'une bataille, il exécuta l'ordre; mais il fit à sa manière, et il eut le bonheur de remplir le but qu'on lui indiquait, sans perdre autant de monde qu'il aurait pu faire s'il s'y était pris comme l'ordre le portait expressément.

L'accusé. Je n'ai jamais été prodigue du sang des soldats que j'ai eu le bonheur de commander; j'en appelle à leur témoignage. Certes, l'on ne donne point son attachement à un bourreau; j'ai couru à la tête de chaque colonne des tirailleurs lorsque je vis qu'ils se méprenaient, en leur disant : « Français, ne faites point feu; c'est votre cavalerie. » A l'égard du mot d'ordre que l'on dit que Ferrière n'a point eu de toute la journée, c'est un fait que j'ai toujours ignoré. Le chef de l'état-major vous dira qu'il avait oublié de le lui envoyer.

Le témoin. Un aide-de-camp est venu dire à la colonne commandée par Laubadère qu'elle devait se retirer, attendu que les ennemis étaient trop en forces.

L'accusé. Parbleu! je voudrais bien connaître cet aide-de-camp; c'est d'ailleurs le général Diettmann qui a ordonné la retraite, et non point moi.

Le témoin. J'observe que le général Dietmann m'a dit à moi et à plusieurs autres personnes qu'il était ce jour-là resté simple spectateur et ne s'était mêlé de rien; mais ce qui est bien mieux, c'est que cette colonne, voyant qu'elle avait été induite en erreur, demanda au général de faire assembler ses aides-de-camp, afin de reconnaître celui qui avait été dans cette affaire le donneur d'avis. Custine le promit, mais il se garda bien de tenir sa promesse à cet égard. Il avait toujours une petite cour d'adorateurs, notamment un impudent, nommé Devrigny, qui avait émigré, homme rempli de morgue aristocratique, qui vexait les soldats.

L'accusé. Mais il fallait donc, dans le temps, venir me le dire chez moi, puisque vous étiez si zélé pour l'intérêt public; il ne fallait pas attendre que je fusse ici pour m'en parler. Si les hommes portaient leurs opinions empreintes sur leur figure, on ne serait pas embarrassé sur le parti que l'on aurait à prendre envers chacun d'eux. Ayant emmené Devrigny en Flandre, on me dit, en montant la butte de Saint-Quentin, que c'était un intrigant : c'en fut assez, je l'expulsai sur-le-champ.

Le président à l'accusé. Mais vous n'auriez donc pas dû l'employer à la remonte des chevaux.

L'accusé. Je n'avais dans le moment auprès de moi aucun officier dans le cas de se connaître en chevaux; comme ce Devrigny était un excellent officier de cavalerie, je ne voyais aucun inconvénient à l'envoyer à la remonte. D'ailleurs j'observe que s'il avait fallu renvoyer tous ceux des officiers contre lesquels on me portait des plaintes, il n'en serait pas resté à l'armée du Nord. Quand je suis arrivé à cette armée, je ne cessai d'être assailli de plaintes de part et d'autre. Les uns venaient me dire que tels et tels étaient des aristocrates; ceux-ci venaient bientôt après me dénoncer les premiers comme des ci-devant souteneurs de tripots, des escrocs, et autres gentillesses semblables. Vous comprenez qu'un général, qui a autre chose de plus important à faire que d'écouter de pareilles fariboles, renvoie les dénonciateurs à leurs postes respectifs et leur recommande de déployer des preuves de civisme, en défendant avec courage et énergie la cause de la liberté contre ses ennemis. Voilà comme je tirai parti des haines personnelles, en les tournant contre l'ennemi, que je leur annonçais être là (il montre le nord).

Le témoin. Custine, après la prise de Mayence, faisait traîner pour son compte un grand nombre de voitures chargées de toutes sortes d'effets.

L'accusé. Je n'avais qu'une voiture, qui traînait ma batterie de cuisine et un caisson dans lequel étaient mes papiers.

Un autre témoin est entendu.

François-Charles Schstilinski, général de brigade, dépose que, se trouvant au poste de Bingen, et prévoyant qu'il était impossible à l'ennemi de passer ailleurs que sur le pont qui s'y trouvait, il le fit miner; mais au moment qu'il allait le faire sauter, il reçut l'ordre de quitter ce poste pour se rendre à Mayence avec son régiment (étant alors colonel), où il a demeuré jusqu'à la reddition de cette ville.

L'accusé. Je fis relever par le régiment du témoin plusieurs détachemens de cavalerie dont j'avais le plus grand besoin, qui se trouvaient répandus pour garder les rives du Rhin depuis Hoppreinheim jusqu'à Mayence. J'étais d'autant plus flatté de confier ces postes au témoin que je savais que c'était un honnête homme. Si j'avais connu dans le temps son patriotisme, comme je le connais aujourd'hui, je lui aurais confié le commandement de Mayence, parce qu'il en était digne. Quant au point sur lequel il dit que l'ennemi devait nécessairement passer, cela n'est pas tout-à-fait exact, attendu qu'il pouvait passer sous le château de Schromberg, qui, comme l'on sait, n'était point pour nous, puisque de notre côté il est bordé de précipices, et que du côté des Prussiens il n'y en a point.

Le témoin. C'est néanmoins sur ce point que les Prussiens ont passé successivement pour assiéger Mayence; et c'est là où, le surlendemain, ils attendaient notre convoi et nos sept mille hommes, à qui Custine avait envoyé ordre de venir le joindre. A l'égard de Mayence, nous y avons souffert les plus grands tourmens, puisque pendant quatre mois nous ignorions si la France existait encore; c'était la principale douleur de la brave garnison qui défendait cette place importante. Il est de fait que, si l'on avait voulu, l'on aurait pu nous faire passer des nouvelles, en se servant, par exemple, de bouteilles dans lesquelles on aurait mis les papiers, et que l'on aurait ensuite bien bouchées. Nos braves soldats et les habitans avaient pensé à cela ; ils avaient même jeté, pour cet effet, des filets dans le Rhin.

Le témoin termine sa déposition par les détails du peu d'approvisionnement que Custine a laissé dans cette ville, et de la manière lente avec laquelle on venait à son secours, puisque les armées n'ont fait que douze lieues en dix jours. On faisait une lieue, et le lendemain on prenait séjour.

L'accusé. Cela ne me regardait pas : c'était le fait des généraux des armées du Rhin. Vous avez entendu Rewbel vous dire que l'on avait voulu commencer à entrer en marché avec les juifs pour l'approvisionnement, et qu'il n'avait pu être terminé, parce qu'ils demandaient trop cher. Est-ce ma faute à moi si, pour épargner les fonds de la République, on a exposé la garnison à mourir de faim ?

L'accusateur public donne lecture de la loi qui ordonne aux généraux de faire approvisionner les villes du premier ordre pour six mois, et celles du second pour quatre.

L'accusé. J'ai fait à cet égard ce qui dépendait de moi ; c'était aux commissaires de la Convention à ne pas s'arrêter à des économies déplacées en pareilles circonstances.

Nous passons sur plusieurs dépositions qui ne contiennent que des faits dont il a été parlé déjà plusieurs fois.

Pierre Cellier, commissaire du pouvoir exécutif près l'armée du Nord, dépose que quelques jours après l'arrivée de Custine à cette armée, les patriotes témoignèrent la plus vive inquiétude sur un règlement qu'il se proposait de faire, et qu'elles augmentèrent lorsqu'ils virent que dans tel ou tel cas les soldats seraient fusillés ; qu'on remarqua d'abord que dans ces cas expliqués la loi ne portait point du tout la peine de mort, et qu'ensuite le général n'avait point le droit de faire de pareils règlemens ; que la société populaire de Cambrai lui ayant écrit pour lui demander pourquoi il ne faisait point exécuter le décret relatif à l'uniforme national que devaient prendre les officiers des troupes de ligne, il ne lui fit point de réponse, ou du moins ne la lui fit que longtemps après; que le 30 juin il donna ou fit donner pour mot d'ordre *Condorcet*, *Paris*; ralliement, *Constitution*.

L'accusé. J'ai fait le règlement dont parle le témoin contre les désorganisateurs et les fuyards, dont la quantité était effrayante, attendu qu'une partie des officiers était dans les mêmes principes et les favorisait; que d'ailleurs ce règlement n'a été fait, pour ainsi dire, que comme un frein nécessaire pour contenir la discipline, puisqu'il est de fait qu'il n'a jamais été exécuté.

A l'égard de ce que le témoin dépose contre ma prétendue négligence à faire exécuter le décret dont il parle, cela n'est point exact, puisque moi-même j'ai donné les ordres nécessaires pour l'achat de drap bleu, un grand nombre d'officiers prétextant n'avoir point les moyens de s'en procurer. C'est un fait que j'écrivis à Cambrai aussitôt qu'il me fut possible. Ainsi cette dénonciation que le témoin se plaît à faire en ce moment contre moi n'est point fondée, et n'a pas dû l'être. Il dit que j'ai donné ou fait donner le mot d'ordre dont il parle : cela n'est pas encore vrai, puisque je n'étais point alors à l'armée, et que c'est le général Leveneur qui l'a donné en mon absence, et sans m'en avoir prévenu.

Le témoin. Étant entré dans le camp pour distribuer à nos braves soldats des journaux patriotiques, tels que le *Journal de la Montagne*, le *Républicain* ou *Journal des hommes libres*, le *Père Duchesne*, deux officiers nous arrêtèrent, en nous disant que nous étions des désorganisateurs, venus exprès pour faire perdre au général la confiance des soldats; nous fûmes entourés en même temps d'un nombre infini de soldats et d'officiers. Nous continuions notre distribution aux soldats, nonobstant les déclamations d'une partie des officiers qui ne cessaient de crier que nous étions de la faction Bouchotte et les agens de Cobourg, et ce, en excitant les soldats à nous massacrer. Enfin, les deux officiers nous ayant conduits devant Custine, et ayant fait leur rapport, il nous dit avec un visage imposant : « Vous êtes des êtres trop méprisables pour que je m'occupe de vous. » Et de suite il donna l'ordre aux deux officiers Chérin et Jarri, qui nous avaient arrêtés, moi et mon secrétaire, de nous conduire par devant les représentans du peuple ; ce qui ayant été exécuté, l'un d'eux (Beffroi) nous envoya à la citadelle de Cambrai, où nous avons resté deux jours.

L'accusé. Il est faux que ce soit moi qui aie donné les ordres d'arrêter la distribution des journaux dont parle le témoin. Il est également faux que j'aie tenu le propos qu'il m'impute ; je n'ai jamais dit : vous êtes trop méprisables. Le fait est que, les représentans du peuple m'ayant fait part d'un arrêté qu'ils voulaient prendre pour empêcher l'introduction et la distribution des journaux qui répandaient des diatribes contre moi, je les priai de n'en rien faire, attendu que les soldats mettraient en parallèle les diatribes et ma conduite. D'ailleurs, les soldats voyaient d'un très mauvais œil la distribution de ces journaux.

Le témoin. J'ai entendu dire dans les premiers jours de juin à Custine que Marat et Robespierre étaient des agitateurs, et que Danton était leur complice. « Comment, ajouta-t-il, on ne les prendra jamais dans leurs propres filets? »

L'accusé. Je conviens qu'à l'époque des derniers troubles de Paris, voyant la Convention influencée par la multitude, attribuant cet état de choses à l'impression que produisaient sur le peuple les écrits de Marat et les opinions de Robespierre, j'ai regardé le premier comme un perturbateur, et le second comme un exagéré. Quant à Danton, à qui je connaissais infiniment d'esprit et de talens, n'ayant pas jugé Dumourier lorsqu'il était auprès de lui, et ne l'ayant pas dénoncé lorsqu'il fut de retour, je n'avais pu m'empêcher de le regarder comme un de ses complices, intéressé à ne point déclamer contre lui.

Plusieurs autres témoins sont entendus.

Joseph-Charles-Sophie Girault, chef de l'artillerie de campagne à l'armée du Nord, dépose des faits relatifs à ce qui s'est passé pendant le siége de Mayence. Il ajoute ; Nous espérions toujours que les armées du Rhin et de la Moselle viendraient nous délivrer. Un jour on entendit dans le lointain une vive canonnade; nous nous dîmes : les voilà. Tout le monde se mit sous les armes; nous nous préparions à mettre l'ennemi entre deux feux, mais malheureusement notre espoir fut trompé.

Chevalier, général de brigade de l'armée du Rhin, dépose n'avoir eu aucune relation avec l'accusé, parce qu'il commandait les travaux de Cassel. Il sait seulement que Mayence manquait de farine, de viande et de boulets de quatre et de huit.

L'accusé. Le déficit en boulets n'est-il pas provenu de ce que l'on a trop canonné au commencement du blocus?

Le témoin. On a effectivement beaucoup tiré dans les premiers temps, mais jamais on ne l'a fait inutilement.

Jean-Frédéric Simon, commissaire du pouvoir exécutif près la ville de Mayence, dépose que Custine s'est disculpé dans la société populaire de Strasbourg sur l'affaire des gorges de Porentru. Il observe qu'il ne conçoit pas comment Custine pourra se disculper d'avoir ignoré ce qui devait se passer à Francfort, puisqu'il est de fait que tout le monde le savait deux jours d'avance par la voie de la Gazette de Mayence, qui annonçait le massacre comme s'il avait déjà été exécuté huit jours auparavant; le bruit en courait d'ailleurs dans toute cette partie de l'Allemagne; les Mayençais avaient même vu des couteaux destinés à opérer ce massacre.

L'accusé. Je n'avais aucune connaissance du massacre qui devait avoir lieu à Francfort. On m'avait seulement rapporté qu'il y avait de la fermentation dans la ville, mais que l'on pensait qu'elle serait facile à dissiper. Je donnai des ordres en conséquence.

Le témoin. J'ai assisté à une conférence tenue à Landau, où se trouvaient les généraux Beauharnais, Ferrière, Desprès-Crassier et plusieurs autres. On agita la question de savoir si l'on ferait droit à la demande que faisait Custine d'extraire de la place un grand nombre de pièces d'artillerie : tous furent d'avis qu'elle lui fût refusée. Custine prétendit qu'on allait compromettre l'honneur de la République, en l'empêchant d'exécuter un plan conçu pour le plus grand intérêt de la nation. On n'osa pas insister, et les canons furent emmenés à Spire. Arrivé à Mayence, je lui proposai de faire prêter le serment exigé par la loi du....., lui observant qu'il fallait qu'il se prêtât en ce qui le concernait à son exécution, attendu que moi, commissaire du pouvoir exécutif, je ferais déporter et confisquer les biens de ceux qui se refuseraient à le prêter, et qu'ensuite je m'occuperais d'établir dans Mayence une municipalité, et dans les campagnes environnantes. Je lui ajoutai que j'étais dans l'intention de publier à cet égard une proclamation : « Eh bien, me dit-il, faites-la, et je la signerai. » Nous convînmes ensemble que cette opération aurait lieu, et demeurerait irrévocablement fixée au 24 février; mais à cette époque, sous prétexte qu'il était mandé par le conseil exécutif, il voulut partir pour Paris. Je lui représentai l'urgence des circonstances : il ne voulut rien entendre et partit. Les représentans du peuple m'ont dit que l'ordre du conseil exécutif portait que Custine viendrait lorsqu'il se serait débarrassé des affaires urgentes que pouvait nécessiter l'intérêt de la République.

L'accusé. Je n'ai point fait municipaliser les campagnes, parce que je n'avais point assez de forces pour pouvoir me flatter de tenir longtemps dans ce pays : j'attendais du renfort, et ne suis parti pour Paris que dans l'intention d'en accélérer la marche : je craignais qu'en se pressant de faire prêter le serment, on n'exposât ces bonnes gens au ressentiment des Prussiens.

Le témoin. On traita les malheureux habitans des campagnes avec la plus grande injustice. Lorsqu'ils venaient vendre des denrées dans la ville, on les vexait avec dureté. Blanchard et Vilmancis, administrateurs des vivres, prenaient leurs denrées sans les payer, les faisaient rester des huit jours dans la ville, pendant lequel temps on se servait de leurs chevaux pour traîner des palissades aux fortifications de Cassel, et on les leur rendait ensuite lorsqu'ils ne pouvaient plus aller. Par ce moyen, on aliéna les habitans des campagnes, qui, en peu de temps, n'apportèrent plus rien dans la ville ; et cela fit déjà un grand tort à l'approvisionnement qui, avant le blocus, avait été si négligé par lesdits Blanchard et Vilmancis.

L'accusé. Si l'on a exercé de mauvais traitemens envers les habitans des campagnes, c'était aux représentans à réprimer à cet égard la conduite de Blanchard et Vilmancis.

Le témoin. Ce n'est point seulement aux habitans des campagnes que l'on a donné de l'aversion pour la République française ; ceux de Mayence étaient également travaillés : l'aide-de-camp Schtam ordonnait en son propre et privé nom aux magistrats de cette ville ; d'un autre côté, on ne saurait se faire une idée de la manière dure et brutale avec laquelle il parlait aux pontonniers, et les mettait quelquefois sur le point de passer du côté de l'ennemi ; ce qui aurait fait le plus grand tort à la sûreté de la ville.

L'accusé. Schtam est un bon républicain. A la vérité, ceux qui ne connaissent pas son caractère, qui est brusque, mais franc, le prennent pour un homme dur ; mais il ne l'est point. Néanmoins, ayant été instruit qu'il se permettait des écarts envers quelques officiers civils, je le fis venir, et après l'avoir réprimandé sévèrement, je lui ordonnai d'aller faire des réparations à la municipalité, et d'être ensuite plus circonspect envers elle. En ce qui concerne les propos tenus aux pontonniers, je l'avais chargé de la surveillance du pont de Mayence pendant un hiver rigoureux ; et chacun sait que ce n'était point par de douces paroles que l'on pouvait espérer de contenir ces gens-là. J'étais entouré d'un tas de gens qui n'en voulaient qu'au trésor de la République, auquel ils faisaient une guerre ouverte. Ces hommes, la plupart valets de l'électeur, m'entouraient et m'obsédaient tous les jours de réclamations : il fallait de force que je leur opposasse des hommes durs et sévères.

Le témoin. Il est de fait qu'aucun citoyen dont le civisme fût prouvé n'était admis à la table de Custine : ce n'était que les membres de son état-major.

L'accusé. Si je n'ai admis aucun patriote à ma table, c'est que ma fortune ne me le permettait pas. Je nourrissais très-frugalement mon état-major, et ne le gardais chez moi que pour le tenir toujours sous la main, et pour être à même de lui distribuer du travail.

Le témoin. J'ai encore à dire que Custine a confié le commandement de Mayence à un homme infirme, incapable de monter à cheval, et qui par conséquent ne pouvait pas tout voir par ses yeux.

L'accusé. J'ai choisi Doyré, parce que son talent pour le génie m'était connu. Je savais qu'il ne pouvait pas trop bien monter à cheval, mais j'avais prévu cet incident, en lui donnant pour second le général Meunier, dont le talent et le courage étaient connus.

Le témoin. Oui, mais Meunier, avec tout son courage, ne pouvait rien faire sans la sanction de Doyré.

L'accusé. Il paraît cependant que ces deux généraux ont toujours assez marché d'accord.

Le témoin termine sa déposition en disant que les ennemis ne parlaient qu'avec un souverain mépris de Custine; des soldats même ont dit à des soldats français : « *Mais quel est donc le général qui vous commande? on ne le voit jamais;* » enfin, que les ennemis lui ont la plus grande obligation d'avoir dégoûté les peuples de l'Allemagne de la fièvre révolutionnaire.

L'accusé. Ma modestie ne me permet pas de réfuter des témoignages suspects, puisqu'ils viennent de la part de nos ennemis; cela pourrait tout au plus prouver que je n'étais pas d'intelligence avec eux.

Dazincourt, chef de brigade au quatorzième régiment de cavalerie, dépose des faits relatifs à l'entrevue de Doyré, Boze et autres, et où lui, déposant, s'est trouvé. Le reste de sa déposition roule sur des faits déjà connus et éclaircis.

Un autre témoin, âgé de vingt-un ans, aide-de-camp, dépose que, depuis qu'il connaît Custine, il l'a toujours vu dans l'intention de livrer les troupes de la République aux ennemis.

1° Il s'est retiré de Francfort sans le fortifier.

2° Il a envoyé l'armée à Oppenheim, où les ennemis l'auraient prise s'ils avaient voulu.

3° Il n'a point fait fortifier les gorges de Blinheim, où Nevied fut étonné de ne trouver ni abatis dans les bois, ni canons de seize. Le peu de pièces qu'il y avait étaient de quatre ; aussi cela a fait que les cinq bataillons qui s'y trouvaient n'ont pu résister à dix mille hommes qui le matin avaient passé à Bacara.

4° Custine a fait une faute en ne se portant pas dans les forêts de Kreisnach.

5° Il a écrit au département du Bas-Rhin qu'il ne pouvait tenir dans les lignes de la Lauer, et ne les a conservées que lorsqu'il a appris la défection de Dumourier.

6° Il a négligé de faire fortifier Cassel.

7° Il a dit au club qu'il ferait pendre le docteur Hoffmann s'il continuait à parler mal de lui.

L'accusé. Le témoin ne fait que sortir de Mayence, et déjà le voilà le plus grand général de l'Europe ! Dans la narration qu'il vient de faire, il ment d'un bout à l'autre. J'avais quinze cents ouvriers à Calier. Il ne s'agit pas de croire ce que dit un jeune homme sans expérience, incapable de réfléchir sur des opérations militaires ; il faut s'en rapporter au témoignage des commissaires de la Convention nationale et de ceux du pouvoir exécutif.

Jean-Baptiste Hémard, chirurgien-major de l'hôpital de Strasbourg, ci-devant chirurgien d'un régiment au service de la République, dépose que, s'étant trouvé à la prise de Spire, il est à sa connaissance que les caisses des baillis furent pillées, que l'on traita les habitans d'une manière injuste et vexatoire, et que si l'on avait voulu éviter des désordres, il était prudent de ne pas loger les soldats dans la ville.

L'accusé. Est-ce que je pouvais être partout ? Les baillis ont eu leurs caisses pillées : elles appartenaient au landgrave de Hesse-Darmstadt. Est-ce que je devais le ménager ? Non, sans doute.

Le témoin. On négligea d'enlever les fourrages qui se trouvaient dans les magasins du landgrave, et par-là notre cavalerie s'est trouvée manquer du nécessaire.

L'accusé. Cela regardait le général Houchard.

Le témoin. Les troupes qui se trouvaient divisées par détachemens de douze ou quinze hommes de service dans les postes avancés se trouvaient chaque jour attaquées et massacrées.

L'accusé. Le fait est que ceux qui composaient ces avant-postes, entraînés par leur courage, allaient attaquer les avant-postes ennemis, qui, en se défendant, en ont tué quelques-uns.

Le témoin. A Homabac, on enleva aux habitans leurs instrumens aratoires : on eut soin de les leurrer par l'espoir d'être remboursés ; mais on n'en fit rien.

L'accusé. Pourquoi ne m'avez-vous pas dit cela à Mayence ? C'était là, et non ici, qu'il fallait venir me dire cela : vous saviez l'estime que j'avais pour vous.

Le témoin. Je fus pour vous faire ces observations ; mais il ne me fut pas possible de pénétrer jusqu'à vous ; les commis que vous aviez chez vous y retraçaient toute la morgue de ceux des bureaux des ministres de l'ancien régime. On me signifia avec dureté qu'il n'était pas possible de pouvoir vous parler.

L'accusé. Je vous aurais entendu avec plaisir.

Jean-Baptiste Hébert, général de brigade, donne les détails de l'entrevue de Mayence, où il s'est trouvé. Il dit qu'en général la signature *Custine* qui se trouvait en bas du billet apporté par Boze fut suspectée, en ce qu'on la trouvait trop allongée.

Un autre témoin, médecin de l'hôpital militaire de Strasbourg, dépose que les Allemands attendaient les Français à bras ouverts, mais qu'il fallait accepter ce qu'ils avaient offert ; ils voulaient livrer Coblentz, Manheim, Louisbourg, Rhinsald, Saint-Goard et Darmstadt : l'accusé refusa de s'en emparer ; qu'il ne suffisait point de prendre Francfort et Kœnigstein, il fallait aussi s'emparer de Hanau, et enlever l'artillerie de toutes ces villes ; alors les Prussiens n'auraient jamais pu entreprendre de venir à Mayence, attendu que le transport de l'artillerie aurait été pour eux d'une difficulté insurmontable ; qu'il fallait enlever les magasins d'Heilbron, qui avaient été offerts à l'accusé, ainsi que plusieurs autres qui étaient dans ces contrées-là, et alors la cavalerie prussienne n'aurait pu parvenir à exister dans la Franconie jusqu'après la récolte.

L'accusé. Je n'ai jamais été dépourvu de sens au point de penser que je pourrais tenir cent lieues de terrain avec dix-neuf mille cinq cents hommes ; si Kellermann m'avait secondé, il n'y a point de doute que je n'eusse pris Coblentz.

Le témoin. Je dois ici dire que Custine était tellement parvenu à faire illusion sur le nombre de troupes qu'il commandait, qu'il est de fait que l'on croyait dans toute l'Allemagne qu'il était à la tête d'une armée de cent mille hommes.

L'accusé. Cela est vrai.

Renaud Blon, capitaine aide-de-camp du général, ne dépose ni à charge ni à décharge contre l'accusé.

Joseph-André Hoffmann, président de la convention nationale mayençaise rhéno-germanique, dépose avoir lu dans les journaux que Custine l'avait fait arrêter et mettre en prison. Il observe que cela n'est pas vrai, que seulement il l'avait menacé de le faire pendre s'il continuait à parler mal de lui.

L'accusé. Je ne connaissais pas le docteur Hoffmann. On m'avait dit que c'était un agent des puissances étrangères, soudoyé pour entretenir le désordre. J'ai su depuis que c'était un excellent patriote ; son civisme m'a été attesté par plusieurs députés de la Convention. J'observe que je n'ai pas dit que je le ferais pendre s'il parlait de moi, mais bien s'il parlait contre la révolution ; je ne pouvais pas lire dans son cœur la pureté de ses sentimens.

Le témoin. Custine me connaissait bien ; je lui avais offert de lui livrer une quantité considérable de fourrages. Il s'était entouré d'un tas d'administrateurs qui étaient ses adorateurs ; ceux-ci faisaient enlever aux habitans leurs provisions, plutôt que d'en aller chercher dans le pays de Darmstadt et dans le Haguenau. Les paysans, qui étaient prononcés pour la révolution, furent en peu de temps contre. On se disait : mais quelle est donc cette liberté dont on nous parle? Après que je l'eus dénoncé comme ayant négligé ses devoirs, il s'avisa de faire planter cinq potences dans Mayence pour nous faire aimer la liberté. (Mouvemens dans l'auditoire.)

L'accusé. Je vais répondre sur ce fait. J'ai fait dresser des poteaux dans Mayence : sans doute, j'y en ai fait dresser des poteaux, et voilà pourquoi. Les habitans faisaient tous les jours des réclamations auxquelles il n'était pas possible de faire droit, du moins pour le moment. Ils réclamaient de la République des indemnités qui ne me paraissaient pas fondées ; d'un autre côté, Francfort venait d'être livré par les habitans ; je craignais que l'on ne se servît du prétexte de réclamer pour exciter une fermentation. J'observe à cet égard que si l'on en avait fait planter à Valenciennes, cette ville n'aurait peut-être point capitulé.

Le témoin. Je dois à la vérité de déclarer que Custine m'a demandé publiquement excuse de m'avoir dit qu'il me ferait pendre ; c'était dans le sein de la Convention nationale mayençaise que je présidais.

L'accusé. En ce qui concerne l'enlèvement des bœufs et vaches et autres provisions enlevées, dit le témoin, aux habitans des campagnes, sans qu'ils en aient été remboursés, c'était aux commissaires de la Convention à faire droit à leurs réclamations, en les faisant payer par l'administration des vivres.

Le témoin. Custine vient de dire que les habitans de Mayence faisaient des réclamations qui lui paraissaient ne pas être fondées. Il est bon que le tribunal et l'auditoire sachent que lors de la prise de Mayence il avait fait enlever les meubles, et généralement tout ce qui se trouvait dans le château de l'électeur : or, ces objets étaient pour le peuple une propriété nationale, dont on ne pouvait, sous aucun prétexte, le dépouiller. Aussi la Convention mayençaise prit-elle le parti d'en écrire à la Convention nationale de France, dans la vive persuasion que celle-ci, après avoir examiné dans sa sagesse la légitimité de sa demande, ne manquerait pas de la prendre en considération, et y ferait droit.

L'accusé. Les meubles de l'électeur, tant ceux qui se trouvaient chez moi que ceux que j'avais fait transporter ailleurs, devaient être mis en vente; on a même vendu son vin à Mayence.

Le témoin. Custine avait joui de ma confiance jusqu'au combat du 6 janvier, livré à Hockeim devant Mayence, lequel commença à trois heures du matin ; il n'y est venu qu'à huit heures, c'est-à-dire quand tout était perdu.

L'accusé. Lors du combat dont parle le témoin, et dont il parle comme d'une chose qui l'a détaché du peu de confiance qu'il pouvait avoir eu en moi, je dirai que j'étais loin de prévoir que l'on serait attaqué dans la nuit; sitôt que j'en fus instruit, j'ordonnai que l'on me sellât des chevaux, et je partis; j'arrivai lorsqu'on faisait la retraite; je ne pouvais plus rien faire, je me suis retiré à Landau dans le meilleur ordre.

Le témoin. Custine n'a jamais aimé à recevoir des avis de sûreté ; la preuve est dans l'affaire de Francfort, dont il était prévenu deux jours d'avance. Il a été battu à Greinstein, et cela n'est point difficile à croire : tout le monde sait que quand on est maître des montagnes on doit se placer en haut; eh bien, lui resta en bas. Il s'est excusé de n'avoir point pris Manheim, parce qu'il disait n'en avoir point besoin, attendu qu'il tiendrait la campagne : et, au lieu de tenir cette promesse, il se retira à Landau, abandonnant Mayence, la Convention nationale mayençaise, tous les patriotes, et la brave garnison qui se trouvait dans cette ville. Enfin, en ce qui concerne les conquêtes de Custine en Allemagne, que chacun sait ne lui avoir pas coûté beaucoup de peines, on l'appelait *l'enfonceur de portes ouvertes* ; le nommé Schtam, son aide-de-camp, entretenait des correspondances avec un chanoine de ladite ville. Il est de fait que ce même Schtam a conseillé à un de ses amis, avant le blocus, d'aller chercher de l'emploi en France, et que, depuis la reddition, il a dit à ce même ami : « Eh bien, ne vous avais-je pas bien dit de ne pas rester dans Mayence? »

L'accusé. J'ai pris Mayence en enfonçant des portes ouvertes : oui, mais avec l'argent que j'avais répandu pour cela. A l'égard de mon aide-de-camp Schtam, j'ignore s'il entretenait des correspondances avec un ou plusieurs chanoines ; la vérité est que je n'en ai jamais entendu parler.

François-Hébrard Vincent, secrétaire-général de la guerre, dit que les faits dont il a à parler sont appuyés par des lettres officielles ; que, relativement à la ville de Lille, il y a eu une désobéissance constante et bien proncée de la part de Custine et de Lamarlière ;

Qu'ils voulaient enlever à Favard le commandement de Lille en en faisant extraire soixante-seize bouches à feu ; qu'il y avait peu de garnison dans cette ville ; que Lamarlière y a introduit des étrangers, des officiers et des trompettes ennemis ; qu'il y a conservé des généraux destitués ; qu'on y a mis beaucoup trop de prisonniers dans la citadelle ; qu'il y avait trop peu de subsistances par le défaut de soins du commissaire Petit-Jean.

Que le mot d'ordre donné le 31 mai l'a été au moment où une faction liberticide éclatait dans le sénat national, où des courriers envoyés par le ministre allaient désabuser l'armée sur des faits dont on lui déguisait la vérité ; que les courriers adressés aux commissaires ont été interceptés par Custine ;

Qu'alors il faisait arrêter les commissaires du pouvoir exécutif.

Qu'il écrivait ensuite au ministre : « Il est à croire que, si la ville de Condé eût été aussi approvisionnée que celle de Mayence, elle n'eût pas été prise ; »

Qu'il lui a demandé de tirer de Lille des bouches à feu, pour Cambrai et Bouchain ;

Que le 16 juin il a donné des pouvoirs monstrueux à Devrigny, aristocrate, chevalier du poignard, de se transporter dans tout son commandement, d'en extraire tous les fusils, sabres et carabines ; que ce Devrigny est venu jusqu'à Compiègne pour y enlever les chevaux de remonte, et qu'il y a agi en despote au nom du général ;

Que ce contre-révolutionnaire aurait désarmé tous les corps fidèles à la nation, pendant qu'en même temps on voulait enlever de Paris tous les effets d'armement et de campement ;

Qu'il a donné ordre à Kilmaine, qui devait marcher sur Liége et Namur, de ne pas y aller, et de se porter avec deux mille hommes sur Arlon, qui ne devait être que le point secondaire d'une attaque ;

Qu'il a donné un ordre de fusiller les soldats pour trois cas différens ;

Qu'il a écrit à Brunswick une lettre très-peu digne d'un républicain, où il lui prodiguait les éloges ; que Dumourier en agissait de même en Champagne à l'égard des Prussiens ;

Qu'il a écrit une lettre à la Convention, où il montrait ses sentimens, en appelant le côté des patriotes une arène de gladiateurs ;

Qu'il s'est entouré de généraux les plus anti-républicains, qui ont dit, au sujet des commissaires arrêtés, que, si on en rattrapait, il ne faudrait pas les conduire à la citadelle, mais bien les faire pendre ;

Qu'il a eu le projet de livrer Lille à l'ennemi, et que s'il n'eût pas été rappelé à Paris, nous n'aurions plus de frontières ni d'armée du Nord.

Je demande, dit le témoin, que lecture soit faite de toutes les pièces dont je suis porteur, me réservant, lorsque l'accusé se sera expliqué sur chacune d'elles, de faire aussi des observations à mon tour. Tout cela ne pourra que jeter le plus grand jour sur la conduite de l'accusé depuis son arrivée à l'armée du Nord.

Le greffier donne successivement lecture d'un grand nombre de pièces, dont plusieurs ne contiennent que des faits pour ainsi dire étrangers à Custine, et plutôt relatifs à Lamarlière. L'accusé s'est expliqué sur chacune de celles qui le concernaient, telles, par exemple, que sa lettre au général Favart, commandant à Lille, par laquelle il lui demande de délivrer soixante-seize bouches à feu pour le camp de la Madeleine ; il dit n'en avoir pris que quarante-une pièces, et qu'il en restait encore plus qu'il n'en fallait pour défendre la place ; que d'ailleurs ce n'était que d'après l'avis d'un homme de l'art qu'il avait donné l'ordre de transporter ces soixante-seize bouches à feu au camp de la Madeleine, pour le fortifier.

Toutes ces lectures ont duré cinq heures.

Augustin Vaillant, âgé de trente-deux ans, lieutenant de grenadiers au 85e régiment, dépose qu'ayant été fait prisonnier, il a été chargé de la négociation de l'échange de ses camarades; que Cobourg l'a agréé et renvoyé sur parole; que, sachant l'allemand, il a eu occasion de connaître les projets de nos ennemis: qu'il se disposait à en faire part à l'accusé, à Cambrai, qui l'a reçu très-durement; qu'ensuite un de ses aides-de-camp l'a mené chez Lapalière, commandant, d'où on l'a conduit à la citadelle; qu'il a écrit plusieurs fois, sans obtenir de réponse; qu'enfin l'accusé lui a répondu, de Landrecies, le 3 juillet, que ce n'était pas pour ne lui avoir pas montré la lettre de Cobourg, qu'il était détenu; mais pour avoir fait trop de voyages près de Cobourg et pour en avoir pris les intérêts, qu'il était puni.

Il demande que l'accusé, s'il est absous, soit détenu pendant sept semaines, le même espace de temps qu'il l'a été.

L'accusé répond qu'il lui était permis de se défier d'un individu qui allait aussi souvent chez l'ennemi : au reste, il lui demande pardon de l'avoir fait incarcérer.

Claude Céron, âgé de 27 ans, grenadier de Champagne, dépose que l'accusé a fait avertir ses camarades de manger la soupe et de boire l'eau-de-vie avant d'aller au secours de Francfort; qu'ils auraient désiré y voler sur-le-champ, et qu'ils ne sont arrivés qu'après que leurs frères étaient égorgés.

L'accusé répond qu'il n'était pas encore averti de l'attaque lorsqu'il a donné l'ordre de manger la soupe.

Guillaume Buart, lieutenant dans la section armée de la Butte-des-Moulins, dépose que, se trouvant ces jours derniers dans le café Payen, contigu à la Convention nationale, auprès d'un grand nombre de citoyens qui s'entretenaient du procès de Custine, lui déposant ayant dit, comme les autres, ce qui était à sa connaissance touchant l'accusé, on lui représenta qu'il devait en faire sa déclaration, le menaçant, s'il ne le faisait pas, de le dénoncer à la Société fraternelle, dont il est membre. En conséquence, il dit qu'à l'époque du mois d'octobre 1792, temps où les contre-révolutionnaires portaient pour figure de ralliement une cocarde noire, il a vu Custine, au Palais ci-devant Royal, porter une de ces cocardes; que plusieurs personnes voulant la lui arracher, lui déclarant s'y opposa, en disant à ces citoyens qu'il allait lui dire de l'ôter; ce à quoi l'accusé consentit.

L'accusé. Le fait dont parle le témoin est vrai; il se trompe seulement sur l'époque; ce n'était pas au mois d'octobre, mais bien au mois de juillet, temps où j'ignorais que la cocarde noire, que j'avais portée toute ma vie, fût un signe de ralliement pour les contre-révolutionnaires; on me dit de l'ôter, je le fis sur-le-champ; et l'un des citoyens qui se trouvaient là voulut bien me conduire chez une marchande de modes, où j'en achetai une aux couleurs nationales.

Sur l'interpellation faite au témoin de déclarer s'il est sûr que c'était au mois d'octobre, ou si c'est, commé dit l'accusé, au mois de juillet, il dit ne pas en être sûr.

Jacques-François Bernard, chirurgien, dépose avoir entendu Buart, témoin précédent, tenir, au café Payen, les propos dont il vient de rendre compte au tribunal, d'après l'invitation de lui, déposant.

Charles-Nicolas Gobert, général de brigade près l'armée du Nord, dépose avoir reçu l'ordre de faire un mouvement avec Kilmaine, lors de l'expédition d'Arlon, mais qu'il en fut empêché par Custine; qui lui envoya l'ordre de se retirer à Sedan.

François Chassi, sous-lieutenant au troisième bataillon, dépose qu'à l'époque du mois d'avril, Custine est venu à Sarre-Libre, où il passa le bataillon en revue; que lui déposant et un autre officier prirent la liberté de lui demander s'il était vrai que Mayence fût bloquée; il répondit d'un ton brusque : « Que cela ne vous inquiète pas, il y a du pain. »

L'accusé. Je ne me rappelle pas avoir tenu ce propos.

Benoit Gaultier, capitaine de canonniers à cheval, dépose qu'il n'a aucune connaissance des faits portés en l'acte d'accusation;

le seul fait dont il peut parler est que Custine a délivré un pouvoir pour aller à Bâle à un ci-devant comte de Beaufort, lequel s'en est servi pour émigrer.

L'accusé. Si j'avais connu l'incivisme de Beaufort, je ne lui aurais certainement pas délivré ledit pouvoir. Sitôt que je fus instruit qu'il avait émigré, je fis monter à cheval sur-le-champ Houchard, qui était alors mon aide-de-camp, et l'envoyai à Bâle le réclamer auprès du magistrat de cette ville.

Antoine-Nicolas-Godet Lamarlière, général de la première division de l'armée du Nord, dépose ne s'être jamais trouvé sous le commandement de Custine et n'avoir aucune connaissance des faits contenus en l'acte d'accusation.

Plusieurs autres témoins qui sont entendus ne jettent par leurs dépositions aucun nouveau jour sur les faits déjà éclairés, tels que le licenciement de la gendarmerie, la fusillade de Spire, etc.

L'accusateur public fait représenter à Custine le billet remis à Doyré, en date du 9 avril dernier.

L'accusé. Je ne l'ai point écrit, je ne l'ai point dicté, je ne l'ai point signé ; enfin, je déclare que je ne le connais pas.

Harger et Blin, vérificateurs experts d'écriture, déclarent que la signature Custine, apposée au billet remis par Boze à Doyré, est imitée d'après une signature de l'accusé, mais qu'elle porte tous les signes de contrefaçon, et ils le motivent sur ce qu'elle est plus maigre et plus allongée que la signature de comparaison.

Jean-Michel Duroy, député à la Convention nationale, dépose connaître Custine ; observe qu'il s'est annoncé à lui comme un franc républicain, en le priant de l'éclairer sur les lois qu'il ne pouvait point étudier, étant entièrement occupé de son état de général.

Le témoin ajoute que l'accusé s'est adressé à lui pour avoir des fonds, afin de faire passer des nouvelles à Mayence. Enfin, il déclare que pendant le temps qu'il a exercé les fonctions de représentant du peuple auprès des armées du Rhin et de la Moselle, il ne s'est aperçu d'aucun acte d'incivisme de la part de Custine.

Edme-Bonaventure Courtois, député à la Convention nationale, déclare n'avoir à parler que sur un fait, c'est sur un ordre donné à Lapallière, commandant de Cambrai, de faire rentrer les canons dans la citadelle.

L'accusé. J'observe que j'avais oublié d'y ajouter ces mots: *en cas d'attaque*, mais que cet oubli a été depuis rectifié.

Le témoin ajoute que cet ordre le fit se défier de Custine, qu'il le fit surveiller, mais qu'il n'en est résulté aucun rapport désavantageux pour l'accusé; que du reste il est de fait que les espions déclarent depuis long-temps, dans les notes qu'ils font passer, que Custine était redouté des Autrichiens.

Treuttel, administrateur du département du Bas-Rhin, déclare qu'il arrive de la Vendée, d'où il vient avec ses frères d'armes de combattre les partisans de Brissot, etc. Il dépose que Custine a constamment protégé les traîtres et les aristocrates, tels, par exemple, que Schtam, qui avait émigré et qui fut ramené de chez l'ennemi par les nommés Guérin, Loisel et Picard, hommes suspects, qui avaient des chevaux sellés en dehors de Strasbourg, pour porter à l'ennemi la nouvelle de l'arrestation des commissaires de l'assemblée nationale, à Sedan, par les ordres de Lafayette. Ce même Schtam, ajoute le déposant, était chargé par Custine des dépenses secrètes de l'armée. Le nommé Ronthemberg, ci-devant comte, grand ami du traître Diétrick, maire de Strasbourg, a été nommé par l'accusé commandant de Cassel; il en emporta les plans et passa chez l'ennemi. Cérisia, autre ami de Diétrick et de Broglie, qui avait protesté contre la déchéance du roi, fut nommé par lui commandant de Strasbourg. Il n'y resta que trois fois vingt-quatre heures: les Jacobins et les Feuillans, effrayés de sa nomination, demandèrent et obtinrent sa destitution auprès des représentans du peuple. Depuis, ayant été nommé par Custine commandant d'une avant-garde de l'armée du Rhin, il fit périr, dans une fausse attaque, soit par ineptie, soit par trahison, un grand nombre de braves soldats. Les représentans du peuple Montaut, Ruamps et Soubranny le suspendirent encore de nouveau. Eh bien! ce même homme a accompagné Custine à l'armée du Nord lorsque celui-ci y a été appelé, et a obtenu un commandement.

L'accusé. Le déposant a fait une digression qui me force à en faire une. Il vient de dire qu'il était parti pour combattre les fédéralistes du parti Brissot; et moi aussi j'ai toujours regardé Brissot comme un homme des plus dangereux et le plus chèrement payé par nos ennemis, surtout depuis l'affaire des colonies. A l'égard de Schtam, il n'a jamais émigré. Il a travaillé avec zèle, il s'est exposé dans Mayence pour en faire la visite et m'en faciliter la prise. Ayant exposé sa vie, j'ai cru une chose juste de demander pour lui un brevet de capitaine. Pour Ronthemberg, il n'a jamais commandé dans Cassel; c'était un grand scélérat, mais je ne le connaissais pas. Je l'avais trouvé colonel, je voyais qu'il dressait fort bien un régiment, je lui confiai une brigade; il assista avec moi à Bockereim, où il se battit avec courage. Il déserta et passa chez l'ennemi le 24 février, le lendemain de mon départ pour Paris, et n'a pu emporter le plan de Cassel, attendu qu'il n'y en avait point de dressé. Cérisia était protégé par Beurnonville; il commandait une brigade sous le général Landremont. Je proteste n'avoir jamais employé cet homme à l'armée du Nord; j'ai au contraire sollicité sa suspension.

Le témoin. Je persiste dans ma déposition, et j'y ajoute qu'une fermentation s'était élevée dans la ville de Strasbourg, entre le régiment de Vigier suisse, qui était tout composé, du moins l'état-major, de royalistes (ils en avaient donné des preuves à Nancy, lors du massacre du 31 août 1790), et les canonniers de la ville. On allait en venir aux mains, lorsque Custine et Diétrick se transportèrent au quartier de ces derniers, à l'effet de rétablir le calme dans les esprits. Un canonnier ayant dit au général qu'il fallait les désarmer comme on avait fait de ceux d'Ernest à Aix, Custine répondit que ceux qui avaient désarmé le régiment d'Ernest ne pouvaient être que des scélérats.

L'accusé. J'ai réconcilié les Suisses avec la garnison. Je n'ignorais pas que l'état-major était aristocrate, mais je savais que les soldats étaient dans les principes de la révolution, ainsi qu'ils l'ont montré depuis, puisqu'ils sont restés plus de cinq cents au service de la République. J'ai dit au canonnier dont parle le témoin que l'on aurait mieux fait si l'on se fût conduit ainsi à Aix, vis-à-vis les Suisses du régiment d'Ernest.

Georges-Edme Cambon, député à la Convention nationale, dépose qu'ayant vu l'accusé dans le corps constituant être du parti aristocratique, il a été fort surpris de le voir se jeter ensuite dans le parti patriote; qu'il l'a surveillé et qu'il a reconnu que l'armée du Rhin, commandée par lui, a coûté moitié moins que celle du Nord, et a été mieux tenue; à l'égard des opérations militaires, il n'en a pas été plus content que de celle de Dumourier.

L'accusé. Ma réponse sera dans ma défense générale.

Charles-Edouard Kilmaine, général de division, dépose du projet formé dans un conseil de guerre où se trouvaient les généraux et les commissaires de la Convention, pour opérer une diversion salutaire à la ville de Valenciennes; que Houchard devait envoyer dix mille huit cents hommes de l'armée de la Moselle sur Arlon, tandis qu'il y aurait eu une attaque générale sur toute la frontière jusqu'à Ostende.

L'accusé. J'ai déjà dit que lorsque ce projet fut formé, on était maître du camp de Famars et des bois de Saint-Amand; que les ennemis ne s'étaient point avancés de quatre lieues, et que nous n'avions point rétrogradé de huit; que la Flandre maritime n'était point attaquée, que j'ignorais le plan, etc.

Le témoin dépose entre les mains du greffier la lettre que Custine lui a écrite, ainsi qu'un ordre qui avait été par lui expédié. Ces deux pièces, sur la réquisition de l'accusateur public, et sur la demande de l'accusé, demeurent jointes au procès.

Philippe-Albert Bolley, député à la Convention nationale, dépose n'avoir aucune connaissance des faits contenus en l'acte d'accusation. Seulement, étant commissaire près l'armée du

Nord, il lui parut que Custine aurait pu intercepter la communication d'Ostende, où dix-huit mille Anglais ont débarqué.

L'accusé. A mon arrivée à l'armée du Nord, j'ai trouvé sur la Lys trente-sept mille Anglais, Hollandais et Autrichiens, auxquels je n'avais pas autant de forces à opposer.

Jean Johannot, député à la Convention nationale, dépose qu'étant commissaire à l'armée commandée par Custine, il n'a reconnu en lui que les principes d'un ami de l'ordre et de l'économie. S'il a levé des contributions, elles ont été versées dans les trésors de la République.

Nicolas Hoffmann, député à la Convention nationale, dépose avoir eu à Mayence, au mois de janvier dernier, une conférence avec Custine sur les subsistances de cette ville; qu'au mois de mars, il y avait trente mille sacs de farine; que la mauvaise volonté de Beurnonville a empêché seule Mayence d'être approvisionnée, et de recevoir tout ce dont elle avait besoin avant le blocus; enfin, il dit n'avoir jamais entendu tenir aucun propos incivique à Custine, mais avoir reconnu son attachement aux lois.

Simon Lépaux, officier au vingt-neuvième régiment d'infanterie, fait l'éloge de la bravoure et des talens militaires de Custine; il admire la retraite de Francfort sur Mayence, les travaux faits à Cassel, et dépose que chaque soldat a toujours eu dans Mayence, jusqu'au dernier moment, deux livres de pain et une bouteille de vin par jour.

Louis Villers, général de brigade, décrit et fait l'éloge de toute la campagne de Custine, en Allemagne, à la tête de l'armée du Rhin.

Daniel Schtam, aide-de-camp de l'accusé, dépose le connaître depuis le 5 août 1792. Il détaille l'expédition de Spire, les lois portées par Custine contre les voleurs, applaudies et approuvées par la Convention nationale. Il le disculpe sur la prise de Francfort. Quant à Mayence, il dit que la viande seule y a manqué; que si les fourrages y ont manqué, c'est par la rentrée de quinze cents chevaux qui ne devaient pas y être; que le pain et le vin y ont abondé jusqu'au dernier moment, que les moulins y ont toujours été en activité, et qu'il n'y en a eu que trois de détruits.

Plusieurs autres témoins sont entendus en faveur de l'accusé. Il résulte de leurs dépositions qu'ils l'ont toujours connu pour être dans les principes du plus pur patriotisme.

Jacques-François-Rodolphe Dutillet, aide-de-camp de Custine, dépose ne lui avoir été attaché que deux mois, et l'avoir toujours vu, dans ses discours à son armée, bon et franc républicain, et réchauffant le zèle du soldat pour le service de la République.

Le président au témoin. Quelle conduite avez-vous vu tenir à l'accusé à l'égard des lettres que lui ont adressées le général Wimpfen et les sociétés populaires de Caen et de Bordeaux?

Le témoin. J'ai toujours vu Custine manifester sa répugnance, et ne pas vouloir accéder à leurs propositions; il leur a écrit qu'il ne voulait reconnaître la République que dans la majorité de la Convention.

François Miranda, général divisionnaire des armées de la République, actuellement détenu à l'hôtel de la Force, déclare n'avoir jamais connu directement ni indirectement l'accusé, n'ayant eu aucune correspondance avec lui, et se trouvant dans la Belgique à l'époque où l'accusé commandait l'armée du Rhin, il n'a eu connaissance de ce qui s'y passait que par les papiers publics.

Le président au témoin. N'avez-vous pas, dans le courant des mois de février, mars ou avril, envoyé à l'accusé un aide-de-camp?

Le témoin. Je ne lui en ai jamais envoyé.

Le président au témoin. Quel était l'état de l'armée du Nord après l'évacuation de la Belgique?

Le témoin. Par le défaut de discipline, Dumourier était parvenu à désorganiser totalement l'armée; un grand nombre de soldats avaient perdu leurs baïonnettes; enfin il s'y était introduit un grand nombre d'abus.

Jean-Baptiste Dorie, capitaine au premier bataillon de Lot-et-Garonne, dépose avoir suivi Custine de l'armée du Rhin à celle du Nord, et n'avoir connu en lui qu'un franc républicain.

Jean Michelet, marchand de vin, dépose (par l'organe d'un interprète) qu'à l'époque où les armées françaises sont entrées en Allemagne, il offrit ses services au général Névied qui les accepta, lui témoin ayant montré dans un bois un endroit où il aurait été avantageux de placer des batteries. Névied répondit qu'il le savait bien, mais qu'il avait ordre du général Custine de ne pas le faire.

Pierre-Joseph Duhem, député à la Convention nationale, dépose que Custine lui a souvent parlé du plan de diversion qu'il devait faire pour secourir Condé et Valenciennes, et qu'il a vu avec peine qu'il ne l'a pas exécuté.

L'accusateur public, après avoir fait un rapport succinct des combats de la liberté française contre tous les despotes de l'Europe, le parallèle de Custine avec Dumourier, et présenté les rapports entre la conduite perfide de ces deux généraux, démontre les fautes commises par l'accusé dans l'Allemagne, où il a négligé de prendre Manheim, de s'emparer de plusieurs magasins, qu'il aurait pu faire rapprocher sur Landau; il lui reproche d'avoir épargné le prince de Nassau;

D'avoir laissé une trop faible garnison dans Francfort, ou de ne l'en avoir point retirée, ainsi que les munitions, s'il prévoyait ne pas pouvoir garder cette ville; d'y avoir laissé massacrer nos frères, soit par négligence, soit par trahison;

De ne s'être pas assuré des gorges de Drukstal, point important par lequel il n'ignorait pas que les Prussiens devaient arriver;

D'avoir toujours opposé des forces inférieures à celles de l'ennemi;

D'avoir fait une retraite précipitée et funeste à notre armée;

D'avoir fait fusiller trois volontaires nationaux et d'avoir fait grace à deux soldats de troupes de ligne pour le même fait;

D'avoir fait avertir trop tard les représentans du peuple de sortir de Mayence; d'avoir compromis une division sortie de cette ville, et qui a été forcée d'y rentrer;

D'avoir donné sa démission au moment où il répondait sur sa tête de cette ville, qu'il a négligé d'approvisionner;

D'avoir, le 17 mai, époque à laquelle il n'était plus général de l'armée du Rhin, fait fuir trente mille hommes contre dix mille, et d'avoir ordonné la retraite au moment où les troupes de la République demandaient à retourner au combat;

De ne s'être pas rendu, aussitôt après sa nomination, à l'armée du Nord et des Ardennes;

D'avoir, à l'instar de Dumourier, pris la désorganisation de son armée pour prétexte de n'avoir pu secourir Condé; de s'être opposé à l'exécution d'un plan qui devait dégager cette ville et celle de Valenciennes;

D'avoir commandé d'extraire de Lille soixante-seize bouches à feu; d'avoir insisté, malgré les observations de Favart, commandant de la place;

Enfin, de s'être environné d'officiers convaincus d'aristocratie, et d'avoir partout trahi les intérêts de la République.

Tronçon-Ducoudrai, défenseur de l'accusé, prévient le tribunal que la défense de Custine étant divisée en deux parties, l'accusé va commencer par plaider lui-même la partie relative aux opérations militaires, et qu'ensuite il plaidera les faits étrangers à la partie militaire.

Custine repasse en revue tous les reproches que lui fait l'accusateur public : il répète ce qu'il a déjà dit sur la plus grande partie de ces faits.

Il parle une heure et demie.

Tronçon prend ensuite la parole.

Le président fait un résumé dans lequel il dépeint la conduite de La Fayette, de Dumourier et de Custine. Il pose les questions; les jurés se retirent pour délibérer : leur déclaration fait rendre le jugement suivant (27 août, neuf heures du soir).

Le tribunal, d'après la déclaration du jury, portant :

1° Qu'il est constant que, pendant le cours de la guerre actuelle, il a été entretenu des manœuvres et intelligences criminelles avec les ennemis de la République, tendant, soit à faciliter leur entrée sur le territoire français, soit à leur livrer des places, magasins appartenant à la France;

2° Qu'il est constant que, par suite de ces manœuvres et intelligences, les villes de Francfort, Mayence, Condé et Valenciennes sont tombées au pouvoir des ennemis;

3° Qu'Adam-Philippe Custine, ci-devant général en chef des armées du Rhin et de la Moselle, et depuis de celles du Nord et des Ardennes, est convaincu d'avoir coopéré auxdites manœuvres et intelligences.

Après avoir entendu l'accusateur public sur l'application de la loi, faisant droit sur les conclusions, condamne Adam-Philippe Custine à la peine de mort, conformément à l'article IV de la section première du titre premier de la seconde partie du Code pénal, dont il a été donné lecture; déclare ses biens acquis et confisqués au profit de la République, conformément à l'article II de la loi du 18 mars dernier; ordonne qu'à la poursuite et à la diligence de l'accusateur public, le présent jugement sera exécuté sur la place de la Révolution de cette ville, imprimé et affiché dans toute l'étendue de la République.

Cofinhal, président, immédiatement après que les jurés ont eu fait leur déclaration, et avant que l'accusé fût rentré à l'audience, a invité le peuple immense qui remplissait l'auditoire de ne donner au jugement qui allait être rendu aucun signe d'approbation ni d'improbation; que Custine, d'après la déclaration du jury, n'appartenait plus à la République, mais à la loi, qui allait le frapper; qu'il fallait, comme homme, le plaindre de ce qu'il ne s'était pas mieux conduit.

Custine est entré, marchant d'un pas grave et accompagné d'une nombreuse escorte de gendarmerie. Le silence qu'il vit régner dans l'auditoire, les bougies qu'il n'avait point encore vues allumées depuis le commencement des débats, tout cela parut faire une vive sensation sur lui; s'étant assis, il promena ses regards autour de lui.

Le président lui fit part de la déclaration des jurés à son égard, en lui annonçant que la première question avait eu une majorité de dix voix sur onze, la seconde neuf sur onze, et la troisième huit.

L'accusateur public ayant fait lecture de la loi, et ayant conclu à son application contre Custine, le président a observé à l'accusé qu'il pouvait, soit par lui-même, soit par l'organe de ses défenseurs, faire des observations sur la loi invoquée par l'accusateur public.

L'accusé, regardant de nouveau autour de lui, et n'apercevant pas Tronçon-Ducoudray, son défenseur, ni N..., son conseil, qui étaient sortis sitôt après la déclaration du jury, voyant qu'ils n'avaient plus rien à dire en faveur de leur client, il se retourna vers le tribunal et dit : « *Je n'ai pas de défenseurs, ils se sont évanouis. Ma conscience ne me reproche rien. Je meurs calme et innocent.* »

Il a entendu ensuite le prononcé de son jugement avec assez d'indifférence, en fixant l'auditoire, qui a demeuré avant et après dans le plus grand calme, tandis que l'on entendait des claquemens de mains de la part de ceux qui, n'ayant pu entrer, apprenaient par les citoyens qui sortaient ce qui se passait dans l'audience.

Custine, après avoir entendu sa sentence de mort, entra dans le greffe, se jeta à genoux, et resta dans cette attitude religieuse pendant deux heures, pour implorer le secours et la protection du ciel; il pria son confesseur de passer la nuit avec lui; il écrivit une lettre à son fils, dans laquelle, après lui avoir fait les adieux d'un père prêt à mourir, il l'exhortait de se rappeler sa mémoire dans les beaux jours de la République, et de faire tout ce qui dépendrait de lui pour le réhabiliter dans l'esprit de la nation, pour laquelle il meurt innocent. Il fut conduit au supplice, ayant à ses côtés un ministre de la religion, armé d'un crucifix qu'il lui faisait embrasser; il lui lisait quelques passages d'un livre de piété. Custine portait une redingote nationale; il regardait avec sensibilité le peuple qui applaudissait à son supplice; ses yeux attendris et quelquefois mouillés de larmes se fixaient vers le ciel.

Arrivé au lieu de l'exécution, il s'est mis à genoux sur les premiers degrés de l'échelle; puis se relevant, il a jeté les yeux sur le fer fatal et est monté avec fermeté sur l'échafaud.

Procès de Marie-Antoinette de Lorraine d'Autriche, veuve Capet. — *Du 23 du premier mois, l'an II de la République.* (14 octobre 1793).

Amenée à l'audience et assise sur le fauteuil, le président lui demande quel est son nom. Elle répond : Je m'appelle Marie-Antoinette de Lorraine d'Autriche. — Votre état ? — Je suis veuve de Louis Capet, ci-devant roi des Français. — Votre âge ? — 38 ans.

Le greffier fait lecture de l'acte d'accusation, ainsi conçu:

» Antoine-Quentin Fouquier, accusateur public près le tribunal criminel révolutionnaire, établi à Paris par décret de la Convention nationale du 10 mars 1793, l'an IIe de la République, sans aucun recours au tribunal de cassation, en vertu du pouvoir à lui donné par l'article II d'un autre décret de la Convention, du 5 avril suivant, portant que l'accusateur public dudit tribunal est autorisé à faire arrêter, poursuivre et juger, sur la dénonciation des autorités constituées ou des citoyens ;

» Expose que, suivant un décret de la Convention du 1er août dernier, Marie-Antoinette, veuve de Louis Capet, a été traduite au tribunal révolutionnaire, comme prévenue d'avoir conspiré contre la France ; que, par autre décret de la Convention, du 5 octobre, il a été décrété que le tribunal révolutionnaire s'occuperait sans délai et sans interruption du jugement ; que l'accusateur public a reçu les pièces concernant la veuve Capet, les 19 et 20 du premier mois de la seconde année, vulgairement dits 11 et 12 octobre courant mois ; qu'il a été aussitôt procédé, par l'un des juges du tribunal, à l'interrogatoire de la veuve Capet ; qu'examen fait de toutes les pièces transmises par l'accusateur public, il en résulte, qu'à l'instar des Messaline Brunéhaut, Frédegonde et Médicis, que l'on qualifiait autrefois de reines de

France, et dont les noms à jamais odieux ne s'effaceront pas des fastes de l'histoire, Marie-Antoinette, veuve de Louis Capet, a été depuis son séjour en France le fléau et la sangsue des Français; qu'avant même l'heureuse révolution qui a rendu au peuple français sa souveraineté, elle avait des rapports politiques avec l'homme qualifié de roi de Bohême et de Hongrie; que ces rapports étaient contraires aux intérêts de la France; que non contente, de concert avec les frères de Louis Capet et l'infâme et exécrable Calonne, alors ministre des finances, d'avoir dilapidé, d'une manière effroyable, les finances de la France (fruit des sueurs du peuple), pour satisfaire à des plaisirs désordonnés, et payer les agens de ses intrigues criminelles, il est notoire qu'elle a fait passer, à différentes époques, à l'empereur, des millions qui lui ont servi et lui servent encore à soutenir la guerre contre la République, et que c'est par ces dilapidations excessives qu'elle est parvenue à épuiser le trésor national;

Que depuis la révolution, la veuve Capet n'a pas cessé un seul instant d'entretenir des intelligences et des correspondances criminelles et nuisibles à la France, avec les puissances étrangères et dans l'intérieur de la République, par des agens à elle affidés, qu'elle soudoyait et faisait soudoyer par le ci-devant trésorier de la liste ci-devant civile; qu'à différentes époques elle a usé de toutes les manœuvres qu'elle croyait propres à ses vues perfides, pour opérer une contre-révolution : d'abord ayant, sous prétexte d'une réunion nécessaire entre les ci-devant gardes du corps et les officiers et soldats du régiment de Flandre, ménagé un repas entre ces deux corps, le premier octobre 1789, lequel est dégénéré en une véritable orgie, ainsi qu'elle le désirait, et pendant le cours de laquelle les agens de la veuve Capet, secondant parfaitement ses projets contre-révolutionnaires, ont amené la plupart des convives à chanter, dans l'épanchement de l'ivresse, des chansons exprimant le plus entier dévoûment pour le trône, et l'aversion la plus caractérisée pour le peuple; et de les avoir insensiblement amenés à arborer la cocarde blanche et à fouler aux pieds la cocarde nationale, et d'avoir, par sa présence, autorisé tous ces excès contre-révolutionnaires, surtout en encourageant les femmes qui l'accompagnaient à distribuer des cocardes blanches aux convives; d'avoir, le 4 du mois d'octobre, témoigné la joie la plus immodérée de ce qui s'était passé à cette orgie;

En second lieu, d'avoir, conjointement avec Louis Capet, fait imprimer et distribuer avec profusion, dans toute l'étendue de la République des ouvrages contre-révolutionnaires, de ceux même adressés aux conspirateurs d'outre Rhin, ou publiés en leur nom tels que les *Pétitions aux émigrans*; *la Réponse des émigrans*; *les Emigrans au peuple*, *Les plus courtes folies sont les meilleures*; *le Journal à deux liards*; *l'Ordre, la marche et l'entrée des émigrans*; d'avoir même poussé la perfidie et la dissimulation au point d'avoir fait imprimer et distribuer avec la même profusion des ouvrages dans lesquels elle était dépeinte sous des couleurs peu avantageuses, qu'elle ne méritait déjà que trop en ce temps, et ce, pour donner le change, et persuader aux puissances étrangères qu'elle était maltraitée des Français, et les animer de plus en plus contre la France; que, pour réussir plus promptement dans ses projets contre-révolutionnaires, elle avait par ses agens occasionné dans Paris et les environs, les premiers jours d'octobre 1789, une disette qui a donné lieu à une nouvelle insurrection, à la suite de laquelle une foule innombrable de citoyens et de citoyennes s'est portée à Versailles le 5 du même mois; que ce fait est prouvé d'une manière sans réplique par l'abondance qui a régné le lendemain même de l'arrivée de la veuve Capet à Paris et de sa famille;

Qu'à peine arrivée à Paris, la veuve Capet, féconde en intrigues de tout genre, a formé des conciliabules dans son habitation; que ces conciliabules, composés de tous les contre-révolutionnaires et intrigans des assemblées constituante et législative, se tenaient dans les ténèbres de la nuit; que l'on y avisait aux moyens d'anéantir les droits de l'homme et les décrets déjà rendus, qui devaient faire la base de la Constitution; que c'est dans ces conciliabules qu'il a été délibéré sur les mesures à prendre pour faire décréter la révision des décrets qui étaient favorables au peuple; qu'on a arrêté la fuite de Louis Capet, de la veuve Capet et de toute sa famille, sous des noms supposés, au mois de juin 1791, tentée tant de fois et sans succès, à différentes époques; que la veuve Capet convient dans son interrogatoire que c'est elle qui a tout ménagé et tout préparé pour effectuer cette évasion, et que c'est elle qui a ouvert et fermé les portes de l'appartement par où les fugitifs sont passés; qu'indépendamment de l'aveu de la veuve Capet à cet égard, il est constant, d'après les déclarations de Louis-Charles Capet et de la fille Capet, que La Fayette, favori sous tous les rapports de la veuve Capet, et Bailly, lors maire de Paris, étaient présens au moment de cette évasion, et qu'ils l'ont favorisée de tout leur pouvoir;

Que la veuve Capet, après son retour de Varennes, a recommencé ces conciliabules; qu'elle les présidait elle-même, et que, d'intelligence avec son favori La Fayette, l'on a fermé les Tuileries, et privé par ce moyen les citoyens d'aller et venir librement dans les cours et le ci-devant château des Tuileries; qu'il n'y avait que les personnes munies de cartes qui eussent leur entrée; que cette clôture, présentée avec emphase par le traître La Fayette comme ayant pour objet de punir les fugitifs de Varennes, était une ruse imaginée et concertée dans ces conciliabules ténébreux pour priver les citoyens des moyens de découvrir ce qui se tramait contre la liberté dans ce lieu infâme; que c'est dans ces mêmes conciliabules qu'a été déterminé l'horrible massacre qui a eu lieu le 17 juillet 1791 des plus zélés patriotes qui se sont trouvés au Champ-de-Mars; que le massacre qui avait eu lieu précédemment à Nancy, et ceux qui ont eu lieu depuis dans divers autres points de la République, ont été arrêtés et déterminés dans ces mêmes conciliabules; que ces mouvemens qui ont fait couler le sang d'une foule immense de patriotes, ont été imaginés pour arriver plus tôt et plus sûrement à la révision des décrets rendus et fondés sur les droits de l'homme, et qui par-là étaient nuisibles aux vues ambitieuses et contre-révolutionnaires de Louis Capet et de Marie-Antoinette; que la constitution de 1791 une fois acceptée, la veuve Capet s'est occupée de la détruire insensiblement par toutes les manœuvres qu'elle et ses agens ont employées dans les divers points de la République; que toutes ses démarches ont toujours eu pour but d'anéantir la liberté, et de faire rentrer les Français sous le joug tyrannique, sous lequel ils n'ont langui que trop de siècles;

Qu'à cet effet, la veuve Capet a imaginé de faire discuter dans ces conciliabules ténébreux, et qualifiés depuis longtemps avec raison de cabinet autrichien, toutes les lois qui étaient portées par l'Assemblée législative ; que c'est elle, et par suite de la détermination prise dans ces conciliabules, qui a décidé Louis Capet à apposer son *veto* au fameux et salutaire décret rendu par l'Assemblée législative contre les ci-devant princes, frères de Louis Capet, et les émigrés, et contre cette horde de prêtres réfractaires et fanatiques, répandus dans toute la France : *veto* qui a été l'une des principales causes des maux que depuis la France a éprouvés ;

Que c'est la veuve Capet qui faisait nommer les ministres pervers, et aux places dans les armées et dans les bureaux des hommes connus de la nation entière pour des conspirateurs contre la liberté ; que c'est par ses manœuvres et celles de ses agens, aussi adroits que perfides, qu'elle est parvenue à composer la nouvelle garde de Louis Capet d'anciens officiers qui avaient quitté leurs corps lors du serment exigé, de prêtres réfractaires et d'étrangers, et enfin de tous les hommes réprouvés pour la plupart de la nation, et dignes de servir dans l'armée de Coblentz, où un très-grand nombre est en effet passé depuis le licenciement;

Que c'est la veuve Capet, d'intelligence avec la faction liberticide qui dominait alors l'Assemblée législative, et pendant un temps la Convention, qui a fait déclarer la guerre au roi de Bohême et de Hongrie son frère ; que c'est par ses manœuvres et ses intrigues toujours funestes à la France que s'est opérée la première retraite des Français du territoire de la Belgique ;

Que c'est la veuve Capet qui a fait parvenir aux puissances étrangères les plans de campagne et d'attaque qui étaient convenus dans le conseil; de manière que par cette double trahison, les ennemis étaient toujours instruits à l'avance des mouvemens que devaient faire les armées de la République ; d'où suit la conséquence que la veuve Capet est l'auteur des revers qu'ont éprouvés, en différens temps, les armées françaises ;

Que la veuve Capet a médité et combiné avec ses perfides agens l'horrible conspiration qui a éclaté dans la journée du 10 août, laquelle n'a échoué que par les efforts courageux et incroyables des patriotes ; qu'à cette fin elle a réuni dans son habitation, aux Tuileries, jusque dans des souterrains, les Suisses qui, aux termes des décrets, ne devaient plus composer la garde de Louis Capet; qu'elle les a entretenus dans un état d'ivresse depuis le 9 jusqu'au 10 matin, jour convenu pour l'exécution de cette horrible conspiration ; qu'elle a réuni également, et dans le même dessein, dès le 9, une foule de ces êtres qualifiés de *chevaliers du poignard*, qui avaient figuré déjà dans ce même lieu le 23 février 1791, et depuis à l'époque du 20 juin 1792;

Que la veuve Capet, craignant sans doute que cette conspiration n'eût pas tout l'effet qu'elle s'en était promis, a été, dans la soirée du 7 août, vers les neuf heures et demie du soir, dans la salle où les Suisses et autres à elle dévoués travaillaient à des cartouches ; qu'en même temps qu'elle les encourageait à hâter les confections de ces cartouches, pour les exciter de plus en plus, elle a pris des cartouches et en a mordu des balles (les expressions manquent pour rendre un trait aussi atroce) ; que le lendemain 10 il est notoire qu'elle a pressé et sollicité Louis Capet à aller dans les Tuileries, vers les cinq heures et demie du matin, passer la revue des véritables Suisses et autres scélérats qui en avaient pris l'habit, et qu'à son retour elle lui a présenté un pistolet, en disant: «Voilà le moment de vous montrer;» et que, sur son refus, elle l'a traité de lâche; que, quoique dans son interrogatoire la veuve Capet ait persévéré à dénier qu'il ait été donné aucun ordre de tirer sur le peuple, la conduite qu'elle a tenue le dimanche 9 dans la salle des Suisses, les conciliabules qui ont eu lieu toute la nuit, et auxquels elle a assisté, l'article du pistolet et son propos à Louis Capet, leur retraite subite des Tuileries, et les coups de fusil tirés au moment même de leur entrée dans la salle de l'Assemblée législative, toutes ces circonstances réunies ne permettent pas de douter qu'il n'ait été convenu, dans le conciliabule qui a eu lieu pendant toute la nuit, qu'il fallait tirer sur le peuple, et que Louis Capet et Marie-Antoinette, qui était la grande directrice de cette conspiration, n'ait elle-même donné l'ordre de tirer;

Que c'est aux intrigues et aux manœuvres perfides de la veuve Capet, d'intelligence avec cette faction liberticide, dont il a été déjà parlé, et tous les ennemis de la République, que la France est redevable de cette guerre intestine qui la dévore depuis si longtemps, et dont heureusement la fin n'est pas plus éloignée que celle de ses auteurs;

Que dans tous les temps, c'est la veuve Capet qui, par cette influence qu'elle avait acquise sur l'esprit de Louis Capet, lui avait insinué cet art profond et dangereux de dissimuler et d'agir et promettre par des actes publics le contraire de ce qu'il pensait et tramait conjointement avec elle dans les ténèbres, pour détruire cette liberté, si chère aux Français, et qu'ils sauront conserver, et recouvrer ce qu'ils appelaient la plénitude des prérogatives royales;

Qu'enfin la veuve Capet, immorale sous tous les rapports, et nouvelle Agrippine, est si perverse et si familière avec tous les crimes, qu'oubliant sa qualité de mère, et la démarcation prescrite par les lois de la nature, elle n'a pas craint de se livrer avec Louis-Charles Capet, son fils, et de l'aveu de ce dernier, à des indécences dont l'idée et le nom seul font frémir d'horreur.

D'après l'exposé ci-dessus, l'accusateur public a dressé la présente accusation contre Marie-Antoinette, se qualifiant, dans son interrogatoire, de Lorraine d'Autriche, veuve de Louis Capet, pour avoir méchamment et à dessein ;

1. De concert avec les frères de Louis Capet et l'infâme ex-ministre Calonne, dilapidé, d'une manière effroyable, les finances de la France, et d'avoir fait passer des sommes incalculables à l'empereur, et d'avoir ainsi épuisé le trésor national ;

2. D'avoir tant par elle que par ses agens contre-révolutionnaires, entretenu des intelligences et des correspondances avec les ennemis de la République, et d'avoir informé ou fait informer ces mêmes ennemis des plans de campagne et d'attaque convenus et arrêtés dans le conseil ;

3. D'avoir, par ses intrigues et manœuvres, et celle de ses agens, tramé des conspirations et des complots contre la sûreté intérieure et extérieure de la France, et d'avoir à cet effet allumé la guerre civile dans divers points de la République et armé les citoyens les uns contre les autres, et d'avoir, par ce moyen, fait couler le sang d'un nombre incalculable de citoyens, ce qui est contraire à l'article IV de la section Ire du titre Ier de la seconde partie du Code pénal, et à l'article II de la IIe section du titre Ier du même Code.

En conséquence, l'accusateur public requiert qu'il lui soit donné acte, par le tribunal assemblé, de la présente accusation; qu'il soit ordonné qu'à sa diligence et par un huissier du tribunal, porteur de l'ordonnance à intervenir, Marie-Antoinette, se qualifiant de Lorraine d'Autriche, veuve de Louis Capet, actuellement détenue dans la maison d'arrêt, dite la Conciergerie du Palais, sera écrouée sur les registres de ladite maison, pour y rester comme en maison de justice; comme aussi que l'ordonnance à intervenir sera notifiée à la municipalité de Paris et à l'accusée.

Fait au cabinet de l'accusateur public, le 1er jour de la 3e décade du 1er mois de l'an II de la République une et indivisible.

Signé, Fouquier.

Le tribunal faisant droit sur le réquisitoire de l'accusateur public, lui donne acte de l'accusation par lui portée contre Marie-Antoinette, dite de Lorraine d'Autriche, veuve de Louis Capet;

En conséquence ordonne qu'à la diligence et par un huissier du tribunal, porteur de la présente ordonnance, ladite Marie-Antoinette, veuve de Louis Capet, sera prise au corps, arrêtée et écrouée sur les registres de la maison d'arrêt, dite la Conciergerie, à Paris, où elle est actuellement détenue, pour y rester comme en maison de justice; comme aussi que la présente ordonnance sera notifiée tant à la municipalité de Paris qu'à l'accusée.

Fait et jugé au tribunal, le second jour de la troisième décade du premier mois de l'an second de la République, *Armand Martial-Joseph Herman, Etienne Foucault, Gabriel-Toussaint Sellier, Pierre-André Coffinhal, Gabriel Deliège, Pierre-Louis Ragmey, Antoine-Marie Maire, François-Joseph Denizot, Étienne Macon*, tous juges du tribunal qui ont signé.

Le président à l'accusée. Voici ce dont on vous accuse : prêtez une oreille attentive, vous allez entendre les charges qui vont être portées contre vous.

On procède à l'audition des témoins.

Laurent Lecointre, député à la Convention nationale, dépose connaître l'accusée pour avoir été autrefois la femme du ci-devant roi de France, et encore pour être celle qui, lors de sa translation au Temple, l'avait chargé de présenter une réclamation à la Convention, à l'effet d'obtenir pour ce qu'elle appelait son service treize ou quatorze personnes qu'elle désignait : la Convention passa à l'ordre du jour, motivé sur ce qu'il fallait s'adresser à la municipalité.

Le déposant entre ensuite dans des détails de fêtes et orgies qui eurent lieu dans la ville de Versailles depuis l'année 1779 jusqu'au commencement de celle de 1789, dont le résultat a été une dilapidation effroyable dans les finances de la France.

Le témoin donne les détails de ce qui a précédé et suivi les assemblées des notables jusqu'à l'époque de l'ouverture des états-généraux, l'état où se trouvaient les généreux habitans de Versailles, leurs perplexités douloureuses à l'époque du 23 juin 1789, où les artilleurs de Nassau, dont l'artillerie était placée dans les écuries de l'accusée, refusèrent de faire feu sur le peuple. Enfin les Parisiens ayant secoué le joug de la tyrannie, ce mouvement révolutionnaire ranima l'énergie des francs Versaillais ; ils formèrent le projet, très-hardi et courageux sans doute, de s'affranchir de l'oppression du despote et de ses agens.

Le 28 juillet 1789, les citoyens de Versailles formèrent le vœu de s'organiser en gardes nationales, à l'instar de leurs frères de Paris; on proposa néanmoins de consulter le roi: l'intermédiaire était le ci-devant prince de Poix: on chercha à traîner les choses en longueur; mais l'organisation ayant eu lieu, on forma un état-major; d'Estaing fut nommé commandant-général, et Gouvernet, commandant en second, etc., etc.

Le témoin entre ici dans les détails des faits qui ont précédé et suivi l'arrivée du régiment de Flandre.

Le 29 septembre, l'accusée fit venir chez elle les officiers de la garde nationale, et leur fit don de deux drapeaux; il en restait un troisième, lequel on leur annonça être destiné pour un bataillon de prétendue garde soldée, à l'effet, disait-on, de soulager les habitans de Versailles, que l'on semblait plaindre en les cajolant, tandis que d'un autre côté ils étaient abhorrés.

Le 29 septembre, la garde nationale donna un repas à ses braves frères, les soldats du régiment de Flandre; les journalistes ont rendu compte dans le temps que, dans le repas des citoyens, il ne s'était rien passé de contraire aux principes de la liberté, tandis que celui du 1er octobre suivant, donné par les gardes-du-corps, n'eut pour but que de provoquer la garde nationale contre les soldats ci-devant de Flandre, et les chasseurs des Trois-Évêchés.

Le témoin observe que l'accusée s'est présentée dans ce dernier repas avec son mari, qu'ils y furent vivement applaudis, que l'air : *Ô Richard, ô mon roi*, y fut joué; que l'on y but à la santé du roi, de la reine et de son fils; mais que la santé de la nation, qui avait été proposée, fut rejetée. Après cette orgie, on se transporta au château de la ci-devant cour dite de marbre; et là, pour donner au roi vraisemblablement une idée de la manière avec laquelle on était disposé à défendre les intérêts de sa famille si l'occasion s'en présentait, le nommé Perceval, aide-de-camp de d'Estaing, monta le premier au balcon; après lui ce fut un grenadier du régiment de Flandre; un troisième, dragon, ayant aussi essayé d'escalader ledit balcon et n'ayant pu y réussir, voulut se détruire. Quant audit Perceval, il ôta la croix dont il était décoré pour en faire don au grenadier qui, comme lui, avait escaladé le balcon du ci-devant roi.

Sur le réquisitoire de l'accusateur public, le tribunal ordonne qu'il sera décerné un mandat d'amener contre Perceval et d'Estaing.

Le témoin ajoute que le 3 octobre, même mois, les gardes-du-corps donnèrent un second repas : ce fut là où les outrages les plus violens furent faits à la cocarde nationale, qui fut foulée aux pieds, etc.

Le déposant entre ici dans les détails de ce qui s'est passé à Versailles les 5 et 6 octobre.

Nous nous dispenserons d'en rendre compte, attendu que ces mêmes faits ont déjà été imprimés dans le recueil des dépositions reçues au ci-devant Châtelet de Paris sur les événemens des 5 et 6 octobre, et imprimées par les ordres de l'Assemblée constituante. (Voyez le premier volume desdites déclarations, imprimé en 1790, chez Baudoin.)

Le témoin observe que dans la journée du 5 octobre, d'Estaing, instruit des mouvemens qui se manifestaient dans Paris, se transporta à la municipalité de Versailles, à l'effet d'obtenir la permission d'emmener le ci-devant roi, qui pour lors était à la chasse (et qui vraisemblablement ignorait ce qui se passait), avec promesse de la part de d'Estaing de le ramener lorsque la tranquillité serait rétablie.

Le témoin dépose sur le bureau les pièces concernant les faits contenus dans sa déclaration ; elles demeureront jointes au procès.

Le président à l'accusée. Avez-vous quelques observations à faire sur la déposition du témoin ?

L'accusée. Je n'ai aucune connaissance de la majeure partie des faits dont parle le témoin. Il est vrai que j'ai donné deux drapeaux à la garde nationale de Versailles ; il est vrai que nous avons fait le tour de la table le jour du repas des gardes-du-corps, mais voilà tout.

Le président. Vous convenez avoir été dans la salle des ci-devant gardes-du-corps: y étiez-vous lorsque la musique a joué l'air : *O Richard, ô mon roi?*

L'accusée. Je ne m'en rappelle pas.

Le président. Y étiez-vous lorsque la santé de la nation fut proposée et rejetée?

L'accusée. Je ne le crois pas.

Le président. Il est notoire que le bruit de la France entière, à cette époque, était que vous aviez visité vous-même les trois corps armés qui se trouvaient à Versailles, pour les engager à défendre ce que vous appeliez les prérogatives du trône.

L'accusée. Je n'ai rien à répondre.

Le président. Avant le 14 juillet 1789, ne teniez-vous pas des conciliabules nocturnes où assistait la Polignac, et n'était-ce pas là que l'on délibérait sur les moyens de faire passer des fonds à l'empereur ?

L'accusée. Je n'ai jamais assisté à aucuns conciliabules.

Le président. Avez-vous connaissance du fameux lit de justice tenu par Louis Capet au milieu des représentans du peuple?

L'accusée. Oui.

Le président. N'était-ce pas Desprémesnil et Thouret, assistés de Barentin, qui rédigèrent les articles qui furent proposés?

L'accusée. J'ignore absolument ce fait.

Le président. Vos réponses ne sont point exactes, car c'est dans vos appartemens que les articles ont été rédigés.

L'accusée. C'est dans le conseil où cette affaire a été arrêtée.

Le président. Votre mari ne vous a-t-il pas lu le discours une demi-heure avant d'entrer dans la salle des représentans du peuple, et ne l'avez-vous pas engagé à le prononcer avec fermeté?

L'accusée. Mon mari avait beaucoup de confiance en moi, et c'est cela qui l'avait engagé à m'en faire lecture; mais je ne me suis permis aucune observation.

Le président. Quelles furent les délibérations prises pour faire entourer les représentans du peuple de baïonnettes, et pour en faire assassiner la moitié, s'il avait été possible?

L'accusée. Je n'ai jamais entendu parler de pareilles choses.

Le président. Vous n'ignoriez pas sans doute qu'il y avait des troupes au Champ-de-Mars ; vous deviez savoir la cause de leur rassemblement ?

L'accusée. Oui, j'ai su dans le temps qu'il y en avait, mais j'ignore absolument quel en était le motif.

Le président. Mais ayant la confiance de votre époux, vous ne deviez pas ignorer quelle en était la cause ?

L'accusée. C'était pour rétablir la tranquillité publique.

Le président. Mais, à cette époque, tout le monde était tranquille ; il n'y avait qu'un cri, celui de la liberté. Avez-vous connaissance du projet du ci-devant comte d'Artois, pour faire sauter la salle de l'Assemblée nationale ; ce plan ayant paru trop violent, ne l'a-t-on pas engagé à voyager, dans la crainte que, par sa présence et son étourderie, il ne nuisît au projet que l'on avait conçu, qui était de dissimuler jusqu'au moment favorable aux vues perfides que l'on se proposait ?

L'accusée. Je n'ai jamais entendu dire que mon frère d'Artois eût le dessein dont vous parlez. Il est parti de son plein droit pour voyager.

Le président. A quelle époque avez-vous employé les sommes immenses qui vous ont été remises par les différens contrôleurs des finances ?

L'acccusée. On ne m'a jamais remis de sommes immenses, celles que l'on m'a remises ont été par moi employées pour payer les gens qui m'étaient attachés.

Le président. Pourquoi la famille Polignac et plusieurs autres ont-elles été par vous gorgées d'or ?

L'accusée. Elles avaient des places à la cour qui leur procuraient des richesses.

Le président. Le repas des gardes-du-corps n'ayant pu avoir lieu qu'avec la permission du roi, vous avez dû nécessairement en connaître la cause.

L'accusée. On a dit que c'était pour opérer leur réunion avec la garde nationale.

Le président. Comment connaissez-vous Perceval?

L'accusée. Comme un aide-de-camp de M. d'Estaing.

Le président. Savez-vous de quels ordres il était décoré?

L'accusée. Non.

On entend un autre témoin.

Jean-Baptiste Lapierre, adjudant-général par *interim* de la quatrième division, dépose des faits relatifs à ce qui s'est passé au ci-devant château des Tuileries dans la nuit du 20 au 21 juin 1791, où lui déposant se trouvait de service. Il a vu, dans le courant de la nuit, un grand nombre de particuliers à lui inconnus qui allaient et venaient du château dans les cours et des cours au château; parmi ceux qui ont fixé son attention, il a reconnu Barré, homme de lettres.

Le président au témoin. N'est-il pas à votre connaissance qu'après le retour de Varennes, le Barré dont vous parlez se rendait tous les jours au château, où il paraît qu'il était bien venu; et n'est-ce pas lui qui provoqua du trouble au théâtre du Vaudeville?

Le témoin. Je ne peux pas affirmer ce fait.

Le président à l'accusée. Lorsque vous êtes sortie, était-ce à pied ou en voiture?

L'accusée. C'était à pied.

Le président. Par quel endroit?

L'accusée. Par le Carrousel.

Le président. La Fayette et Bailly étaient-ils au château au moment de votre départ?

L'accusée. Je ne le crois pas.

Le président. N'êtes-vous pas descendue par l'appartement d'une de vos femmes?

L'accusée. J'avais, à la vérité, sous mes appartemens une femme de garde-robe.

Le président. Comment nommez-vous cette femme?

L'accusée. Je ne m'en rappelle pas.

Le président. N'est-ce pas vous qui avez ouvert les portes?

L'accusée. Oui.

Le président. La Fayette n'est-il pas venu dans l'appartement de Louis Capet?

L'accusée. Non.

Le président. A quelle heure êtes-vous partie?

L'accusée. A onze heures trois quarts.

Le président. Avez-vous vu Bailly au château ce jour-là?

L'accusée. Non.

On entend un autre témoin.

N.... Roussillon, chirurgien et canonnier, dépose que, le 10 août 1792, étant entré au château des Tuileries, dans l'appartement de l'accusée, qu'elle avait quitté peu d'heures avant, il trouva sous son lit des bouteilles, les unes pleines, les autres vides; ce qui lui donna lieu de croire qu'elle avait donné à boire, soit aux officiers des Suisses, soit aux chevaliers du poignard qui remplissaient le château.

Le témoin termine en reprochant à l'accusée d'avoir été l'instigatrice des massacres qui ont eu lieu dans divers endroits de la France, notamment à Nancy et au Champ-de-Mars, comme aussi d'avoir contribué à mettre la France à deux doigts de sa perte, en faisant passer des sommes immenses à son frère (roi de Bohême et de Hongrie) pour soutenir la guerre contre les Turcs et lui faciliter ensuite les moyens de faire un jour la guerre à la France, c'est-à-dire à une nation généreuse qui la nourrissait, ainsi que son mari et sa famille.

Le déposant observe qu'il tient ce fait d'une bonne citoyenne, excellente patriote, qui a servi à Versailles sous l'ancien régime, et à qui un favori de la ci-devant cour en a fait confidence.

Sur l'indication faite par le témoin de la demeure de cette citoyenne, le tribunal, d'après le réquisitoire de l'accusateur public, ordonne qu'il sera à l'instant décerné contre elle un mandat d'amener, à l'effet de venir donner au tribunal les renseignemens qui peuvent être à sa connaissance.

Le président à l'accusée. Avez-vous quelques observations faire contre la déposition du témoin?

L'accusée. J'étais sortie du château et j'ignore ce qui s'y est

Le président. N'avez-vous pas donné de l'argent pour faire boire les Suisses ?

L'accusée. Non.

Le président. N'avez-vous pas dit en sortant, à un officier suisse : Buvez, mon ami, je me recommande à vous ?

L'accusée. Non.

Le président. Où avez-vous passé la nuit du 9 au 10 août, dont on vous parle ?

L'accusée. Je l'ai passée avec ma sœur (Élisabeth) dans mon appartement, et ne me suis point couchée.

Le président. Pourquoi ne vous êtes-vous point couchée ?

L'accusée. Parce qu'à minuit nous avons entendu le tocsin sonner de toutes parts, et que l'on nous annonça que nous allions être attaqués.

Le président. N'est-ce point chez vous que se sont assemblés les ci-devant nobles et les officiers suisses qui étaient au château, et n'est-ce point là que l'on a arrêté de faire feu sur le peuple ?

L'accusée. Personne n'est entré dans mon appartement.

Le président. N'avez-vous pas dans la nuit été trouver le ci-devant roi ?

L'accusée. Je suis restée dans son appartement jusqu'à une heure du matin.

Le président. Vous y avez vu sans doute tous les chevaliers du poignard et l'état-major des Suisses qui y étaient ?

L'accusée. J'y ai vu beaucoup de monde.

Le président. N'avez-vous rien vu écrire sur la table du ci-devant roi ?

L'accusée. Non.

Le président. Étiez-vous avec le roi lors de la revue qu'il a faite dans le jardin ?

L'accusée. Non.

Le président. N'étiez-vous point pendant ce temps à votre fenêtre ?

L'accusée. Non.

Le président. Pétion était-il avec Rœderer dans le château ?

L'accusée. Je l'ignore.

Le président. N'avez-vous point eu un entretien avec d'Affry dans lequel vous l'avez interpellé de s'expliquer si l'on pouvait compter sur les Suisses pour faire feu sur le peuple ; et sur la réponse négative qu'il vous fit, n'avez-vous pas employé tour à tour les cajolemens et les menaces ?

L'accusée. Je ne crois pas avoir vu d'Affry ce jour-là.

Le président. Depuis quel temps n'aviez-vous vu d'Affry ?

L'accusée. Il m'est impossible de m'en rappeler en ce moment.

Le président. Mais lui avez-vous demandé si l'on pouvait compter sur les Suisses ?

L'accusée. Je ne lui ai jamais parlé de cela.

Le président. Vous niez donc que vous lui ayez fait des menaces ?

L'accusée. Jamais je ne lui en ai fait aucunes.

L'accusateur public observe que d'Affry, après l'affaire du 10 août, fut arrêté et traduit par devant le tribunal du 17, et que là il ne fut mis en liberté que parce qu'il prouva que, n'ayant point voulu participer à ce qui se tramait au château, vous l'aviez menacé, ce qui l'avait forcé de s'en éloigner.

Un autre témoin est entendu.

Jacques-René Hébert, substitut du procureur de la Commune, dépose qu'en sa qualité de membre de la Commune du 10 août, il fut chargé de différentes missions importantes, qui lui ont prouvé la conspiration d'Antoinette notamment un jour, au Temple, il a trouvé un livre d'église à elle appartenant, dans lequel était un de ces signes contre-révolutionnaires, consistant en un cœur enflammé traversé par une flèche, sur lequel était écrit : *Jesu, miserere nobis !* Une autre fois, il trouva dans la chambre d'Élisabeth un chapeau, qui fut reconnu pour avoir appartenu à Louis Capet ; cette découverte ne lui permit plus de douter qu'il existât parmi ses collègues quelques hommes dans le cas de se dégrader au point de servir la tyrannie. Il se rappela que Toulan était entré un jour avec son chapeau dans la tour, et qu'il en était sorti nue-tête, en disant qu'il l'avait perdu. Il ajoute que Simon lui ayant fait savoir qu'il avait quelque chose d'important à lui communiquer, il se rendit au Temple accompagné du maire et du procureur de la Commune; ils y reçurent une déclaration de la part du jeune Capet, de laquelle il résulte qu'à l'époque de la fuite de Louis Capet à Varennes, La Fayette était un de ceux qui avaient le plus contribué à la faciliter; qu'ils avaient pour cet effet passé la nuit au château; que pendant leur séjour au Temple, les détenues n'avaient cessé pendant long-temps d'être instruites de ce qui se passait à l'extérieur; on leur faisait passer des correspondances dans des hardes et souliers. Le petit Capet nomma treize personnes comme étant celles qui avaient en partie coopéré à entretenir ces intelligences; que l'un d'eux l'ayant enfermé avec sa sœur dans une tourelle, il entendit qu'il disait à sa mère: Je vous procurerai les moyens de savoir des nouvelles en envoyant tous les jours un colporteur crier près de la tour le journal du soir. Enfin le jeune Capet, dont la constitution physique dépérissait chaque jour, fut surpris par Simon dans des pollutions indécentes et funestes pour son tempérament; que celui-ci lui ayant demandé qui lui avait appris ce manége criminel, i répondit que c'était à sa mère et à sa tante qu'il était redevable de la connaissance de cette habitude funeste. De la déclaration, observe le déposant, que le jeune Capet a faite, en présence du maire de Paris et du procureur de la Commune, il résulte que ces deux femmes le faisaient souvent coucher entre elles deux, que là il se commettait des traits de la débauche la plus effrénée; qu'il n'y avait pas même à douter, par ce qu'a dit le fils Capet, qu'il n'y ait eu un acte incestueux entre la mère et le fils.

Il y a lieu de croire que cette criminelle jouissance n'était point dictée par le plaisir, mais bien par l'espoir politique d'énerver le physique de cet enfant, que l'on se plaisait encore à croire destiné à occuper un trône, et sur lequel on voulait par cette manœuvre s'assurer le droit de régner alors sur son moral; que par les efforts qu'on lui fit faire il est demeuré attaqué d'une descente, pour laquelle il a fallu mettre un bandage à cet enfant; et depuis qu'il n'est plus avec sa mère il reprend un tempérament robuste et vigoureux.

Le président à l'accusée. Qu'avez-vous à répondre à la déposition du témoin ?

L'accusée. Je n'ai aucune connaissance des faits dont parle Hébert ; je sais seulement que le cœur dont il parle a été donné à mon fils par sa sœur. A l'égard du chapeau dont il a également parlé, c'est un présent fait à la sœur du vivant du frère.

Le président. Les administrateurs Michonis, Jobert, Marino et Michel, lorsqu'ils se rendaient près de vous, n'amenaient-ils pas des personnes avec eux ?

L'accusée. Oui, ils ne venaient jamais seuls.

Le président. Combien amenaient-ils de personnes chaque fois ?

L'accusée. Souvent trois ou quatre.

Le président. Ces personnes n'étaient-elles pas elles-mêmes des administrateurs ?

L'accusée. Je l'ignore.

Le président. Michonis et les autres administrateurs, lorsqu'ils se rendaient près de vous, étaient-ils revêtus de leurs écharpes ?

L'accusée. Je ne m'en rappelle pas.

Sur l'interpellation faite au témoin Hébert s'il a connaissance de la manière dont les administrateurs font leur service, il répond ne pas en avoir une connaissance exacte ; mais il remarque à l'occasion de la déclaration que vient de faire l'accusée, que la famille Capet, pendant son séjour au Temple, était instruite de tout ce qui se passait dans la ville ; ils connaissaient tous les officiers municipaux qui venaient tous les jours y faire leur service, ainsi que les aventures de chacun d'eux, de même que la nature de leurs différentes fonctions.

Le citoyen Hébert observe qu'il avait échappé à sa mémoire un fait important qui mérite d'être mis sous les yeux des citoyens jurés. Il fera connaître la politique de l'accusée et de sa belle-sœur. Après la mort de Capet, ces deux femmes traitaient le petit Capet avec la même déférence que s'il avait été roi. Il avait, lorsqu'il se mettait à table, la préférence sur sa mère et sur sa tante. Il était toujours servi le premier, et occupait le haut-bout.

L'accusée. L'avez-vous vu?

Hébert. Je ne l'ai pas vu, mais toute la municipalité le certifiera.

Le président à l'accusée. N'avez-vous pas éprouvé un tressaillement de joie, en voyant entrer avec Michonis, dans votre chambre à la Conciergerie, le particulier porteur d'œillet?

L'accusée. Etant depuis treize mois renfermée sans voir personne de connaissance, j'ai tressailli dans la crainte qu'il ne fût compromis par rapport à moi.

Le président. Ce particulier n'a-t-il pas été un de vos agens?

L'accusée. Non.

Le président. N'était-il pas au ci-devant château des Tuileries le 20 juin?

Laccusée. Oui.

Le président. Et sans doute aussi dans la nuit du 9 au 10 août?

L'accusée. Je ne me rappelle pas l'y avoir vu.

Le président. N'avez-vous pas eu un entretien avec Michonis sur le compte du particulier porteur de l'œillet?

L'accusée. Non.

Le président. Comment nommez-vous ce particulier?

L'accusée. J'ignore son nom.

Le président. N'avez-vous pas dit à Michonis que vous craigniez qu'il ne fût pas réélu à la nouvelle municipalité?

L'accusée. Oui.

Le président. Quel était le motif de vos craintes à cet égard?

L'accusée. C'est qu'il était humain envers tous les prisonniers.

Le président. Ne lui avez-vous pas dit le même jour : « C'est peut-être la dernière fois que je vous vois? »

L'accusée. Oui.

Le président. Pourquoi lui avez-vous dit cela?

L'accusée. C'était pour l'intérêt général des prisonniers.

Un juré. Citoyen président, je vous invite à vouloir bien observer à l'accusée qu'elle n'a pas répondu sur le fait dont a parlé le citoyen Hébert à l'égard de ce qui s'est passé entre elle et son fils.

Le président fait l'interpellation.

L'accusée. Si je n'ai pas répondu, c'est que la nature se refuse à répondre à une pareille inculpation faite à une mère. (Ici l'accusée paraît vivement émue.) J'en appelle à toutes celles qui peuvent se trouver ici.

On continue l'audition des témoins.

Abraham Silly, notaire, dépose qu'étant de service au ci-devant château des Tuileries, dans la nuit du 20 au 21 juin 1791, l vit venir près de lui l'accusée vers les six heures du soir, laquelle lui dit qu'elle voulait se promener avec son fils; qu'il chargea le sieur Laroche de l'accompagner; que quelque temps après, il vit venir La Fayette cinq ou six fois dans la soirée chez Gouvion; que celui-ci, vers dix heures, donna l'ordre de fermer les portes, excepté celle donnant sur la cour dite des ci-devant Princes; que le matin ledit Gouvion entra dans l'appartement où se trouvait lui déposant, et lui dit en se frottant les mains avec un air de satisfaction : *Ils sont partis;* qu'il lui fut remis un paquet qu'il porta à l'Assemblée constituante, dont le citoyen Beauharnais, président, lui donna décharge.

Le président. A quelle heure La Fayette est-il sorti du château dans la nuit?

Le témoin. A minuit moins quelques minutes.

Le président à l'accusée. A quelle heure êtes-vous sortie?

L'accusée. Je l'ai déjà dit, à onze heures trois quarts.

Le président. Êtes-vous sortie avec Louis Capet?

L'accusée. Non, il est sorti avant moi.

Le président. Comment est-il sorti?

L'accusée. A pied, par la grande porte.

Le président. Et vos enfans?

L'accusée. Ils sont sortis une heure avant avec leur gouvernante, et nous ont attendus sur la place du Petit-Carrousel.

Le président. Comment nommez-vous cette gouvernante?

L'accusée. De Tourzel.

Le président. Quelles étaient les personnes qui étaient avec vous?

L'accusée. Les trois gardes du corps qui nous ont accompagnés, et qui sont revenus avec nous à Paris.

Le président. Comment étaient-ils habillés?

L'accusée. De la même manière qu'ils l'étaient lors de leur retour.

Le président. Et vous, comment étiez-vous vêtue?

L'accusée. J'avais la même robe qu'à mon retour.

Le président. Combien y avait-il de personnes instruites de votre départ?

L'accusée. Il n'y avait que les trois gardes du corps à Paris qui en étaient instruits; mais sur la route, Bouillé avait placé des troupes pour protéger notre départ.

Le président. Vous dites que vos enfans sont sortis une heure avant vous, et que le ci-devant roi est sorti seul: qui vous a donc accompagnée?

L'accusée. Un des gardes du corps.

Le président. N'avez-vous pas, en sortant, rencontré La Fayette?

L'accusée. J'ai vu en sortant sa voiture passer au Carrousel, mais je me suis bien gardée de lui parler.

Le président. Qui vous a fourni ou fait fournir la fameuse voiture dans laquelle vous êtes partie avec votre famille?

L'accusée. C'est un étranger.

Le président. De quelle nation?

L'accusée. Suédoise.

Le président. N'est-ce point Fersen, qui demeurait à Paris, rue du Bac (1)?

L'accusée. Oui.

Le président. Pourquoi avez-vous voyagé sous le nom d'une baronne russe?

---

(1) Colonel du ci-devant régiment Royal-Suédois.

L'accusée. Parce qu'il n'était pas possible de sortir de Paris autrement.

Le président. Qui vous a procuré le passeport?

L'accusée. C'est un ministre étranger qui l'avait demandé.

Le président. Pourquoi avez-vous quitté Paris?

L'accusée. Parce que le roi voulait s'en aller.

On entend un autre témoin.

Pierre-Joseph Terrasson, employé dans les bureaux du ministre de la justice, dépose que lors du retour du voyage connu sous le nom de *Varennes*, se trouvant sur le perron du ci-devant château des Tuileries, il vit l'accusée descendre de voiture, et jeter sur les gardes nationaux qui l'avaient escortée ainsi que sur tous les autres citoyens qui se trouvaient sur son passage, le coup d'œil le plus vindicatif; ce qui fit penser sur-le-champ, à lui déposant, qu'elle se vengerait. Effectivement, quelque temps après arriva la scène du Champ-de-Mars; il ajoute que Duranthon, étant ministre de la justice, avec qui il avait été très-lié à Bordeaux, à raison de la même profession qu'ils y avaient exercée ensemble, lui dit que l'accusée s'opposait à ce que le ci-devant roi donnât sa sanction à différens décrets; mais qu'il lui avait représenté que cette affaire était plus importante qu'elle ne pensait, et qu'il était même urgent que ces décrets fussent promptement sanctionnés; que cette observation fit impression sur l'accusée; et alors le roi sanctionna.

Le président à l'accusée. Avez-vous quelques observations à faire sur la déposition du témoin?

L'accusée. J'ai à dire que je n'ai jamais assisté au conseil.

Un autre témoin est entendu.

Pierre Manuel, homme de lettres, dépose connaître l'accusée, mais qu'il n'a jamais eu avec elle ni avec la famille Capet aucun rapport, sinon lorsqu'il était procureur de la Commune; qu'il s'est transporté au Temple plusieurs fois pour faire exécuter les décrets; que du reste il n'a jamais eu d'entretien particulier avec la femme du ci-devant roi.

Le président au témoin. Vous avez été administrateur de police?

Le témoin. Oui.

Le président. Eh bien, en cette qualité, vous devez avoir eu des rapports avec la cour.

Le témoin. C'était le maire qui avait les relations avec la cour. Quant à moi, j'étais pour ainsi dire tous les jours à la Force, où je faisais, par humanité, autant de bien que je pouvais aux prisonniers.

Le président. Louis Capet fit dans le temps des éloges de l'administration de police.

Le témoin. L'administration de police était divisée en cinq branches, dont l'une était les subsistances ; c'est à celle-là que Louis Capet fit une distribution de louanges.

Le président. Sur la journée du 20 juin avez-vous quelques détails à donner ?

Le témoin. Ce jour-là je n'ai quitté mon poste que pendant peu de temps, attendu que le peuple aurait été fâché de ne point y trouver un de ses premiers magistrats ; je me rendis dans le jardin du château, là je parlai avec divers citoyens, et ne fis aucune fonction de municipal.

Le président. Dites ce qui est à votre connaissance sur ce qui s'est passé au château dans la nuit du 9 au 10 août ?

Le témoin. Je n'ai point voulu quitter le poste où le peuple m'avait placé ; je suis demeuré toute la nuit au parquet de la Commune.

Le président. Vous étiez très-lié avec Pétion ; il a dû vous dire ce qui s'y passait.

Le témoin. J'étais son ami par fonction et par estime ; et si je l'avais cru dans le cas de tromper le peuple, et d'être initié dans la coalition du château, je l'aurais privé de mon estime. Il m'avait, à la vérité, dit que le château désirait la journée du 10 août, pour le rétablissement de l'autorité royale.

Le président. Avez-vous eu connaissance que les maîtres du château aient donné l'ordre de faire feu sur le peuple ?

Le témoin. J'en ai eu connaissance par le commandant du poste, bon républicain, qui est venu m'en instruire. Alors j'ai sur-le-champ mandé le commandant général de la force armée, et lui ai, en ma qualité de procureur de la Commune, défendu expressément de faire tirer sur le peuple.

Le président. Comment se fait-il que vous, qui venez de dire que, dans la nuit du 9 au 10, vous n'avez point quitté le poste où le peuple vous avait placé, vous ayez depuis abandonné l'honorable fonction de législateur, où sa confiance vous avait appelé ?

Le témoin. Lorsque j'ai vu les orages s'élever dans le sein de la Convention, je me suis retiré; j'ai cru mieux faire, je me suis livré à la morale de Thomas Payne, maître en républicanisme; j'ai désiré comme lui de voir établir le règne de la liberté et de l'égalité sur des bases fixes et durables; j'ai pu varier dans les moyens que j'ai proposés, mais mes intentions ont été pures.

Le président. Comment ! vous vous dites bon républicain, vous dites que vous aimez l'égalité, et vous avez proposé de faire rendre à Pétion des honneurs équivalant à l'étiquette de la royauté ?....

Le témoin. Ce n'est point à Pétion, qui n'était président que pour quinze jours, mais c'était au président de la Convention nationale à qui je voulais faire rendre des honneurs, et voici comment : je désirais qu'un huissier et un gendarme le précédassent, et que les citoyens des tribunes se levassent à son entrée. Il fut prononcé dans le temps des discours meilleurs que le mien, et je m'y rendis.

Le président. Connaissez-vous les noms de ceux qui ont averti que Pétion courait des risques au château ?

Le témoin. Non, je crois seulement que ce sont quelques députés qui en ont averti l'Assemblée législative.

Le président. Pourquoi avez-vous pris sur vous d'entrer seul dans le Temple, et surtout dans les appartemens dits royaux ?

Le témoin. Je ne me suis jamais permis d'entrer seul dans les appartemens des prisonniers; je me suis au contraire toujours fait accompagner par plusieurs des commissaires qui y étaient de service.

Le président. Pourquoi avez-vous marqué de la sollicitude pour les valets de l'accusée, de préférence aux autres prisonniers?

Le témoin. Il est vrai qu'à la Force, la fille Tourzel croyait sa mère morte, la mère en pensait autant de sa fille; guidé par un acte d'humanité, je les ai réunies.

Le président. N'avez-vous pas entretenu des correspondances avec Élisabeth Capet?

Le témoin. Non.

Le président à l'accusée. N'avez-vous jamais eu au Temple d'entretiens particuliers avec le témoin?

L'accusée. Non.

On entend un autre témoin.

Jean-Silvain Bailly, hommes de lettres, dépose n'avoir jamais eu de relations avec la famille ci-devant royale; il proteste que les faits contenus en l'acte d'accusation touchant la déclaration de Charles Capet sont absolument faux; il observe à cet égard que lors des jours qui ont précédé la fuite de Louis, le bruit courait depuis quelques jours qu'il devait partir, qu'il en fit part à La Fayette, en lui recommandant de prendre à cet égard les mesures nécessaires.

Le président au témoin. N'étiez-vous pas en liaison avec Pastoret et Rœderer, ex-procureurs généraux syndics du département?

Le témoin. Je n'ai eu avec eux d'autres liaisons que celle d'une relation entre magistrats.

Le président. N'est-ce pas vous qui, de concert avec La Fayette, avez fondé le club connu sous le nom de 1789?

Le témoin. Je n'en ai pas été le fondateur, et je n'y fus que parce que des Bretons de mes amis en étaient. Ils m'invitèrent à en être, en me disant qu'il n'en coûtait que cinq louis; je les donnai, et fus reçu: eh bien, depuis je n'ai assisté qu'à deux dîners.

Le président. N'avez-vous pas assisté aux conciliabules tenus chez le ci-devant Larochefoucault?

Le témoin. Je n'ai jamais entendu parler de conciliabules. Il se peut faire qu'il en existât, mais je n'ai jamais assisté à aucun.

Le président. Si vous n'aviez pas de conciliabules, pourquoi, lors du décret du 19 juin 1790, par lequel l'assemblée constituante, voulant donner aux vainqueurs de la Bastille le témoignage éclatant de la reconnaissance d'une grande nation, les récompensait de leur courage et de leur zèle, notamment en les plaçant d'une manière distinguée au milieu de leurs frères dans le Champ-de-Mars le jour de la Fédération; pourquoi, dis-je, avez-vous excité des troubles entre eux et leurs frères d'armes les ci-devant gardes-françaises, puis ensuite été faire le pleureur à leur assemblée, et les avez forcés de reporter la gratification dont ils avaient été honorés?

Le témoin. Je ne me suis rendu auprès d'eux qu'à la demande de leurs chefs, à l'effet d'opérer la réconciliation des deux partis; c'est d'ailleurs l'un d'eux qui a fait la motion de remettre les décorations dont l'assemblée constituante les avait honorés, et non pas moi.

Le président. Ceux qui ont fait cette motion ayant été reconnus pour vous être attachés en qualité d'espions, les braves vainqueurs en ont fait justice en les chassant de leur sein.

Le témoin. On s'est étrangement trompé à cet égard.

Le président. N'avez-vous pas prêté les mains au voyage de Saint-Cloud au mois d'avril; et, de concert avec La Fayette, n'avez-vous pas sollicité auprès du département, l'ordre de déployer le drapeau rouge?

Le témoin. Non.

Le président. Étiez-vous instruit que le ci-devant roi recelait dans le château un nombre considérable de prêtres réfractaires?

Le témoin. Oui, je me suis même rendu chez le roi à la tête de la municipalité, pour l'inviter de renvoyer les prêtres insermentés qu'il avait chez lui.

Le président. Pourriez-vous indiquer les noms des habitués du château connus sous le nom de *chevaliers du poignrad?*

Le témoin. Je n'en connais aucun.

Le président. A l'époque de la révision de la constitution de 1791, ne vous-êtes-vous pas réuni avec les Lameth, Barnave, Desmeuniers, Chapelier et autres fameux réviseurs coalisés, ou pour mieux dire, vendus à la cour, pour dépouiller le peuple de ses droits légitimes, et ne lui laisser qu'un simulacre de liberté ?

Le témoin. La Fayette s'est réconcilié avec les Lameth ; mais moi je n'ai pu me racommoder, n'ayant pas été lié avec eux.

Le président. Il paraît que vous étiez très-lié avec La Fayette, et que vos opinions s'accordaient assez bien ?

Le témoin. Je n'avais avec lui d'autre intimité que relativement à sa place; du reste, dans le temps, je partageais sur son compte l'opinion de tout Paris.

Le président. Vous dites n'avoir jamais assisté à aucun conciliabule, mais comment se fait-il qu'au moment où vous vous êtes rendu à l'Assemblée constituante, Charles Lameth tira la réponse qu'il vous fit de dessous son bureau ? cela prouve qu'il existait une criminelle coalition.

Le témoin. L'assemblée nationale avait, par un décret, mandé les autorités constituées; je m'y suis rendu avec les membres du département et les accusateurs publics. Je ne fis que recevoir les ordres de l'assemblée, et ne portai point la parole ; ce fut le président du département qui prononça le discours sur l'événement.

Le président. N'avez-vous pas aussi reçu les ordres d'Antoinette pour l'exécution du massacre des meilleurs patriotes?

Le témoin. Non, je n'ai été au Champ-de-Mars que d'après un arrêté du conseil-général de la Commune.

Le président. C'était avec la permission de la municipalité que les patriotes s'étaient rassemblés au Champ-de-Mars ; ils en avaient fait leur déclaration au greffe ; on leur en avait délivré un reçu : comment avez-vous pu déployer contre eux l'infernal drapeau rouge?

Le témoin. Le conseil ne s'est décidé que parce que, depuis le matin que l'on avait été instruit que deux hommes avaient été massacrés au Champ-de-Mars, les rapports qui se succédaient devenaient plus alarmans d'heure en heure; le conseil fut trompé, et se décida à employer la force armée.

Le président. N'est-ce pas le peuple au contraire qui a été trompé par la municipalité? ne serait-ce point elle qui avait provoqué le rassemblement, à l'effet d'y attirer les meilleurs patriotes, et les y égorger?

Le témoin. Non certainement.

Le président. Qu'avez-vous fait des morts, c'est-à-dire des patriotes qui ont été assassinés?

Le témoin. La municipalité, ayant dressé procès-verbal, les fit transporter dans la cour de l'hôpital militaire, au Gros-Caillou, où le plus grand nombre fut reconnu.

Le président. A combien d'individus se monta-t-il?

Le témoin. Le nombre en fut déterminé et rendu public par le procès-verbal que la municipalité fit afficher dans le temps; il y en avait douze ou treize.

Un juré. J'observe au tribunal que, me trouvant ce jour-là au Champ-de-Mars avec mon père, au moment où le massacre commença, je vis tuer près de la rivière où je me trouvai dix-sept à dix-huit personnes des deux sexes; nous-mêmes n'évitâmes la mort qu'en entrant dans la rivière jusqu'au cou.

Le témoin garde le silence.

Le président à l'accusée. A combien pouvait se monter le nombre des prêtres que vous aviez au château?

L'accusée. Nous n'avions auprès de nous que les prêtres qui disaient la messe.

Le président. Étaient-ils insermentés?

L'accusée. La loi permettait au roi, à cet égard, de prendre qui il voulait.

Le président. Quel a été le sujet de vos entretiens sur la route de Varennes en revenant avec Barnave et Pétion à Paris?

L'accusée. On a parlé de choses et d'autres fort indifférentes.

On continue l'audition des témoins.

Jean-Baptiste Hébain, dit Perceval, ci-devant employé aux chasses, et actuellement enregistré pour travailler à la fabrication des armes, dépose que, le 1er octobre 1789, se trouvant à Versailles, il a eu connaissance du premier repas des gardes du corps, mais qu'il n'y a point assisté; que, le 5 du même mois, il a, en sa qualité d'aide-de-camp du ci-devant comte d'Estaing, prévenu ce dernier qu'il y avait des mouvemens dans Paris; que d'Estaing n'en tint pas compte; que vers l'après-midi la foule augmenta considérablement; qu'il a averti d'Estaing pour la seconde fois, mais qu'il ne daigna pas même l'écouter.

Le témoin entre dans le détail de l'arrivée des Parisiens à Versailles, entre onze heures et minuit.

Le président. Ne portiez-vous pas à cette époque une décoration?

Le témoin. Je portais le ruban de l'ordre de Limbourg; j'en avais, comme tout le monde, acheté le brevet moyennant 1,500 liv.

Le président. N'avez-vous pas, après l'orgie des gardes du corps, été dans la cour de Marbre, et là n'avez-vous pas un des premiers escaladé le balcon du ci-devant roi?

Le témoin. Je me suis trouvé à l'issue du repas des gardes du corps; et, comme ils dirigeaient leurs pas vers le château, je les y ai accompagnés.

Le président au témoin Lecointre. Rendez compte au tribunal de ce qui est à votre connaissance touchant le témoin présent.

Lecointre. Je sais que Perceval a escaladé le balcon de l'appartement du ci-devant roi, qu'il fut suivi par un grenadier du régiment de Flandre, et qu'arrivé dans l'appartement de Louis

Capet, Perceval embrassa, en présence du tyran qui s'y trouvait, ledit grenadier, et lui dit : « Il n'y a plus de régiment de Flandre, nous sommes tous gardes royales. Un dragon des Trois-Évêchés, ayant essayé d'y monter après eux, et ne pouvant y réussir, voulut se détruire. Le déposant observe que ce n'est point comme témoin oculaire qu'il dépose de ce fait, mais bien d'après le témoin Perceval, qui le même jour lui en fit confidence, et qui par la suite a été reconnu exact. Il invite en conséquence le citoyen président de vouloir bien interpeller Perceval de déclarer si, oui ou non, il se rappelle lui avoir tenu les propos du détail dont il est question.

Perceval. Je me rappelle avoir vu le citoyen Lecointre ; je crois même lui avoir fait part de l'histoire du balcon. Je sais qu'il était, le 5 octobre, et le lendemain, à la tête de la garde nationale, en l'absence de d'Estaing, qui était disparu.

Lecointre soutient sa déposition sincère et véritable.

On entend un autre témoin.

Renée Millot, fille domestique, dépose qu'en 1788, se trouvant de service au Grand Commun, à Versailles, elle avait pris sur elle de demander au ci-devant comte de Coigny, qu'elle voyait un jour de bonne humeur : Est-ce que l'empereur continuera toujours à faire la guerre aux Turcs ? mais, mon Dieu ! cela ruinera la France, par le grand nombre de fonds que la reine fait passer pour cet effet à son frère, et qui en ce moment doivent au moins se monter à deux cents millions. — Tu ne te trompes pas, répondit-il : oui, il en coûte déjà plus de deux cents millions, et nous ne sommes pas au bout.

Il est à ma connaissance, ajoute le témoin, qu'après le 25 juin 1789, me trouvant dans un endroit où étaient des gardes d'Artois et des officiers de hussards, j'entendis les premiers dire, à l'occasion d'un massacre projeté contre les gardes françaises : Il faut que chacun soit à son poste et fasse son devoir ; mais que les gardes françaises ayant été instruits à temps de ce qui se tramait contre eux, crièrent aux armes ; alors le projet se trouvant découvert, il ne put avoir lieu.

J'observe aussi, continue le témoin, que j'ai été instruite par différentes personnes, que l'accusée ayant conçu le dessein d'assassiner le duc d'Orléans, le roi, qui en fut instruit, ordonna qu'elle fût incontinent fouillée; que par suite de cette opération, on trouva sur elle deux pistolets; alors il la fit consigner dans son appartement pendant quinze jours.

L'accusée. Il se peut que j'aie reçu de mon époux l'ordre de rester quinze jours dans mon appartement, mais ce n'est pas pour une cause pareille.

Le témoin. Il est à ma connaissance que, dans les premiers jours d'octobre 1789, des femmes de la cour ont distribué à différens particuliers de Versailles des cocardes blanches.

L'accusée. Je me rappelle avoir entendu dire que le lendemain ou le surlendemain du repas des gardes du corps, des femmes ont distribué de ces cocardes; mais ni moi, ni mon époux n'avons été les moteurs de pareils désordres.

Le président. Quelles sont les démarches que vous avez faites pour les faire punir, lorsque vous en avez été instruite?

L'accusée. Aucune.

On entend un autre témoin.

Jean-Baptiste Labénette dépose qu'il est parfaitement d'accord avec un grand nombre de faits contenus en l'acte d'accusation; il ajoute que trois particuliers sont venus pour l'assassiner au nom de l'accusée.

Le président à l'accusée. Lisiez-vous l'*Orateur du peuple.*

L'accusée. Jamais.

François Dufresne, gendarme, dépose s'être trouvé dans la chambre de l'accusée au moment où l'œillet lui fut remis; il a connaissance que sur ce billet, il y avait écrit: *Que faites-vous ici, nous avons des bras et de l'argent à votre service?*

Madeleine Rosay, femme Richard, ci-devant concierge de la maison d'arrêt, dite la Conciergerie du Palais, dépose que le gendarme Gilbert lui ayant dit que l'accusée avait reçu visite d'un particulier, amené par Michonis, administrateur de police, lequel lui avait remis un œillet dans lequel était un billet; qu'ayant pensé qu'il pouvait compromettre elle déposante, elle en fit part à Michonis, qui lui répondit que jamais il n'amènerait personne auprès de la veuve Capet.

Toussaint Richard déclare connaître l'accusée, pour avoir été mise sous sa garde, depuis le 2 août dernier.

Marie Devaux, femme Arel, dépose être restée près de l'accusée à la Conciergerie, pendant quarante et un jours; n'a rien vu ni entendu, sinon qu'un particulier était venu avec Michonis, lui avait remis un billet ployé dans un œillet; qu'elle déposante était à travailler, et qu'elle a vu revenir ledit particulier une seconde fois dans la journée.

L'accusée. Il est venu deux fois dans l'espace d'un quart d'heure.

Le président au témoin. Qui vous a placée près la veuve Capet?

Le témoin. C'est Michonis et Jobert.

Jean Gilbert, gendarme, dépose du fait de l'œillet. Il ajoute que l'accusée se plaignait à eux, gendarmes, de la nourriture qu'on lui donnait, mais qu'elle ne voulait pas s'en plaindre aux administrateurs; qu'à cet égard, il appela Michonis, qui se trouvait dans la cour des femmes avec le particulier porteur de l'œillet; que Michonis étant remonté, il a entendu l'accusée lui dire : Je ne vous reverrai donc plus. Oh! pardonnez-moi, répondit-il, je serai toujours au moins municipal; et en cette qualité, j'aurai droit de vous revoir. Le déposant observe que l'accusée lui a dit avoir des obligations à ce particulier.

L'accusée. Je ne lui ai d'autres obligations que celle de s'être trouvé près de moi le 20 juin.

On passe à l'audition d'un autre témoin.

Charles-Henri d'Estaing, ancien militaire de terre et de mer au service de France, déclare qu'il connaît l'accusée depuis qu'elle est en France, qu'il a même à se plaindre d'elle; mais qu'il n'en dira pas moins la vérité, qui est qu'il n'a rien à dire de relatif à l'acte d'accusation.

Le président au témoin. Est-il à votre connaissance que Louis

Capet et sa famille devaient partir de Versailles le 5 octobre ?

Le témoin. Non.

Le président. Avez-vous connaissance que les chevaux aient été mis et ôtés plusieurs fois ?

Le témoin. Oui, suivant les conseils que recevait la cour ; mais j'observe que la garde nationale n'aurait point souffert ce départ.

Le président. N'avez-vous pas vous-même fait sortir des chevaux, ce jour-là, pour faire fuir la famille royale ?

Le témoin. Non.

Le président. Avez-vous connaissance que des voitures ont été arrêtées à la porte de l'Orangerie ?

Le témoin. Oui.

Le président. Avez-vous été au château ce jour-là ?

Le témoin. Oui.

Le président. Y avez-vous vu l'accusée ?

Le témoin. Oui.

Le président. Qu'avez-vous entendu au château ?

Le témoin. J'ai entendu des conseillers de cour dire à l'accusée que le peuple de Paris allait arriver pour la massacrer, et qu'il fallait qu'elle partît ; à quoi elle avait répondu avec un grand caractère : Si les Parisiens viennent ici pour m'assassiner, c'est aux pieds de mon mari que je le serai, mais je ne fuirai pas.

L'accusée. Cela est exact ; on voulait m'engager à partir seule, parce que, disait-on, il n'y avait que moi qui courais des dangers ; je fis la réponse dont parle le témoin.

Le président au témoin. Avez-vous connaissance des repas donnés par les ci-devant gardes du corps ?

Le témoin. Oui.

Le président. Avez-vous su que l'on y a crié *vive le roi* et *vive la famille royale* ?

Le témoin. Oui. Je sais même que l'accusée a fait le tour de la table en tenant son fils par la main.

Le président à l'accusée. N'en avez-vous pas aussi donné à la garde nationale de Versailles, à son retour de Ville-Parisis, où elle avait été chercher des fusils?

L'accusée. Oui.

Le président au témoin. Étiez-vous, le 5 octobre, en votre qualité de commandant général, à la tête de la garde nationale?

Le témoin. Est-ce sur le matin ou sur l'après-midi que vous voulez que je réponde?

Le président. Depuis midi jusqu'à deux heures?

Le témoin. J'étais alors à la municipalité.

Le président. N'était-ce pas pour obtenir l'ordre d'accompagner Louis Capet dans sa retraite, et le ramener ensuite, disiez-vous, à Versailles?

Le témoin. Lorsque j'ai vu le roi décidé à souscrire au vœu de la garde nationale parisienne, et que l'accusée s'était même présentée sur le balcon de l'appartement du roi avec son fils, pour annoncer au peuple qu'elle allait partir avec le roi et sa famille pour venir à Paris, j'ai demandé à la municipalité la permission de l'y accompagner.

L'accusée convient avoir paru sur le balcon, pour y annoncer au peuple qu'elle allait partir pour Paris.

Le président à l'accusée. Vous avez soutenu n'avoir point mené votre fils par la main dans le repas des gardes du corps?

L'accusée. Je n'ai pas dit cela, mais seulement que je ne croyais pas avoir entendu l'air: *O Richard, ô mon roi!*

Le président au témoin Lecointre. Citoyen, n'avez-vous pas dit dans la déposition que vous avez faite hier, que le déposant ne s'était point trouvé, le 5 octobre, à la tête de la garde nationale, où son devoir l'appelait?

Lecointre. J'affirme que non-seulement d'Estaing ne s'est pas trouvé, depuis midi jusqu'à deux heures, à l'assemblée de la garde nationale qui eut lieu ce jour-là, 5 octobre, mais qu'il n'a point paru de la journée; que pendant ce temps il était, à la vérité, à la municipalité, c'est-à-dire avec la portion des officiers municipaux vendus à la cour; que là il obtint d'eux un ordre ou pouvoir d'accompagner le roi dans sa retraite, sous la promesse de le ramener à Versailles le plus tôt possible. J'observe d'ailleurs que les municipaux d'alors trahirent doublement leur devoir :

1° Parce qu'ils ne devaient point se prêter à une manœuvre criminelle en favorisant la fuite du ci-devant roi ;

2° C'est que pour prévenir le resultat des événemens, ils eurent grand soin de ne laisser subsister aucuns indices sur les registres qui pussent attester formellement que cette permission ou pouvoir eût été délivré à dessein.

Le témoin. J'observe au citoyen Lecointre qu'il se trompe, attendu que la permission dont est question est datée du 6, et que ce n'est qu'en vertu de cette permission que je suis parti le même jour, à onze heures du matin, pour accompagner le ci-devant roi à Paris.

Lecointre. Je persiste à soutenir que je ne suis pas dans l'erreur à cet égard; je me rappelle très-bien que la pièce originale que j'ai déposée hier entre les mains du greffier, contient en substance que d'Estaing est autorisé à employer les voies de conciliation avec les Parisiens ; et en cas de non-réussite à cet égard, de repousser la force par la force. Des citoyens jurés comprendront aisément que ces dernières dispositions ne peuvent être applicables à la journée du 6, puisqu'alors la cour était à la disposition de l'armée parisienne. J'invite à cet égard l'accusateur public et le tribunal de vouloir bien ordonner que la lettre de d'Estaing que j'ai déposée hier, soit lue, attendu qu'elle porte avec elle la preuve des faits dont je viens de parler.

On fait lecture de cette pièce, dans laquelle se trouve ce qui suit:

« Le dernier article de l'instruction que notre municipalité m'a donné, le 5 de ce mois, à quatre heures après midi, me prescrit de ne rien négliger pour ramener le roi à Versailles le plus tôt possible. »

Le président. Persistez-vous à dire que cette permission ne vous a pas été délivrée le 5 octobre ?

Le témoin. Je me suis trompé dans la date ; j'avais pensé qu'elle était du 6.

Le président. Vous rappelez-vous que la permission que vous aviez obtenue vous autorisât à repousser la force par la force, après avoir épuisé les voies de conciliation?

Le témoin. Oui, je m'en rappelle.

On entend un autre témoin.

Antoine Simon, ci-devant cordonnier, employé en ce moment en qualité d'instituteur auprès de Charles-Louis Capet, fils de l'accusée, déclare connaître Antoinette depuis le 30 août dernier, qu'il monta pour la première fois la garde au Temple.

Le déposant observe que pendant le temps que Louis Capet et sa famille avaient la liberté de se promener dans le jardin du Temple, ils étaient instruits de tout ce qui se passait, tant à Paris que dans l'intérieur de la République.

Le président au témoin. Avez-vous eu connaissance des intrigues qui ont eu lieu au Temple pendant que l'accusée y était?

Le témoin. Oui.

Le président. Quels sont les administrateurs qui étaient dans l'intelligence.

Le témoin. Le petit Capet m'a déclaré que Toulan, Pétion, La Fayette, Lépitre, Bouguot, Michonis, Vincent, Manuel, Lebœuf, Jobert et Dangé étaient ceux pour qui sa mère avait le plus de prédilection; que ce dernier l'avait pris entre ses bras, et lui avait dit en présence de sa mère : Je voudrais bien que tu fusses à la place de ton père.

L'accusée. J'ai vu mon fils jouer aux petits palets dans le jardin avec Dangé; mais je n'ai jamais vu celui-ci le prendre dans ses bras.

Le président. Avez-vous connaissance que pendant que les administrateurs étaient avec l'accusée et sa belle-sœur, on ait enfermé le petit Capet et sa sœur dans une tourelle?

Le témoin. Oui.

Le président. Est-il à votre connaissance que le petit Capet ait été traité en roi, principalement lorsqu'il était à table?

Le témoin. Je sais qu'à table sa mère et sa tante lui donnaient le pas.

Le président à l'accusée. Depuis votre détention, avez-vous écrit à la Polignac?

L'accusée. Non.

Le président. N'avez-vous pas signé des bons pour toucher des fonds chez le trésorier de la liste civile?

L'accusée. Non.

L'accusateur public. Je vous observe que votre dénégation deviendra inutile dans un moment, attendu qu'il a été trouvé dans les papiers de Septeuil, deux bons signés de vous; à la vérité ces deux pièces, qui ont été déposées dans le comité des vingt-quatre, se trouvent en ce moment égarées, cette commission ayant été dissoute; mais vous allez entendre les témoins qui les ont vues.

Un autre témoin est entendu.

François Tisset, marchand, rue de la Barillerie, employé sans salaire, à l'époque du 10 août 1792, au comité de surveillance de la municipalité, dépose qu'ayant été chargé d'une mission à remplir chez Septeuil, trésorier de la ci-devant liste civile, il s'était fait accompagner par la force armée de la section de la place Vendôme, aujourd'hui des Piques; qu'il ne put se saisir de sa personne, attendu qu'il était absent, mais qu'il trouva dans la maison, Boucher, trésorier de la liste civile, ainsi que Morillon et sa femme, lesquels il conduisit à la mairie; que parmi les papiers de Septeuil on trouva deux bons, formant la somme de 80,000 livres, signés *Marie-Antoinette*, ainsi qu'une caution de deux millions, signée *Louis*, payable à raison de 110,000 livres par mois, sur la maison Laporte, à Hambourg; qu'il fut trouvé également un grand nombre de notes de plusieurs paiemens faits à Favras et autres, un reçu signé *Bouillé*, pour une somme de 900,000 liv., un autre de 200,000 liv., etc., lesquelles pièces ont toutes été déposées à la commission des vingt-quatre, qui en ce moment est dissoute.

L'accusée. Je désirerais que le témoin déclarât de quelle date étaient les bons dont il parle.

Le témoin. L'un était daté du 10 août 1792; quant à l'autre je ne m'en rappelle pas.

L'accusée. Je n'ai jamais fait aucuns bons, et surtout comment en aurais-je pu faire le 10 août, que nous nous sommes rendus vers les huit heures du matin à l'assemblée nationale.

Le président. N'avez-vous pas, ce jour-là, étant à l'assemblée législative dans la loge du logographe, reçu de l'argent de ceux qui vous entouraient.

L'accusée. Ce ne fut pas dans la loge du logographe, mais bien pendant les trois jours que nous avons demeuré aux Feuillans, que, nous trouvant sans argent, attendu que nous n'en avions pas emporté, nous avons accepté celui qui nous a été offert?

Le président. Combien avez-vous reçu?

L'accusée. Vingt-cinq louis d'or simples; ce sont les mêmes qui ont été trouvés dans mes poches, lorsque j'ai été conduite du Temple à la Conciergerie; regardant cette dette comme sacrée, je les avais conservés intacts, afin de les redonner à la personne qui me les avait remis, si je l'avais vue.

Le président. Comment nommez-vous cette personne?

L'accusée. C'est la femme Auguel.

Un autre témoin est entendu.

Jean-François Lépitre, instituteur, dépose avoir vu l'accusée au Temple, lorsqu'il y faisait son service, en qualité de commissaire notable de la municipalité provisoire; mais qu'il n'a jamais eu d'entretien particulier avec elle, ne lui ayant jamais parlé qu'en présence de ses collègues.

Le président. Ne lui avez-vous pas quelquefois parlé politique?

Le témoin. Jamais.

Le président. Ne lui avez-vous pas procuré les moyens de savoir des nouvelles, en envoyant tous les jours un colporteur crier le journal du soir près la tour du Temple?

Le témoin. Non.

Le président à l'accusée. Avez-vous quelques observations à faire sur la déclaration du témoin?

L'accusée. Je n'ai jamais eu de conversation avec le témoin;

d'un autre côté, je n'avais pas besoin que l'on engageât les colporteurs à venir près de la tour ; je les entendais assez tous les jours, lorsqu'ils passaient rue de la Corderie.

Représentation faite d'un petit paquet à l'accusée, elle déclare le reconnaître pour être le même sur lequel elle a apposé son cachet, lorsqu'elle a été transférée du Temple à la Conciergerie.

On fait ouverture du paquet ; le greffier en fait l'inventaire, et nomme successivement les objets qu'il contient :

Un paquet de cheveux de diverses couleurs.

L'accusée. Ils viennent de mes enfans morts et vivans, et de mon époux.

Un autre paquet de cheveux.

L'accusée. Ils viennent des mêmes individus.

Un papier sur lequel sont des chiffres.

L'accusée. C'est une table pour apprendre à compter à mon fils.

Divers papiers de peu de peu d'importance, tels que mémoires de blanchisseuses, etc., etc.

Un portefeuille en parchemin et en papier, sur lequel se trouvent écrits les noms de diverses personnes, sur l'état desquelles le président interpelle l'accusée de s'expliquer.

Le président. Quelle est la femme Salentin ?

L'accusée. C'est celle qui était depuis long-temps chargée de toutes mes affaires.

Le président. Quelle est la demoiselle Vion ?

L'accusée. C'était celle qui était chargée du soin des hardes de mes enfans.

Le président. Et la dame Chaumette ?

L'accusée. C'est celle qui a succédé à la demoiselle Vion.

Le président. Quel est le nom de la femme qui prenait soin de vos dentelles ?

L'accusée. Je ne sais pas son nom ; c'étaient les femmes Salentin et Chaumette qui l'employaient.

Le président. Quel est le Bernier dont le nom se trouve écrit ici ?

L'accusée. C'est le médecin qui avait soin de mes enfans.

L'accusateur public requiert qu'il soit à l'instant délivré des mandats d'amener contre les femmes Salentin, Vion et Chaumette, et qu'à l'égard du médecin Bernier, il soit simplement assigné.

Le tribunal fait droit sur le réquisitoire.

Le greffier continue l'inventaire des effets.

Une servante, ou petit portefeuille garni de ciseaux, aiguilles, soie et fil, etc.

Un petit miroir.

Une bague en or sur laquelle sont des cheveux.

Un papier, sur lequel sont deux cœurs en or, avec des lettres initiales.

Un autre papier, sur lequel est écrit: *Prières au sacré cœur de Jésus, prières à l'Immaculée Conception.*

Un portrait de femme.

Le président. De qui est ce portrait?

L'accusée. De madame de Lamballe.

Deux autres portraits de femmes.

Le président. Quelles sont les personnes que ces portraits représentent?

L'accusée. Ce sont deux dames avec qui j'ai été élevée à Vienne.

Le président. Quels sont leurs noms?

L'accusée. Les dames de Mecklembourg et de Hesse.

Un rouleau de vingt-cinq louis d'or simples.

L'accusée. Ce sont ceux qui m'ont été prêtés pendant que nous étions aux Feuillans.

Un petit morceau de toile, sur lequel se trouve un cœur enflammé traversé d'une flèche.

L'accusateur public invite le témoin Hébert à examiner ce cœur, et à déclarer s'il le reconnaît pour être celui qu'il a déclaré avoir trouvé au Temple.

Hébert. Ce cœur n'est point celui que j'ai trouvé; mais il lui ressemble à peu de chose près.

L'accusateur public observe que parmi les accusés qui ont été traduits devant le tribunal, comme conspirateurs, et dont la loi a fait justice en les frappant de son glaive, on a remarqué que la plupart, ou, pour mieux dire, la majeure partie d'entre eux portait ce signe contre-révolutionnaire.

Hébert observe qu'il n'est point à sa connaissance que les femmes Salentin, Vion et Chaumette aient été employées au Temple pour le service des prisonniers.

L'accusée. Elles l'ont été dans les premiers temps.

Le président. N'avez-vous pas fait, quelques jours après votre évasion du 20 juin, une commande d'habits de sœurs grises?

L'accusée. Je n'ai jamais fait de pareilles commandes.

On entend un autre témoin.

Philippe-François-Gabriel Latour-du-Pin-Gonvernet, ancien militaire, au service de France, dépose connaître l'accusée depuis qu'elle est en France; mais il ne sait aucun des faits contenus en l'acte d'accusation.

Le président au témoin. N'avez-vous pas assisté aux fêtes du château?

Le témoin. Jamais, pour ainsi dire, je n'ai fréquenté la cour.

Le président. Ne vous êtes-vous pas trouvé aux repas des ci-devant gardes du corps?

Le témoin. Je ne pouvais point y assister, puisqu'à cette époque, j'étais commandant en Bourgogne.

Le président. Comment! est-ce que vous n'étiez pas alors ministre?

Le témoin. Je ne l'ai jamais été, et n'aurais point voulu l'être, si ceux qui étaient alors en place, me l'eussent offert.

Le président au témoin Lecointre. Connaissez-vous le déposant pour avoir été en 1789 ministre de la guerre?

Lecointre. Je ne connais pas le témoin pour avoir été ministre; celui qui l'était à cette époque est ici et va être entendu à l'instant.

On fait entrer le témoin.

Jean-Frédéric Latour-du-Pin, militaire et ex-ministre de la

guerre, dépose connaître l'accusée, mais il déclare ne connaître aucun des faits portés en l'acte d'accusation.

Le président au témoin. Étiez-vous ministre le premier octobre 1789 ?

Le témoin. Oui.

Le président. Vous avez sans doute, à cette époque, entendu parler des repas des ci-devant gardes du corps ?

Le témoin. Oui.

Le président. N'étiez-vous pas ministre à l'époque où les troupes sont arrivées à Versailles dans le mois de juin 1789 ?

Le témoin. Non : j'étais alors député à l'Assemblée.

Le président. Il paraît que la cour vous avait des obligations, pour vous avoir fait ministre de la guerre.

Le témoin. Je ne crois pas qu'elle m'en eût aucune.

Le président. Où étiez-vous le 25 juin, lorsque le ci-devant roi est venu tenir le fameux lit de justice au milieu des représentans du peuple ?

Le témoin. J'étais à ma place de député à l'Assemblée nationale.

Le président. Connaissez-vous les rédacteurs de la déclaration dont le roi fit lecture à l'Assemblée ?

Le témoin. Non.

Le président. N'avez-vous pas entendu dire que ce fut Linguet, d'Espremesnil, Barentin, Lally-Tollendal, Desmeuniers, Bergasse ou Thouret ?

Le témoin. Non.

Le président. Avez-vous assisté au conseil du ci-devant roi le 5 octobre 1789 ?

Le témoin. Oui.

Le président. D'Estaing y était-il ?

Le témoin. Je ne l'y ai pas vu.

D'Estaing. Eh bien, j'avais donc ce jour-là la vue meilleure que vous, car je me rappelle très-bien vous y avoir vu.

Le président à la Tour-du-Pin, ex-ministre. Avez-vous connaissance que ce jour-là, 5 octobre, la famille royale devait partir par Rambouillet pour se rendre ensuite à Metz?

Le témoin. Je sais que ce jour-là il a été agité dans le conseil si le roi partirait oui ou non.

Le président. Savez-vous les noms de ceux qui provoquaient le départ?

Le témoin. Je ne les connais pas.

Le président. Quel pouvait être le motif sur lequel ils fondaient ce départ?

Le témoin. Sur l'affluence du monde qui était venu de Paris à Versailles et sur ceux que l'on y attendait encore, que l'on disait en vouloir à la vie de l'accusée.

Le président. Quel a été le résultat de la délibération?

Le témoin. Que l'on resterait.

Le président. Où proposait-on d'aller?

Le témoin. A Rambouillet.

Le président. Avez-vous vu l'accusée en ces momens-là au château?

Le témoin. Oui.

Le président. N'est-elle pas venue au conseil?

Le témoin. Je ne l'ai pas vue venir au conseil; je l'ai seulement vue entrer dans le cabinet de Louis XVI.

Le président. Vous dites que c'était à Rambouillet que la cour devait aller, ne serait-ce pas plutôt à Metz?

Le témoin. Non.

Le président. En votre qualité de ministre, n'avez-vous point fait préparer des voitures, et commandé des piquets de troupes sur la route, pour protéger le départ de Louis Capet?

Le témoin. Non.

Le président. Il est cependant constant que tout était préparé à Metz pour y recevoir la famille Capet, des appartemens y avaient été meublés en conséquence.

Le témoin. Je n'ai aucune connaissance de ce fait.

Le président. Est-ce par l'ordre d'Antoinette que vous avez envoyé votre fils à Nancy, pour diriger le massacre des braves soldats qui avaient encouru la haine de la cour, en se montrant patriotes.

Le témoin. Je n'ai envoyé mon fils à Nancy que pour y faire exécuter les décrets de l'Assemblée nationale; ce n'était donc pas par les ordres de la cour que j'agissais, mais bien parce que c'était alors le vœu du peuple; les Jacobins même, lorsque M. Camus fut à leur société faire lecture du rapport de cette affaire, l'avaient vivement applaudi.

Un juré. Citoyen président, je vous invite à vouloir bien observer au témoin qu'il y a de sa part erreur ou mauvaise foi, attendu que jamais Camus n'a été membre des Jacobins, et que cette société était loin d'approuver les mesures de rigueur qu'une faction liberticide avait fait décréter contre les meilleurs citoyens de Nancy.

Le témoin. Je l'ai entendu dire dans le temps.

Le président. Est-ce par les ordres d'Antoinette que vous avez laissé l'armée dans l'état où elle s'est trouvée?

Le témoin. Certainement, je ne crois point être dans le cas de reproche à cet égard, attendu qu'à l'époque où j'ai quitté le ministère l'armée française était sur un pied respectable.

Le président. Était-ce pour la mettre sur un pied respectable que vous avez licencié plus de trente mille patriotes qui s'y trouvaient, en leur faisant distribuer des cartouches jaunes, à l'effet d'effrayer par cet exemple les défenseurs de la patrie, et les empêcher de se livrer aux élans du patriotisme et à l'amour de la liberté.

Le témoin. Ceci est étranger, pour ainsi dire, au ministre. Le licenciement des soldats ne le regarde pas : ce sont les chefs des différens corps qui se mêlent de cette partie-là.

Le président. Mais, vous, ministre, vous deviez vous faire rendre compte de pareilles opérations par les chefs des corps, afin de savoir qui avait tort ou raison.

Le témoin. Je ne crois pas qu'aucun soldat puisse être dans le cas de se plaindre de moi.

Le témoin Labenette demande à énoncer un fait. Il déclare

qu'il est un de ceux qui ont été honorés par Latour-du-Pin d'une cartouche jaune, signée de sa main, et cela parce qu'au régiment dans lequel il servait il démasquait l'aristocratie de messieurs les muscadins qui y étaient en grand nombre sous la dénomination d'état-major. Il observe que lui déposant était sous-officier, et que le témoin se rappellera peut-être de son nom, qui est *Clairvoyant*, caporal au régiment de...

La Tour-du-Pin. Monsieur, je n'ai jamais entendu parler de vous.

Le président. L'accusée, à l'époque de votre ministère, ne vous a-t-elle pas engagé à lui remettre l'état exact de l'armée française ?

Le témoin. Oui.

Le président. Vous a-t-elle dit quel usage elle en voulait faire ?

Le témoin. Non.

Le président. Où est votre fils ?

Le témoin. Il est dans une terre près de Bordeaux ou dans Bordeaux.

Le président à l'accusée. Lorsque vous avez demandé au témoin l'état des armées, n'était-ce pas pour le faire passer au roi de Bohême et de Hongrie ?

L'accusée. Comme cela était public, il n'était pas besoin que je lui en fisse passer l'état, les papiers publics auraient pu assez l'en instruire.

Le président. Quel était donc le motif qui vous faisait demander cet état ?

L'accusée. Comme le bruit courait que l'Assemblée voulait qu'il y eût des changemens dans l'armée, je désirais savoir l'état des régimens qui seraient supprimés.

Le président. N'avez vous pas abusé de l'influence que vous aviez sur votre époux pour en tirer des bons sur le trésor public ?

L'accusée. Jamais.

Le président. Où avez-vous donc pris l'argent avec lequel vous avez fait construire et meubler le petit Trianon, dans lequel vous donniez des fêtes, dont vous étiez toujours la déesse ?

L'accusée. C'était un fonds que l'on avait destiné à cet effet.

Le président à l'accusée. Il fallait que ce fonds fût considérable, car le petit Trianon doit avoir coûté des sommes énormes.

L'accusée. Il est possible que le petit Trianon ait coûté des sommes immenses, peut-être plus que je n'aurais désiré; on avait été entraîné dans les dépenses peu à peu ; du reste, je désire plus que personne que l'on soit instruit de ce qui s'y est passé.

Le président. N'est-ce pas au petit Trianon que vous avez connu pour la première fois la femme Lamotte?

L'accusée. Je ne l'ai jamais vue.

Le président. N'a-t-elle pas été votre victime dans l'affaire du fameux collier?

L'accusée. Elle n'a pu l'être, puisque je ne la connaissais pas.

Le président. Vous persistez donc à nier que vous l'ayez connue?

L'accusée. Mon plan n'est pas la dénégation ; c'est la vérité que j'ai dite, et que je persisterai à dire.

Le président. N'était-ce pas vous qui faisiez nommer les ministres et aux autres places civiles et militaires?

L'accusée. Non.

Le président. N'aviez-vous pas une liste des personnes que vous désiriez placer, avec des notes encadrées sous verre?

L'accusée. Non.

Le président. N'avez-vous pas forcé différens ministres à accepter pour les places vacantes les personnes que vous leur désigniez?

L'accusée. Non.

Le président. N'avez-vous pas forcé les ministres des finances de vous délivrer des fonds ; et sur ce que quelques-uns d'entre eux s'y sont refusés, ne les avez-vous pas menacés de toute votre indignation?

L'accusée. Jamais.

Le président. N'avez-vous pas sollicité Vergennes à faire passer six millions au roi de Bohème et de Hongrie?

L'accusée. Non.

On entend un autre témoin.

Jean-François Mathey, concierge de la tour du Temple, dépose qu'à l'occasion d'une chanson dont le refrain est: *Ah! il t'en souviendra du retour de Varennes*, il avait dit à Louis-Charles Capet: T'en souviens-tu, du retour de Varennes? Ah! oui, dit-il, je m'en souviens bien; que, lui ayant demandé ensuite comment on s'y était pris pour l'emmener; il répondit qu'il avait été emporté de son lit où il dormait, et qu'on l'avait habillé en fille, en lui disant: Viens à Montmédy.

Le président au témoin. N'avez-vous pas remarqué pendant votre séjour au Temple la familiarité qui régnait entre quelques membres de la Commune et les détenus?

Le témoin. Oui. J'ai même un jour entendu Toulan dire à l'accusée, à l'occasion des nouvelles élections faites pour l'organisation de la municipalité définitive: Madame, je ne suis point renommé, parce que je suis Gascon. J'ai remarqué que Lepître et Toulan venaient souvent ensemble; qu'ils montaient tout de suite, en disant: Montons toujours, nous attendrons nos collègues là-haut. Il a vu un autre jour Jobert remettre à l'accusée des médaillons en cire: la fille Capet en laissa tomber un qui se cassa.

Le déposant entre ensuite dans les détails de l'histoire du chapeau trouvé dans la cassette d'Élisabeth, etc.

L'accusée. J'observe que les médaillons dont parle le témoin étaient au nombre de trois; que celui qui tomba et fut cassé était le portrait de Voltaire; que les deux autres représentaient, l'un Médée, et l'autre des fleurs.

Le président à l'accusée. N'avez-vous pas donné une boîte d'or à Toulan?

L'accusée. Non, ni à Toulan, ni à d'autres.

Le témoin Hébert observe qu'un officier de paix lui est venu apporter au parquet de la Commune une dénonciation signée de deux commis du bureau des impositions, dont Toulan était chef, qui annonçait ce fait de la manière la plus claire en prouvant qu'il s'en était vanté lui-même dans le bureau ; cela fut renvoyé à l'administration de police, nonobstant les réclamations de Chaumette et de lui déposant, qui n'en a plus entendu parler depuis.

On entend un autre témoin.

Jean-Baptiste Olivier Garnerin, ci-devant secrétaire de la commission des Vingt-Quatre, dépose qu'ayant été chargé de faire l'énumération et le dépouillement des papiers trouvés chez Septeuil, il a vu parmi lesdits papiers un bon d'environ 80,000 l. signé *Antoinette*, au profit de la ci-devant Polignac, avec un billet relatif au nommé Lazaille ; une autre pièce qui attestait que l'accusée avait vendu ses diamans, pour faire passer des fonds aux émigrés français. Le déposant observe qu'il a remis dans le temps toutes lesdites pièces entre les mains de Valazé, membre de la commission, chargé alors de dresser l'acte d'accusation contre Louis Capet, mais que ce ne fut pas sans étonnement que lui déposant apprit que Valazé, dans le rapport qu'il avait fait à la Convention nationale, n'avait pas parlé des pièces signées *Marie-Antoinette*.

Le président à l'accusée. Avez-vous quelques observations à faire sur la déposition du témoin ?

L'accusée. Je persiste à dire que je n'ai jamais fait de bons.

Le président. Connaissez-vous le nommé Lazaille ?

L'accusée. Oui.

Le président. Comment le connaissez-vous ?

L'accusée. Je le connais pour un officier de marine, et pour l'avoir vu à Versailles se présenter à la cour comme les autres.

Le témoin. J'observe que les pièces dont j'ai parlé ont été, après la dissolution de la commission des Vingt-Quatre, transportées au comité de sûreté générale, où elles doivent être en ce moment, attendu qu'ayant, ces jours derniers, rencontré deux de mes collègues ci-devant employés comme moi à la commission des Vingt-Quatre, nous parlâmes du procès qui allait s'instruire à ce tribunal contre Marie-Antoinette; je leur demandai s'ils savaient ce que pouvaient être devenues les pièces dont est question : ils me répondirent qu'elles avaient été déposées au comité de sûreté générale, où ils sont en ce moment l'un et l'autre employés.

Le témoin Tisset invite le président à vouloir bien interpeller le citoyen Garnerin de déclarer s'il ne se rappelle pas avoir également vu, parmi les papiers trouvés chez Septeuil, des titres d'acquisition en sucre, café, blé, etc., etc., montant à la somme de deux millions, dont quinze mille livres avaient déjà été payées, et s'il ne sait pas aussi que ces titres, quelques jours après, ne se sont plus retrouvés.

Le président à Garnerin. Citoyen, vous venez d'entendre l'interpellation, voudriez-vous bien y répondre?

Garnerin. Je n'ai aucune connaissance de ce fait. Je sais néanmoins qu'il y avait dans toute la France des préposés chargés de titres pour faire des accaparemens immenses, à l'effet de procurer un surhaussement considérable dans le prix des denrées, pour dégoûter par ce moyen le peuple de la révolution et de la liberté, et par suite le forcer à redemander lui-même des fers.

Le président à l'accusée. Avez-vous connaissance des accaparemens immenses des denrées de première nécessité qui se faisaient par ordre de la cour pour affamer le peuple, et le contraindre à redemander l'ancien ordre de choses, si favorable aux tyrans et à leurs infâmes agens, qui l'ont tenu sous le joug pendant quatorze cents ans?

L'accusée. Je n'ai aucune connaissance qu'il ait été fait des accaparemens.

On entend un autre témoin.

Charles-Éléonore Dufriche-Valazé, propriétaire, ci-devant député à la Convention nationale, dépose que parmi les papiers trouvés chez Septeuil, et qui ont servi, ainsi que d'autres, à dresser l'acte d'accusation contre feu Louis Capet, et à la rédacton duquel il a coopéré, comme membre de la commission des

Vingt-Un, il en a remarqué deux qui avaient rapport à l'accusée. Le premier était un bon, ou plutôt une quittance signée d'elle, pour une somme de 15 ou 20,000 livres, autant qu'il peut s'en rappeler ; l'autre pièce est une lettre dans laquelle le ministre prie le roi de vouloir bien communiquer à Marie-Antoinette le plan de campagne qu'il avait eu l'honneur de lui présenter.

Le président au témoin. Pourquoi n'avez-vous pas parlé desdites pièces dans le rapport que vous avez fait à la Convention ?

Le témoin. Je n'en ai pas parlé, parce que je n'ai pas cru qu'il fût utile de citer dans le procès de Capet une quittance d'Antoinette.

Le président. N'avez-vous pas été membre de la commission des Vingt-Quatre ?

Le témoin. Oui.

Le président. Savez-vous ce que ces deux pièces peuvent être devenues ?

Le témoin. Les pièces qui ont servi à dresser l'acte d'accusation de Louis Capet ont été réclamées par la Commune de Paris, attendu qu'il contenait des charges contre plusieurs individus soupçonnés d'avoir voulu compromettre plusieurs membres de la Convention, pour en obtenir des décrets favorables à Louis Capet. Je crois qu'aujourd'hui toutes ces pièces doivent être rétablies au comité de sûreté générale de la Convention.

Le président à l'accusée. Qu'avez-vous à répondre à la déposition du témoin ?

L'accusée. Je ne connais ni le bon, ni la lettre dont il parle.

L'accusateur public. Il paraît prouvé, nonobstant les dénégations que vous faites, que par votre influence vous faisiez faire au ci-devant roi, votre époux, tout ce que vous désiriez.

L'accusée. Il y a loin de conseiller de faire une chose à la faire exécuter.

L'accusateur public. Vous voyez qu'il résulte de la déclaration du témoin que les ministres connaissaient si bien l'influence que vous aviez sur Louis Capet, que l'un d'eux l'invita à vous faire part du plan de campagne qui lui avait été présenté quelques jours avant, d'où il s'ensuit que vous avez disposé de son caractère faible pour lui faire exécuter de bien mauvaises choses ; car, en supposant que de vos avis il n'ait suivi que les meilleurs, vous avouerez qu'il n'était pas possible d'user de plus mauvais moyens pour conduire la France au bord de l'abîme qui a manqué de l'engloutir.

L'accusée. Jamais je ne lui ai connu le caractère dont vous parlez.

On entend un autre témoin.

Nicolas Lebœuf, instituteur, ci-devant officier municipal, proteste ne rien connaître des faits relatifs à l'acte d'accusation ; car, ajoute-t-il, si je m'étais aperçu de quelque chose j'en aurais rendu compte.

Le président au témoin. N'avez-vous jamais eu de conversation avec Louis Capet ?

Le témoin. Non.

Le président. N'avez-vous pas, étant de service au Temple, conversé sur les affaires politiques avec vos collègues et les détenus ?

Le témoin. J'ai causé avec mes collègues, mais nous ne parlions pas d'affaires politiques.

Le président. Avez-vous souvent adressé la parole à Louis-Charles Capet ?

Le témoin. Jamais.

Le président. N'avez-vous pas proposé de lui donner à lire le nouveau Télémaque ?

Le témoin. Non.

Le président. N'avez-vous pas manifesté le désir d'être son instituteur ?

Le témoin. Jamais.

Le président. N'avez-vous pas témoigné du regret de voir cet enfant prisonnier ?

Le témoin. Non.

L'accusée, interpellée de déclarer si elle n'a pas eu de conversation particulière avec le témoin, répond que jamais elle ne lui a parlé.

On entend un autre témoin.

Augustin-Germain Jobert, officier municipal et administrateur de police, déclare ne connaître aucun des faits portés en l'acte d'accusation.

Le président au témoin. N'avez-vous pas eu, pendant le temps de votre service au Temple, des conférences avec l'accusée?

Le témoin. Jamais.

Le président. Ne lui avez-vous pas fait voir un jour quelque chose de curieux?

Le témoin. J'ai à la vérité montré à la veuve Capet et à sa fille des médaillons en cire, dits camées; c'étaient des allégories à la révolution.

Le président. Parmi ces médaillons, n'y avait-il pas un portrait d'homme?

Le témoin. Je ne le crois pas.

Le président. Par exemple, le portrait de Voltaire?

Le témoin. Oui; d'ailleurs j'ai chez moi environ quatre mille de ces sortes d'ouvrages.

Le président. Pourquoi parmi ces ouvrages se trouvait-il le portrait de Médée? Vouliez-vous en faire quelque allusion à l'accusée?

Le témoin. Le hasard seul l'a voulu; j'en ai tant: ce sont des ouvrages anglais dont je fais commerce; j'en vends aux négocians.

Le président. Avez-vous connaissance que de temps en temps on enfermât le petit Capet pendant que vous et d'autres administrateurs aviez des entretiens particuliers avec l'accusée?

Le témoin. Je n'ai aucune connaissance de ce fait.

Le président. Vous persistez donc à dire que vous n'avez pas eu d'entretien particulier avec l'accusée?

Le témoin. Oui.

Le président à l'accusée. Persistez-vous à dire que vous n'avez pas eu d'entretiens au Temple avec les deux derniers témoins?

L'accusée. Oui.

Le président. Soutenez-vous également que Bailly et La Fayette n'étaient pas les coopérateurs de votre fuite dans la nuit du 20 au 21 juin 1791?

L'accusée. Oui.

Le président. Je vous observe que sur ces faits vous vous trouvez en contradiction avec la déclaration de votre fils

L'accusée. Il est bien aisé de faire dire à un enfant de huit ans tout ce qu'on veut.

Le président. Mais on ne s'est pas contenté d'une seule déclaration; on la lui a fait répéter plusieurs fois et à diverses reprises; il a toujours dit de même.

L'accusée. Eh bien! je nie le fait.

Le président. Depuis votre détention au Temple, ne vous êtes-vous pas fait peindre?

L'accusée. Oui, je l'ai été en pastel.

Le président. Ne vous êtes-vous pas enfermée avec le peintre, et ne vous êtes-vous pas servie de ce prétexte pour recevoir des nouvelles de ce qui se passait dans les assemblées législative et conventionnelle?

L'accusée. Non.

Le président. Comment nommez-vous ce peintre?

L'accusée. C'est Goëstier, peintre polonais, établi depuis plus de vingt ans à Paris.

Le président. Où demeure-t-il?

L'accusée. Rue du Coq-Saint-Honoré.

On entend un autre témoin.

Antoine-François Moyle, ci-devant suppléant du procureur de la Commune auprès des tribunaux de police municipale et correctionnelle, dépose que des trois fois qu'il a été de service au Temple, il l'a été une fois près de Louis Capet, et les deux autres près des femmes; il n'a rien remarqué sinon l'attention ordinaire aux femmes de fixer un homme que l'on voit pour la première fois. Il y retourna de nouveau en mars dernier ; on y jouait à différens jeux ; les détenues venaient quelquefois regarder jouer, mais elles ne parlaient pas. Enfin il proteste d'ailleurs n'avoir jamais eu aucune intimité avec l'accusée pendant son service au Temple.

Le président à l'accusée. Avez-vous quelques observations à faire sur la déposition du témoin?

L'accusée. L'observation que j'ai à faire est que je n'ai jamais eu de conversation avec le déposant.

Un autre témoin est entendu.

Renée Sévin, femme Chaumette, dépose connaître l'accusée depuis six ans, lui ayant été attachée en qualité de sous-femme de chambre ; mais qu'elle ne connaît aucun des faits portés en l'acte d'accusation, si ce n'est que le 10 août elle a vu le roi faire la revue des gardes suisses : voilà tout ce qu'elle dit savoir.

Le président au témoin. Étiez-vous au château à l'époque du départ pour Varennes?

Le témoin. Oui, mais je n'en ai rien su.

Le président. Dans quelle partie du château couchiez-vous?

Le témoin. A l'extrémité du pavillon de Flore.

Le président. Avez-vous, dans la nuit du 9 au 10, entendu sonner le tocsin et battre la générale?

Le témoin. Non : je couchais sous les toits.

Le président. Comment! vous couchiez sous les toits, et vous n'avez point entendu le tocsin?

Le témoin. Non : j'étais malade.

Le président. Et par quel hasard vous êtes-vous trouvée présente à la revue royale?

Le témoin. J'étais sur pied depuis six heures du matin.

Le président. Comment! vous étiez malade, et vous vous leviez à six heures?

Le témoin. C'est que j'avais entendu du bruit.

Le président. Au moment de la revue, avez-vous entendu crier *Vive le roi, vive la reine?*

Le témoin. J'ai entendu crier *vive le roi*, d'un côté; et de l'autre, *vive la nation.*

Le président. Avez-vous vu la veille les rassemblemens extraordinaires des gardes suisses et des scélérats qui en avaient pris l'habit?

Le témoin. Je ne suis pas ce jour-là descendue dans la cour.

Le président. Et pour prendre vos repas, il fallait bien que vous descendissiez?

Le témoin. Je ne sortais pas : un domestique m'apportait à manger.

Le président. Mais au moins ce domestique a dû vous faire part de ce qui se passait.

Le témoin. Je ne tenais jamais de conversation avec lui.

Le président. Il paraît que vous avez passé votre vie à la cour, et que vous y avez appris l'art de dissimuler. Comment nommez-vous la femme qui avait soin des dentelles de l'accusée?

Le témoin. Je ne la connais pas; j'ai seulement entendu parler d'une dame Couet qui raccommodait la dentelle, et faisait la toilette des enfans.

Sur l'indication faite par le témoin de la demeure de ladite femme Couet, l'accusateur public requiert, et le tribunal ordonne qu'il sera à l'instant décerné contre elle un mandat d'amener.

On continue l'audition des témoins.

Jean-Baptiste Vincent, entrepreneur-maçon, dépose avoir fait son service au Temple, en sa qualité de membre du conseil-général de la Commune, mais qu'il n'a jamais eu de conférence avec l'accusée.

Nicolas-Marie-Jean Beugnot, architecte, et membre de la Commune, dépose qu'appelé par ses collègues à la surveillance des prisonniers du Temple, il ne s'est jamais oublié au point d'avoir des conférences avec les détenus, encore moins avec l'accusée.

Le président au témoin. N'avez-vous pas fait enfermer dans une tourelle le petit Capet et sa sœur, pendant que vous et quelques-uns de vos collègues teniez conversation avec l'accusée?

Le témoin. Non.

Le président. N'avez-vous pas procuré les moyens de savoir des nouvelles par le moyen des colporteurs?

Le témoin. Non.

Le président. Avez-vous entendu dire que l'accusée avait gratifié Toulan d'une boîte d'or?

Le témoin. Non.

L'accusée. Je n'ai jamais eu aucun entretien avec le déposant.

On entend un autre témoin.

François Daugé, administrateur de police, dépose avoir été un grand nombre de fois de service au Temple, mais que dans aucun temps il n'a eu, ni dû avoir de conférences, ni d'entretiens particuliers avec les détenues.

Le président. N'avez-vous jamais tenu le jeune Capet sur vos genoux? Ne lui avez-vous pas dit : « Je voudrais vous voir à la place de votre père? »

Le témoin. Non.

Le président. Depuis que l'accusée est détenue à la Conciergerie, n'avez-vous pas procuré à plusieurs de vos amis l'entrée de sa prison?

Le témoin. Non.

Le président. Avez-vous ouï parler qu'il y ait eu du monde d'introduit dans la Conciergerie?

Le témoin. Non.

Le président. Quelle est votre opinion sur l'accusée?

Le témoin. Si elle est coupable, elle doit être jugée.

Le président. La croyez-vous patriote?

Le témoin. Non.

Le président. Croyez-vous qu'elle veuille la République?

Le témoin. Non.

On passe à un autre témoin.

Jean-Baptiste Michonis, limonadier, membre de la Commune du 10 août, et administrateur de police, dépose qu'il connaît l'accusée pour l'avoir, avec ses collègues, transférée, le 2 août dernier, du Temple à la Conciergerie.

Le président au témoin. N'avez-vous pas procuré à quelqu'un l'entrée de la chambre de l'accusée depuis qu'elle est à cette prison ?

Le témoin. Pardonnez-moi, je l'ai procurée à un nommé Giroux, maître de pension, faubourg Saint-Denis ; à un autre de mes amis, peintre, au citoyen....., administrateur des domaines, et à un autre de mes amis.

Le président. Vous l'avez sans doute procurée à d'autres personnes ?

Le témoin. Voici le fait, car je dois et veux dire ici toute la vérité. Le jour de Saint-Pierre, m'étant trouvé chez un sieur Fontaine, où il y avait bonne compagnie, notamment trois ou quatre députés à la Convention, parmi les autres convives se trouvait la citoyenne Tilleul, laquelle invita le citoyen Fontaine à venir faire la Madeleine chez elle à Vaugirard ; elle ajouta : Le citoyen Michonis ne sera pas de trop. Lui ayant demandé d'où elle pouvait me connaître, elle répondit qu'elle m'avait vu à la mairie où des affaires l'appelaient. Le jour indiqué étant arrivé, je me rendis à Vaugirard ; je trouvai une compagnie nombreuse. Après le repas la conversation étant tombée sur le chapitre des prisons, on parla de la Conciergerie en disant : La veuve Capet est-là : on dit qu'elle est bien changée, que ses cheveux sont tout blancs. Je répondis qu'à la vérité ses cheveux commençaient à grisonner, mais qu'elle se portait bien. Un citoyen qui se trouvait là manifesta le désir de la voir ; je lui promis de le contenter, ce que je fis ; le lendemain la Richard me dit : Connaissez-vous la personne que vous avez amenée hier ? Lui ayant répondu que je ne le connaissais que pour l'avoir vu chez un de mes amis : Eh bien, me dit-elle, on dit que c'est un ci-devant chevalier de Saint-Louis ; en même temps elle me remit un petit morceau de papier écrit ou du moins piqué avec la pointe d'une épingle ; alors je lui répondis : Je vous jure que jamais je n'y mènerai personne.

Le président au témoin. N'avez-vous point fait part à l'accusée que vos fonctions venaient de finir à la Commune ?

Le témoin. Oui, je lui ai tenu ce discours-là.

Le président. Que vous a répondu l'accusée ?

Le témoin. Elle m'a dit : On ne vous verra donc plus ? Je répondis : Madame, je reste municipal, et pourrai vous voir de temps en temps.

Le président. Comment avez-vous pu, vous, administrateur de police, au mépris des réglemens, introduire un inconnu auprès de l'accusée ? vous ignoriez donc qu'un grand nombre d'intrigans mettent tout en usage pour séduire les administrateurs ?

Le témoin. Ce n'est point lui qui m'a demandé à voir la veuve Capet, c'est moi qui le lui ai offert.

Le président. Combien avez-vous dîné de fois avec lui ?

Le témoin. Deux fois.

Le président. Quel est le nom de ce particulier ?

Le témoin. Je l'ignore.

Le président. Combien vous a-t-il promis ou donné pour avoir la satisfaction de voir Antoinette ?

Le témoin. Je n'ai jamais reçu aucune rétribution.

Le président. Pendant qu'il était dans la chambre de l'accusée, ne lui avez-vous vu faire aucun geste ?

Le témoin. Non.

Le président. Ne l'avez-vous point revu depuis ?

Le témoin. Je ne l'ai vu qu'une seule fois.

Le président. Pourquoi ne l'avez-vous point fait arrêter ?

Le témoin. J'avoue que c'est une double faute que j'ai faite à cet égard.

Un juré. Citoyen président, je dois vous observer que la femme Tilleul vient d'être arrêtée, comme suspecte et contre-révolutionnaire.

Un autre témoin est entendu.

Pierre Édouard Bernier, médecin, déclare connaître l'accusée depuis quatorze ou quinze ans, ayant été depuis ce temps le médecin de ses enfans.

Le président au témoin. N'étiez-vous pas en 1789 le médecin des enfans de Louis Capet, et en cette qualité n'avez-vous pas entendu parler à la cour quelle était la cause, à cette époque, du rassemblement extraordinaire de troupes qui eut lieu tant à Versailles qu'à Paris?

Le témoin. Non.

Le témoin Hébert observe, sur l'interpellation qui lui est faite, que, dans les journées qui ont suivi le 10 août, la Commune républicaine fut paralysée par les astuces de Manuel et Pétion, qui s'opposèrent à ce que la table des détenus fût rendue plus frugale et à ce que la valetaille fût chassée, sous le faux prétexte qu'il était de la dignité du peuple que les prisonniers ne manquassent de rien. Le déposant ajoute que Bernier, témoin présent, était souvent au Temple dans les premiers jours de la détention de la famille Capet, mais que ses fréquentes visites l'avaient rendu suspect, surtout dès que l'on se fut aperçu qu'il n'approchait des enfans de l'accusée qu'avec toutes les bassesses de l'ancien régime.

Le témoin assure que de sa part ce n'était que bienséance et non bassesse.

Claude-Denis Tavernier, ci-devant lieutenant à la suite de l'état-major, dépose qu'étant de garde dans la nuit du 20 au 21 juin 1791, il a vu venir dans la soirée La Fayette, lequel parla plusieurs fois à la Jarre et à Lacolombe; vers deux heures après minuit il a vu passer sur le pont dit Royal la voiture de La Fayette; enfin, il a vu ce dernier changer de couleur lorsque l'on apprit que la famille Capet avait été arrêtée à Varennes.

Jean Maurice François Lebrasse, lieutenant de gendarmerie à la suite des tribunaux, déclare connaître l'accusée depuis quatre ans; il n'a aucune connaissance des faits contenus en l'acte d'accusation, sinon que, se trouvant de service près de la maison d'arrêt dite la Conciergerie la veille du jour où les députés Amar et Sévestre vinrent interroger la veuve Capet, un gendarme lui avait fait part de la scène de l'œillet; il s'était empressé de demander une prompte instruction de cette affaire, ce qui a eu lieu.

Joseph Boze, peintre, déclare connaître l'accusée depuis environ huit ans, qu'il peignit à cette époque le ci-devant roi, mais ne lui a jamais parlé. Le témoin entre ici dans les détails d'un projet de réconciliation entre le peuple et le ci-devant roi, par l'intermédiaire de Thierry, valet de chambre de Louis Capet.

L'accusée tire de sa poche un papier et le remet à l'un de ses défenseurs.

L'accusateur public interpelle Antoinette de déclarer quel est l'écrit qu'elle vient de remettre.

L'accusée. Hébert a dit ce matin que dans nos hardes et souliers on nous faisait passer des correspondances; j'avais écrit, dans la crainte de l'oublier, que toutes nos hardes et effets étaient visités lorsqu'ils parvenaient près de nous, que cette surveillance s'exerçait par les administrateurs de police.

Hébert observe à son tour qu'il n'a été fondé à faire cette déclaration que parce que la fourniture des souliers était considérable, puisqu'elle se montait à quatorze et quinze paires par mois.

Didier Jourdheuil, huissier, déclare qu'au mois de septembre 1792, il a trouvé une liasse de papiers chez d'Affry, dans laquelle était une lettre d'Antoinette qu'elle écrivait à celui-ci; elle lui marquait ces mots : « Peut-on compter sur vos Suisses? feront-ils bonne contenance lorsqu'il en sera temps? »

L'accusée. Je n'ai jamais écrit à d'Affry.

L'accusateur public observe que l'année dernière, se trouvant directeur du juré d'accusation près le tribunal du 17 août, il fut chargé de l'instruction du procès de d'Affry et Cazotte; qu'il se rappelle très-bien avoir vu la lettre dont parle le témoin; mais la faction de Roland, étant parvenue à faire supprimer le tribunal, en a fait enlever les papiers au moyen d'un décret qu'ils escamotèrent, nonobstant les réclamations de tous les bons républicains.

Le président à l'accusée. Quels sont les papiers qui ont été brûlés à la manufacture de Sèvres?

L'accusée. Je crois que c'était un libelle; au reste, on ne m'a pas consultée pour cette affaire, on me l'a dit après.

Le président. Comment se peut-il faire que vous ignorassiez ce fait ; c'était Riston qui fut chargé de la négociation de cette affaire ?

L'accusée. Je n'ai jamais entendu parler de Riston et je persiste à dire que je n'ai pas connu la Lamotte ; si l'on m'avait consultée, je me serais opposée à ce que l'on brûlât un écrit qui était contre moi.

On entend un autre témoin.

Pierre Fontaine, marchand de bois, déclare ne connaître aucun des faits portés en l'acte d'accusation, ne connaissant l'accusée que de réputation, et n'ayant jamais eu aucun rapport avec la ci-devant cour.

Le président au témoin. Depuis combien de temps connaissez-vous Michonis ?

Le témoin. Depuis environ quatorze ans.

Le président. Combien a-t-il été dîner de fois chez vous ?

Le témoin. Trois fois.

Le président. Comment nommez-vous le particulier qui a dîné chez vous avec Michonis ?

Le témoin. On l'appelle de Rougy : c'est un particulier dont les manières ni le ton ne me revenaient pas ; il avait été amené par la dame Dutilleul.

Le président. D'où connaissez-vous ladite femme Dutilleul ?

Le témoin. Je l'ai rencontrée un soir avec une autre femme sur le boulevard ; nous tînmes conversation, et fûmes prendre une tasse de café ensemble : depuis ce temps elle est venue chez moi plusieurs fois.

Le président. Ne vous a-t-elle point fait quelque confidence ?

Le témoin. Jamais.

Le président. Quels sont les noms des députés qui se sont trouvés avec Rougy et Michonis ?

Le témoin. Il n'y en avait qu'un.

Le président. Comment le nommez-vous ?

Le témoin. Sautereau, député de la Nièvre à la Convention, et deux autres commissaires envoyés par les assemblées primaires du même département, pour apporter leur acte d'acceptation de la Constitution.

Le président. Quels sont leurs noms?

Le témoin. C'est Balandrot, curé de Beaumont, et Paulmier, également du même département.

Le président. Savez-vous ce que peut être devenu Rougy?

Le témoin. Non.

On entend un autre témoin.

Michel Gointre, employé au bureau de la guerre, dépose avoir lu attentivement l'acte d'accusation, et avoir été étrangement surpris de ne point y voir l'article de la complicité des faux assignats de Passy; Polverel, accusateur public près le tribunal du premier arrondissement, qui avait été chargé de la poursuite de cette affaire, étant venu à la barre de l'Assemblée législative, pour rendre compte de l'état où se trouvait la procédure, annonça qu'il lui était impossible d'aller plus loin, à moins que l'Assemblée ne décrétât qu'il n'y avait que le roi d'inviolable.

Cette conduite donna lieu à lui déposant de soupçonner qu'il n'y avait que l'accusée dont Polverel voulait parler, attendu qu'il ne pouvait y avoir qu'elle dans le cas de fournir les fonds nécessaires à une entreprise aussi considérable.

Le témoin Tisset. Citoyen président, je voudrais que l'accusée fût interpellée de déclarer si elle n'a pas fait avoir la croix de Saint-Louis et un brevet de capitaine au nommé Laregnie.

L'accusée. Je ne connais personne de ce nom.

Le président. N'avez-vous pas fait nommer Collot de Verriec capitaine des gardes du ci-devant roi?

L'accusée. Oui.

Le président. N'est-ce pas vous qui avez procuré au nommé Pariseau du service dans la ci-devant garde du ci-devant roi?

L'accusée. Non.

Le président. Vous avez tellement influencé l'organisation de la ci-devant garde royale, qu'elle ne fut composée que d'individus contre lesquels s'élevait l'opinion publique; et en effet, les patriotes pouvaient-ils voir sans inquiétude le chef de la nation entouré d'une garde où figuraient des prêtres insermentés, des chevaliers du poignard, etc. Heureusement votre politique fut en défaut; leur conduite anti-civique, leurs sentimens contre-révolutionnaires forcèrent l'Assemblée législative à les licencier, et Louis Capet, après cette opération, les solda, pour ainsi dire, jusqu'au 10 août, où il fut renversé à son tour.

Lors de votre mariage avec Louis Capet, n'avez-vous pas conçu le projet de réunir la Lorraine à l'Autriche?

L'accusée. Non.

Le président. Vous en portez le nom?

L'accusée. Parce qu'il faut porter le nom de son pays.

Le président. N'avez-vous pas, après l'affaire de Nancy, écrit à Bouillé pour le féliciter de ce qu'il avait fait massacrer dans cette ville sept à huit mille patriotes?

L'accusée. Je ne lui ai jamais écrit.

Le président. Ne vous êtes-vous pas occupée à sonder l'esprit des départemens, districts et municipalités?

L'accusée. Non.

L'accusateur public observe à l'accusée que l'on a trouvé dans son secrétaire une pièce qui atteste ce fait de la manière la plus précise, et dans laquelle se trouvent inscrits en tête, les noms de Vaublanc, de Jaucourt, etc.

Lecture est faite de ladite pièce; l'accusée persiste à dire qu'elle ne se rappelle pas avoir rien écrit dans ce genre.

Le témoin. Je désirerais, citoyen président, que l'accusée fût interpellée de déclarer si le même jour que le peuple fit l'honneur à son mari de le décorer du bonnet rouge, il ne fut pas tenu un conciliabule nocturne dans le château, où l'on délibéra de perdre la ville de Paris, et s'il ne fut pas aussi décidé que l'on ferait composer des placards, dans le sens royaliste, par le nommé Esménard, rue Plâtrière.

L'accusée. Je ne connais point ce nom-là.

Le président. N'avez-vous pas le 9 août 1792, donné votre main à baiser à Taffin de l'Étang, capitaine de la force armée des filles Saint-Thomas, disant à son bataillon : Vous êtes de braves gens, qui êtes dans les bons principes, je compte toujours sur vous?

L'accusée. Non.

Le président. Pourquoi, vous qui aviez promis d'élever vos enfans dans les principes de la révolution, ne leur avez-vous inculqué que des erreurs, en traitant, par exemple, votre fils avec des égards qui semblaient faire croire que vous pensiez encore le voir un jour le successeur du ci-devant roi son père?

L'accusée. Il était trop jeune pour lui parler de cela. Je le faisais mettre au bout de la table, et lui donnais moi-même ce dont il avait besoin.

Le président. Ne vous reste-il plus rien à ajouter pour votre défense?

L'accusée. Hier je ne connaissais pas les témoins; j'ignorais ce qu'ils allaient déposer contre moi : eh bien, personne n'a articulé contre moi aucun fait positif. Je finis en observant que je n'étais que la femme de Louis XVI, et qu'il fallait que je me conformasse à ses volontés.

Le président annonce que les débats sont terminés.

Fouquier, accusateur public, prend la parole. Il retrace la conduite perverse de la ci-devant cour, ses machinations continuelles contre une liberté qui lui déplaisait, et dont elle voulait voir la destruction à tel prix que ce fût ; ses efforts pour allumer la guerre civile, afin d'en faire tourner le résultat à son profit, en s'appropriant cette maxime machiavélique : *diviser pour régner* ; ses liaisons criminelles et coupables avec les puissances étrangères avec lesquelles la République est en guerre ouverte ; ses intimités avec une faction scélérate, qui lui était dévouée et qui secondait ses vues en entretenant dans le sein de la Convention les haines et les dissensions ; en employant tous les moyens possibles pour perdre Paris, en armant les départemens contre cette cité, et en calomniant sans cesse les généreux habitans de cette ville, mère et conservatrice de la liberté ; les massacres exécutés par les ordres de cette cour corrompue dans les principales villes de France; notamment à Montauban, Nîmes, Arles, Nancy, au Champ-de-Mars, etc., etc. Il regarde Antoinette comme l'ennemie déclarée de la nation française, comme une des principales instigatrices des troubles qui ont eu lieu en France depuis quatre ans, et dont des milliers de Français ont été les victimes, etc., etc.

Chauveau et Tronçon-Ducoudray, nommés d'office par le tribunal pour défendre Antoinette, s'acquittent de ce devoir et sollicitent la clémence du tribunal. Ils sont entendus dans le plus grand silence.

L'accusée est ensuite conduite hors de l'audience.

Herman, président du tribunal, prend la parole et prononce le résumé suivant :

Citoyens jurés, le peuple français, par l'organe de l'accusateur public, a accusé devant le jury national Marie-Antoinette d'Autriche, veuve de Louis Capet, d'avoir été la complice ou plutôt l'instigatrice de la plupart des crimes dont s'est rendu coupable ce dernier tyran de la France; d'avoir eu elle-même des intelligences avec les puissances étrangères, notamment avec le roi de Bohême et de Hongrie, son frère, avec les ci-devant princes français émigrés, avec des généraux perfides : d'avoir fourni à ces ennemis de la République des secours en argent, et d'avoir conspiré avec eux contre la sûreté extérieure et intérieure de l'état.

Un grand exemple est donné en ce jour à l'univers, et sans doute il ne sera point perdu pour les peuples qui l'habitent. La nature et la raison si long-temps outragées, sont enfin satisfaites; l'égalité triomphe.

Une femme qu'environnaient naguère tous les prestiges les plus brillans que l'orgueil des rois et la bassesse des esclaves avaient pu inventer, occupe aujourd'hui au tribunal de la nation la place qu'occupait il y a deux jours une autre femme, et cette égalité lui assure une justice impartiale. Cette affaire, citoyens jurés, n'est pas de celles où un seul fait, un seul délit est soumis à votre conscience et à vos lumières; vous avez à juger toute la vie politique de l'accusée depuis qu'elle est venue s'asseoir à côté du dernier roi des Français; mais vous devez surtout fixer votre délibération sur les manœuvres qu'elle n'a cessé un instant d'employer pour détruire la liberté naissante, soit dans l'intérieur, par ses liaisons intimes avec d'infames ministres, de perfides généraux, d'infidèles représentans du peuple, soit au dehors, en faisant négocier cette coalition monstrueuse des despotes de l'Europe, à laquelle l'histoire réserve le ridicule pour son impuissance; enfin par ses correspondances avec les ci-devant princes français émigrés, et leurs dignes agens.

Si l'on eût voulu de tous ces faits une preuve orale, il eût fallu faire comparaître l'accusée devant tout le peuple français; la preuve matérielle se trouve dans les papiers qui ont été saisis chez Louis Capet, énumérés dans un rapport fait à la Convention nationale par Gohier, l'un de ses membres, dans le recueil des pièces justificatives de l'acte d'accusation porté contre Louis Capet par la Convention; enfin, et principalement, citoyens jurés, dans les événemens politiques dont vous avez tous été les témoins et les juges.

Et s'il eût été permis, en remplissant un ministère impassible, de se livrer à des mouvemens que la passion de l'humanité commandait, nous eussions évoqué devant le jury national les mânes de nos frères égorgés à Nancy, au Champ-de-Mars, aux frontières, en Vendée, à Marseille, à Lyon, à Toulon, par suite des machinations infernales de cette moderne Médicis; nous eussions fait amener devant vous les pères, les mères, les épouses, les enfans de ces malheureux patriotes. Que dis-je, malheureux! ils sont morts pour la liberté, et fidèles à leur patrie. Toutes ces familles éplorées, et dans le désespoir de la nature, auraient accusé Antoinette de leur avoir enlevé ce qu'elles avaient de plus cher au monde, et dont la privation leur rend la vie insupportable.

En effet, si les satellites du despote autrichien ont entamé pour un moment nos frontières, et s'ils y commettent des atrocités dont l'histoire des peuples barbares ne fournit point encore d'exemple; si nos ports, si nos camps, si nos villes sont vendus ou livrés, n'est-ce pas évidemment le dernier résultat des manœuvres combinées au château des Tuileries, et dont Antoinétte d'Autriche était l'instigatrice et le centre? Ce sont, citoyens jurés, tous ces événemens politiques qui forment la masse des preuves qui accablent Antoinette.

Quant aux déclarations qui ont été faites dans l'instruction de ce procès, et aux débats qui ont eu lieu, il en est résulté quelques faits qui viennent directement à la preuve de l'accusation principale portée contre la veuve Capet.

Tous les autres détails, faits pour servir à l'histoire de la révolution, ou au procès de quelques personnages fameux, et de quelques fonctionnaires publics infidèles, disparaissent devant l'accusation de haute trahison qui pèse essentiellement sur Antoinette d'Autriche, veuve du ci-devant roi.

Il est une observation générale à recueillir, c'est que l'accusée est convenue qu'elle avait la confiance de Louis Capet.

Il résulte encore de la déclaration de Valazé, qu'Antoinette était consultée dans les affaires politiques, puisque le ci-devant roi voulait qu'elle fût consultée sur un certain plan dont le témoin n'a pu ou voulu dire l'objet.

L'un des témoins, dont la précision et l'ingénuité ont été remarquables, vous a déclaré que le ci-devant duc de Coigny lui avait dit, en 1788, qu'Antoinette avait fait passer à l'empereur, son frère, 200 millions, pour lui aider à soutenir la guerre qu'il faisait alors.

Depuis la révolution, un bon de 60 à 80,000 livres signé *Antoinette*, et tiré sur Septeuil, a été donné à la Polignac, alors émigrée, et une lettre de Laporte recommandait à Septeuil de ne pas laisser la moindre trace de ce don.

Lecointre de Versailles vous a dit, comme témoin oculaire, que depuis l'année 1779, des sommes énormes avaient été dépensées à la Cour, pour des fêtes dont Marie-Antoinette était toujours la déesse.

Le 1er octobre, un repas, ou plutôt une orgie est ménagée entre les gardes du corps et les officiers du régiment de Flandre, que la Cour avait appelé à Versailles, pour servir ses projets. Antoinette y paraît avec le ci-devant roi et le dauphin qu'elle promène sur les tables; les convives crient : *Vive le roi! vive la reine! vive le dauphin! au diable la nation!* Le résultat de cette orgie est que l'on foule aux pieds la cocarde tricolore, et l'on arbore la cocarde blanche.

L'un des premiers jours d'octobre, le même témoin monte au château; il voit dans la galerie des femmes attachées à l'accusée, distribuant des cocardes blanches, en disant à chacun de ceux qui avaient la bassesse de les recevoir : *Conservez-la bien;* et ces esclaves mettant un genou en terre, baisaient ce signe odieux, qui devait faire couler le sang du peuple.

Lors du voyage connu sous le nom de Varennes, c'est l'accusée qui, de son aveu, a ouvert les portes pour la sortie du château ; c'est elle qui a fait sortir la famille.

Au retour du voyage et à la descente de la voiture; l'on a observé sur le visage d'Antoinette, et dans ses mouvemens, le désir le plus marqué de vengeance.

Le 10 août, où les Suisses du château ont osé tirer sur le peuple, l'on a vu sous le lit d'Antoinette, des bouteilles vides et pleines. Un autre témoin a dit avoir connaissance que les jours qui ont précédé cette journée, les Suisses ont été *régalés*, pour me servir de son expression, et ce témoin habitait le château.

Quelques-uns des Suisses expirans dans cette journée ont déclaré avoir reçu de l'argent d'une femme; et plusieurs personnes ont attesté qu'au procès d'Affry, il est établi qu'Antoinette lui a demandé à l'époque du 10 août, s'il pouvait répondre de ses Suisses? » Pouvons-nous, écrivait Antoinette à d'Affry, compter sur vos Suisses? Feront-ils bonne contenance lorsqu'il en sera temps? » L'un des témoins vous a attesté avoir lu cette lettre, et se rappeler ces expressions.

Les personnes qui, par devoir de surveillance, fréquentaient le Temple, ont toujours remarqué dans Antoinette un ton de révolte contre la souveraineté du peuple. Elles ont saisi une image représentant un cœur, et cette image est un signe de ralliement dont presque tous les contre-révolutionnaires que la vengeance nationale a pu atteindre, étaient porteurs.

Après la mort du tyran, Antoinette suivait au Temple, à l'égard de son fils, toute l'étiquette de l'ancienne cour. Le fils de Capet était traité en roi. Il avait dans tous les détails de la vie domestique, la préséance sur sa mère. A table il tenait le haut-bout, il était servi le premier.

Je ne vous parlerai point, citoyens jurés, de l'incident de la Conciergerie, de l'entrevue du chevalier de Saint-Louis, de l'œillet laissé dans l'appartement de l'accusée, du papier piqueté donné ou plutôt préparé en réponse.

Cet incident n'est qu'une intrigue de prison, qui ne peut figurer dans une accusation d'un si grand intérêt.

Je finis par une réflexion générale que j'ai déjà eu occasion de vous présenter. C'est le peuple français qui accuse Antoinette ; tous les événemens politiques qui ont eu lieu depuis cinq années, déposent contre elle.

Voici les questions que le tribunal a arrêté de vous soumettre.

1º Est-il constant qu'il ait existé des manœuvres et intelligences avec les puissances étrangères, et autres ennemis extérieurs de la République ; lesdites manœuvres et intelligences tendant à leur fournir des secours en argent, à leur donner l'entrée du territoire français et à y faciliter le progrès de leurs armes ?

2º Marie-Antoinette d'Autriche, veuve de Louis Capet, est-elle convaincue d'avoir coopéré à ces manœuvres et d'avoir entretenu ces intelligences ?

3º Est-il constant qu'il a existé un complot et conspiration tendant à allumer la guerre civile dans l'intérieur de la République.

4º Marie-Antoinette d'Autriche, veuve de Louis Capet, est-elle convaincue d'avoir participé à ce complot et à cette conspiration.

Les jurés après avoir resté environ une heure aux opinions, rentrent à l'audience et font une déclaration affirmative sur toutes les questions qui leur ont été soumises.

Le président prononce au peuple le discours suivant :

» Si les citoyens qui remplissent l'auditoire n'étaient pas des hommes libres, et par cette raison, capables de sentir toute la dignité de leur être, je devrais peut-être leur rappeler qu'au moment où la justice nationale va prononcer la loi, la raison, la moralité, leur commandent le plus grand calme ; que la loi leur défend tout signe d'approbation, et qu'une personne de quelques crimes qu'elle soit couverte, une fois atteinte par la loi, n'appartient plus qu'au malheur et à l'humanité. »

L'accusée est ramenée à l'audience.

Le président à l'accusée. Antoinette, voilà qu'elle est la déclaration du jury.

On en donne lecture.

Vous allez entendre le réquisitoire de l'accusateur public.

Fouquier prend la parole et requiert que l'accusée soit condamnée à la peine de mort, conformément à l'article premier de la première section du titre premier de la deuxième partie du Code pénal, lequel est ainsi conçu :

» Toute manœuvre, toute intelligence avec les ennemis de la France, tendant soit à faciliter leur entrée dans les dépendances de l'empire français ; soit à leur livrer des villes, forteresses, ports, vaisseaux, magasins ou arsenaux appartenant à la France, soit à leur fournir des secours en soldats, argent, vivres ou munitions, soit à favoriser d'une manière quelconque le progrès de leurs armes sur le territoire français, ou contre nos forces de terre ou de mer, soit à ébranler la fidélité des officiers, soldats et des autres citoyens envers la nation française, seront punis de mort. »

Et encore à l'article II de la première section du titre premier de la seconde partie du même code, lequel est ainsi conçu :

» Toutes conspirations et complots tendant à troubler l'état par une guerre civile, en armant les citoyens les uns contre les autres, ou contre l'exercice de l'autorité légitime, seront punis de mort. »

Le président interpelle l'accusée de déclarer si elle a quelques réclamations à faire sur l'application des lois invoquées par l'accusateur public. Antoinette secoue la tête en signe de négative. Sur la même interpellation faite aux défenseurs, Tronçon prend la parole, et dit : Citoyen président, la déclaration du jury étant précise et la loi formelle à cet égard, j'annonce que mon ministère à l'égard de la veuve Capet est terminé.

Le président recueille les opinions de ses collègues et prononce le jugement suivant :

Le tribunal, d'après la déclaration unanime du jury, faisant droit sur le réquisitoire de l'accusateur public, d'après les lois par lui citées, condamne ladite Marie-Antoinette, dite Lorraine d'Autriche, veuve de Louis Capet, à la peine de mort; déclare, conformément à la loi du 10 mars dernier, ses biens, si aucuns elle a dans l'étendue du territoire français, acquis et confisqués au profit de la République; ordonne qu'à la requête de l'accusateur public le présent jugement sera exécuté sur la place de la Révolution, imprimé et affiché dans toute l'étendue de la République.

Pendant son interrogatoire, Marie-Antoinette a presque toujours conservé une contenance calme et assurée; dans les premières heures de son interrogatoire, on l'a vue promener les doigts sur la barre du fauteuil avec l'apparence de la distraction, et comme si elle eût joué du *forte-piano*.

En entendant prononcer son jugement, elle n'a laissé paraître aucune marque d'altération, et elle est sortie de la salle d'audience sans proférer une parole, sans adresser aucun discours, ni aux juges, ni au public. Il était quatre heures et demie du matin, 25 du premier mois (16 octobre, vieux style). On l'a reconduite au cabinet des condamnés, dans la maison d'arrêt de la Conciergerie.

A cinq heures le rappel a été battu dans toutes les Sections; à sept toute la force armée était sur pied; des canons ont été placés aux extrémités des ponts, places et carrefours, depuis le palais jusqu'à la place de la Révolution; à dix heures, de nombreuses patrouilles circulaient dans les rues; à onze heures,

Marie-Antoinette, veuve Capet, en déshabillé piqué blanc, a été conduite au supplice de la même manière que les autres criminels, accompagnée par un prêtre constitutionnel, vêtu en laïque, et escortée par de nombreux détachemens de gendarmerie à pied et à cheval.

Antoinette, le long de la route, paraissait voir avec indifférence la force armée, qui, au nombre de plus de 30,000 hommes, formait une double haie dans les rues où elle a passé. On n'apercevait sur son visage, ni abattement ni fierté, et elle paraissait insensible aux cris de *vive la République, à bas la tyrannie*, qu'elle n'a cessé d'entendre sur son passage ; elle parlait peu au confesseur ; les flammes tricolores occupaient son attention dans les rues du Roule et Saint-Honoré ; elle remarquait aussi les inscriptions placées aux frontispices des maisons. Arrivée à la place de la Révolution, ses regards se sont tournés du côté du jardin national (les Tuileries); on apercevait alors sur son visage les signes d'une vive émotion ; elle est montée ensuite sur l'échafaud avec assez de courage ; à midi un quart sa tête est tombée, et l'exécuteur l'a montrée au peuple, au milieu des cris longtemps prolongés de *vive la République*.

Procès des députés à la Convention nationale, traduits au tribunal révolutionnaire par décret du 15 vendémiaire pour cause de manœuvres contre-révolutionnaires, et condamnés à la peine de mort par jugement de ce tribunal, du 9 brumaire (31 octobre 1793, vieux style), comme auteurs et complices de conspirations contre l'unité et l'indivisibilité de la République, la liberté et la sûreté du peuple français.

Séance du tribunal du 3 brumaire (24 octobre).

Les prévenus sont amenés à l'audience.

Interrogés de leurs noms, surnoms, âges, qualités, lieux de naissance et demeures,

Ils répondent se nommer, savoir :

Le premier, Jean-Pierre Brissot, âgé de trente-neuf ans, natif de Chartres, homme de lettres, et ci-devant député d'Eure-et-Loire, à la Convention nationale.

Le second, Pierre-Victorin Vergniaud, âgé de trente-cinq ans, natif de Limoges, homme de loi et ci-devant député de la Gironde, à la Convention nationale.

Le troisième, Arnaud Gensonné, âgé de trente-cinq ans, natif de Bordeaux, homme de loi, ci-devant député de la Gironde.

Le quatrième, Claude-Romain Lause-Duperret, âgé de quarante-six ans, agriculteur et député du département des Bouches-du-Rhône.

Le cinquième, Jean-Louis Carra, âgé de cinquante ans, natif de Pont-de-Vesles, homme de lettres, employé à la bibliothèque nationale, et ci-devant député du département de Saône-et-Loire.

Le sixième, Jean-François Martin Gardien, âgé de trente-neuf ans, ci-devant procureur-général-syndic de Chatelleraut, et député du département d'Indre-et-Loire.

Le septième, Charles-Éléonor Dufriche-Valazé, âgé de quarante-deux ans, natif d'Alençon, cultivateur-propriétaire, ci-devant député à la Convention.

Le huitième, Jean Duprat, âgé de trente-trois ans, natif d'Avignon, ci-devant négociant et député du département des Bouches-du-Rhône.

Le neuvième, Charles-Alexis Brulart-Sillery, natif de Paris, âgé de cinquante-sept ans, vivant de ses revenus, député de la Somme.

Le dixième, Claude Fouchet, âgé de quarante-neuf ans, natif d'Erne, département de la Nièvre, évêque du Calvados, député du même département.

Le onzième, Jean-François Ducos, âgé de vingt-huit ans, natif de Bordeaux, homme de lettres, député du département de la Gironde.

Le douzième, Jean-Baptiste Boyer-Fonfrède, âgé de vingt-sept ans, natif de Bordeaux, cultivateur-propriétaire, député du département de la Gironde.

Le treizième, Marc-David Lasource, âgé de trente-neuf ans, député du Tarn.

Le quatorzième, Benoist Lesterpt-Beauvais, âgé de quarante-trois ans, ci-devant receveur du district, député du département de la Haute-Vienne.

Le quinzième, Gaspard du Chastel, âgé de vingt-sept ans, natif de Roabuçon, district de Thouars, cultivateur, député du département des Deux-Sèvres.

Le seizième, Pierre Mainvielle, âgé de vingt-huit ans, député du département des Bouches-du-Rhône, natif d'Avignon.

Le dix-septième, Jacques Lacaze, fils aîné, âgé de quarante-deux ans, négociant, député du département de la Gironde, natif de Libournes.

Le dix-huitième, Pierre Lehardy, âgé de trente-cinq ans, natif de Dinan, médecin, député du département du Morbihan.

Le dix-neuvième, Jacques Boileau, âgé de quarante et un ans, natif d'Avallon, ci-devant juge de paix dans la ville d'Avallon, député du département de l'Yonne.

Le vingtième, Charles-Louis Antiboul, âgé de quarante ans, natif de Saint-Tropez, homme de loi, procureur de la commune de Saint-Tropez, administrateur du département du Var, et depuis procureur-général, syndic et député du même département.

Le vingt-unième, Louis-François-Sébastien Vigée, âgé de trente-six ans, natif de Rozière, ci-devant grenadier dans le deuxième bataillon de Mayenne-et-Loire, député du même département.

Tous demeurant à Paris.

Le greffier fait lecture aux accusés de l'acte d'accusation.

Acte d'accusation contre plusieurs membres de la Convention nationale, présenté au nom du comité de sûreté générale, par André Amar, membre de ce comité, le treizième jour du premier mois de l'an deuxième de la République française, et du vieux style, le 3 octobre.

Il a existé une conspiration contre l'unité et l'indivisibilité de la République, contre la liberté et la sûreté du peuple français.

Au nombre des auteurs et complices de cette conspiration, sont Brissot, Gensonné, Vergniaud, Guadet, Grangeneuve, Pétion, Gorsas, Biroteau, Louvet, Valazé, Valady, Fauchet, Carra, Isnard, Duchâtel, Barbaroux, Sales, Buzot, Sillery, Ducos, Fonfrède, Lehardi, Lanjuinais, Fermont, Rouyer, Kersaint, Manuel, Vigée et autres. La preuve de leurs crimes résulte des faits suivans :

Brissot, agent de police sous les rois, déshonoré, même dans l'ancien régime, par de basses intrigues, commença à figurer dans la révolution, comme membre du comité des recherches de la Commune de Paris où il fut introduit par La Fayette, à qui il prostitua longtemps son ministère et sa plume.

Quand La Fayette, après avoir voulu protéger par la force le départ de Louis XVI contre le vœu du peuple, affecta de donner sa démission pour se faire prier de conserver le commandement de la garde parisienne, et exiger des citoyens armés un serment de fidélité à sa personne, Brissot écrivait dans le Patriote français, que la retraite de La Fayette était une calamité publique. De tout temps l'ennemi des sociétés populaires, il se montra aux Jacobins seulement à trois époques remarquables.

La première, au mois d'avril 1790, pour commencer l'exécution d'un plan d'intrigue, déguisé sous une apparence de philantropie, et dont le résultat fut la ruine de nos colonies.

La seconde, au mois de mars 1791, pour préparer la journée du Champ-de-Mars, que La Fayette et ses complices avaient froidement méditée pour assassiner les patriotes. Quand les plus zélés amis de la liberté étaient plongés dans les cachots, Brissot se promenait paisiblement dans les rues de Paris.

La troisième fut le mois de janvier 1792, où il vint prêcher la guerre que tous les ennemis de la révolution appelaient sur la France pour étouffer la liberté naissante.

Nommé à l'assemblée législative, Brissot se coalisa ouvertement avec Caritat, dit Condorcet, et avec plusieurs députés de la Gironde, Gensonné, Guadet, Vergniaud, Crangeneuve, Serres, Ducos et autres. Ces hommes cherchèrent d'abord à usurper une utile popularité, en défendant la cause du peuple dans les occasions de médiocre importance, quoiqu'ils l'abandonnassent constamment dans les circonstances décisives.

La cour et tous les ennemis de la France se servirent de leur influence pour faire déclarer la guerre dans le temps où nos armées, nos places fortes étaient dans un état de dénuement absolu, et confiées à des traîtres choisis par un roi parjure. Dans le même temps ils protégeaient de tout leur pouvoir le ministre Narbonne, que toute la France accusait principalement des mesures prises pour rendre cette guerre fatale à la liberté; ils persécutaient, ils calomniaient ceux qui avaient le courage de les dénoncer. Caritat, dit Condorcet, dans la Chronique, Brissot, dans le Patriote français, s'honoraient impudemment de leurs honteuses liaisons avec le traître qu'ils érigeaient en héros : ils le firent envoyer, contre toutes les lois, à l'armée qu'il trahit, sans qu'il eût rendu ses comptes comme ministre. Les mêmes députés journalistes se déclarent aussi comme défenseurs officieux de Diétrik, convaincu de complicité avec La Fayette, et d'avoir voulu livrer Strasbourg. Tandis que les chefs de cette faction protégeaient les conspirateurs et les généraux perfides, tandis qu'ils leur faisaient donner le droit de vie et de mort, et celui de faire des lois pour l'armée, les soldats patriotes étaient proscrits, les ci-devant gardes-françaises et les volontaires de Paris étaient spécialement persécutés et envoyés à la boucherie.

Cependant les satellites des despotes de l'Europe nous cernaient, et la cour se préparait à leur ouvrir l'entrée de la France, après avoir fait égorger à Paris les plus intrépides défenseurs de la liberté. Sans l'heureuse insurrection du 10 août, cette horrible conspiration était exécutée ; Brissot, Gensonné, Pétion, et Guadet, Vergniaud et leurs complices, mirent alors tout en usage pour contrarier les généreux efforts du peuple, et pour sauver les tyrans.

Les sections de Paris, et les citoyens de toutes les parties de la France, réunis dans cette ville, sous le titre de fédérés, demandent à grands cris la déchéance du parjure Louis XVI.

Brissot, Vergniaud, Gensonné, s'efforcèrent de l'empêcher par les discours les plus insidieux, où ils abjuraient manifestement les principes qu'ils avaient paru quelquefois défendre. Le peuple leur en témoigna son indignation au sortir des séances où ils les avaient prononcés.

Les citoyens de Paris et les fédérés s'étaient armés pour renverser le trône du tyran conspirateur ; Brissot, Pétion, Gensonné, Guadet, Vergniaud et leurs adhérens, transigeaient avec lui.

Dans la nuit même du 9 au 10 août, Pétion envoyait des messages dans les sections, pour les exhorter au calme et à l'inaction. Au moment où le peuple marchait contre le château des Tuileries, Pétion était chez Louis XVI ; il conférait avec ses courtisans ; il visitait les postes des satellites que le tyran y avait rassemblés depuis longtemps, pour égorger le peuple. Pétion avait donné ordre à Mandat, commandant général de la garde nationale parisienne, de laisser passer le peuple, et de le canonner par derrière. Quelques jours avant cette fatale époque, Gensonné et Vergniaud avaient présenté à Louis XVI, par l'entremise du peintre Boze, et de Thierry, son valet-de-chambre, une espèce de traité, où ils s'engageaient à le défendre, à condition qu'il rappellerait au ministère Rolland, Clavières et Servan, leurs créatures et leurs complices. Ce fait, constaté par un grand nombre de témoins, a été avoué par Vergniaud lui-même à la Convention, dans un temps où la faction dominante croyait pouvoir insulter impunément à la liberté. Le résultat de ce traité coupable eût été la conservation de la royauté, dont le peuple français voulait secouer le joug odieux, et l'assassinat de tous les citoyens magnanimes qui étaient venus de chaque partie de l'empire pour provoquer la chute du tyran.

Ce Pétion, qui montrait tant d'activité pour apaiser, au prix du sang du peuple, l'insurrection nécessaire du 10 août, était le même qui souffrit paisiblement le mouvement inutile et funeste du 20 juin précédent, parce que la même faction l'avait provoqué uniquement pour forcer Louis XVI à rappeler ces mêmes ministres. Elle avait cru aussi que les fédérés du 10 août accouraient à sa voix, pour seconder ses desseins ambitieux. Quand elle les vit disposés à ne servir que la patrie, elle voulut les arrêter. Elle n'agitait le peuple que pour effrayer le roi, et après s'en être servi, elle prétendait le briser comme un instrument inutile.

Avant le 10 août, Pétion, maire, avec tous ses adhérens, s'étaient appliqués à donner mille dégoûts aux fédérés, pour les forcer à quitter Paris. Ils les laissaient sans logement, sans secours. Dans le même temps, Lasource et les députés girondins péroraient avec véhémence dans la société des Jacobins, pour les déterminer à sortir de Paris, à se rendre au camp de Soissons, où les défenseurs de la patrie souffraient la plus horrible disette, où ils virent plusieurs d'entre eux périr victimes de l'un des attentats les plus exécrables qu'ait commis Narbonne.

Brissot avait donné au roi des conseils pernicieux à la liberté, comme le prouve une lettre de sa main, adressée à Louis XVI, déposée au comité de surveillance, et où sa signature se trouve raturée. Kersaint et Rouyer, deux partisans connus de la même faction, avaient écrit au même tyran deux lettres semblables, trouvées dans les papiers des Tuileries. Membres de l'assemblée législative, ils osaient solliciter, au mépris des lois, la place de ministre ou de conseil du roi, sous la promesse d'étendre sa funeste autorité. Ce crime a été dévoilé au sein de la Convention nationale; mais alors leur faction dominait, et ils avouèrent leur bassesse avec insolence.

Le projet d'empêcher la fondation de la République et d'égorger les amis de la liberté fut mis en motion à la tribune de l'assemblée législative, par Brissot lui-même, dans le discours insidieux où il s'opposa à la déchéance peu de jours avant la révolution du 10 août. Le 26 juillet 1792, après avoir parlé des partisans des deux chambres et des émigrés, il s'exprima ainsi :
« On nous parle d'une troisième faction qui veut établir la Ré-
» publique. Si ces républicains régicides existaient, s'il existe
» des hommes qui tendent à établir la République sur les débris
» de la constitution, le glaive de la loi doit frapper sur eux
» comme sur les amis actifs des deux chambres, et sur les
» contre-révolutionnaires de Coblentz. »

Si les vœux de Brissot et de ses complices avaient été remplis, il n'y aurait aujourd'hui ni républicains, ni république; les défenseurs de la liberté auraient précédé à l'échafaud les rebelles de Coblentz et les satellites du tyran.

Ce qui caractérise surtout la perfidie des conjurés, c'est le rapprochement des faits suivans :

Au mois de mars 1791, quand la France admettait une royauté constitutionnelle, quand le nom de républicain était un signal de proscription contre les amis de la liberté, Brissot et le ci-devant marquis de Condorcet imprimaient un journal intitulé le *Républicain*. Ils affichaient partout, sous le nom du ci-devant marquis Achille Duchâtelet, parent de La Fayette, et alors très-assidu chez la marquise de Condorcet, des placards qui présentaient à tous les yeux le mot de république : Condorcet publiait un livre sur la république, qui n'avait rien de républicain que le nom, et que le gouvernement anglais seul eût avoué. Brissot vint aux Jacobins, auxquels il avait été longtemps étranger, rédiger la pétition qui devait conduire à la boucherie les patriotes ardens que La Fayette attendait au Champ-de-Mars pour les immoler. La société des Jacobins ne voulait demander que le jugement du roi fugitif; Brissot affecta de glisser dans la pétition le vœu prématuré de proscrire la royauté en elle-même. On fit circuler la fausse pétition : dès ce moment tous les amis de la liberté furent proscrits sous le titre de républicains et d'ennemis de la constitution reconnue.

Aux mois de juillet et d'août 1792, quand le peuple français, lassé de tant de trahisons voulait se délivrer du fléau de la royauté, quand les citoyens de toutes les parties de l'empire, réunis aux Parisiens, pour punir Louis, ne pouvaient reconnaître ni un roi de sa race, ni aucune autre espèce de roi, Brissot, Caritat, Guadet, Vergniaud, Gensonné et leurs complices conspiraient pour conserver la royauté. Ils érigeaient en crime la seule pensée de la République; ils dévouaient les républicains aux vengeances du tyran et aux fureurs de l'aristocratie; ils étaient républicains sous la monarchie et royalistes sous la République, pour perdre la nation française et la livrer à ses éternels ennemis.

Ce projet d'étouffer la république au berceau, ils le manifestèrent par des actes solennels, dans la journée même du 10 août.

Dans le moment où la victoire était encore suspendue entre les satellites de Louis XVI et les défenseurs de la liberté, quand le tyran hypocrite vint au sein de l'assemblée dénoncer le peuple dont il avait préparé le massacre, quand il osa dire : *Je suis venu ici pour éviter un grand crime,* Vergniaud, président, lui fit une réponse digne d'un ennemi du peuple et d'un complice du tyran. « Sire, lui répondit ce mandataire infidèle, l'assemblée met au rang de ses devoirs les plus chers, le maintien de toutes les autorités constituées; nous saurons tous mourir à notre poste pour le remplir. »

Le procureur-syndic, Rœderer, qui avait accompagné à l'assemblée législative Louis XVI, sa coupable famille et plusieurs de ses satellites, couverts du sang des citoyens, rend compte des précautions qu'il a prises avec le maire Pétion pour assurer la défense du château des Tuileries, de la harangue qu'il a adressée aux canonniers pour faire feu sur le peuple. Il parle avec le ton de la douleur de la désobéissance de ces braves citoyens à ses ordres parricides, de la résolution que lui ont annoncée des citoyens insurgés de ne point se séparer que l'assemblée n'ait prononcé la déchéance.

Le public applaudit. Le président Vergniaud impose silence au public; il l'accuse formellement de violer la loi et de gêner la liberté des opinions dans l'assemblée législative.

Rœderer continue de dénoncer le peuple. « Le roi, dit-il, est un homme; cet homme est un père. Les enfans nous demandent d'assurer l'existence du père; la loi nous demande d'assurer l'existence du roi, la France nous demande l'existence de l'homme. » Il demande que l'assemblée nationale communique au département la force qui lui manque, et promet de mourir pour l'exécution de ses ordres.

Le président Vergniaud applaudit à ces blasphèmes : il déclare formellement à Rœderer que « l'assemblée a entendu son récit avec le plus vif intérêt, et qu'elle va prendre sur-le-champ sa demande en considération. »

Kersaint appuie la pétition du procureur-syndic; Guadet, au même instant, appelle la sollicitude nationale sur Mandat, cet infâme commandant de la garde nationale, qui venait d'être mis en état d'arrestation à la maison commune, pour avoir donné l'ordre de fusiller le peuple en queue et en flanc, selon le plan concerté entre la cour et ses conseillers; Guadet demande qu'on nomme une députation de douze membres, pour lui faire rendre la liberté.

Guadet prévoit le cas où le traître aurait subi la peine due à son crime, et aussitôt il cherche à s'emparer de la force publique, en demandant que dans le cas où ce commandant-général n'existerait plus, la députation soit autorisée à lui choisir un successeur.

Dans cette mémorable journée, on vit les chefs de la faction girondine, Vergniaud, Guadet, Gensonné se relever au fauteuil, à la tribune, et passer continuellement de l'un à l'autre, pour rabattre l'énergie du peuple et saper la liberté, sous l'égide de la prétendue constitution.

Guadet ayant pris le fauteuil après Vergniaud, répondit avec autant de dédain et de fausseté aux nouveaux magistrats qui venaient lui présenter le vœu énergique du peuple pour la proscription de la tyrannie, que Vergniaud avait mis de bienveillance dans sa réponse au discours coupable de Rœderer. Ils ne parlaient aux citoyens qu'amenait à la barre le sublime enthousiasme de la liberté reconquise, que d'obéissance à la loi constitutionnelle, que du maintien de la tranquillité.

Quand la municipalité offrit de remettre à l'assemblée le procès-verbal des grandes opérations de cette journée, et l'invita de l'envoyer à toutes les municipalités pour prévenir les calomnies des ennemis de la liberté, Guadet, président, se permit d'interrompre les membres qui convertirent cette demande en motion, pour recommander de nouveau aux magistrats l'exécution de la loi. Il donna des louanges à Pétion ; il reprocha au conseil-général de la commune de l'avoir laissé consigné chez lui, précaution qui avait paru indispensable pour mettre ce fourbe dans l'impossibilité de tourner l'insurrection même contre la liberté ; il les invita à la lever sous le prétexte que Pétion était nécessaire au peuple, dont il était l'idole. Il était au moins nécessaire à la faction, et les traîtres mirent tout en usage pour entretenir l'idolâtrie qu'ils avaient tâché d'inspirer aux citoyens abusés par ce vil intrigant.

Une députation du faubourg Saint-Antoine vient peindre les crimes du tyran et demander sa punition : elle fait parler la douleur civique des veuves et des enfans des généreux citoyens égorgés dans cette journée même par ses satellites.

Le perfide Guadet leur répond froidement : « *L'assemblée nationale espère rétablir la tranquillité publique et le règne de la loi.* »

Vergniaud vient ensuite, au nom de la commission extraordinaire que la faction dirigeait, proposer la suspension du roi détrôné par le peuple et condamné par l'insurrection.

Il appelle cet acte conservatoire de la royauté, *une mesure ri-*

goureuse. *Il gémit sur les événemens qui viennent de se passer*, c'est-à-dire, sur le salut de la patrie et sur la défaite du tyran ; il motive la suspension sur les *méfiances* qu'à inspirées le pouvoir exécutif, dont le peuple venait de punir les trahisons innombrables.

Choudieu fait la motion généreuse et peut-être nécessaire, d'inviter les assemblées primaires à exclure de la Convention nationale, dont la convocation était arrachée par le peuple à la faction dominante, les membres de l'assemblée législative et ceux de l'assemblée constituante.

Vergniaud s'y oppose.

Un autre membre demande que les registres de la liste civile soient déposés sur le bureau.

Vergniaud s'y oppose avec la même astuce.

Guadet paraît à la tribune et propose, au nom de la même commission, de nommer un gouverneur au fils du ci-devant roi, qu'il appelle encore *prince royal*.

Brissot et tous les intrigans ses complices affectent d'invoquer sans cesse l'exécution littérale de la Constitution.

Des citoyens demandent la déchéance du tyran, au nom des nombreux martyrs de la liberté qui ont péri devant le château des Tuileries.

Le même Vergniaud s'élève contre cette pétition ; il rappelle que le peuple de Paris n'est qu'une section de l'empire ; il le met en opposition avec les citoyens des départemens ; il insinue que l'assemblée n'est pas libre ; que le peuple est égaré. Il invite les pétitionnaires à le calmer, et le président Gensonné appuie ce discours perfide.

Les mandataires de la commune viennent ensuite demander que le tyran soit mis en état d'arrestation : Vergniaud s'y oppose ; il leur déclare que tant qu'il y aura du trouble dans Paris, le roi restera dans le sein de l'assemblée ; qu'ensuite il sera transféré au palais du Luxembourg.

Au Luxembourg, la fuite du tyran eût été facile ; c'est du Luxembourg que son frère, le ci-devant Monsieur, venait effectivement de s'échapper : aussi Brissot fit-il encore des démarches multipliées chez le ministre de la justice d'alors, pour obtenir que Louis XVI fût renfermé au Luxembourg. Pétion et Manuel pérorèrent longtemps au conseil-général de la commune pour empêcher qu'il ne fût conduit à la tour du Temple. Il n'est point d'artifices qu'ils n'aient employés dans ce jour pour attendrir le peuple sur le sort du tyran, et pour faire avorter la révolution du 10 août.

Gensonné et Guadet eurent la bassesse d'annoncer plusieurs fois (ce qui était un mensonge) que Louis XVI avait dit aux Suisses de ne pas tirer sur le peuple. On imagina la ruse grossière de lui faire écrire, dans la loge du logotachigraphe, une lettre pour les Suisses de Courbevoie, portant ordre de ne pas se rendre à Paris, et Gensonné en proposa la lecture à l'assemblée.

Depuis lors, Gensonné et sa faction furent contraints de parler avec éloge de la journée mémorable du 10 août, et travaillèrent sans relâche à la ruine de la République. Dès le lendemain, ils affichèrent des diatribes contre tous ceux qui avaient contribué à la chute du trône, contre les Jacobins, contre le conseil-général de la commune, contre le peuple de Paris. La plume de Louvet, celles de Brissot, de Champagneu, premier commis de Roland, furent mises en activité. On a vu chez Roland des paquets énormes de ces libelles; on a vu toute sa maison occupée à les distribuer.

Ils cherchèrent à allumer la guerre entre les sections et le conseil de la commune, entre les sections et l'assemblée électorale, entre Paris et les autres portions de l'état; ils protégèrent ouvertement tous les conspirateurs, tous les royalistes consternés, contre les amis de la République.

Cependant Brunswick et les Prussiens se préparaient à envahir notre territoire; loin de songer à les repousser, les chefs de la faction, investis de toute l'autorité du gouvernement, les favorisaient de tout leur pouvoir.

Le séjour et les intrigues de Brissot en Angleterre, le voyage que Pétion avait fait à Londres, dans l'intervalle qui s'écoula entre la fin de l'assemblée constituante et sa nomination à la mairie, avec la femme Brulart, dite Sillery, avec les enfans du ci-devant duc d'Orléans, avec une élève de la femme Sillery, nommée Paméla; les liaisons de tous ces hommes avec les Anglais résidant en France; celles de Carra, l'un des suppôts de la même faction, avec certains personnages de la cour de Prusse; toutes ces circonstances et beaucoup d'autres avaient signalé Brissot et ses complices, comme les agens de la faction anglaise qui a exercé une influence si funeste sur le cours de notre révolution.

Leurs actions ont pleinement confirmé ces puissantes présomptions. Dès le 25 août 1791, Carra écrivait, dans les Annales patriotiques, un article qui prouvait son tendre attachement *à cette maison souveraine*. Le voici : « Le duc d'York vient d'épouser une princesse de Prusse, nièce de la princesse d'Orange. Ce mariage unit à jamais ces trois cours alliées. Eh! pourquoi ces trois cours alliées ne se prêteraient-elles pas au vœu des Belges, si les Belges *demandaient le duc d'York pour grand-duc de la Belgique, avec tous les pouvoirs des rois des Français?* »

A une époque très-rapprochée de la révolution du mois d'août 1792, le 25 juillet, tandis que Brunswick et ses alliés se préparaient à fixer les destinées du peuple français par la force des armes, Carra écrivait dans le même journal le passage suivant, qui contient tous les secrets de la faction.

« Quelques petites observations sur les intentions des Prussiens dans la guerre actuelle.

» Rien de si bête que ceux qui croient ou voudraient faire croire que les Prussiens veulent détruire les Jacobins, et qui n'ont pas vu dans ces mêmes Jacobins les ennemis les plus déclarés et les plus acharnés de la maison d'Autriche, les amis constans de la Prusse, de l'Angleterre et de la Hollande. Ces mêmes Jacobins, depuis la révolution, n'ont cessé de demander à grands cris la rupture du traité de 1756, et à former des alliances avec la maison de Brandebourg et de Hanovre, tandis que les gazètiers universels, dirigés par le comité autrichien des Tuileries, ne cessaient de louer l'Autriche et d'insulter les cours de Berlin et de La Haye.

» Non, ces cours ne sont pas si maladroites de vouloir détruire ces Jacobins qui ont des idées si heureuses pour les changemens des dynasties, et qui dans un cas de besoin peuvent considérablement servir les maisons de Brandebourg et de Hanovre contre celle d'Autriche. Croyez-vous que le célèbre duc de Brunswick ne sait pas à quoi s'en tenir sur tout cela, et qu'il ne voit pas clairement les petits tours de passe-passe que le comité autrichien des Tuileries et la cour de Vienne veulent jouer à son armée, en dirigeant toutes les forces des Français contre lui, et en déplaçant le foyer de la guerre loin des provinces Belgiques? croyez-vous qu'il se laissera mistifier par Kaunitz? non; il attendra, baguenaudera avec son armée de Coblentz et avec ses pauvres freluquets de princes et ci-devant nobles émigrés, jusqu'à ce que nous ayons pris enfin un parti décisif relatif aux traîtres à qui nous avons confié le pouvoir exécutif, et relatif à une bonne politique. C'est le plus grand guerrier et le plus grand politique de l'Europe, que le duc de Brunswick; il est très-instruit, très-aimable : *il ne lui manque peut-être qu'une couronne*, je ne dis pas pour être le plus grand roi de la terre, *mais pour être le véritable restaurateur de la liberté de l'Europe*. S'il arrive à Paris, je gage que sa première démarche sera de venir aux Jacobins et d'y mettre le bonnet rouge. MM. de Brunswick, de Brandebourg et de Hanovre, ont un peu plus d'esprit que MM. de Bourbon et d'Autriche. » *Signé*, CARRA.

Cette faction aurait voulu se servir des sociétés populaires, et surtout des Jacobins, pour favoriser les projets des tyrans étrangers. De là les combats qu'elle livra pendant les derniers mois de l'assemblée législative, à la majorité républicaine de cette société, qui finit par les expulser tous de son sein.

Un jour, le même Carra avait porté l'audace jusqu'à proposer ouvertement, à la tribune même des Jacobins, le duc d'York pour roi des Français : toute la société indignée se leva et ordonna qu'il serait censuré par son président. Cette scène s'est passée en présence de deux mille témoins. Carra, lui-même, dans un libelle qu'on lui a permis d'écrire même dans sa maison ; ne pouvant nier ce délit, a essayé de l'excuser par les circonstances du temps où il fut commis.

Il résulte de ces faits que, lorsque Carra était venu au commencement de la guerre, à la barre de l'assemblée législative, déposer une boîte d'or dont le roi de Prusse lui avait jadis fait présent, et abjurer la protection de cet ennemi de la France, il avait joué une comédie semblable à celle qu'il donna aux Jacobins le jour où il dénonça un assignat de mille livres, qu'il prétendait lui avoir été envoyé pour le corrompre ; il est résulté que Carra et ses associés étaient des fourbes profonds soudoyés par l'Angleterre, la Prusse et la Hollande, pour préparer les voies à un prince de la maison qui règne sur ces contrées.

Ce fut ce même Carra qui, avec le ci-devant marquis de Sillery, confident déshonoré d'un prince méprisable, fut envoyé par la faction alors dominante, en qualité de commissaire de la Convention nationale, auprès de Dumourier. La trahison qui devait sauver l'armée aux abois du despote prussien fut consommée ; Dumourier laissa là les ennemis ravagés par une espèce d'épidémie, après avoir lui-même annoncé plusieurs fois à la Convention leur ruine totale et inévitable ; il revint brusquement à Paris, où il vécut plusieurs jours dans une intime familiarité avec Brissot, Pétion, Guadet, Gensonné, Carra et leurs pareils ; il concerta avec eux la perfide expédition de la Belgique, où il entra, tandis que le roi de Prusse se retirait paisiblement avec son armée, en dépit des soldats français indignés de l'inaction où on les retenait.

Il n'avait point tenu à la faction que la motion souvent faite par Carra de recevoir Brunswick à Paris ne fût réalisée. Tandis qu'au commencement de septembre, Paris et la France se levaient tout armés, pour écraser les hordes du despotisme, il cherchait à lui livrer Paris sans défense ; il méditait de fuir au-delà de la Loire, avec l'assemblée législative, avec le conseil exécutif, avec le roi prisonnier et sa famille, avec le trésor public; plusieurs membres de l'assemblée législative ont été sondés à ce sujet. Kersaint, revenu de sa mission à Sedan, où il avait lâchement trahi la chose publique, osa le proposer au conseil exécutif. Roland, Clavière, Lebrun, créature et instrument de Brissot et de ses complices, l'appuyèrent formellement. L'aveu de ce projet est consigné dans une lettre de Roland à la Convention nationale, en réponse à une dénonciation faite contre lui sur ce point ; plusieurs témoins peuvent aussi l'attester : mais la menace qui fut faite aux ministres perfides par un de leurs collègues, de les dénoncer au peuple, le grand mouvement des citoyens de Paris et de la République, le firent échouer ; il ne resta plus aux conspirateurs d'autre parti que de tirer le roi de Prusse et Brunswick du mauvais pas où ils s'étaient engagés ; tel fut l'objet de la mission de Carra et de Sillery, et des négociations de Dumourier avec Frédéric-Guillaume.

Quel trait de lumière ! Carra, dans sa feuille du 26 juillet, plaide la cause de Brunswick, et le présente à la France patriote comme le restaurateur de la liberté. Brunswick, selon lui, a droit de se plaindre de ceux qui feraient marcher l'armée française contre lui ; il convient à ses intérêts que le foyer de la guerre ne soit point déplacé loin de la Belgique ; et peu de temps après, les ministres amis de Carra, Roland, par exemple, qui venait de le nommer bibliothécaire national, propose d'ouvrir le passage et l'entrée de Paris à Brunswick ; et peu de temps après, ce projet ayant échoué, on envoie Carra et Sillery au lieu où les armées de Brunswick et de Dumourier sont en présence ; Dumourier laisse partir Brunswick et le roi de Prusse avec leur armée délabrée ; et, de concert avec les chefs de la faction, va porter le foyer de la guerre dans la Belgique : depuis ce temps ils n'ont pas cessé un seul instant de conspirer contre la république, qui s'élevait en dépit d'eux.

Déshonorer et assassiner les amis de la liberté, protéger les royalistes, déifier les agens de la faction, troubler, paralyser, avilir la Convention nationale, décréditer la monnaie nationale et républicaine, accaparer les subsistances, affamer le peuple, surtout à Paris, au sein de l'abondance, armer les départemens contre Paris, en calomniant sans cesse les habitans de cette cité, mère et conservatrice de la liberté; enfin, allumer la guerre civile et démembrer la République, sous le prétexte de la fédération, mais en effet pour la ramener sous le joug monarchique, cacher ses coupables projets sous le voile du patriotisme en combattant pour la tyrannie, prendre pour mot de ralliement, république et anarchie : tels sont les principaux moyens qu'ils ont employés pour parvenir à leur but.

Ils cherchèrent surtout à empoisonner la liberté et le bonheur public dans leur source, en dépravant ou en égarant l'opinion générale. Brissot, Gorsas, Louvet, Rabaut-Saint-Étienne, Vergniaud, Guadet, Carra, Caritat, ont uni leurs plumes à celles de cent journalistes mercenaires, pour tromper la nation entière sur les caractères de ses mandataires, et sur les opérations de la Convention nationale. Les sommes immenses que la faction avait fait remettre entre les mains de Roland, sous le prétexte de former l'esprit public ou d'approvisionner la France, alimentaient cette horde de libellistes contre-révolutionnaires.

Roland avait organisé chez lui des ateliers d'impostures et de calomnies, sous le nom ridicule de bureaux de la formation d'esprit public. Sa femme les dirigeait : elle écrivait elle-même avec une prodigieuse fécondité.

Roland, et ses collègues Clavière et Lebrun, épuisaient les moyens du gouvernement pour répandre dans toute l'Europe les libelles destinés à flétrir la révolution du 10 août.

Roland interceptait, par le moyen des administrateurs infidèles des postes, qu'il avait choisis, les correspondances patriotiques et le petit nombre d'écrits utiles, que le civisme pauvre et persécuté pouvait publier pour la défense des principes et de la vérité. Il se permettait souvent de supprimer les discours des députés républicains, *dont l'envoi avait été ordonné par la Convention*; quelquefois même il poussa l'audace au point de les envoyer sous le couvert du ministre de l'intérieur, tronqués et falsifiés ; de manière que dans l'affaire de *Capet*, par exemple, tel député qui demandait la mort du tyran, paraissait aux yeux du lecteur voter pour son absolution.

Rabaut, dit Saint-Étienne, se signalait par un genre de talent remarquable. Il s'était fait directeur d'un papier très-répandu, intitulé le *Moniteur*, qui était censé rendre avec une exactitude littérale, les opinions des orateurs de la Convention. En cette qualité, il donnait aux discours des patriotes le caractère et les modifications analogues au genre de calomnie que la faction avait mis à l'ordre du jour : souvent par l'addition, souvent par la soustraction ou par le déplacement d'un mot, il faisait délirer, aux yeux de l'Europe entière, tous les défenseurs de la république française.

Rabaut suffisait à trois ou quatre directions de la même espèce ; il avait un émule dans la personne de son collègue Louvet, qui recevait 10,000 liv. par an pour mentir à l'univers dans le journal des débats de la Convention, et qui remplissait en même temps trois ou quatre tâches pareilles.

A ces indignes moyens se joignait la correspondance mensongère des agens de la faction avec leurs commettans ; les déclamations dont ils faisaient chaque jour retentir le sanctuaire de la législation, souvent même des pétitions qu'ils avaient la lâcheté de mendier ou de dicter, et jusqu'aux réponses du président, la tribune, le fauteuil, la barre, tout alors semblait prostitué à la calomnie.

Ces machinations avaient commencé avec la Convention nationale, même avant qu'elle fût assemblée ; les conspirateurs avaient inspiré aux nouveaux députés les plus sinistres préventions contre une partie de leurs collègues, et contre le lieu où ils devaient tenir leurs séances : ils s'appliquèrent à les entretenir chaque jour par des accusations aussi atroces que ridicules. Louvet, Barbaroux, Salles, Buzot, se signalèrent les premiers dans ce genre d'escrime. Les chefs de la faction girondine les dirigeaient ; les harangues des calomniateurs étaient préparées, revues ou sanctionnées chez Roland, ou dans des conciliabules ténébreux, qui se trouvaient ordinairement chez Dufriche-Valazé et chez Pétion. Roland venait de temps à autres les appuyer, à la barre, de l'autorité de se fausse vertu, tant prônée par ses complices. Tous les jours ils jetaient au milieu des représentans du peuple de nouveaux brandons de discorde qui embrasèrent bientôt toute la République.

L'une des conséquences les plus importantes qu'ils tiraient de leurs déclamations calomnieuses, était la nécessité d'entourer la Convention d'une espèce de garde prétorienne, sous le nom de force départementale; ils ne cessaient point de lui présenter cet étrange projet, qui était la première base de leur système de fédéralisme et de tyrannie. La majorité de la Convention le rejeta constamment, en dépit de tous les incidens qu'ils imaginaient sans cesse pour jeter la terreur dans les esprits faibles ou crédules; mais au mépris de son vœu et de son autorité, ils firent plus que ce qu'ils avaient osé proposer.

Bientôt un grand nombre d'administrations, excitées par leurs dangereuses insinuations et encouragées par leurs réquisitions particulières, rompirent les liens de subordination qui les attachaient à la représentation nationale; elles insultèrent par des arrêtés menaçans à une partie de ses membres; elles osèrent lever des bataillons contre Paris et contre les députés proscrits par la faction; elles osèrent établir des impôts pour les stipendier.

Non contens d'avoir provoqué cette sacrilége violation de toutes les lois, les conjurés y applaudissaient hautement au sein de l'assemblée nationale. Un bataillon de Marseillais, qu'ils avaient appelés à Paris, vint à la barre outrager impudemment les députés républicains. Il fut couvert d'acclamations et loué par le président.

Ces prétendus Marseillais coururent les rues de Paris, en criant : *Vive Roland! vive le roi!* et en demandant la tête de plusieurs représentans du peuple. Les conspirateurs, loin de les punir, insultèrent à ceux qui dénonçaient ces crimes, Barbaroux, Duprat, Delahaye, Buzot, Rebecqui, Valazé, Salles, Rabaut-Saint-Etienne et les Girondins conspirateurs les visitaient souvent, et, par leurs prédications séditieuses, les préparaient aux attentats qu'on attendait d'eux.

Cependant les Girondins hypocrites et leurs adhérens tonnaient sans cesse contre l'anarchie ; ils désignaient les représentans fidèles et tous les amis de la liberté, à la vengeance publique, sous les noms d'anarchistes et d'agitateurs. Selon les circonstances, ils les travestissaient en dictateurs, en tribuns et même en royalistes. La grande cité qui venait d'enfanter la République n'était, suivant eux, que le repaire du crime, le théâtre du pillage et du carnage, le tombeau de la représentation nationale, le fléau de la République, l'ennemi commun contre lequel tous les départemens doivent se liguer.

C'est ainsi qu'ils flétrissaient aux yeux de toutes les nations la naissance de la république française, qu'ils secondaient la politique des despotes coalisés contre nous, en arrêtant les progrès de nos principes dans les pays étrangers. Tous les écrivains soudoyés par les cours ennemies de la France, en Allemagne, en Angleterre, s'armaient de leur autorité, copiaient à l'envi leurs mensonges pour calomnier le peuple français ; et les ennemis intérieurs de notre liberté s'apprêtaient à réaliser par des proscriptions et des révoltes, la criminelle doctrine que ces mandataires infidèles prêchaient dans leurs écrits et du haut de la tribune nationale.

Ce fut surtout pendant la discussion de l'affaire de Louis XVI, qu'ils déployèrent ces affreuses ressources : les patriotes calomniés ne se lassaient pas de demander la punition du tyran. Les conjurés vinrent à bout de reculer la délibération de plusieurs mois.

Avant de l'entamer, ils avaient pris toutes les précautions possibles pour se rendre maîtres des pièces relatives à la conspiration.

Roland, de son autorité privée, avait osé disposer des papiers trouvés dans l'armoire de fer des Tuileries ; il les avait enlevés, seul, sans témoin, sans inventaire, en fuyant les regards des députés qui étaient occupés dans le même lieu, par les ordres de la Convention, à des recherches semblables. Roland en a soustrait à loisir tous ceux qui pouvaient révéler les attentats de la faction; il a lui-même fourni la preuve de son crime par une contradiction évidente. Il a dit un jour à la Convention nationale qu'il avait apporté ces pièces sans les visiter, il a dit un autre jour qu'il les avait visitées. Quelques-unes de celles qui ont été conservées indiquent celles qui ont, disparu ; elles annoncent qu'il a existé dans le dépôt dont Roland s'est emparé, des écrits relatifs aux transactions de la cour avec les chefs de la faction girondine, et ce sont ces papiers qui manquent.

Pour mieux assurer leur *main-mise* sur toutes les preuves de la conspiration, ils eurent l'impudence de faire nommer une commission extraordinaire de vingt-quatre membres, pour les recueillir et les analyser ; ils la composèrent de leurs principaux complices : un Barbaroux, un Valazé, un Gardien la dirigea, et cette bande de fripons publics, dont tous les noms doivent être voués au mépris universel, exercèrent solennellement, aux yeux de la France entière, le plus lâche et le plus odieux de tous les brigandages.

Ces précautions rassurèrent les conjurés, qui tremblaient sans cesse de se voir démasqués, et leur audace insolente date surtout de la naissance de la commission des Vingt-Quatre.

Ils cherchèrent à éterniser la discussion sur Louis XVI, par toutes sortes de chicanes et d'artifices ; chaque jour ils trouvaient le moyen de substituer à cette discussion quelque incident bizarre et surtout quelque nouvelle diatribe contre les généreux accusateurs de la tyrannie.

Les ennemis de la France emploient ce temps, perdu par la Convention nationale, à rassembler leurs forces et attirer au milieu de nous le feu des dissensions civiles ; pendant ce temps-là les conjurés apitoyaient le peuple sur le sort de Louis, réveilloient les douleurs de l'aristocratie, dénonçaient par leurs lettres, par leurs écrits, par leurs discours publics, les députés qui voulaient cimenter la République par sa mort, comme des hommes de sang, ennemis de la justice et de l'humanité.

C'était moins sans doute à la personne de Louis Capet qu'ils s'intéressoient, qu'à la royauté et au projet de déchirer la république naissante.

Pour l'exécuter, ils inventèrent le plus adroit et en même temps le plus funeste de tous les moyens, celui d'appeler aux assemblées primaires du jugement de Louis Capet. Hypocrites profonds, ils déguisaient sous le prétexte de rendre hommage à la souveraineté du peuple ce plan de guerre civile, concerté pour le remettre sous le joug d'un despote étranger.

La Convention le rejeta; ils tentèrent alors de soustraire le tyran à la peine de mort : la Convention la prononça ; ils ne rougirent pas de consommer encore trois jours en débats orageux, pour obtenir un sursis à l'exécution du décret.

Les mêmes hommes qui avaient fait tant d'efforts pour soumettre à l'appel au peuple la condamnation de Capet, sont les mêmes qui depuis sont revenus si souvent à la charge pour provoquer la convocation des assemblées primaires, sous des prétextes absurdes ou coupables. Ce sont Vergniaud, Guadet, Gensonné, Buzot, Salles, Biroteau, Chambon, Pétion et plusieurs autres; cent fois on les a vus exciter à plaisir, dans la Convention, des débats scandaleux, et saisir aussitôt cette occasion de s'écrier que la Convention n'étoit pas digne de sauver la patrie, et renouveler leur extravagante motion de convoquer les assemblées primaires.

Leur but était de fournir à tous les mécontens le prétexte de se rassembler en sections pour opérer la contre-révolution désirée. Ce fut en vain que l'assemblée nationale repoussa constamment ce système désastreux; bientôt, à l'instigation des députés conspirateurs, les aristocrates et les faux patriotes formèrent de prétendues assemblées de sections dans les grandes villes du midi, où la faction dominait, ils se déclarèrent permanens, et bientôt ils levèrent l'étendard de la rébellion à Marseille, à Lyon, à Toulouse, à Nîmes, à Montpellier, à Bordeaux, etc.

Pendant le temps que dura le procès du tyran, ils écrivaient, ils criaient sans cesse à la tribune que la Convention n'était pas libre, qu'ils étaient sous le couteau des assassins ; ils appelaient à grands cris tous les départemens à leur secours. Des corps armés vinrent en effet, pleins des sinistres impressions dont ils les avaient remplis. Dans le même temps Roland tendait les bras aux émigrés. Tous les esclaves de la royauté, tous les partisans de l'aristocratie, tous les scélérats soudoyés par les cours étrangères se rassemblaient à Paris sous leur sauve-garde ; les généraux traîtres, et surtout Dumouriez, avaient abandonné leurs armées, sûrs des moyens d'arracher Louis au supplice ; le trouble et la terreur semblaient planer sur cette grande cité ; les républicains étaient par tout insultés, menacés ; des attroupemens séditieux se formaient pour demander à grands cris le salut du tyran ; et les députés infidèles les protégeaient ouvertement ; Vergniaud, Guadet et plusieurs autres prirent hautement leur défense.

Une pièce incivique faite pour les circonstances, intitulée l'*Ami des lois*, était représentée dans le même instant ; elle servait de prétexte de réunion à tous les conspirateurs ; elle avait occasionné des scènes scandaleuses, où les magistrats du peuple avaient été insultés, où le sang des patriotes avait coulé. La municipalité de Paris en avait suspendu la représentation ; la faction royaliste dénonça la municipalité à la Convention ; Guadet, Pétion, entre autres, provoquèrent un décret qui blâmait la municipalité, et qui ordonna que la pièce contre-révolutionnaire serait jouée. Ils consumèrent dans ces honteuses discussions la séance qui avait été fixée par un décret, pour terminer enfin le procès de Louis Capet.

Enhardis par leur protection, tous les ennemis de la révolution levaient une tête insolente ; les assassins aiguisaient leurs poignards d'une extrémité de la France à l'autre ; les partisans de la tyrannie répétaient les cris d'appel au peuple, de guerre aux Parisiens et à la Montagne ; tous semblaient attendre des conjurés de Paris le signal d'exterminer tous les républicains.

Paris aurait nagé dans le sang, et la liberté était perdue, peut-être sans ressource, si les fédérés appelés dans cette ville par la calomnie, n'avaient abjuré les erreurs dangereuses où on les avait induits. Mais ils virent, ils s'indignèrent de l'audace avec laquelle les députés calomniateurs les avaient trompés. Ils se réunirent aux Jacobins, célébrèrent avec les Parisiens une fête civique et touchante sur la place du Carrousel, où ils avaient forcé de se rendre le bataillon marseillais égaré par Barbaroux et par ses adhérens; ils jurèrent une haine immortelle aux intrigans et aux traîtres, et se réunirent aux députés patriotes pour presser la condamnation du dernier des rois.

La trame des députés fut rompue; Lepelletier seul fut assassiné pour avoir voté la mort du tyran. Peu de jours auparavant Lepelletier avait été outragé par Pétion à la tribune, pour avoir émis cette opinion. Il n'a pas tenu à eux que tous les députés connus par leur haine implacable pour la royauté n'éprouvassent le même sort. Les traîtres avaient fait plusieurs tentatives pour les assassiner au plus fort de la crise qu'avait amenée l'interminable procès de Louis le dernier.

Le 14 janvier, Barbaroux et ses amis avaient donné ordre au bataillon marseillais d'environner la Convention nationale. Le 20, Valazé avait appelé les bataillons dévoués à la cause du royalisme contre la Montagne; pris en flagrant délit, il avait été arrêté au corps-de-garde des Feuillans, et relâché bientôt par l'influence de la faction. Dans le même temps il avait fait afficher un placard où il invitait les bourgeois à prendre les armes pour exterminer les Jacobins, la Montagne et tous les patriotes. Vers la fin du mois de mai, il avait écrit à ses complices le billet suivant:

» En armes demain à l'assemblée; couard qui ne s'y trouve pas. »

Buzot et Pétion ont avoué hautement au comité de défense générale, en présence d'un grand nombre de témoins, que le 16 mars ils avaient trois cents hommes armés, avec des canons, disposés à tomber sur la Montagne au moindre signal; ils criaient à l'anarchie, et ils ne cessaient de troubler Paris et de bouleverser la France; ils appelaient leurs compatriotes à leur secours contre de prétendus assassins, et ils ne méditaient que des assassinats; ils avaient assassiné plus de cent mille Français par la guerre parricide qu'ils avaient provoquée et dirigée, par les proscriptions qu'ils avaient protégées.

Lâches satellites du despotisme royal, vils agens des tyrans étrangers, ils accusaient leurs collègues de demander la punition du tyran de la France, pour en servir un autre.

Durant la délibération dont il était l'objet, les conjurés semblaient s'être attachés à préparer d'avance des motifs de révolte aux ennemis intérieurs de notre liberté, et des modèles de manifestes aux despotes étrangers.

Non contens de publier que la Convention n'était pas libre, ils prédisaient hautement que la condamnation de Louis la déshonorerait dans l'Europe. Je suis las de ma portion de tyrannie, disait Rabaud-Saint-Étienne. Brissot surtout, après la condamnation prononcée, osa faire la censure la plus indécente de la Convention nationale. Il osa demander ouvertement que l'opinion des puissances fût consultée avant de la mettre à exécution; il osa menacer la nation française de la colère des rois européens. Qu'on observe ce contraste ; quand Brissot et ses adhérens intriguaient pour précipiter la déclaration de guerre, ils ne parlaient que de municipaliser l'Europe; ils nous montraient la chute de tous les trônes et la conquête de l'univers comme un jeu de la toute-puissance du peuple français; et lorsque ce peuple magnanime, engagé dans cette guerre, n'avait plus à choisir qu'entre la victoire et la servitude, ils cherchaient à abaisser son énergie, et osaient lui proposer d'asservir les plus importantes délibérations à la volonté des tyrans de l'Europe. Brissot voulait surtout nous faire peur des armées de l'Angleterre, si nous condamnions Louis Capet; et quelques jours après ce décret, tandis que le parti de l'opposition luttait contre l'influence de Pitt, pour maintenir la paix avec la France, le comité diplomatique, composé presque entièrement de la même faction nous proposa, par l'organe de Brissot, de déclarer brusquement la guerre au peuple anglais, la guerre à la Hollande, la guerre à toutes les puissances qui ne s'étaient point encore déclarées. Dans ce même temps, l'Anglais Thomas Paine, appelé par la faction à l'honneur de représenter la nation française, se déshonora en appuyant l'opinion de Brissot, et en nous promettant pour son compte le mécontentement des États-Unis d'Amérique, nos alliés naturels, qu'il ne rougit pas de nous peindre remplis de vénération et de reconnaissance pour le tyran des Français.

Ce qui est certain, c'est que depuis cette époque, en effet, tous les conjurés redoublèrent d'activité pour réaliser tous les maux qu'ils nous avaient présagés. Après la mort de Louis Capet, ils ne cessèrent pas de conspirer, parce que ce n'était pas à l'ancien tyran qu'ils étaient dévoués, mais à la tyrannie. Ils étaient coalisés avec tous les généraux perfides qu'ils avaient choisis ou soutenus, surtout avec Dumourier. Tous les crimes que ce traître a commis dans la Belgique sont les leurs; ses infâmes opérations furent concertées avec eux. Ils dominaient au comité de défense générale, au comité diplomatique, au conseil exécutif; leurs relations intimes avec Dumourier étaient connues. Gensonné entretenait avec lui une correspondance journalière; Pétion était son ami : il n'a pas craint de s'avouer le conseil des d'Orléans, surtout de ce jeune ci-devant duc de Chartres, qui a conspiré et fui avec Dumourier; il était lié avec Sillery, avec sa femme.

Dans tous les journaux, les députés infidèles célébraient, avec une affectation ridicule, depuis plusieurs mois, le génie et même les vertus civiques du vil Dumourier. Comptant sur leur influence, ce scélérat foula bientôt aux pieds les décrets de la Convention; il osa se révolter ouvertement contre la représentation nationale; ils protégèrent toutes ses prétentions au comité de défense générale. Vergniaud, Guadet, Brissot, Gensonné, entreprirent ouvertement son apologie; ils prétendirent que sa conduite était justifiée par les dénonciations que les Jacobins et les députés de la Montagne s'étaient permises contre lui. Dumourier, dans ses manifestes séditieux, proscrivait les représentans du peuple qui s'opposaient à ses desseins criminels :

c'étaient ceux que les députés conspirateurs calomniaient sans pudeur.

Dumourier, ce nouveau Catilina, nommait Marat dans ses menaces insolentes; Marat fut depuis assassiné par eux. Dumourier annonçait qu'il voulait châtier les factieux et les anarchistes de la Convention; c'étaient les dénominations qu'ils donnaient eux-mêmes au parti républicain appelé la Montagne.

Dumourier se déclarait le protecteur de la partie saine de la Convention; c'était le parti dont Pétion, Brissot, Vergniaud, étaient les orateurs et les chefs. Dumourier voulait marcher contre Paris, sous prétexte que cette ville était le théâtre du brigandage, de l'anarchie, et ne respectait pas la Convention; c'étaient eux encore qui peignaient Paris sous ces traits odieux, et qui appelaient la France entière pour le détruire. Dumourier était déjà déclaré traître; il était proscrit par la Convention, et Brissot, dans le *Patriote français*, et les écrivains ses complices, le louaient audacieusement, au mépris de la loi qui prononçait la peine de mort contre quiconque se rendrait coupable d'un tel délit.

Ils ont enchéri sur les forfaits de Dumourier lui-même, par un nouveau trait de perfidie. Tandis qu'ils faisaient battre les soldats de la république dans la Belgique, par Valence, gendre de Sillery, par Miranda, aventurier espagnol, dont le cabinet britannique avait fait présent à la France, par l'entremise de Brissot et Pétion, comme ceux-ci l'ont avoué dans le temps de leur toute-puissance; tandis que Dumourier, d'une main, livrait à nos ennemis nos magasins, notre artillerie, une grande partie de notre armée, notre frontière du nord; que de l'autre il menaçait d'exterminer tous les républicains; Brissot et les députés girondins ses complices ouvraient au comité diplomatique l'avis de porter le reste de nos forces en Espagne et de voyager jusqu'à Madrid.

Avec les trahisons de Dumourier était combinée la révolte de la Vendée : Dumourier, dans ses manifestes mêmes, ne dissimulait pas qu'il comptait beaucoup sur cette puissante diversion avec laquelle les rebelles de cette contrée firent longtemps des préparatifs formidables, levèrent des armées, reçurent des renforts de l'Angleterre, avant que la Convention nationale et le reste de la République en eussent été avertis. Ensuite Beurnonville, autre complice de Dumourier, affecta d'y envoyer de petits détachemens, que les aristocrates les plus déshonorés étaient chargés de mener à la boucherie. Qui gouvernait alors? Brissot, Pétion, Guadet, Vergniaud, Gensonné, Barbaroux. Ils dirigeaient alors le comité de défense générale et le ministère. Qui administrait les départemens envahis par les rebelles? Des hommes ouvertement coalisés contre les députés républicains, des hommes qui professaient ouvertement leurs principes.

Ainsi, graces à leurs intrigues, le gouffre de la Vendée se creusa, s'élargit; Dumourier consomma en grande partie sa trahison, et ils échappèrent avec lui à la punition de tant de forfaits.

Ils n'en furent que plus hardis à poursuivre leur coupable carrière; ils recommencèrent à déclamer contre Paris; ils firent tout ce qui était en eux pour le diviser, pour le ruiner, pour l'affamer; ils n'ont cessé de dénoncer ses besoins comme la ruine de la nation entière; ils ont apporté mille obstacles à ses approvisionnemens; ils ont armé les sections où l'aristocratie dominait contre celles où l'esprit public triomphait. Ils ont suscité des orateurs mercenaires pour venir insulter les représentans patriotes au sein de la Convention; ils ont protégé ouvertement la rébellion des contre-révolutionnaires contre l'autorité de la police et contre celle de la Convention même. Ils se sont fait un système d'irriter les riches contre les pauvres, et d'amener la contre-révolution par l'anarchie dont ils parlaient sans cesse. Ils ont favorisé de tout leur pouvoir le progrès de l'agiotage, les accaparemens, et réalisé, autant qu'il était en eux, cet horrible projet de famine tramé contre le peuple français, par le gouvernement anglais, et par tous les ennemis de la République. En même temps, ils rappelaient par de nouvelles clameurs la prétendue force départementale; ils invitaient de nouveau les administrations à l'envoyer contre Paris, et à se séparer de la Convention nationale. Ils professaient hautement la doctrine du fédéralisme. Buzot osa dire à la Convention que les députés n'étaient que les ambassadeurs de leurs départemens. Guadet, Vergniaud, Gensonné, déclarèrent plusieurs fois que leurs départemens feraient scission avec Paris. Ils recommencèrent à publier que la représentation nationale n'était point en sûreté à Paris. Ils répandaient de temps à autre qu'il nageait dans le sang, que les députés étaient exterminés, et que la royauté y allait être rétablie. Guadet osa proposer formellement de transférer l'assemblée nationale à Bourges. Buzot, Barbaroux, Salles, invitèrent plusieurs fois les suppléans à aller former une nouvelle assemblée nationale dans une autre ville. Vigée, l'un de leurs affidés, proposa de se rendre sur-le-champ à Versailles, et offrit de se mettre à la tête de la Convention pour lui ouvrir un passage, le sabre à la main. Chaque jour, ils provoquaient le peuple par de nouvelles insultes, pour avoir occasion de réclamer contre les murmures qui échappaient quelquefois au public indigné.

Pour porter le désordre à son comble, ils feignirent de croire à l'existence d'un complot tramé par des républicains contre la Convention nationale; pour le découvrir, c'est-à-dire pour le créer, ils nommèrent une commission inquisitoriale, composée de membres connus par leur dévouement à la faction; elle proscrivit arbitrairement les bons citoyens, fit arracher la nuit, de leurs maisons, un magistrat du peuple et le président d'une section; elle voulut s'emparer arbitrairement des registres de cette même section, et déclara la guerre à tous les patriotes.

L'alarme se répand; elle s'efforce de l'accroître. Les sections réclament contre l'oppression; le président Isnard répond à leur pétition par de nouveaux outrages. Il ose dévoiler les vœux des conjurés par ce mot atroce : *Le voyageur étonné cherchera sur quelles rives de la Seine Paris exista.*

La Convention rend la liberté aux citoyens détenus, et casse la commission tyrannique; mais, au mépris de la loi, elle reprend ses fonctions, poursuit le cours de ses attentats; l'indignation publique s'exalte; tout annonce un mouvement : la faction le brave pour l'accroître; tous les ennemis de la révolution se rallient pour le diriger contre les républicains et contre la Convention nationale; mais le peuple entier se montre en armes et en ordre. L'aristocratie tremble, la conspiration est déconcertée, le vœu public seul se fait entendre dans un calme imposant; le peuple, au nom des lois et de la liberté outragées, demande à la Convention, par l'organe de ses magistrats, punition des députés traîtres à la patrie, qui la tyrannisent, et la constitution républicaine à laquelle ils s'opposent. La Convenion prononce l'arrestation des chefs de la conspiration. En moins de six semaines, une constitution digne du peuple français est rédigée et décrétée; le peuple l'accepte avec transport. La faction avait employé huit mois à empêcher, et la punition du tyran, et la constitution même que ses chefs s'étaient chargés de présenter.

Mais déjà elle s'était rendue assez criminelle pour arrêter les heureuses destinées du peuple français. Ces traîtres avaient eu e loisir de préparer à leur pays les horreurs de la guerre civile. La conjuration se déploie alors dans toute son étendue. Depuis plusieurs mois, la faction dominante à Bordeaux, dirigée par les députés Gensonné, Vergniaud, Grangeneuve, Ducos, Fontrède, exécutait ce système de contre-révolution, masqué des dehors du patriotisme. Le club des Récolets, dont elle s'était emparée, composé des riches négocians et des royalistes déguisés, répandit dans toute la France la doctrine machiavélique des députés traîtres de la Gironde; leurs adresses à différentes sociétés populaires, vouaient les républicains à l'exécration publique, sous le nom d'anarchistes, faisaient triompher dans les départemens méridionaux la cause de l'aristocratie.

Roland, Brissot, Barbaroux, Guadet, Gensonné, Pétion, étaient leurs idoles. Ce club, durant la discussion sur l'affaire de Louis le dernier, invitait tous les Français à embrasser le système de l'appel au peuple, inventé par les conspirateurs de la Convention. La société républicaine de Bordeaux, connue sous le nom de club national, avait été outragée et dissoute; les patriotes désarmés, le peuple opprimé ou tenté par la disette à laquelle il avait été réduit par les riches et nombreux accaparreurs qu'elle renfermait dans son sein.

Depuis longtemps la faction négociait avec le gouvernement britannique la vente du port et de la ville de Bordeaux; déjà, par les manœuvres des riches commerçans, les assignats, et surtout les assignats républicains, étaient tombés dans un affreux discrédit; le pain était porté à un prix excessif. On parlait d'union, de république, dans le club contre-révolutionnaire des Récolets, et dans les lieux publics : mais dans les maisons des riches et des administrateurs, et même à la Bourse, le mot de ralliement était la *royauté et les Anglais*. Enfin, les administrateurs, encouragés par l'influence de leurs compatriotes et de leurs amis dans la Convention, guidés par les lettres perfides et calomnieuses de Fonfrède, Ducos, Vergniaud et autres, osèrent se constituer les arbitres entre les représentans du peuple. Ils parlèrent hautement de lever des troupes contre Paris et contre cette même partie de la Convention nationale, à qui Dumourier et tous les ennemis de la république avaient déclaré la guerre. Ils exécutèrent ce projet autant qu'il était en leur pouvoir. Ils envoyèrent des commissaires à toutes les administrations méridionales; ils écrivirent à toutes celles de la République, pour les engager à se confédérer avec eux : bientôt un grand nombre d'entre elles accédèrent à cette association monstrueuse; elles osèrent se constituer en puissances indépendantes : dès ce moment les républicains furent partout proscrits.

A l'autre extrémité du Midi, Marseille succomba sous les efforts de la même faction. Les complices des Barbaroux, des Duprat, des Duperret, des Rebecqui, longtemps méprisés, accablèrent enfin la cause républicaine. Peu de temps après la condamnation du tyran, Rebecqui avait donné sa démission pour aller se mettre à la tête des royalistes de Marseille, et fut remplacé par Mainvielle, qui a marché sur ses traces. Les patriotes de cette ville furent incarcérés. Les uns furent assassinés dans leurs prisons, les autres sur les échafauds. Ces désastres suivirent de près l'époque où les Bourbons avaient été imprudemment envoyés dans cette ville. Une circonstance frappante doit ici fixer l'attention publique; c'est que la même faction qui accusait les républicains de Marseille d'être attachés au ci-devant duc d'Orléans, dès le moment où elle domina dans Marseille, égorgea ces républicains, et s'abstint de juger ce d'Orléans, et tous les Bourbons que la Convention avait envoyés au tribunal de Marseille pour être jugés : d'Orléans et son odieuse race vivent encore ; et les magistrats patriotes de Marseille qui l'avaient poursuivi, et les défenseurs des droits du peuple ont été immolés par un tribunal composé de bourreaux.

La chute de Marseille entraîna bientôt celle de Lyon. Cette cité importante pour les deux partis devint le chef-lieu de la contre-révolution dans le Midi. La municipalité républicaine fut égorgée par les rebelles, les bons citoyens massacrés ; ceux qui échappèrent au fer des assassins armés furent immolés par d'autres assassins revêtus du costume de juges. Toutes les recherches de la cruauté furent épuisées pour rendre leur mort plus horrible.

Dans le même temps, les administrateurs du Jura s'étaient confédérés, d'une part avec Lyon ; de l'autre, avec les administrations méridionales ; enfin, avec les aristocrates étrangers, leurs voisins, et les émigrés réfugiés dans les cantons suisses. Cette contrée vomissait sans cesse sur la France les ex-nobles, les prêtres réfractaires, qui allaient grossir l'armée des négocians contre-révolutionnaires de Lyon, tandis que les aristocrates du Jura, tâchant de s'envelopper encore des formes républicaines, leur promettaient de nouveaux secours. L'ame de toute cette ligue était le cabinet de Londres; le prétexte, Paris et l'anarchie; les chefs apparens, les députés conspirateurs de la Convention nationale.

Tandis qu'ils faisaient cette puissante diversion en faveur des tyrans ligués contre nous, la Vendée continuait de dévorer les soldats de la République. Carra et Duchâtel, entre autres, furent envoyés dans cette contrée en qualité de commissaires de la Convention. Carra exhorta publiquement les administrateurs de Maine et Loire, à faire marcher contre Paris. Carra entretint les liaisons avec les généraux ennemis. Duchâtel, convaincu du même crime, ce même Duchâtel qui, après l'appel nominal sur la peine à infliger à Louis XVI, fut appelé par les conspirateurs pour venir, sous l'habillement d'un malade, pérorer longtemps contre la peine de mort. Coustard poussa la scélératesse et la lâcheté jusqu'à fournir des secours et des munitions aux rebelles. La mission des agens de la faction envoyés dans les mêmes contrées et dans toute la République fut signalée par de semblables forfaits; les traîtres jouissent constamment d'une scandaleuse impunité.

Au contraire, les députés républicains envoyés par la Convention nationale dans les divers départemens, immédiatement après la mort du tyran, furent diffamés de la manière la plus indécente, par Brissot, par Gorsas, par Dulaure, par Caritat, par tous les journalistes aux gages de la faction. Les conjurés provoquaient ouvertement contre eux l'insolence de tous les ennemis de la révolution.

En même temps qu'ils agitaient les grandes villes du Midi, les armées autrichiennes, prussiennes, hessoises, hollandaises, anglaises, espagnoles et piémontaises attaquaient nos frontières sur tous les points. Pitt achetait Dunkerque, Bordeaux, Marseille, Toulon; c'était en vain que Toulon avait opposé une glorieuse résistance aux efforts de la faction; l'or, la calomnie, l'intrigue avaient triomphé. La contre-révolution était faite dans les sections, suivant le plan de la faction girondine, et les assassinats des meilleurs citoyens étaient les sinistres avant-coureurs de la plus exécrable de toutes les trahisons.

C'en était peut-être fait de la république, si les conjurés avaient conservé plus longtemps leur monstrueux pouvoir. La révolution du 10 août l'avait fondée; celle du 31 mai la sauva; mais, si cette révolution paisible et imposante déconcerta cette conjuration, elle ne put l'étouffer entièrement; les coupables étaient trop nombreux, la corruption trop profonde et trop étendue, la ligue des tyrans trop puissante. L'arrestation des conspirateurs, décrétée par la Convention, étonna les despotes coalisés, sans les dompter. Les administrations fédéralistes, les mécontens, les nobles, les prêtres réfractaires, tous les ennemis de la révolution éclatèrent à la fois ; ils décelèrent eux-mêmes leurs complices, ils révélèrent le secret de leurs espérances criminelles, en donnant pour motifs de leur révolte les décrets qui frappaient les députés coupables. Ils prétendirent que la Convention n'existait plus ; ils la dénoncèrent à tous les scélérats de la France, à l'Europe entière, comme un amas de brigands et de factieux ; ils annoncèrent que la Constitution qu'elle avait fait, que tous les décrets populaires qu'elle avait portés depuis le moment où elle s'était purgée des traîtres, étaient nuls ; ils mirent tout en œuvre pour engager les assemblées primaires à rejeter la constitution qu'elle leur présentait. Mille adresses séditieuses, mille libelles contre-révolutionnaires des députés accusés ou condamnés, tels que l'écrit adressé par Condorcet dans le département de l'Aisne, sont les honteux monumens de cette machination.

Cependant les succès des rebelles armés de la Vendée devenaient tous les jours plus alarmans, et les conjurés faisaient les préparatifs d'une expédition contre la république ; leurs complices de Bordeaux rappelaient de la Vendée les bataillons de la Gironde et levaient des troupes contre les représentans de la nation : un grand nombre d'administrations départementales suivaient cet exemple. Ducos et Fonfrède, laissés dans la Convention, abusaient de cet excès d'indulgence pour alimenter, par leurs correspondances et par leurs intrigues, le foyer de la rébellion ; ils osèrent, assez longtemps, faire entendre à la tribune leurs voix vénales, pour célébrer les vertus des conjurés et pour insulter à la représentation nationale. Les commissaires de la Convention furent outragés par les administrateurs du Jura ; d'autres furent arrêtés à Bordeaux, d'autres enfin dans le Calvados. Une partie des conjurés que la Convention avait mis en état d'arrestation, fuyant la justice nationale, se répandit dans les départemens, pour réunir tous les satellites de la royauté et de l'aristocratie. Buzot, Pétion, Guadet, Louvet, Barbaroux, Gorsas, Lesage, Doulcet, Larivière et autres coururent dans l'Eure et le Calvados, y établirent des espèces de conventions nationales, érigèrent les administrateurs en puissances indépendantes, s'entourèrent de gardes et de canons, pillèrent les caisses publiques, interceptèrent les subsistances de Paris, qui prirent leur cours vers les révoltés de la ci-devant Bretagne; ils levèrent eux-mêmes une nouvelle armée : ils ne rougirent pas de choisir pour général le traître Wimpfen, déjà déshonoré par sa lâche hypocrisie et par son servile attachement à la cause du tyran. Ils tentèrent de se joindre aux rebelles de la Vendée; s'efforcèrent de livrer aux ennemis de la République, les contrées qui composaient naguère les provinces de Bretagne et de Normandie, avec les ports importans qu'elles possèdent. Ils mirent le comble à tant de crimes, par le plus cruel de tous les attentats. De Caen, où ils avaient fixé le siége de leur ridicule et odieuse domination, ils envoyèrent des assassins à Paris, pour arracher la vie aux députés fidèles dont ils avaient depuis long-temps juré la perte. Ils armèrent la main d'une femme pour poignarder Marat. Le monstre avait été adressé à Duperret par Barbaroux et ses complices.

Elle avait été accueillie, cette furie, et conduite à la Convention nationale par Fauchet. Tous les ennemis de la France l'érigèrent en héroïne. Au récit de son crime, Pétion fit son apothéose à Caen et ne balança pas à appeler l'assassinat une vertu. L'assassin, dans son interrogatoire, a déclaré qu'elle avait puisé les opinions qui l'ont conduite à cet attentat, dans les écrits de Gorsas, de Brissot, dans la *Gazette universelle* où il existe des chansons dignes des Euménides, imprimées à Caen, ouvrage du nommé Giré-Dupré, coopérateur de Brissot dans la rédaction du *Patriote Français*, qui invite formellement tous les braves citoyens de Caen à s'armer de poignards pour frapper entre autres trois représentans du peuple qu'il désigne nominativement à leur fureur.

Chassés successivement par les soldats de la République, de l'Eure et du Calvados, ils parcoururent le Finistère et plusieurs départemens; partout la discorde, la trahison, la calomnie suivaient ou précédaient leurs pas.

Quelques jours après son arrestation, Brissot avait fui lâchement, ajoutant un faux à ses crimes. Il avait été arrêté sur la route de Lyon, où il allait sans doute presser l'exécution des attentats dont cette malheureuse ville a donné l'exemple; et si, comme l'indiquait le faux passeport dont il était muni, son dessein était de se transporter en Suisse, il allait souiller cette contrée de la présence d'un traître, pour susciter un nouvel ennemi à la France.

Tandis que Rabaut-Saint-Étienne, Rebecqui, Duprat, Antiboul, incendiaient le Gard et les contrées voisines, Chassé, Birotau, Rouyer, Roland, conspiraient dans Lyon. Quelle scène d'horreur s'ouvre ici devant l'histoire! ils ont péri sous le fer des vils satellites de la royauté, ces généreux amis de la patrie, que les Vergniaud, les Gensonné, les Buzot et tous les orateurs de la faction criminelle, calomniaient depuis si longtemps sous le nom d'agitateurs et d'anarchistes; ils ont triomphé ces *honnêtes gens, ces vrais républicains* dont la calomnie plaidait la cause avec tant de zèle; et ils ont rassemblé dans leurs murs une armée d'émigrés et de prêtres coupables, dignes de s'associer à eux. Ils y ont entassé l'artillerie et les munitions dont la patrie a besoin pour combattre ses innombrables ennemis; ils soutiennent contre elle un siége opiniâtre; ils fusillent les femmes et les enfans des citoyens qui proposent de lui rendre les armes; ils ont exterminé les patriotes dans la malheureuse contrée qui les environne; ils ont triomphé à Toulon, et Toulon a nagé dans le sang des bons citoyens: les rebelles fugitifs de Marseille ont grossi leurs phalanges criminelles pour exécuter ces atrocités.

Si l'on croit les avis les plus certains qui aient pu nous parvenir de cette contrée, ils ont étonné l'univers par un attentat inouï dans l'histoire des traîtres et des tyrans; ils ont plongé un fer parricide dans le sein de l'un des fidèles représentans du peuple que la Convention avait envoyé dans cette ville; ils n'ont épargné la vie de l'autre que pour insulter plus longtemps, dans sa personne, à la majesté du peuple, par des traitemens plus cruels que la mort. Les monstres ont vendu aux Anglais le superbe port de Toulon : les lâches satellites de Georges disposent de notre arsenal, de nos vaisseaux, de nos matelots ; ils égorgent nos défenseurs; un tribunal anglais rend dans cette ville des arrêts de mort contre les Français; ils emportent sur leurs vaisseaux le reste de la population républicaine qu'ils n'ont pas eu le temps d'assassiner, comme ils transportent les nègres des côtes d'Afrique, afin que lorsqu'ils seront chassés de ce port, ils ne nous laissent que la corruption et les vices dont ils auront souillé Toulon.

Mais les ennemis éternels de la France, en comblant la mesure des crimes du plus corrompu de tous les gouvernemens, sont vaincus en lâcheté et en barbarie par les indignes Français qui les ont appelés, et par les députés infidèles qui leur ont vendu la liberté et la patrie.

Marseille et Bordeaux étaient réservés au même sort. La faction dominante avait parlementé avec l'amiral Hood. Ils attendaient son escadre; l'exécution entière de la conspiration dans le Midi ne tenait qu'à la jonction des Marseillais avec les Lyonnais et les bataillons du Jura, qui fut empêchée par la victoire de l'armée républicaine et par la prompte réduction de Marseille.

L'étendard de la rébellion flottait aussi dans la Corse. Paoli et les administrateurs de cette île étaient en correspondance avec les conjurés de la Convention; une lettre adressée par eux à Vergniaud, et qui est entre les mains du comité de sûreté générale, prouve ce fait. On y invite ce député et ses complices à délivrer la Corse des commissaires envoyés par la Convention pour la rendre à la République.

La marche des conjurés fut en tout conforme à celle des ennemis de la France, et surtout des Anglais.

Pitt voulait déshonorer dans l'Europe la République naissante: Brissot et ses complices ont pris à tâche de la calomnier; ils n'ont cessé de peindre tous ses défenseurs comme des brigands et comme des hommes de sang: leurs écrits et leurs discours ne différaient en rien de ceux des ministres anglais et des libellistes qu'ils payaient.

Pitt voulait avilir et dissoudre la Convention : ils ont mis tout en œuvre pour l'avilir et pour la dissoudre.

Pitt voulait assassiner les fidèles représentans du peuple : ils ont tenté plusieurs fois de faire égorger une partie de leurs collègues ; ils ont assassiné Marat et Lepelletier.

Pitt voulait détruire Paris ; ils ont fait tout ce qui était en eux pour le détruire.

Pitt voulait armer toutes les puissances contre la France; ils ont déclaré la guerre à toutes les puissances.

Pitt voulait faire conduire les soldats de la République à la boucherie par des généraux perfides : ils ont mis à la tête de nos armées tous les généraux qui nous ont trahis pendant le cours de deux années.

Pitt voulait nous ôter l'appui des peuples même qui étaient nos alliés naturels : ils ont employé les ressources de la diplomatie et le ministère de Lebrun, pour les éloigner de notre cause : ils ont confié à des traîtres les ambassades comme les commandemens des armées.

Pitt voulait démembrer la France et la désoler par le fléau de la guerre civile : ils ont allumé la guerre civile et commencé le système de démembrement de la France.

Pitt dans ce partage odieux voulait attribuer au moins un lot au duc d'York, ou à quelque autre individu de la famillle de son maître: Carra et Brissot nous ont vanté Yorck et Brunswick : ils ont été jusqu'à nous les proposer pour rois, et York a pris possession de Condé et de Valenciennes.

A Paris même, l'espèce d'hommes que Brissot et les députés girondins protégeaient, l'espèce qui les vantait, qui les plaint, qui les défend, ose appeler hautement le duc d'York comme le libérateur de la France. Pitt convoitait surtout nos ports ; ils ont opéré la contre-révolution, principalement dans nos villes maritimes. Ils lui ont livré le plus important de nos ports et nos vaisseaux. Le tyran de l'Angleterre règne dans Toulon ; il a cru voir le moment d'entrer à Dunkerque : il menace de ses escadres, il veut corrompre avec ses guinées, tous les ports de la République.

Pitt voulait perdre nos colonies : ils ont perdu nos colonies. Brissot, Pétion, Guadet, Gensonné, Vergniaud, Ducos, Fonfrède, ont dirigé les opérations relatives à nos colonies, et nos colonies sont réduites à la plus affreuse situation. Les commissaires coupables qui les ont bouleversées de fond en comble, Santhonax et Polverel, sont à la fois leur ouvrage et leurs complices. C'est en vain qu'ils ont essayé de déguiser leurs projets perfides, comme ils ont longtemps caché celui de ressusciter la royauté en France, sous les formes de la république : il existe des preuves même littérales de leur corruption dans la correspondance du nommé Raimond, leur coopérateur et leur créature. Raimond pressurait les hommes de couleur, pour partager leur substance avec Brissot, Pétion, Guadet, Gensonné, Vergniaud : ils étaient législateurs, et leurs opinions sur les colonies étaient un objet de trafic ; leur langage même ne diffère pas de celui des tyrans ligués contre nous.

Lisez la proclamation de l'amiral Hood aux Toulonnais et aux départemens méridionaux ; lisez celle du duc d'York, celle du duc de Brunswick : vous croirez lire les libelles de Brissot, de Louvet, de Carra, de Vergniaud, de Gensonné, de Dulaure, les adresses des administrateurs fédéralistes, les manifestes où les rois et leurs généraux disent qu'ils veulent extirper en France l'anarchie, faire cesser le règne des factieux, qu'ils veulent ramener les Français au bonheur et à la véritable liberté.

De même Brissot, les députés, ainsi que les administrateurs ses complices, ne cessent de protester que leur unique but est d'extirper l'anarchie : ils promettent aux aristocrates la paix et la liberté, s'ils ont le courage de se liguer pour exterminer les défenseurs de la République : ils font sans cesse entrevoir au peuple la tranquillité et l'abondance avec un roi.

Ce qui les distingue des tyrans, c'est qu'ils ont imprimé à tous leurs crimes le caractère odieux de l'hypocrisie. Ils ont créé la science infernale de la calomnie : ils ont appris à tous les ennemis de la révolution l'art exécrable d'assassiner la liberté en adoptant son cri de ralliement : ils n'ont levé leur masque qu'à mesure qu'ils ont vu croître leur puissance. L'un des secrets les plus importans de leur politique, fut d'imputer d'avance aux amis de la patrie tous les forfaits qu'ils méditaient, ou qu'ils avaient déjà commis. Ils ont presque flétri le nom même de la vertu en l'usurpant : ils l'ont fait servir au triomphe du crime.

Nos villes livrées ou incendiées, nos campagnes ravagées, nos femmes et nos enfans égorgés par les barbares satellites du despotisme, l'élite de la nation immolée, l'opinion publique dépravée, les mœurs publiques altérées dans leur naissance par des leçons continuelles d'intrigue et de perfidie; de guerres éternelles, de corruption et de discorde.

Il résulte des faits qui viennent d'être exposés :

1° Qu'il y a existé une conspiration contre l'unité et l'indivisibilité de la République, contre la liberté et la sûreté du peuple français ;

2° Que tous les individus qui seront ci-après dénommés en sont coupables, comme en étant les auteurs ou les complices.

(*Voyez ces noms p.* 411.)

Le président aux accusés. Voilà ce dont les représentans du peuple vous accusent; vous allez entendre les dépositions orales qui sont à votre charge; les débats s'ouvriront ensuite.

Chauveau, défenseur officieux. La cause qui occupe maintenant le tribunal, est célèbre en ce qu'elle intéresse en quelque sorte toute la République. La loi accorde aux accusés la plus grande latitude dans leur défense; cependant les pièces à leur charge ne leur ont point encore été communiquées ; ce retard empêche de proposer leurs moyens de justification ; je les demande en leur nom, et je prie le tribunal d'examiner dans sa sagesse l'objet de ma réclamation.

L'accusateur public. Plusieurs des pièces demandées ne sont point parvenues ; d'autres sont encore sous le scellé ; elles me seront remises ce soir, et je les remettrai aux défenseurs des accusés.

On procède à l'audition des témoins.

Jean-Nicolas Pache, maire de Paris, déclare connaître Brissot, Gensonné, Vergniaud, Duprat, Carra, Lasource, Sillery et Fauchet. Voici le précis de sa déposition :

J'ai remarqué dans la Convention nationale, depuis mon entrée au ministère, une faction dont toutes les actions tendaient à la ruine de la République. Ce qui m'a confirmé dans ce soupçon, c'est la demande d'une force départementale faite par les accusés, afin de fédéraliser la République, et la protection qu'ils ont accordée au traître Dumourier, dont ils devaient connaître les infâmes projets.

Devenu maire de Paris, je fus plus à portée de suivre la marche des accusés. Dumourier menaçait de marcher sur Paris : cette ville était sans subsistances. Je me transportai au comité des finances de la Convention, pour solliciter les fonds nécessaires à son approvisionnement. Les membres de ce comité, composé en partie des agens de la faction, s'opposèrent avec opiniâtreté à ce que les fonds fussent délivrés au maire.

La trahison de Dumourier avait décidé la commune de Paris à faire fermer les barrières. Le comité de sûreté générale d'alors trouva cette mesure nécessitée par les circonstances, contraire aux lois, et l'un de ses membres alla jusqu'à dire que si le lendemain les barrières n'étaient ouvertes, il fallait mettre les officiers municipaux en état d'arrestation.

Arrivé à l'époque de l'établissement de la commission des Douze, j'ai regardé sa création faite sur la proposition de Guadet, comme contraire à tous les principes, et comme étant l'ouvrage de la faction. Je vis que les arrestations que cette commission commanda, avaient pour objet de déterminer une insurrection contre la Convention nationale, afin d'avoir occasion de la calomnier. Voici les faits principaux dont j'ai été particulièrement témoin.

Le citoyen Pache termine sa déposition, en disant que les faits qui lui ont acquis la conviction qu'il existait dans la Convention nationale une réunion d'hommes opposés à l'établissement d'un gouvernement populaire sont publics et connus de tous les citoyens; que pour les rappeler tous, il faudrait qu'il eût à la main l'histoire presque entière de la révolution.

Les accusés interpellés de répondre, aucun des prévenus ne nie que le parti ne soit coupable de ces faits : mais plusieurs avancent qu'ils n'y ont pas pris part individuellement. Ils s'accordent à rejeter les fautes les plus graves sur leurs complices contumaces, tels que Guadet, Barbaroux, etc.

L'accusé Brissot obtient le premier la parole.

Le président. Brissot, avez-vous quelques observations à faire sur la déposition du témoin?

L'accusé Brissot. Citoyen président, je vous prie d'interpeller le témoin de dire quel est le membre du comité des finances qui s'opposa à ce qu'on approvisionnât Paris?

L'accusateur public. Il faut d'abord que l'accusé fasse des observations générales sur la déposition du témoin : ensuite il fera des interpellations, s'il le croit utile à sa défense.

L'accusé Brissot. Je n'ai aucune observation à faire, le témoin ne m'a point inculpé.

Le président accorde la parole à Vergniaud.

L'accusé Vergniaud. La déposition du témoin se renferme dans un vague tel qu'il est impossible d'y répondre d'une manière positive; cependant je vais essayer de le faire.

Si le témoin était juré, je conçois qu'il pourrait s'exprimer ainsi; mais il ne l'est pas, et comme témoin, il doit articuler des faits à preuves matérielles, et non pas à conviction.

Il a dit 1° Que la faction avait voté pour l'établissement de la force départementale, et il en a tiré la conséquence qu'elle voulait fédéraliser la République. Ceci s'adresse à tous les accusés;

les uns ont voté pour cette force, les autres contre, et j'étais de ce nombre; ainsi ce fait ne peut m'être imputé;

2° Que la plus grande protection avait été accordée à Dumourier. Cette accusation porte-t-elle sur tous les accusés? Je l'ignore. Quant à moi, je n'ai jamais accordé de protection à Dumourier;

3° Que le comité des finances lui avait refusé des fonds pour l'approvisionnement de Paris. Je n'ai jamais été membre de ce comité.

L'accusé Carra. J'ignore si le témoin a voulu parler de moi, mais je déclare n'avoir jamais appartenu à aucun des comités dont il a parlé. Quant à la force départementale, mon opinion était contraire à cette proposition, on peut s'en assurer en visitant les journaux. Ainsi ce que dit le témoin ne me regarde nullement.

Les accusés Duprat et Lesterpt-Beauvais font les mêmes déclarations que Carra.

L'accusé Vigée. Le témoin ne m'a pas reconnu; cela n'est pas étonnant, j'étais encore le 27 avril à la Vendée, ce ne fut que le 2 mai que j'entrai, pour la première fois, à la Convention; ainsi, si l'établissement de la commission des Douze est le résultat d'une intrigue, elle m'était absolument étrangère.

Lasource. Il y a peut-être dans ce qu'a dit le témoin quelque chose qui me regarde : j'étais membre du comité de sûreté générale, lorsqu'il fut réuni au comité des finances, je demande au témoin si je votai contre les fonds demandés par la commune.

Le témoin Pache. Le 28 mai, à l'occasion de l'arrestation d'Hébert, je me rendis à la commission des Douze : les nouvelles qu'on y répandait étaient alarmantes, mais elles venaient de la part des malveillans : je calmai les inquiétudes qu'elles pouvaient faire naître et je dis à Viger que le bruit qu'on répandait, qu'il y avait un projet de dissoudre la Convention, était idéal et absurde, mais je dois dire, continue le témoin Pache, que je remarquai, parmi les membres de cette commission, des dispotions anti-populaires.

Quant à l'interpellation de Lasource, la séance du comité des finances dont il a parlé n'est pas celle que j'ai citée.

L'accusé Vigée. Le témoin dit avoir reconnu des dispositions anti-populaires dans la commission des Douze : ce fait ne peut me regarder, puisqu'il a d'abord déclaré qu'il ne me connaissait pas.

Le président. Boyer, quelle était votre opinion sur les arrestations arbitraires faites par la commission des Douze?

L'accusé Boyer. Mon opinion sur les arrestations n'était pas conforme à celles de nos collègues, et la Convention nationale m'en a su gré dans le temps, puisqu'elle m'exempta du décret d'arrestation prononcé contre eux.

Quant à la déposition du témoin, je répondrai que je n'ai point été d'avis de la garde départementale.

L'accusé Vigée. On a annoncé qu'un magistrat du peuple avait été arraché, la nuit, à ses fonctions, par les ordres de la commission des Douze; le délit ne doit pas être imputé à la commission, c'est la faute de celui qui a exécuté ses ordres.

Le président à Vigée. Avez-vous concouru à l'arrêté de la commission, contre Dobpsen et Hébert?

L'accusé Vigée. Je n'ai point concouru à l'arrêté contre Dobpsen; quant à celui contre Hébert, je ne me le rappelle pas; mais dans tous les cas, j'aurais agi d'après ma conscience, et la constitution m'assure l'inviolabilité pour mes opinions.

Le président. J'observe à l'accusé que la constitution défend les actes arbitraires, et que l'arrestation d'Hébert en était un. En vain, dit-il, qu'il ne se rappelle pas s'il a signé le mandat d'arrêt lancé contre ce magistrat, il est convenu avoir assisté aux débats de la commission, relatifs à cette arrestation. La conséquence naturelle que l'on doit tirer de cet aveu, est qu'il en a signé l'ordre.

L'accusé Vigée. Il faut d'abord savoir ce que le citoyen entend par un acte arbitraire : ce que j'entends, moi, par ce mot, est un homme qui, de vive force et au mépris des lois, prive un citoyen de sa liberté, ou lui fait un tort quelconque ; mais lorsqu'on agit en vertu de la loi, on n'est point coupable d'acte arbitraire. Ainsi j'ai pu signer l'arrestation d'Hébert.

Le président. Remarquez, citoyens jurés, que je ne fais pas un reproche à l'accusé d'avoir exécuté la loi, mais bien d'avoir outrepassé les pouvoirs qu'elle lui accordait.

Je vous demande maintenant, Vigée, si avant votre arrestation vous avez été lié d'amitié avec quelques-uns des accusés?

L'accusé Vigée. J'étais depuis trop peu de temps à la Convention pour en connaître particulièrement aucun.

Le président. Fonfrède, connaissez-vous les signataires des arrêtés de la commission des Douze?

L'accusé Fonfrède. Je ne me rappelle pas les noms de ces signataires, mais je puis dire n'avoir voté pour aucun mandat d'arrêt.

Le président. Boileau, avez-vous concouru aux arrêtés de la commission des douze?

L'accusé Boileau. Je demande à faire ma profession de foi sur cette commission : les divers partis qui existaient dans la Convention m'ayant persuadé qu'il y avait parmi eux de faux patriotes, je regardai la commission des Douze comme pouvant les démasquer; qu'ayant entendu dans les couloirs de l'assemblée des aristocrates faire les propositions les plus incendiaires contre les appelans, je crus qu'en les faisant connaître à la commission je rendrais un grand service à la République.

J'avoue que j'ai voté pour l'arrestation de deux citoyens; mais ils avaient dit que le foyer de contre-révolution était parmi les appelans. Il était prudent de prévenir les violences dont ces derniers pouvaient être menacés.

Si l'établissement de la commission des Douze est la suite d'un complot, il paraît que les meneurs ne m'en ont nommé membre que pour inspirer de la confiance; car j'avais, ainsi que la Montagne, voté la mort du tyran, et si j'ai été quelquefois opposé aux patriotes qui la composent, je suis maintenant désabusé sur son compte, et je suis à présent franc montagnard.

Le président. Fonfrède, assistiez-vous exactement aux séances de la commission ?

L'accusé Fonfrède. Non.

Le président. Vous rappelez-vous d'y avoir vu quelques-uns des accusés qui n'en étaient pas membres ?

L'accusé Fonfrède. Je ne m'en rappelle pas.

Le président. Cependant plusieurs d'entre eux y allaient, et de concert avec les meneurs, en dirigeaient les opérations.

L'accusé Fonfrède. J'étais président de la Convention, et je n'allais pas exactement au comité.

Le président. Et vous, Vigée, y étiez-vous exact ?

L'accusé Vigée. J'y allais tous les jours, mais je ne m'y trouvai pas le jour où des mandats d'arrêts furent lancés.

Le président. Vous êtes-vous réunis ailleurs qu'au lieu ordinaire des séances du comité ?

L'accusé Vigée. Une seule fois, dans le local du comité des domaines.

Le président. Gensonné, vous pouvez répondre aux faits énoncés par le témoin.

L'accusé Gensonné. Je déclare n'avoir jamais été membre ni du comité des finances, ni de la commission des Douze ; j'ai appartenu au comité de sûreté générale, et je m'y trouvai le jour où la commune avait fait fermer les barrières de Paris ; je dis au maire, qui y vint. Cette mesure est contraire aux lois, et je vous conseille de faire ouvrir les barrières le plus tôt possible.

Le président. Niez-vous avoir fait la menace de faire arrêter les magistrats du peuple qui avaient ordonné la fermeture des barrières ?

Le témoin Pache. La menace fut faite par Guadet ; mais les membres présens, à l'exception de Cambacérès et de Delmas, l'approuvèrent. Delmas, indigné de la proposition de Guadet, la réfuta avec véhémence.

L'accusé Vergniaud. Je ne sais pas si le témoin est venu deux fois au comité pour le même objet ; je m'y trouvai une fois, et je le prie de déclarer si je n'appuyai pas la mesure de fermer les barrières lorsqu'il eut déclaré que ce n'était qu'une garde de sûreté qu'on voulait y établir.

Le citoyen témoin dit avoir été menacé, ce ne fut pas par moi, et je le prie de l'attester.

Le témoin Pache. Vergniaud n'était pas à la séance dont j'ai parlé.

Les accusés Gensonné et Brissot déclarent qu'ils blâmèrent l'emportement qu'on a montré, et principalement Guadet, à l'égard du maire de Paris.

Le président. Citoyen témoin, quels sont les membres du comité des finances qui se sont le plus opposés à la délivrance des fonds nécessaires à l'approvisionnement de Paris?

Le témoin Pache. Fermont et Mazuyer.

Le président. Gardien, étiez-vous exact à la commission des Douze?

L'accusé Gardien. J'ai été membre de la commission des Douze; mais je n'ai point concouru à sa formation : étonné de ma nomination, j'en demandai la cause; on me répondit que c'était parce qu'on me connaissait travailleur. Cette commission organisée, *Buzot, Barbaroux, Gorsas,* s'y présentèrent, et dirent qu'ils tenaient le fil d'une grande conspiration, et qu'ils allaient nous le donner. Plusieurs citoyens firent des déclarations, elles ne me prouvèrent pas l'existence d'une conspiration; je remarquai seulement que parmi les déclarans il s'en trouvait que le patriotisme portait à cette démarche; d'autres y étaient entraînés par l'aristocratie.

Je fis subir un interrogatoire au citoyen Dobpsen, qu'on m'annonça être l'un des chefs de ces prétendus conspirateurs. Voyant le contraire, je réclamai fortement contre le mandat d'arrêt lancé contre lui; j'ai ensuite donné ma démission de membre de la commission des Douze; voilà, citoyens jurés, ma conduite pendant tout le temps que j'y suis resté.

Le président. Avez-vous connaissance d'un arrêté de cette commission pour obliger le tribunal révolutionnaire à aller interroger les citoyens qu'elle faisait mettre en prison, et n'est-ce pas vous qui avez écrit au tribunal pour cet objet?

L'accusé Gardien. Oui, n'ayant point reçu de réponse, je récrivis une seconde lettre.

Je prie le citoyen Pache de déclarer s'il m'a vu à la commission.

Les accusés Valazé, Fauchet, Sillery et Antiboul, déclarent n'avoir appartenu à aucun des comités dont s'est plaint le témoin.

On entend un autre témoin.

Chaumette, procureur de la commune de Paris. Je regarde comme fondé sur la vérité, l'acte d'accusation ; j'y ajouterai seulement quelques faits qui sont plus particulièrement à ma connaissance.

Lors du départ des commissaires, Santonax et Polverel, pour Saint-Domingue, je travaillais chez Prudhomme. Santonax qui y avait autrefois travaillé, vint un jour me trouver, et me dit : « Brissot *m'a fait avoir* une commission pour les colonies, voulez-vous partir avec moi en qualité de secrétaire ? » il entra ensuite dans quelques détails, et me demanda si je connaissais le caractère des habitans de ce pays, et si j'avais des notions sur la nature de l'insurrection qui s'y manifestait ; je dis alors franchement ce que je pensais sur ceux qui avaient perdu cette portion de la République française. La suite de la conversation me prouva que j'avais affaire aux agens de quelques ambitieux.

Pendant le cours de notre entretien, Santonax me fit avoir, avec son collègue Polverel, une commission secrète qui les mettrait à l'aise ; il disait avoir de grandes choses à faire ; citoyens, ces grandes choses sont faites, ces commissaires se sont fait proclamer *rois* en Amérique ; ils se sont établi un trône sur les crânes sanglans des habitans de la colonie, et vous devez juger le mérite de ceux qui les ont nommés à cette mission, et qui les ont dirigés. A la suite de cette conversation, je refusai net leurs propositions ; je fis plus, je dénonçai ce que je pouvais craindre d'une pareille mission ; vous voyez que la suite a justifié mes craintes.

Santonax me renouvela cependant encore la proposition de

partir avec lui; je le refusai, et je lui dis que l'opinion qu'il portait dans la colonie, n'était pas la mienne; que j'avais toujours été pour la liberté des nègres. Ce fait, citoyens jurés, prouve que Brissot est en partie l'auteur des désastres de nos colonies.

Quant aux grands chefs d'accusation, certes, j'aurai beaucoup de choses à dire.

Dans l'assemblée législative, j'ai toujours vu Brissot opposé au vœu des hommes qui voulaient le bien de la patrie; ses liaisons avec les ministres justement abhorrés, son empressement à se fourrer dans les comités, à se liguer avec les députés qui avaient des talens transcendans; ses opinions sur La Fayette avant l'époque du massacre au Champ-de-Mars; la conduite astucieuse qu'il tint à cette époque; enfin, la scission qu'il opéra dans la société des Jacobins, par ses discours sur la guerre; l'assemblée de *la réunion* qu'il forma, et dont il était l'ame, afin de neutraliser la société des Jacobins; son opiniâtreté à nous faire déclarer la guerre lorsque nous étions hors d'état de la soutenir, tout cela me rendit cet individu plus que suspect, et me démontra l'origine de la coalition qui depuis a causé tous les maux de la République.

Alors nos malheurs commencèrent par une division funeste entre les patriotes; division qui donna à l'assemblée législative cette effrayante majorité pour la cour : on vit les accusés faire de grands discours, qui tous se terminaient par des *messages au roi;* on vit attaquer la cour à demi, afin de lui procurer des victoires, et doubler son énergie. Il n'est personne qui ne se souvienne de la honteuse séance où l'on jura *exécration à la République.*

Nos maux augmentèrent au point de nous pousser au désespoir : alors la sainte fureur dont le peuple était agité le porta à demander la déchéance du roi. Les accusés s'y opposèrent au point qu'ils firent casser et blâmer deux arrêtés des sections de Bon-Conseil et de la Fontaine de Grenelle, où l'on prononçait le vœu du peuple à cet égard.

L'excès de nos maux amena la journée du 10 août. Je reproche aux accusés d'avoir donné asile au tyran, et d'avoir accueilli, avec mépris, les députations de la commune révolutionnaire. Je reproche à Vergniaud la réponse qu'il fit au tyran, dans laquelle il lui proteste que l'assemblée ferait respecter son autorité, et mourrait plutôt que de souffrir qu'on lui portât atteinte. Je reproche à Vergniaud le projet de décret qu'il présenta pour la déchéance, dans lequel il affecta la douleur la plus profonde de voir tomber un trône pourri par le crime.

Je lui reproche d'avoir voulu conserver la royauté, en faisant décréter, dans la séance même du 10 août, qu'il serait nommé, dans le jour, un gouverneur au *prince royal*.

Je vais préciser les faits.

Le lendemain de cette glorieuse révolution, qui de vous n'a pas été indigné de la fameuse proclamation faite par les accusés ; proclamation injurieuse au peuple de Paris, dans laquelle on lui enjoignait le respect pour les personnes et les propriétés, comme s'il pouvait jamais s'écarter de ce devoir sacré ; et au moment même où on avait vu ce peuple, toujours vertueux et magnanime, faire justice sur le lieu même du délit, de tout homme qui se permettait le moindre vol ; proclamation astucieuse et criminelle, dans laquelle, sans dissimuler les crimes de Louis XVI, on cherchait à intéresser le peuple en faveur de son fils, qu'on osait appeler l'*espoir de la nation*. Je tirai la conséquence de cette proclamation, qu'on avait dessein de paralyser le mouvement du peuple.

L'acte d'accusation parle de la douleur que manifesta Vergniaud lorsqu'il proposa la mesure, trop douce, de la suspension du tyran ; certes, témoigner de la douleur dans cette circonstance, c'était assez dire que l'on était criminel.

Lorsque Capet vint se réfugier dans l'assemblée législative, et qu'il osa dire qu'il y venait pour épargner un crime, Vergniaud lui fit cette étrange réponse : « Sire, vous pouvez compter sur la fermeté des représentans du peuple ; ils sont tous résolus de faire respecter les autorités constituées ; ils mourront auprès de votre personne plutôt que de souffrir qu'il y soit porté atteinte.

C'était donc une révolution monarchique qui s'opérait dans la tête de ceux qui parlaient ainsi ; ils ne désiraient donc pas la République qui venait d'éclore.

La suite de ma déposition prouvera que la faction avait voué une haine éternelle à ceux qui désiraient la mort du tyran.

Je reproche aux accusés connus et désignés sous le nom de cette faction, d'avoir, depuis cette époque, constamment réuni leurs efforts pour neutraliser la force du peuple de Paris ; d'avoir, sans relâche, vexé, calomnié la célèbre Commune du 10 août, dont tous les mouvemens tendaient à l'établissement de la République.

Le pouvoir exécutif envoya des commissaires dans les départemens pour encourager les citoyens à s'opposer aux progrès des Autrichiens et des Prussiens ; j'étais de ce nombre ; plusieurs commirent des fautes, et ceux-là trouvèrent des protecteurs, tandis que, nous, occupés, uniquement occupés à lever des armées pour la défense de Verdun, nous n'eûmes en partage que les calomnies de Roland et des accusés ; ils firent plus, ils entraînèrent dans des cachots plusieurs de nos collègues, et envoyèrent dans les départemens des contre-commissaires de leur façon, pour détruire notre ouvrage, des assassins pour nous faire périr. Miller, qui venait de se couvrir de gloire dans la Vendée, manqua d'être assassiné en remplissant la mission dont il était chargé.

Ils employaient la même voie à répandre des milliers d'écrits tous injurieux à Paris, tous calomnieux, tous tendant à séparer les départemens les uns des autres, et à commencer ainsi leur grand œuvre du fédéralisme. J'ai vu de ces commissaires me troubler dans mes opérations, et n'employer leur mission qu'à proclamer les vertus de *Brissot* et de *Roland*. Les citoyens Momoro et Dufourny se rappelleront de deux de ces émissaires qui n'ont cessé de nous suivre pour empêcher que nous fissions germer les idées de République, calomnier Paris, et vanter Brissot et Roland. A Caen, surtout, leur audace était à son comble.

Les journées du mois de septembre arrivèrent ; j'étais alors à Caen où je recevais les papiers publics ; je ne saurais vous peindre mon étonnement et mon indignation en voyant les mêmes hommes qui, dans la Convention, ne cessaient de déclamer contre cette époque malheureuse, écrire dans un sens contraire. A l'appui de ce que j'avance, je cite une lettre de Brissot insérée dans le journal de Gorsas, où, parlant de ces événemens, Brissot s'exprime ainsi : Cette journée est juste, terrible, mais l'effet nécessaire et inévitable de la colère du peuple. Cependant c'est l'auteur de cette lettre qui depuis est devenu le coryphée de l'aristocratie, en déclamant sans cesse contre cette journée, et en se servant du prétexte de ces scènes malheureuses pour calomnier les patriotes, et animer les départemens contre Paris.

En vain la Commune de Paris voulut-elle éclairer ses frères des départemens, la faction s'y opposa, et lui fit un crime de vouloir se justifier.

La Commune de Paris, nouvellement réorganisée, se présenta à l'assemblée pour lui lire une pétition ; tout le monde a eu connaissance de ce fait : eh bien ! il n'y a pas d'horreurs qu'on n'ait débitées, à cette époque, sur son compte ; Gensonné osa mentir à la France entière, en disant que la Commune de Paris venait demander l'arrestation de tous les ministres ; indigné que sur ce motif l'assemblée refusât de nous entendre, je fis demander Gensonné, et lui donnai lecture de l'adresse dont j'étais porteur ; il me dit qu'il avait été trompé, prit la pétition, et me promit d'en donner lecture à la Convention. Cette lecture n'a pas été faite.

Alors la Commune arrêta l'impression de cette adresse, et l'envoi au véritable souverain, au peuple si indignement trahi par quelques-uns de ses mandataires. Roland la fit arrêter à la poste, et il nous dénonça à la Convention. On avait répandu dans cette dénonciation l'idée de certain complot, et il ne s'agissait pas moins que de nous décréter d'accusation.

Nous fûmes mandés à la barre ; je prononçai avec quelque

véhémence un discours dans lequel la vérité y paraissait si nue, qu'elle fit pencher en notre faveur la majorité respectable de la Convention ; nous échappâmes encore cette fois au piège que nous avait tendu la faction.

Cependant, pour avoir été vaincue, la faction ne perdit pas l'espoir de nous accabler ; les dénonciations recommencèrent à pleuvoir sur nous, et l'on nous accusa d'avoir volé les diamans de la couronne et de ne vouloir rendre aucun compte de notre administration ; nous préparions le compte, et trois mois s'écoulèrent avant que nous pussions obtenir la permission de le présenter : ces entraves qu'on mettait à notre admission me parurent être un moyen employé par des accusés, pour calomnier Paris.

Quelque temps après la Commune de Paris fut cassée ; mais le bon esprit du peuple le porta à renommer les mêmes membres. Vous devez remarquer, citoyens jurés, par la peine que se donnaient les accusés pour désorganiser la Commune, qu'ils avaient envie d'en réorganiser une qui leur fût favorable ; heureusement ils n'y parvinrent pas.

Enfin arriva la trahison de Dumourier ; ce traître menaçait de faire marcher son armée sur Paris. Je me rendis avec les autorités constituées de cette ville au comité de défense générale de la Convention ; après avoir émis mon opinion sur les mesures qu'il convenait de prendre dans les circonstances, Vergniaud me dit : je ne vous connaissais pas, ce que j'ai dit contre vous je m'en repens bien sincèrement ; mais, pour parler ainsi, vous m'aviez donc calomnié, Vergniaud ?

« Il fallait des subsistances à Paris (et sur ce fait je prie les jurés d'interpeller le maire), des achats considérables étaient faits ; mais nous manquions de fonds pour les payer ; par la menace de Dumourier, Paris était devenu ville de guerre ; c'était donc aux dépens de la République qu'il fallait l'approvisionner ; vingt fois le maire s'est présenté au comité des finances, et, presque à genoux, il a réclamé des subsistances pour le peuple de Paris, et n'a essuyé que des refus et des duretés, et, fatigué de sa sollicitude, on a fini par lui fermer la porte sur le nez.

Dès ce moment, la disette s'est fait sentir à Paris, et si Dumourier eût pu déterminer son armée à trahir, c'en était fait de la liberté française.

Il fallut toute la surveillance de la Commune de Paris pour réparer le mal qu'avait occasionné le refus du comité des finances, et je reproche aux accusés les mouvemens qui ont eu lieu à Paris à l'occasion des subsistances.

Je leur reproche une scène odieuse qui se passa au comité des finances, et dont le citoyen Pache peut rendre compte; scène dont les conjurés étaient les principaux auteurs, et qui dans la suite a servi à affamer Paris, et à lui faire refuser tous moyens de subsistances.

Je reproche à Ducos d'être venu, après le pillage du sucre, réclamer la liberté d'un domestique d'un Anglais pris en flagrant délit. Je lui reproche, après être convenu que la municipalité de Paris méritait des éloges, de l'avoir déchirée dans les papiers publics. Je reproche aux accusés en général une lettre de Dumourier, datée de deux jours avant les mouvemens de la rue des Lombards, arrivée le jour même des mouvemens, et dans laquelle Dumourier dit positivement ces mots : *Tandis que Pache fait massacrer et piller dans la rue des Lombards*; or, comment Dumourier aurait-il dit ces choses, si ceux avec lesquels il était en correspondance ne lui avaient pas écrit : *Nous ferons piller tel jour, profitez-en.*

La trahison de Dumourier avait déterminé la Commune a établir une garde de sûreté aux barrières; des aides-de-camp de ce traître et de Miazinsky étaient à Paris, il fallait les arrêter. Eh bien! nous fûmes dénoncés pour cette mesure salutaire, et le maire fut injurié par l'un des membres du comité de défense générale; mais notre fermeté prévalut, et nous purgeâmes Paris des traîtres qu'il renfermait.

De cascade en cascade la commission des Douze fut créée; je fus l'un des premiers appelé devant ces nouveaux inquisiteurs;

ils me demandèrent si je savais qu'il existât des complots contre la République; je devais naturellement me défier des hommes avec lesquels j'étais; mais persuadé qu'ils étaient les tyrans de mon pays, je ne pus m'empêcher de leur dire franchement ce que je pensais. On me fit entendre qu'on pouvait me faire arrêter; alors je tirai un pistolet de ma poche, en disant: *Voilà pour le premier tyran qui osera violer en moi les droits sacrés de l'homme et de l'humanité.* Rabaut entra dans cet intervalle, et dit avec cet air patelin que vous lui connaissez: *Pourquoi tout ce bruit? il faut se contenter de la déclaration du citoyen.*

Cette commission voulant ensuite établir un mouvement sectionnaire, fit décréter, après une discussion d'une astuce sans exemple, que les sections de Paris avaient bien mérité de la patrie, en séparant méchamment les autorités constituées, qu'ils voulaient immoler à leur cruelle ambition.

Voilà les œuvres de cette commission qui a fait arracher un magistrat du peuple au milieu de ses fonctions, ce qui vous laisse à juger ce qu'elle se préparait de faire.

L'insurrection du 31 mai éclata; mais les motions les plus incendiaires étaient faites au milieu du comité général des sections qui l'avait médité; j'en arrachai moi-même un certain Espagnol qui avait l'air d'un furieux, et qui est maintenant en prison comme suspect. Je ne doute pas qu'il ne fût jeté dans ce comité par des accusés, afin de servir leurs projets.

Je reproche particulièrement à Valazé d'avoir tenu chez lui des conciliabules nocturnes où se rendaient tous les conjurés, et l'on peut sur ce fait interroger Réal, qui habitait la même maison que lui. Je lui reproche en outre d'avoir couru les postes environnant la Convention pour y faire prendre les armes contre les citoyens qui, pendant le procès du tyran, célébraient sur le Carrousel la fête de la fraternité.

Voilà, citoyens jurés, les faits qui sont à ma connaissance.

Vergniaud. Il est étonnant que les membres de la municipalité, et ceux de la Convention, leurs accusateurs, viennent déposer contre eux.

Chaumette. Ce n'est ni comme membres de la Convention, ni comme magistrats, que nous sommes appelés ici, c'est comme *témoins* ; chaque individu a le droit, comme attaqué personnellement dans une conjuration contre la République, de déposer contre les conjurés, le délateur seul n'aurait pas ce droit ; mais pour l'homme qui a annoncé qu'il tenait des fils de conspiration, c'est un devoir de déposer devant les juges qui l'appellent en témoignage, les faits qui sont à sa connaissance : les ruines fumantes de Lyon, le sang qui a inondé la Champagne et la Vendée, celui qui coula dans le Calvados, les mânes de Beauvais assassiné à Toulon, ceux de Marat, assassiné par une furie à leurs ordres, ceux des patriotes immolés à Marseille et dans la Lozère, déposent avec nous contre les accusés. D'ailleurs, les accusés n'ont pas élevé cette difficulté lorsque, après avoir voté l'acte d'accusation contre Marat, quelques-uns d'entre eux ont déposé contre lui.

L'accusé Brissot. Le premier fait que le témoin a allégué me concerne personnellement, et je vais y répondre. Il a dit que Santonax a attesté qu'il tenait de moi la commission qu'il avait pour les colonies.

Citoyens, vous devez vous rappeler le décret qui envoya des commissaires dans les colonies. Le ministre Lacoste présenta au comité une liste de candidats.

Il me demanda mon avis sur Polverel et Santonax ; je lui dis que je ne connaissais pas particulièrement le premier, mais qu'il jouissait aux Jacobins de la réputation d'un bon patriote ; quant au second, je dis qu'il avait écrit dans le journal de Prudhomme d'excellens articles en faveur des hommes de couleur. Le ministre Lacoste les mit sur la liste des candidats, et ils furent nommés.

Je déclare n'avoir donné à Santonax aucune mission secrète.

Le témoin a dit que j'avais perdu les colonies par mes opinions. Je déclare ici solennellement que chaque fois qu'on me reprochera mes opinions, je m'abstiendrai de répondre.

Quant à la lettre qu'on me reproche d'avoir fait insérer dans le journal de Gorsas, sur les journées du mois de septembre, je ne m'en rappelle pas.

Relativement aux fonds réservés à la Commune pour achat de subsistances, je n'ai jamais été du comité des finances, et j'interpelle le témoin de déclarer s'il m'y a jamais vu.

Quant à la fermeture des barrières, il est étonnant que le témoin mette sur mon compte l'altercation qui a eu lieu entre Delmas et Guadet.

L'accusation relative à la commission des Douze ne porte pas sur moi, n'ayant jamais été de cette commission.

Chaumette. Il est vrai que ce fut de Guadet que Delmas releva l'insolence; mais Brissot doit se rappeler qu'il dit à Delmas : Il y a quelque temps que..... Delmas l'interrompit en lui disant : Oui, il y a quelque temps que nous ne savions pas ce que vous pouviez faire. Delmas avait sans doute des motifs pour s'exprimer ainsi.

L'accusé Brissot. Nous sommâmes Delmas d'expliquer ce qu'il voulait dire par ce propos; il le fit, et après avoir entendu nos réponses, il parut satisfait. Nous lui dîmes aussi : Vous assurez que parmi nous il se trouve des conspirateurs : nous vous demandons, Delmas, de nous dire franchement ce que vous savez à cet égard. Dans ce moment la séance se leva, et nous nous séparâmes.

L'accusé Vergniaud. Je n'aurais point à répondre à ce que dit le citoyen Chaumette, relativement à Santonax, n'ayant jamais connu ce citoyen.

J'arrive à la journée du 10 août. Je ne veux ravir à personne la portion de gloire qu'il a pu recueillir dans cette mémorable journée; mais je ne crois pas avoir à y recueillir de la honte.

Le tocsin a sonné à minuit, je n'étais pas dans le secret de l'insurrection, je savais seulement qu'il devait se livrer un combat entre le peuple et la tyrannie ; c'en était assez pour me déterminer à me rendre à mon poste.

Je présidai l'Assemblée législative jusqu'à huit heures du matin.

On vint annoncer à l'assemblée l'arrivée du ci-devant roi : alors un membre fit la proposition d'envoyer au-devant de lui la députation constitutionnelle ; je ne pouvais que mettre aux voix : personne ne combattit cette demande, elle fut décrétée.

La députation entra dans le sein du corps législatif, et Louis vint prendre la place que lui assignait la constitution.

Quant au décret sur la suspension du ci-devant roi, voici ce que j'ai dit en le présentant : Je viens vous proposer une mesure rigoureuse ; mais je m'en rapporte à votre douleur sur sa nécessité. Alors, citoyens, le sang du peuple coulait, il m'était donc permis de dire en présentant une mesure qui devait l'arrêter ; je m'en rapporte à votre douleur, pour faire cesser ce massacre, car voilà le véritable sens de ma phrase : citoyens, si j'eusse été coupable, serais-je venu l'un des premiers à l'assemblée m'y exposer aux regards du peuple indigné ? non, j'aurais fait comme beaucoup d'autres, je serais resté tranquillement chez moi ; mais au contraire je me rends à mon poste, et c'est l'ame navrée de douleur et sans l'avoir conçue, que j'ai prononcé la phrase dont on me fait maintenant un crime.

Chaumette. C'est dans ce projet de décret que se trouve un article qui donne un gouverneur au prince royal.

Vergniaud. Lorsque je rédigeai cet article, le combat n'était pas fini, la victoire pouvait favoriser le despotisme, et dans ce cas le tyran n'aurait pas manqué de faire faire le procès aux patriotes ; c'est au milieu de ces incertitudes que je proposai de donner un gouverneur au fils de Capet, afin de laisser entre les mains du peuple un otage, qui lui serait devenu très-utile dans le cas où il aurait été vaincu par la tyrannie.

L'accusateur public. Le motif allégué par l'accusé ne me paraît pas le véritable ; car si le tyran eût été victorieux, il se serait peu soucié que son fils eût eu un gouverneur ou non ; cela ne l'aurait pas empêché de poursuivre les patriotes.

L'accusé Gensonné. Dans la déposition du témoin je n'ai que quelques éclaircissemens à donner relativement à l'affaire des colonies ; je ne parlai qu'une seule fois sur cet objet, et ce fut mon opinion qui détermina l'adoption du décret du 24 mars; mais je déclare n'avoir pris aucune part à son exécution, et n'avoir eu aucun rapport avec Santonax que je n'ai jamais vu.

Chaumette. Je n'ai point inculpé Gensonné dans l'affaire des colonies.

L'accusé Gensonné. J'arrive à la journée du 10 août : j'ai présidé l'assemblée législative dans cette journée, depuis midi jusqu'à sept heures du soir.

Je n'ai pas, comme on me l'attribue, appuyé aucune des propositions qui furent faites. Tout le monde sait que les présidens ne délibèrent pas, j'ai mis aux voix le décret qui prononçait la suspension du tyran : et ici qu'il me soit permis de relever une particularité qui m'est honorable, c'est que l'original de ce décret n'a été signé que de Lecointre-Puyravaux, alors secrétaire, et de moi.

On me reproche d'avoir poursuivi la Commune du 10 août et de m'être opposé à ce qu'elle présentât une pétition qui avait pour but le bonheur du peuple. Le jour où la Commune se présenta pour dénoncer le ministre, l'assemblée nationale avait décrété qu'elle n'entendrait ce jour-là aucune dénonciation contre le ministère : ce fut là le seul motif qui l'empêcha d'être admise.

Voilà ce que j'avais à dire sur la déposition du citoyen Chaumette ; s'il a des faits plus précis à articuler contre moi, je suis prêt à répondre.

Chaumette. Indignée des efforts que l'on faisait pour ôter à la Commune de Paris la correspondance qu'elle avait eue jusqu'alors avec ses frères des départemens, elle venait un jour répondre aux calomnies répandues contre elle, lorsque Gensonné expliqua l'adresse que j'avais dans ma poche, et dit que la Commune venait demander l'arrestation de tous les ministres. Roland était encore l'idole de la France. Surpris de ce mensonge et de l'impudence avec laquelle il avait été proféré, je fis appeler plusieurs députés à qui je communiquai ma pétition. Gensonné vint aussi, je la lui fis lire. Il convint qu'il avait été trompé, prit l'adresse dont j'étais porteur en me disant qu'il allait en faire lecture à la Convention. Cette lecture ne fut pas faite. Je demande à Gensonné quels ont été les motifs qui l'ont empêché de tenir sa parole.

L'accusé Gensonné. Je n'en ai aucun souvenir.

Le président. Gardien, savez-vous s'il a été formé une liste des citoyens contre lesquels la commission des Douze devait lancer des mandats d'arrêt?

L'accusé Gardien. Je ne sache pas qu'il y ait eu de liste faite, je sais seulement que pendant quatre jours on fit des dénonciations, et j'avoue que l'aristocratie, plutôt que le bien public, les dirigeait.

Séance du 4 brumaire.

Destournelles, ministre des contributions publiques, est entendu et prête serment.

Le président. Vos noms?

Le témoin. Est-il indispensable que je dise le prénom qui me fut donné à ma naissance?

Le président. Oui.

Le témoin. Je le profère à regret, ce prénom : c'est *Louis*. Mes noms et surnoms sont *Deschamps Destournelles.* Ce dernier est celui que j'ai constamment porté, à dater presque dès mon enfance. Il a été une sorte de signalement par lequel on m'a distingué dans une très-nombreuse famille. Je n'en ai pas changé après le décret du 19 juin 1790, pour ne pas être masqué et réellement *pseudonyme* avec mon nom propre.

Au reste je déclare que ce nom n'était point féodal; car mes parens ne m'ont laissé et n'ont possédé que des biens que l'on nommait roturiers, comme eux-mêmes.

Le président. Quel est votre état?

Destournelles. Je suis ministre des contributions publiques, et auparavant directeur de la régie nationale de l'enregistrement, membre de la Commune du 10 août depuis sa formation, officier municipal, depuis plusieurs mois vice-président du conseil général; je l'étais encore au 31 mai et jours suivans.

Le président. Connaissez-vous les accusés, ou quelques-uns d'entre eux?

Destournelles. Brissot et Carra sont les seuls auxquels j'ai parlé plusieurs fois, mais uniquement à des séances de notre commune section, où ils étaient alors assidus, et à des époques déjà très-reculées, fort antérieures à la Convention, et même à la législative.

Ceux dont je sais les noms, et de qui la figure ne m'est pas inconnue, sont: *Vergniaud, Gensonné, Lasource, Dufriche-Valazé, Fonfrède, Ducos, Fauchet, Sillery* et *Vigée.*

J'ai eu avec Vigée un seul entretien dont je rendrai compte.

Le président. Avez-vous lu l'acte d'accusation?

Destournelles. Oui.

Le président. Dites ce que vous savez des faits y énoncés.

Destournelles. Je n'ai sur Carra qu'un seul fait à articuler: c'est qu'à une séance des Jacobins, dont la date précise ne m'est pas bien présente, il proposa, étant à la tribune, d'appeler au trône de France le duc d'York, fils du roi d'Angleterre. Indigné, comme tous les membres de la société, je joignis ma voix aux mille voix qui n'en firent qu'une seule, pour foudroyer une proposition aussi révoltante.

L'accusé Carra. Le principe unique de ma conduite a été le désir de voir toutes les nations libres, et principalement ma patrie. Lorsque l'assemblée constituante décréta que la France aurait une constitution mixte, c'est-à-dire, moitié monarchique et moitié républicaine, j'ai juré de la maintenir. Mais lorsque je vis les trahisons de la maison Bourbon, j'ai cru, pour l'intérêt de la France, qu'il fallait tâcher de désunir ses ennemis; c'est donc d'après ce principe que j'ai publié : que si Louis XVI continuait à nous trahir, il fallait faire un autre choix. Par le traité de Pavie, la cour de Vienne engageait le roi de Prusse à s'unir avec elle contre la France; et par celui de Pilnitz, elle avait déterminé le roi d'Angleterre, comme duc de Hanovre, à entrer dans la coalition; je craignais donc que l'influence de George n'engageât l'Angleterre à suivre cet exemple. C'est pourquoi je voulus, en parlant du duc d'York, donner à cette maison des espérances.

Le président. Ces espérances ne pouvaient être fondées que sur les intrigues que vous employiez pour faire réussir ce perfide système qui ne tendait qu'à consolider la tyrannie en France. D'ailleurs, avez-vous pu croire qu'un changement de dynastie pût s'opérer en France sans un grand mouvement de toute l'Europe, qui n'aurait pas manqué d'être funeste à la République?

L'accusé Carra. Sans doute il y aurait eu un mouvement; mais il aurait tourné à notre avantage. La maison d'Autriche a bien senti le but de ma proposition, puisqu'elle s'y est constamment opposée.

Le président. Pouviez-vous espérer que l'Espagne, qui croit avoir des droits sur la couronne de France, en aurait laissé prendre paisiblement la possession au duc d'York?

L'accusé Carra. Si maintenant l'Espagne ne peut faire dix lieues sur notre territoire, je vous demande ce qu'elle aurait pu faire, si nous eussions pu nous réunir aux Anglais!

Le président. Comment avez-vous pu vous persuader qu'un tyran, quel qu'il soit, pût faire le bonheur des Français?

L'accusé Carra. J'étais bien loin d'avoir cette opinion; mais en flattant tantôt le duc d'York, tantôt le duc de Brunswick, je suis parvenu à brouiller ce dernier avec la maison d'Autriche, puisque de général qu'il était l'année dernière, il ne commande plus qu'une simple division.

Le président. Vous qui prétendez dans vos écrits avoir témoigné la plus grande horreur pour les rois, comment avez-vous pu vous livrer à une adulation si basse envers Brunswick, jusqu'à dire que s'il venait à Paris on le verrait en bonnet rouge aux Jacobins?

L'accusé Carra. C'était pour humilier la maison d'Autriche, et pour lui rendre suspect Brunswick, que je faisais l'éloge de ce dernier.

Destournelles. Quant à Vigée, je citerai aussi un fait qui nécessite des développemens.

Vigée ne s'est offert qu'une seule fois à ma vue; ç'a été au comité des Douze, peu de jours avant le 31 mai.

Vigée, au moment où j'entrai à ce comité, tenait des propos insultans au maire de Paris. L'amitié, l'estime et le respect que j'ai pour *Pache* ne me permirent pas de souffrir cette arrogance de Vigée. Je l'apostrophai durement ; il me répondit sur le même ton ; mais bientôt ma fermeté le réduisit au silence. Si je ne suis pas exact sur ce fait, que Vigée me contredise.

L'accusé Vigée. Voici le fait : le maire me faisait un récit, tandis qu'on venait nous dire : Le peuple se porte à la Convention nationale. Je lui dis : Il ne s'agit pas de cela ; si vous êtes un homme vertueux, sauvez la chose publique. Il me répondit : Vous allez voir si je suis un homme vertueux, et il sortit.

Destournelles. Si Vigée, en parlant au maire, a reconnu sa vertu, ce n'a pas été en ma présence. Je ne suis pas si ignorant du sens et de la valeur des termes, que j'aie pris un éloge pour un outrage, et il est certain que Vigée insultait Pache au moment où je parus au comité des Douze.

Le président. Pourriez-vous rapporter les propres paroles de Vigée au maire ?

Destournelles. Cinq mois se sont écoulés depuis la scène que je retrace ; il n'est pas possible que je me rappelle les paroles mêmes, et je craindrais de les altérer ; mais j'affirme de nouveau qu'elles étaient insultantes : elles l'étaient au point que je ne pus les entendre sans éprouver un mouvement très-prononcé de colère.

Le président. La réponse même que fit le maire fait voir qu'il avait été provoqué ?

Destournelles. Citoyens, voici le lieu et l'instant où je dois placer le récit de l'acte de tyrannie exercé par la commission des Douze contre un magistrat du peuple, contre Hébert, substitut du procureur de la Commune.

Et d'abord je dois rectifier une erreur existant à ce sujet dans l'acte d'accusation ; il y est dit que la commission *fit arracher, la nuit, de sa maison un magistrat du peuple.*

Ce fut à la maison commune, au parquet, en pleine séance et dans ses fonctions, que l'on osa signifier à Hébert son arrestation, et qu'elle fut effectuée ; je le certifie, comme ayant présidé cette séance.

Jamais rien ne me parut comparable à l'audace de cet attentat, si ce n'est la dignité et la grandeur du magistrat qui en fut l'objet. Il pouvait d'un mot exciter un mouvement populaire, il aima mieux s'y opposer et même le prévenir ; tout ce qu'on lui connaît d'éloquence et de talens, il l'employa pour cet effet. Organe de la loi, il donna l'exemple du premier des devoirs, de l'obéissance à la loi. Il se rendit en prison accompagné et suivi des marques d'estime et de l'expression des regrets de tous ses collègues, de tous ces concitoyens, et sans doute respecté aussi de ceux mêmes qui, en le conduisant, n'exécutaient qu'avec répugnance un ordre aussi tyrannique.... Cependant l'effervescence était au comble dans le conseil général et parmi les citoyens présens à la séance. Je partageais cette disposition patriotique, et sans le respect que je sentis devoir à l'assemblée, à mes fonctions de président, et à moi-même en cette qualité, je ne sais jusqu'où m'eût porté l'indignation révolutionnaire dont j'étais saisi ; il me fallut, pour la contenir, un effort non médiocre.

Maintenant, citoyens, il me reste à parler de ce que je sais des griefs énoncés dans l'acte d'accusation, et des accusés collectivement.

L'examen le plus approfondi de cet acte m'y a fait trouver les idées et l'opinion que j'ai depuis long-temps sur la plupart des accusés.

Cette opinion, je me la suis formée sur leur compte, presque dès l'ouverture de la Convention, mais surtout à dater du procès de Louis Capet. Cette opinion est résultée encore de leur conduite dans la Convention, de leurs discours, de leurs écrits et du ton des journaux qui leur étaient dévoués.

L'appel au peuple et le sursis n'ont été à mes yeux que des moyens déguisés de soustraire le tyran au supplice que méritaient ses crimes.

J'ai cru voir que plusieurs des accusés voulaient maîtriser

l'assemblée, diriger à leur gré la révolution, ne point lui donner toute la latitude qu'elle doit avoir ; qu'ils n'adoptaient point l'égalité tout entière.

J'ai cru voir un système formé de leur part de calomnier, d'avilir Paris et de le perdre, en soulevant contre lui tous les départemens.

Voilà ce qui a motivé mon adhésion formelle, et la signature que j'ai mise des premiers à la dénonciation de la Commune de Paris contre le plus grand nombre de ces mêmes accusés.

Et, ce que j'ai vu avec plus d'évidence, c'est la haine manifestée par ce parti et ses adhérens contre la Commune de Paris, qui n'était animée que de l'amour le plus ardent du bien public.

L'accusé Brissot. Je profite de la présence du citoyen témoin pour donner aux jurés une explication que je crois utile à ma défense.

Je trouve dans l'acte d'accusation ces mots : *Carra et Brissot ont proposé Brunswick et le duc d'York pour roi des Français.* C'est une calomnie qu'il me sera aisé de détruire.

En 1792, je fus dénoncé comme un agent de Brunswick ; la Commune de Paris lança contre moi un mandat d'amener, qui fut converti en une simple recherche dans mes papiers. Trois magistrats vinrent chez moi ; j'aurais pu, comme représentant du peuple, leur interdire toute recherche ; cependant je leur fis voir mes papiers ; il y avait quelques lettres anglaises qu'ils ne purent lire, je leur en fis lecture. Le citoyen Guermeur, l'un des magistrats commis à cette recherche, attesta donc qu'il n'avait rien trouvé de suspect dans mes papiers ; et lorsqu'on me proposa de dénoncer cette vérité à l'assemblée, je refusai de le faire, ne voulant pas réveiller les haines.

Le président. A quelle époque fit-on cette visite de vos papiers ?

L'accusé Brissot. Le 3 septembre 1792.

Le président. L'accusé vient de dire qu'il refusa de dénoncer cette visite, ne voulant pas faire revivre les haines. Eh bien, citoyens jurés, c'est justement à cette époque que la faction poursuivait avec le plus d'acharnement la Commune de Paris.

L'accusé Brissot. Si je pouvais faire remise d'un attentat commis envers un représentant du peuple, je ne pouvais faire remise d'un crime commis envers l'assemblée législative, et à cet égard j'ai dit que parmi les membres de la Commune du 10 août, il y avait des hommes qui voulaient dissoudre l'assemblée; au reste j'ai pu avoir cette opinion sur les individus, mais je déclare que jamais je n'ai calomnié Paris.

Le président. Vous qui étiez membre du comité de défense générale, avez-vous du moins cherché à démentir les diffamations répandues contre Paris?

L'accusé Brissot. J'étais uniquement occupé, dans ce comité, de la partie diplomatique, et je ne me mêlais pas des affaires intérieures.

Claude-Emmanuel Dobpsen, officier municipal, est entendu; il donne des détails sur son arrestation faite la nuit par ordre de la commission des Douze, malgré le décret qui venait de défendre les arrestations nocturnes; il accuse Gardien d'avoir mis de la dureté dans l'interrogatoire qu'il lui a fait subir; il met au jour la conduite tyrannique de cette commission.

Quoiqu'il ne fût accusé d'aucun fait, ce magistrat du peuple fut gardé en chartre privée pendant vingt-quatre heures, sans qu'on lui offrît de se faire apporter ce dont il pouvait avoir besoin; le témoin, pendant cet intervalle, fit faire à ce comité plusieurs représentations tendantes à obtenir de lui son élargissement, ce qui lui fut refusé; il fut conduit à l'Abbaye sur les dix heures du soir; enfin il obtint sa liberté par un décret de la Convention.

Le président au témoin. De qui était signé le mandat d'arrêt qui vous a été signifié?

Dobpsen. Je ne m'en rappelle pas, mais je l'ai conservé, et l'on peut facilement s'en instruire.

L'accusé Gardien. Le citoyen témoin doit se rappeler qu'au moment où il entra dans le comité, nous étions à nous disputer avec ceux qui avaient lancé le mandat; le citoyen me trouva de l'humeur, et c'est une suite de la discussion qui venait d'avoir lieu. Je l'interrogeai, et me convainquant facilement que nous avions été trompés, je demandai qu'il fût mis en liberté; la proposition n'ayant pas été adoptée, je déclarai que je ne suivrais pas l'interrogatoire; je sortis du comité, et n'y suis pas rentré depuis.

Le témoin. Je ne m'aperçus pas dans mon interrogatoire que les membres du comité se repentissent d'avoir lancé contre moi un mandat d'arrêt; Rabaut entra alors, et je lui dis : vous avez commis une erreur, je crois qu'il serait prudent de me renvoyer chez moi, avec promesse de me représenter toutes les fois que j'en serais requis. Rabaut me répondit insolemment : Mais vous croyez donc nous intimider? Pache, qui était présent, offrit de négocier pour moi, et l'on finit par me proposer de me renvoyer chez moi sous la garde de deux gendarmes. Je rejetai cette proposition, n'ayant pas de place pour les loger.

L'accusé Vigée. Je ne suis pas inculpé dans cette affaire, et je ne prendrais pas la parole, si Gardien n'avait pas cherché à se défendre en inculpant ses collègues. Gardien fut celui qui interrogea le citoyen Dobpsen. Je me plaignis de la manière dure dont ils s'acquittèrent de ce ministère; ils lui demandèrent quelle avait été son opinion dans sa section sur plusieurs arrêtés qu'elle avait pris. Le témoin leur répondit en homme libre, et qui ne doit compte à personne de sa manière de voir; alors je m'approchai de Gardien, et je lui dis : Tu interroges là d'une manière indécente! J'entrai ensuite au comité, où je demandai la liberté du citoyen Dobpsen. Mon opinion ne prévalut pas, il fut seulement arrêté que le témoin pourrait se retirer chez lui sous la garde de deux gendarmes; c'est moi qui lui fis part de cette délibération; il me répondit : Je suis logé en vrai sans-culotte, je n'ai que deux chambres, l'une pour ma femme et pour moi, l'autre pour ma fille; vous ne voulez pas sans doute que je loge ces gendarmes avec ma fille?

Le témoin. Le fait est vrai.

L'accusé Gardien. J'interrogeai le citoyen Dobpsen sur une série de questions qui m'avait été remise par le président de la commission des Douze. C'est lui qui est principalement coupable de la violation de la loi dans cette affaire.

(*La suite au prochain volume.*)

FIN DU VINGT-NEUVIÈME VOLUME.

TABLE DES MATIÈRES

DU VINGT-NEUVIÈME VOLUME.

Préface.

Septembre 1793. — Introduction, p. 1. — Commencement du règne de la terreur, p. 4. — L'initiative appartient à la Commune et aux Jacobins, p. 5. — Calendrier républicain, p. 8. — Texte de la loi sur le *maximum*, p. 11. — Mouvemens dans Paris; trahison de Toulon, p. 14. — Discussions aux Jacobins; projet d'une armée révolutionnaire, p. 16. — Désordres au théâtre à l'occasion de la pièce de *Paméla*, p. 18. — Pièce royaliste à un autre théâtre, p. 22. — Discours de Robespierre aux Jacobins, p. 24. — Rassemblement d'ouvriers à la Commune; procès-verbal de la Commune, p. 26-29. — Dénonciation contre Barrère, p. 29. — Robespierre le défend, p. 30. *Convention.* Députation de la Commune, p. 34. — Le peuple envahit la salle, p. 39. — Députation des Jacobins; elle demande que la terreur soit mise à l'ordre du jour; le jugement des Girondins; la création d'une armée révolutionnaire, p. 40. — Décret sur les assignats, p. 42. — Rapport de Barrère, p. 43. — Décrets sur la formation de l'armée révolutionnaire, p. 45. — Propositions contre la débauche, p. 47. — Une solde est accordée aux membres des comités révolutionnaires, p. 47. — Réglement des séances des sections de Paris, p. 47. — Nouvelle organisation du tribunal révolutionnaire, p. 48. — *Séance de la Commune.* Dénonciations diverses, p. 50. — *Convention.* Les fonctionnaires sont tenus de rendre compte de leur fortune, p. 53. — Loi sur les étrangers, p. 54. — Danton propose d'ériger le comité de salut public en gouvernement provisoire, p. 55. — La Commune procède à l'appel nominal et à la censure individuelle de ses membres, p. 55, 56. — Séance des Jacobins, p. 55-57. — Rapports et détails de la trahison de Toulon, p. 60. — Détails sur la victoire de Hondschoote et sur le nouveau système stratégique présenté par Carnot, p. 85-91. — *Séance des Jacobins.* Dénonciations contre le luxe des représentans du peuple; réflexions sur la situation de la Convention, p. 91. — Discussions orageuses, dans la même société, à l'occasion des affaires de la Vendée, p. 99. — Résistance des *Muscadins* à la réquisition, p. 107. — Loi sur les suspects, p. 109. — Pétition des *Enragés* à la Convention, p. 112. — Discours de Robespierre, p. 113. *Séance des Jacobins.* Discussions et dénonciations sur les clubs de femmes qui tiennent pour les *Enragés*, p. 115-121. — Mesures ordonnées par la Commune contre les *jolies solliciteuses,* p. 121. — Arrêté qui ordonne que les femmes porteront la cocarde nationale, p. 122. — Proposition des Hébertistes et des Cordeliers contre l'institution des représentans du peuple, p. 124. — Opposition contre les mesures du comité de salut public pour améliorer les états-majors des armées, p. 125. — Le côté droit de la Convention prend part à cette opposition, p. 127. — Discours de Barrère, p. 129. — Discours de Robespierre, p. 133. — Discussion, p. 143. — État-major de l'armée révolutionnaire, p. 152. — Noms des membres du tribunal révolutionnaire, p. 154.

OCTOBRE 1793. — Introduction, p. 157. — Discours de Saint-Just sur l'état de la France, p. 159. — Décrets divers à la suite de ce rapport; le gouvernement est déclaré révolutionnaire jusqu'à la paix, p. 172. — Décrets d'accusation contre divers membres du côté droit accusés de girondinisme, p. 175-182. — Histoire du siége de Lyon, p. 182-197. — Toulon, p. 198. — Anecdotes sur Chabot, son mariage, ses liaisons, p. 201. — Rapport de Barrère sur la Vendée, p. 203. — Armée du Nord, victoire de Wattignies, p. 221. — Armée du Rhin, p. 224. — Armée des Alpes, p. 229. — Histoire de Paris, Commune et Jacobins, p. 230.

TRIBUNAL RÉVOLUTIONNAIRE. — Débats du procès intenté contre Custine, p. 235. — Procès de la reine Marie-Antoinette, p. 338. — Réponse fameuse à une accusation d'Hébert, p. 358. — Procès des Girondins, p. 410.

www.ingramcontent.com/pod-product-compliance
Lightning Source LLC
Chambersburg PA
CBHW060223230426

43664CB00011B/1537